中国股票文化研究系列丛书

抗战中的爱国实业家

徐士敏　主编

中国金融出版社

责任编辑：肖丽敏
责任校对：孙　蕊
责任印制：裴　刚

图书在版编目（CIP）数据

抗战中的爱国实业家（Kangzhanzhong de Aiguo Shiyejia）/徐士敏主编. —北京：中国
金融出版社，2015.12
（中国股票文化研究系列丛书）
ISBN 978 - 7 - 5049 - 8266 - 7

Ⅰ.①抗…　Ⅱ.①徐…　Ⅲ.①企业家—生平事迹—中国—近代　Ⅳ.①K825.38

中国版本图书馆CIP数据核字（2015）第298773号

出版
发行　　**中国金融出版社**

社址　　北京市丰台区益泽路2号
市场开发部　　（010）63266347，63805472，63439533（传真）
网 上 书 店　　http://www.chinafph.com
　　　　　　　（010）63286832，63365686（传真）
读者服务部　　（010）66070833，62568380
邮编　　100071
经销　　新华书店
印刷　　北京市松源印刷有限公司
装订　　平阳装订厂
尺寸　　185毫米×260毫米
印张　　29.75
字数　　449千
版次　　2015年12月第1版
印次　　2015年12月第1次印刷
定价　　100.00元
ISBN 978 - 7 - 5049 - 8266 - 7/F. 7826
如出现印装错误本社负责调换　联系电话（010）63263947

谨以此书献给1931—1945年以国家大局为重，同仇敌忾一致对外抗日，前赴后继坚持十四年，不畏强暴、不屈不挠、不辱使命、不怕牺牲的爱国实业家。

——编者

编委会

主　编：徐士敏

副主编：欧阳海鸰　王利强　陈明键

策　划：林修文

编　委：丁　红　丁　洋　万荣惠　王力钢　孙　涛

　　　　安保和　许学礼　陆建民　陈明雷　陈慧谷

　　　　张更鑫　林剑峰　胡志远　袁光顺　徐代安

　　　　徐雯岚　裴　力　裴晓岩　廖祝杰　薛　峰

设　计：林　劼

前　言

2015年是中国人民抗日战争胜利暨世界反法西斯战争胜利70周年。全国各地以此为主题，结合当地抗战历史，同步联通组织开展丰富多彩的群众性主题教育活动。为了这场反法西斯战争的胜利，多少将士浴血荣光、战死沙场；为了这场抗击日本侵略战争的胜利，四万万中华儿女同仇敌忾，奋勇抵抗……这是一场用无数生命换来的胜利，这是一场来之不易的胜利，这是一场应以最隆重方式庆祝的胜利。让我们在书中走进那段刻骨铭心的历史，珍惜今天这幸福的生活、和平的年代。

时隔70年的时空凝视，我们依然能够感受到中国人民取得胜利的喜悦，感受到那场侵略战争带给我们的创伤之痛。中华民族会永远铭刻在心。为了这永远不能忘却的纪念，在这特殊的日子，再次重温那一段血与火的历史，必须牢牢记住那段记录着日本帝国主义滔天罪恶和中华民族奋起抗争的历史。这一切给我们内心带来很大的震撼，心灵深处刻上历史的痕迹，仿佛回到了那个时代的中国，既有悲痛的心情，又增添了强烈的民族自豪感。为此我们永远铭记战争的残酷，更加珍惜现在的和平。

1937年抗战全面爆发。历时八年的战争，把中华民族拖入灾难深渊，也中断了中国民族工业崛起的"黄金十年"。1927年到1937年"黄金十年"的说法来自《剑桥中华民国史》。从1928年开始，依托于货币制度改革和工业建设计划，中国经济开始恢复元气。从1931年到1936年，中国工业年增长率保持在9.3%。十年间中国修建了8,000公里铁路，现代工业在工农业总产值的比重比20年代翻了一番。城市化进程也随着经济的发展快速推进，1937年中国出现了北平、上海、天津等人口过百万的大型城市。

繁荣和现代化之路初见曙光，就被1937年7月7日卢沟桥的战火打破。历史学家罗荣渠估计，日本侵略至少使中国的工业化、现代化延误了20年。抗战爆发后的一年间，沿海经济发展重点城市几乎全线陷落，上海的金融产业几乎覆灭。1937年12月13日，南京被攻破。南京、武汉、广东和山西的军事工业陆续搬迁往内地，一些著名的私营企业家也将产业迁离日本人的行军路线。在极为恶劣的环境下，民生凋敝，经济由国民经济过渡到战备状态，举步维艰。但仍有许多爱国民族企业家没有安于命运、放弃自己的社会责任：他们或为国救亡图存、参与物资撤退转移；或在后方发展经济、支持前线战事；或在沦陷区坚决不与侵略者妥协合作。在抗战胜利后，他们也第一时间投入到生产恢复中，保存了民族的经济命脉。

由于经济利益在很大程度上是导致战争的决定因素。而战争本身就是一种在特定条件的经济活动，驱动着经济活动的走向。战争需要巨额投资，大量的劳动力、先进的工业技术投入到军事工业生产。无论是战争的发动实施还是战争的最终目标，都离不开经济的强有力支撑。历史是文化的源泉，文化是历史的沉淀。正当人们将更多的目光注视着重大战役、历史人物以及战斗英雄等军事、政治领域的同时，我们还应将关注的目光移至经济领域及其民族英雄与爱国工商企业家。本书在中国股票历史中精选出一些可歌可泣的抗战史实，以缅怀我们的民族英雄；同时又阐述了日本侵略者给中华民族带来的深重灾难，让我们更加珍惜今天的和平年代。

今天让我们铭记这一段刻骨铭心的历史。缅怀先烈，回顾历史，带着这种日渐饱满的民族精神，在以习近平为总书记的党中央正确指引下，去更好地面向世界、开创未来、努力拼搏，实现中华民族伟大复兴的中国梦！

主编

2015年9月

目 录

力主抗战，一不投降二不受辱的大公报胡政之

《大公报》，是中国发行时间最长的中文报纸之一，创刊至今已有过百年历史，是当时最具影响力的报纸之一，也是新中国成立以前影响力最大的报纸之一。

1. 英敛之创办《大公报》

1902年6月，《大公报》由英敛之在天津创办（见图1）。英敛之（同时也是辅仁大学倡议者之一，属清末保皇党）。英敛之在创刊号上发表《〈大公报〉序》，说明报纸取大公一名为"忘己之为大，无私之谓公"，办报宗旨是"开风气，牖民智，挹彼欧西学术，启我同胞聪明。"英敛之主持《大公报》十年，政治上主张君主立宪，变法维新，以敢议论朝政，反对袁世凯著称，成为华北地区引人注目的大型日报。1902年6月17日，《大公报》在天津法租界首次出版创刊号，创刊时的《大公报》一直是书册式，一个整版直排，分上下两栏，栏之间留一空白，每栏都加了边框，对折以后即可装订成册（见图2）。

图1　大公报社旧址

图2　大公报报样

民国之后，英敛之无心主持报馆局面。1916年9月，由原股东之一的王郅隆购买《大公报》。10月，王郅隆全面接收《大公报》后，聘请有过办报经历的胡政之为主笔兼经理。28岁的胡政之在和英敛之"面洽以后，入馆任事"。胡政之上任后主持报馆改革。11月10日起，胡政之入馆一个月后，《大公报》由书册式改成了通栏式，将垂直的两栏改成四栏，以后又经过几次改革，改成六栏、八栏。在字号方面也进行了调整，各种字号大小间隔、搭配，改变了原来比较单调的状况，使版面变得错落有致。新文化运动期间，胡政之在主政时掌管言论，在张勋复辟、五四运动等一系列重大事件中，《大公报》发表过不少有分量的文章。胡政之也在采访完巴黎和会后辞去经理职务。1923年9月，王郅隆在日本关东大地震中丧生，安福系于次年垮台。1925年11月27日，难以为继的大公报宣布停刊。

2. 新闻巨擘胡政之

图3　胡政之

胡政之（1889—1949年）名霖，字政之，以字行（见图3）。四川成都人。幼年随做知县的父亲到安徽，在私塾读书，后进安庆省立高等学堂，接触到了《申报》、《苏报》、《新民丛报》等，对林译小说尤其迷恋。1906年，父亲因病去世，他扶柩回到四川。1907年，胡政之在嫂子的一副金镯资助下自费到日本勤工俭学，进东京帝国大学读法律，至少通晓三四种外语。1911年回到上海，1912年，胡政之进由章太炎主办的《大共和报》任日文翻译、继任主笔。1913年，受聘任《大共和报》总编辑，并在中国公学兼法律教员。1915年，他到北洋政府做幕僚。因为这一段经历，1916年9月，王郅隆接办当时有安福系背景的《大公报》，受聘出任经理兼总编辑，从此一生以办报为业。开创新记《大公报》，他和张季鸾等一起走出了一条百年报业的"新路径"，创造了中国报业史上的一个高峰，一个至今难以跨越的高峰。在报业经营管理上用心，并且创造了一系列独具风格的办报经验的，在中国现代新闻史上，恐怕就只有胡政之一人。"外国报界对于胡霖的大名是以报界巨子看待"，胡政之没有虚枉此誉。他见识广博，洞明世事，一生有为有守，在动荡的乱世中始终保持着开明的态度和冷静的头脑。

胡政之对他热爱的新闻事业，他有自己独立的见解。1920年回国时，《大公报》奄奄一息，他没有回到天津，一度在北京和林白水合办《新社会日报》，不过为时很短。1924年8月，他又成功创办了著名的国闻通讯社和《国闻周报》，《国闻周报》还同时对外发行英文版。1926年，他在《国闻周报》发表《作报与看报》一文"社会需要好报，新闻记者就不敢不努力，……读者鞭策记者的力量，比什么力量还大。"《大公报》后来的实践证明了他的办报思想。胡政之编的《国闻周报》既发表过张季鸾的政论，也发表过年轻作家沈从文的小说名著《边城》，发行量最高时达二万五千多份。他主持的国闻通讯社通讯网遍布全国，发掘、培养了大批优秀的新闻人才，这些都为后来新记《大公报》奠定了坚实的基础。随着政治舞台上的风云变幻，国闻社和周报的主要经济来源断了，胡政之开始独立支撑这两个新闻机构，除了通过开设广告部寻求经济自立，他也得到了留日同学、时为北方金融巨头的吴鼎昌支持，为他们日后合作开创新记《大公报》的新局面埋下了伏笔。一直出到1937年才停刊，前后共14年，是当时较有影响的时事性周刊之一。

胡政之在1948年春天所作的那些安排如同当年他在香港沦陷前安排好了桂林版的退路一般，都是未雨绸缪，有先见之明。他说自己"已经是六十岁的人了，这次香港复刊恐怕是我对事业的最后开创。"当时胡政之由于长期积劳成疾而突然病倒，只得回上海养病，无奈地告别了心爱的报纸。在病床上辗转一年之后，1949年4月14日，病魔终于夺去了他的生命。就在江山易主的前夜，他在上海黯然去世。谢泳说："在一定的意义上，胡政之的死，就是《大公报》的死"。第二天《大公报》上海版发表他1943年写的纪念张季鸾的文章《回首十七年》，不料也成了对他自己的纪念。

3.《大公报》的吴胡张时期

1926年9月，吴鼎昌、张季鸾、胡政之合组新记公司，复办《大公报》。三人接手《大公报》后，将《大公报》带到了最辉煌的时期，报业史上将《大公报》的这个阶段称为"吴胡张时期"。三人拟定五项原则：资金由吴鼎昌一人筹措，不向任何方面募款。三人专心办报，三年内不得担任任何有奉给的公职。胡政之、张季鸾二人以劳力入股，每届年终，由报馆送于相当股额之股票。吴鼎昌任社长，胡政之任经理兼副总编辑，张季鸾任总编辑兼副经理。由三人共组社评委员会，研究时事，商榷意见，决定主张，轮流执笔。最后张季鸾负责修正，三人意见不同时，以多数决定，三人意见各不同时，以张季鸾为准。

是年9月1日，"吴胡张"的"新记"《大公报》创刊，张季鸾在创刊号上发表了《本社同仁之志趣》的文章，提出了"不党、不私、不卖、不盲"的"四不方针"。张季鸾对"四不方针"的解释是"曰不党：纯以公民之地位，发表意见，此外无成见，无背景。凡其行为利于国者，拥护之；其害国者，纠弹之。曰不卖：声明不以言论做交易，不受一切带有政治性质之金钱补助，且不接受政治方面入股投资，是以吾人之言论，或不免囿于智识及感情，而断不以金钱所左右。曰不私：本社同人，除愿忠于报纸固有之职务外，并无他图。易言之，对于报纸并无私用，愿向全国开放，使为公众喉舌。曰不盲：夫随声附和，是为盲动，评诋激烈，昧于事实，是谓盲争，吾人诚不明，而不愿限于盲。"

《大公报》的"四不方针"其时已经跟现代的新闻专业理论十分接近了。《大公报》之所以日后取得那么辉煌的成就，是跟它有先进的新闻理念作指导密不可分的。"四不"方针体现了大公报新闻专业主义的职业道德精神，与同时期的大多数报刊相比，《大公报》力求表现出一种客观公正的取向。其所追求的新闻客观、经济独立、言论公允、服务公众的报业精神，与西方新闻界以客观性、真实性、自由性、独立性为特征的新闻追求有意识共同之处，这正是今天所谓"新闻专业主义"的基本精神。这是美国新闻史上发展起来的一种"公共服务"信念，它相信可以从非党派、非团体的立场客观地报道新闻事实，从而服务于全体人民。

《大公报》最辉煌的时期是1926年至1949年，即所谓"新记"《大公报》时期，"四不主义"（不党、不卖、不私、不盲）最为出名。张季鸾、胡政之等优秀报人，让它成为当时中国新闻界的翘楚。接办之初，《大公报》职工不过70人，月支出不满六千元，发行量仅2,000多份，第二年发行量就翻了3倍，达6,000多份，同期广告收入由每月200余元增至1,000余元，营业结算由每月亏损4,000余元转为收支平衡，第三年突破万份。到1936年上海版创刊，职工人数增加到700人，是当初的10倍，月支出10万元，全国分销机关达1,300多处，发行量超过10万份，成为具有全国影响的大报。5年后达到5万份，1936年突破10万份，成为全国一流的新闻纸和舆论中心。1928年东北易帜、1930年中原大战后期张学良通电全国拥蒋入关两大新闻，皆为《大公报》独家发布。1935年12月，吴鼎昌出任南京政府实业部部长，辞去社长。鉴于京津局势紧张，《大公报》开始向南发展，1936年4月1日，《大公报》落户上海望平街，创办上海版。津沪版同时发行，《大公报》正式成为一张名副其实的全国大报。

在抗战的烽火硝烟中，《大公报》在极为艰难的条件下，相继创办了汉口版、香港版、桂林版、重庆版，1938年8月13日，《大公报》香港版创刊时，胡政之发表《本报发行香港版的声明》这一年的严重外患。1941年2月15日，《大公报》桂林版创刊，他在《敬告读者》中指出，"本报虽系营业性质，但不孜孜以'求利'，同人虽以新闻为业，但绝不仅仅为'谋生'"。正是这种精神使《大公报》在严酷的战争环境下继续成长，成为中国新闻界最夺目的一面旗帜。在经过15年不懈努力之后，1941年5月，《大公报》荣获了具有世界声誉的美国密苏里新闻学院奖章。密苏里大学教务长马丁写信给胡政之说："贵报今年被推得奖，端为一外国之自由的报纸，在其悠久的过程中，对于公众具有优异的贡献。吾人此项决定，兼得深知贵报伟大贡献之美国记者的一致赞许。"同年开始了胡政之独自领导整个《大公报》的时期。经过胡政之等多年的苦心经营，《大公报》在采访、编排、言论等方面的改革都逐渐趋向规范化。胡适一再称许《大公报》是"矮人国"里的"巨无霸"。至1945年，《大公报》重庆版发行量已达到97,000多份，至1949年前夜，加上复刊后的上海版、天津版、香港版，总发行数达20多万份。这一数字在那个年代是令人望而生畏的，其产生的舆论影响也与日俱增。《大公报》风云天下"是与胡政之的眼光、气魄和信心是分不开的。"1945年，《大公报》如日中天，处于鼎盛时期。

4. 屡经坎坷，绝处逢生

"九·一八"事变后，随着日本侵略的加紧，《大公报》主张抗日，并发表了著名记者范长江的西北通讯，首次披露了红军长征情况。为了应变，《大公报》开始筹备南方各版，1936年4月10日上海版发刊。七七事变后，天津、上海相继陷落。《大公报》力主抗战，表示"一不投降，二不受辱"，天津版、上海版分别于1937年8月5日、12月14日停刊。《大公报》同仁分赴各地办报，张季鸾率曹谷冰、王芸生等相继创办汉口版（1937年9月18日至1938年10月17日）和重庆版（1938年12月1日至1952年8月4日），胡政之率金诚夫、徐铸成等先后创办《大公报》香港版（1938年8月13日至1941年12月13日）和桂林版（1941年3月15日至1944年9月12日）。先后有汉口版、香港版、天津版、桂林版、泰兴版等；最重要的重庆版自1938年12月1日起出版，销售量最高近10万份，它坚持抗日立场，鼓舞民心士气，对抗战起到了一定作用。

抗战期间，《大公报》辗转迁徙，财产损失严重，但由于经营管理得法，报馆依旧获得长足发展，渝版、港版、桂版一度同时发行，在规模和舆论影响力上，国内报纸难望其项背。1941年4月，《大公报》收到密苏里新闻学院的来函，被认为是"《大公报》刊行悠久，代表中国报纸。""在中国遭遇国内外严重局势之长时期中，《大公报》对于国内新闻与国际之报道，始终充实而精粹，其勇敢而锋利之社评影响于国内舆论者至巨。""《大公报》自创办以来之奋斗史，已在中国新闻史上大放异彩，迄无可以颉颃者。"这是中国报纸第一次获得最佳报纸称号（密苏里新闻学院奖是新闻界内很高的荣誉，先前亚洲只有日本的《朝日新闻》和印度的《时报》得到过这个殊荣）。当日重庆新闻界隆重集会，以示庆贺；《大公报》发表《本社同仁的声明》，概括《大公报》的成功经验为"文人论政"和"商业经营"。

1941年9月6日，张季鸾逝世，全国各界几乎一致给予了他极高的评价。此后内部机构变化：成立董监事联合办事处，由胡政之任主任委员，统一领导各馆；成立社评委员会，王芸生为主任委员，接任总编辑，负责社评的选题、立论和撰写事宜。曹谷冰、金诚夫、徐铸成等领导《大公报》。1943年

2月2日，重庆版发表《看重庆，念中原!》社评，对比河南灾民惨状，斥责重庆富豪奢靡生活。此文激怒当局，被勒令停刊3天。1943年9月6日，胡政之在纪念张季鸾逝世两周年社祭会上，宣布董事会新近制定的《大公报同人公约》五条，其中第一条规定"本社以不私不盲为社训"。

1948年初，胡政之花大量经费在美国创办英文版的《大公报纽约双周》，3月15日，又恢复《大公报》香港版，作为今后的出路。对时局的发展、风云的变幻他有着职业性的敏感，他计划以香港为退路，以后再到新加坡、美国办报。1948年11月5日，王芸生离开上海，转道台湾飞抵香港，亲自主持港版工作。同年11月10日，港版发表《和平无望》，宣布改变立场，开始左转。后因立场有所改变受到当局迫害，重庆版一度被强行接收。然而，《大公报》的主持人吴鼎昌、胡政之、张季鸾都是政治意识极为强烈的资产阶级知识分子，他们尽管声称主张"不党、不卖、不私、不盲"的"四不主义"，但在涉及其阶级的根本利害时，他们总不免会左右摇摆不定。《大公报》的主持人只能根据自己对事物的理解和认识水平来报道和评论事实，而他们的思想意识始终没能超越他们所在的那个阶级的局限。

5. 新中国成立后的《大公报》

1949年1月15日，解放军攻占天津，由毛泽东亲自易名，《大公报》津版改组为《进步日报》，归天津市委宣传部领导。4月14日，总经理胡政之病逝于上海。5月29日，在国统区进步美术运动的中心与最前沿的上海，刘开渠、杨可扬、野夫、朱宣咸、张乐平、庞薰琹、赵延年等国统区进步美术的先驱们，代表以上海为中心的国统区进步美术力量，在《大公报》发表迎接解放的"美术工作者宣言"，提出国统区美术工作者决心"为人民服务，依照新民主主义所指示的目标，创造人民的新美术"，该宣言的发表也标志着国统区进步美术史和上海近代美术史从此翻开崭新一页。6月17日，沪版发表《大公报新生宣言》，宣布报刊归人民所有。上海《大公报》归上海市委宣传部领导，最初未作大的调整。新中国成立后，《大公报》重庆版、上海版先后停刊。天津版改名《进步日报》，旋又恢复原名，迁至北京出版，主要报道财政经济和国际问题。11月30日解放军占领重庆，大公报渝版继续出版，1952年8月4日终刊。经过公私合营，后中共重庆市委在其基础上创刊市委机关报《重庆日报》。

新中国成立后，大公报在中共港澳工委的领导下，在香港继续出版发行，立场靠近中国共产党，在两岸方面，该报也明显站在中共一方。与《香港商报》、《文汇报》构成香港左派（中资背景）报纸的阵地。"文革"中，《大公报》于1966年9月14日停刊，改名为《前进报》，但是只办了103天，也停刊了。1966年9月10日，《大公报》停刊，香港版出版至今。

至1952年，上海《大公报》发行量大降，广告收入也大减，报馆严重亏损，当年向政府借款总数已超过《大公报》总资产一半以上。是年夏，王芸生向中宣部部长陆定一汇报了《大公报》的困难，请求中央帮助解决，同时也给毛泽东写了一封长信。不久，毛泽东电召王芸生进京，听完汇报后作出指示："上海《大公报》与天津《进步日报》合并迁京，择地建新址。报名仍叫《大公报》，作为全国性报纸，报道分工是国际新闻和财经政策。"1953年1月1日，两报合并而成的北京《大公报》由中宣部领导，以财经、国际宣传为重点，暂在天津出版，俟北京新馆建成后，迁京出版。1956年9月迁到北京，10月1日出版，按照计划经济的模式，分工报道财经工作。

图4　大公报社股份有限公司1946年12月30日发行面值贰佰股（200万元）的股票及封套（中国近代名人股票鉴藏录）

坚不为动的浙江兴业银行董事长叶景葵

浙江兴业银行成立于1907年，除经营的前十年外，其后完全是一家由民营资本组成的银行，规模宏大，位居"南三行"（浙江兴业银行、浙江实业银行，上海商业储蓄银行）之首，在扶持和促进我国民族工业的发展上，历来声名卓著。叶景葵先生担任该行董事长长达30年，蒋抑先生是该行的发起人和大股东，他们共事30余年，有共同的心性和志趣，在民国政局多变，银行屡次面临危难的关头，苦心支持，共挽时艰，以过人的智慧和胆略，维护了银行的发展。他们不仅为银行建立了突出的业绩，也为后人留下了坦诚相待、精诚合作的佳话。从1914年到抗战爆发的20年间，浙江兴业在全国私营银行中夺得"老大哥"地位，被民族实业家称为"我们自己的银行"。到1951年社会主义公私合营才消逝。

1. "保路风潮"中诞生的浙江兴业银行

浙江兴业银行的前身为浙江铁路兴业银行，光绪三十二年（1906年），原由浙江铁路公司发起创办，投资100万元，并为最大股东。1907年，浙江兴业银行成立，为中国最早的商业银行之一，次年在上海、汉口设立分行。总行设在杭州羊坝头（见图1）。1914年浙江铁路公司收归国有，股份出让，该行股份招商承购。承购者多为工商业者，而以杭州丝绸商蒋海筹、蒋抑厄父子为最巨。1915 年，浙江兴业银行进行大改组，改为董事会负责制，叶景葵被推为董事长，这在中国银行界为首创。总行迁上海汉口路（见图2），把全行的行政和业务中心移到上海，改上海分行为"本行"（后又称总行，改杭州总行为分行），资本初定100万元。

1905年，叶景葵在辽宁赵尔巽的衙门内任总文案兼财政局会办，当时正

图1 浙江兴业银行总行位于杭州羊坝头的旧址　　图2 浙江兴业银行总行迁址上海汉口路

是清政府在全国自强运动的推动下，同意将借外债筑路的旧约废除，鼓励各地老百姓集资办铁路的时候。江浙历为经济发达地区，所以很快成立了各自的铁路公司，负责集资筑路之事。有一天，他的同僚金某接到江苏铁路公司总经理张謇来信，要其为"苏路"在东北招募股款，金请叶来帮助。叶景葵为浙江人，心想来东北的浙江人甚多，为什么"浙路"公司不来筹款呢？于是主动与担任"浙路"公司的总协理，又是董事的老朋友樊时勋联系，认为"浙路"也可尝试此举。"浙路"总理汤寿潜和副总理刘锦藻见信大喜，于是正式委任叶景葵在北方招募路股。结果一举招得"浙路股"11万余，连东北王张作霖也认了股。至1907年10月，"浙路"已招得股款达2,300万元之巨（为英国允许借款数的两倍多），实收数也已达925万元，为各省自筹铁路股款最多、最快的一个省。这么多股款，保管和运用都成了大问题。开始时分存在上海和杭州30多家钱庄里，支取十分不便。这时蒋抑刚从日本留学回来，蒋家又是"浙路"的大股东，遂向汤寿潜建议应建立铁路银行来管理和运作。可是铁路与银行毕竟是不同的业务，两者混在一起股权也容易混淆不清，于是又决定把银行从浙江铁路公司中独立出来。

　　1907年10月5日，"浙路"的股东们取"振兴实业"之义，在杭州正式创办了浙江兴业银行。资本额初为100万元，分1万股，每股100元。浙路公司投资40%以上，其余再招商股。这时候汤寿潜、刘锦藻又想到了远在东北的招股能手叶景葵，于是驰函请其再为招股。可是当时的东北，兴办银行的风气尚未开通，人们只知钱庄而不知银行为何物，对"浙江兴业"之名更是陌生，"彼时东三省人士，谈及银行者，绝无其人。我想此股，决无从招募……而将招股之事据实辞谢"（叶景葵《我与浙江兴业银行关系之发生》）。但是桑梓之事，又不可不尽义务，于是自认股5,000元，当然就成了浙江兴业银行的第一批股东，这是他与浙江兴业银行发生联系的开始，后于1908年又被聘为该行的汉口分行总理。当时他有四川总督府驻沪四川转运局总办的公务在身，屡次乞辞不获准，正长住上海不得脱身，但银行方面，宁肯让他在上海"遥控"指挥，凡重要的事情才一年赴汉口几次，一般行务则委托项兰生。

2. 民国银行家叶景葵

叶景葵（1874—1949年），字揆初，别号存晦居士，又号卷盦（见图3），浙江杭州市人，生于晚清一个世代读书做官之家。其父叶作舟中举后多年在河南郑县、开封一带为官，率全家迁居河南，故叶景葵虽为南方人，早年（38岁以前）却基本上生活在北方。20岁中举人，29岁中进士。他还曾入读张元济在北京办的通艺学堂，研习英文和算学，得以与变法维新时的新派人物相往来，遂兴实业救国之志。所以，他虽为旧科举出身，却颇有现代实业头脑，与清末官场及

图3　叶景葵

北方实业界人物多有旧谊。1902年，晚清重臣赵尔巽欣赏其才学，招其为幕府，从而踏入仕途。辛亥革命前数月，四川保路运动初起时，赵正在四川总督任上，不久即调东三省总督，叶景葵也随之往。在盛京时，叶景葵为赵尔巽细心筹划，剔除积弊，举张新规，"百端俱举，未及两年，所入骤增"，使地方财政"逾千万"，初露其斡旋派系及办理财政之才能。

1911年2月，叶景葵被清廷调到天津，任天津造币厂监督。上任刚两个月又被清廷急令调入北京，任命为大清银行正监督，封以三品京堂候补，指望其能使清廷最后的金融摊子绝处逢生。可那时已是清廷即将"寿终正寝"之时，全国上下因"铁路收回国有"事而风潮迭起。大清银行为清政府于1908年创立的国家银行，他上任时大清银行极度混乱，已濒临破产的边

缘。面对严峻局面，他力挽狂澜，主张大清银行向中央银行方向发展，专以"维持币制，活动金融"为任务。他改革总行体制，制定了有关银行管理的规章制度，并调配有才干者任重要职务。叶景葵到京后两个月，奉命去吉林查办管钱局火灾事件，并考察东三省的币制，刚从吉林行至辽宁，惊闻武昌方面起义，辛亥革命爆发，遂星夜赶回北京。而京城已无可收拾，革命洪流大势所趋，大清银行只好关门大吉，他只得返回上海，成了大清银行短暂的末代监督。这段经历为其后来主掌浙江兴业银行打下了基础。

1906年10月，浙江铁路公司投资100万元，创立浙江兴业银行。1908年叶景葵任浙江兴业银行汉口分行总经理。1915年，浙江兴业银行实行大改组，首创国内银行界董事长负责制及办事董事驻行制。叶景葵被推为董事长。叶景葵有一定的民主思想，1947年5月，国民党政府迫害学生运动，叶景葵为"十老上书"人之一，声援学生运动。

3. 在挤兑风潮中力挽狂澜

浙江兴业银行成立后的第四年（1911年）即辛亥革命那年，遇到了第一次严峻考验。由于武昌起义成功，大清银行倒闭，市民深恐手里的纸币成为废纸，于是纷纷手持纸币去各银行兑换银元，各地均出现了"挤兑"风潮。沪杭一带尤其谣传浙江兴业银行汉口分行已经倒闭，于是更加加剧了市民恐慌。当时沪杭铁路已经开通，用项日益增多，银行现款有限，面对"挤兑"风潮，无论总行还是分行，上下深感捉襟见肘、危在旦夕。危急关头大股东蒋抑再显英雄本色，不惜将自家的积蓄倾囊而出以解银行燃眉之急，同时利用蒋家的各种社会关系，多方调集现银。杭州方面他以自己的名义向两浙盐运使、湖州巨商周庆云借得35万元现银，很快平息了"挤兑"。上海方面，他向新上任的浙江都督汤寿潜求助。恰好江浙联军要出兵攻打南京，要以银元发饷，汤就送个顺水人情，让浙江兴业银行上海分行也承担代兑银元的差使。当一箱箱的银元从浙江运到沪行时，挤在银行门口的人群就放了心，自动散去。上海、杭州的风波一平，汉口分行的危局也缓和了。

在那场全国性的"挤兑"风潮中，一般票号全军覆没，钱庄、银行也倒了一大批，浙江兴业银行却得以转危为安。谁知过了几年问题又来了。1916

年5月，袁世凯为了恢复帝制，动用大批公款，致使国库空虚，于是下令中行、交行停止兑现，因而爆发了全国性的"挤兑"风潮。这次风潮的中心虽说是在中、交两行，但浙兴银行与中行沪行业务关系一向密切，是中行商股的大股东，况且在浙兴银行停止发行钞票期间，一直在中行领用兑换券，且是领用最多的一家，往来存款也在150万元以上，高时达300万元。所以中行沪行经理宋汉章事先一听到风声，立即找叶景葵、蒋抑商量对策。叶景葵、蒋抑认为银行如果停止兑现，在社会上就无信用可言，无法立足，等于自我毁灭，所以坚决支持宋汉章抗命，同时暗中积极集中资产，向各钱庄紧急抵押借款，秘密支持上海中行备足现款，以应付"挤兑"。叶景葵深知"抗命"一事关系重大，法律上要有依据，不能被袁世凯政府抓住把柄反咬一口，于是为之秘密谋划，立即成立中国银行商股股东联合会，抬出张謇任会长，叶景葵任副会长。又利用北洋官僚惧怕洋人的心理，以上海中行位于租界为由，由股东联合会聘请租界里的外国律师来接管上海中行，再由律师委托宋汉章、张公权继续营业，不得停兑。

1916年5月13日报界刊出消息，交行遵命停兑了，而中行则刊出告示，照兑不误，并在周日也破例开门兑现，结果一周时间就平息了"挤兑"风潮。尽管袁世凯派出的间谍在上海频繁活动，终于无可奈何。事后原中行南京行经理吴震修先生新中国成立后在一次会议上说："中国沪行抗令兑现，如说仅是宋汉章、张公权两三个人的主张，恐怕也不见得，他们是有后台的。这个后台就是浙江兴业银行叶景葵、蒋抑、项兰生，上海商业储蓄银行陈光甫和浙江地方实业银行李铭等人，就是后来一般人说的江浙财团"。共同战胜这次"挤兑"风潮后，为庆祝，中国银行特邀叶景葵、蒋抑、李铭等有功人员设宴庆祝，当场许多人决定合资购买海格路（今华山路）上一块空地建造花园住宅，作为纪念。这就是今天上海华山路上范园12幢花园洋房的由来，蒋、李、张、叶等都搬了进去（今为解放军八五医院）。

4. 企业家们自己的银行

叶景葵就任浙江兴业银行董事长后，突出"振兴实业"的宗旨，尤其关注民族工商业的发展。有"火柴大王"之称的刘鸿生与浙江兴业银行签订了定期100万元和透支80万元的抵押借款合同，用于扩大生产。此项借款应于1931年到期，孰料从1930年开始，世界经济危机便开始波及中国。刘鸿生的企业也受到了明显的冲击，资金链断裂，到期抵押款已无力归还。但浙江兴业银行没有乘人之危，催款逼债，而是同意刘鸿生一再转期。到1934年12月已积欠140余万元，透支100万元。有消息称刘鸿生的企业即将倒闭，消息一经传出，顿时引起市面恐慌，债主们纷纷上门催讨。在此关键时刻浙江兴业银行还是力挺刘鸿生，并同意他再次展期，帮助其渡过艰难时刻。因此，刘鸿生曾满怀深情地称赞浙兴银行："实不愧为我们企业家自己的银行。"上海著名棉纺企业恒丰纱厂聂家后代聂光铺也曾说："叶景葵先生是我们恒丰纱厂的救命恩人，若没有浙江兴业银行在支持，恒丰真是不堪设想！"这都是指浙江兴业银行在支持民族工业中所作的贡献。

浙江兴业银行是名副其实的以振兴民族工商业为宗旨的银行。当时南方比较著名的民族企业几乎都与之发生过业务联系，不少企业还是受到它的扶持才得以摆脱困境的。南通大实业家张謇的大生纱厂就曾多次得到浙江兴业银行的贷款，每次5万元到25万元不等，1922年的贷款是由浙兴银行和中南银行共同承担的，达65万元，这在当时是很高的贷款，因为当时浙江兴业银行的存款总数也只有8,000万元。后来当浙江兴业银行在上海北京东路江西路口的银行新厦落成时，张謇亲自来贺，并发表了热情的颂辞。恒丰纱厂是我国纺织业最早的工厂之一，也是浙江兴业银行重点扶持的对象。这家厂子的前身是创办于1891年的华新纺织新局，在20世纪初的20多年里得到极大的发展，当时是上海最大的民营纺织企业。但在第一次世界大战后，在日本和西方纺织品的倾销冲击下，陷入困境。1929年在浙兴银行的救助下，放款240万元，使厂子更新设备，产品换代，才又转亏为盈。其他著名企业如荣宗敬、荣德生的福新、茂新面粉厂，穆藕初创办的郑州豫丰纱厂，陈万远等创办的三友实业社，朱谋先创办的杭州纬成丝业公司、永利制碱公司、天津宝成纱厂等，都曾得到浙江兴业银行的大力支持。

5. 精诚合作的晚年硕果

浙江兴业银行的黄金时代是1914年到抗战爆发，这段时间在全国私营银行中堪称老大哥，足足风光了20多年，创下了有目共睹的业绩。该行发展中后期，经营房地产业务是其特色之一。在上海华资银行中，浙兴的房产业务做得最大、最著名，拥有近1,000幢房屋。1921—1927年存款总额居全国商

图4　1936年竣工的浙江兴业银行大厦

业银行之冠。其间虽有北伐胜利时国民党的勒索和1935年宋子文金融改革时的损失，但还不至于伤筋动骨。抗战爆发后，尤其是太平洋战争爆发后，日军占领上海租界，华资银行都被"管制"，浙江兴业银行的许多放款大户也都被日本人"军管"或"合办"，造成以前的放款无法收回，给了浙江兴业银行以致命的打击。叶景葵是个极具民族正义感的人，日伪多次派人前来游说拉他"下水"，他坚不为动。

叶景葵热心传统文化典籍的保护和继承，有感于抗战中诸多朋友的藏书无法保存，就和老搭档蒋抑以及老朋友张元济、陈叔通、陈陶遗、李拔可等一起，发起成立合众图书馆，于上海富民路长乐路口捐地造屋。他首先将自己历年所收藏的珍贵古典文献2,800余部，共3万余册捐入其中，作为首倡，其中有唐代写本2种，宋元版本9部，明刻善本400余部、稿本、抄校本600余部。蒋抑积极响应，捐入图书5万册，基金5万元。然而他捐书后未及两个月，就溘然长逝了。其子孙感念先人遗志，继续整理家中旧书送往合众图书馆，朋友中传为佳话。这是两位合作了30余年的老朋友最后一次合作。叶景葵先生抗战胜利后不再担任董事长，不幸于1949年4月逝世，只差一个月，未能看到新中国成立。

6. 发起组建贷款银团，修筑钱塘江大桥

1934年，浙江兴业银行向当时国民政府铁道部建议，尽快修筑钱塘江大桥。建议被采纳后，浙兴银行积极筹措款项，邀请中国银行、浙江实业银

行等组成建桥银团，共同投资200万元。大桥修建时，叶景葵首先承借150万元，又邀请中国银行和浙江实业银行参加，组成造桥贷款银团，再共同贷款100万元，大桥于1937年9月建成通车。为了阻挡日寇的入侵铁蹄，1937年12月23日下午5时，钱塘江大桥最终在通车的第89天瘫痪在日寇侵略的烽火中。而浙江兴业银行从那以后急剧下滑，日寇没完没了地轰炸，使民族工商业几乎全部覆灭，浙江兴业银行的工业贷款大都成了死账。终于等来抗战胜利，却想不到，货币发行以天文数字激增，贬值速度不是一天贬多少，是每分钟都在贬值。浙江兴业银行仅存的那点"保命钱"眼看着一点点贬值，直到成为一张张废纸，彻底告终。1946年，它在香港设立分行。中华人民共和国成立后，实行公私合营。其在香港的分支机构继续经营一般银行业务。1951年大陆各分行公私合营。1980年总行改称为总管理处，迁往北京。1989年，它接受中国银行投资，成为中国银行全资附属企业。

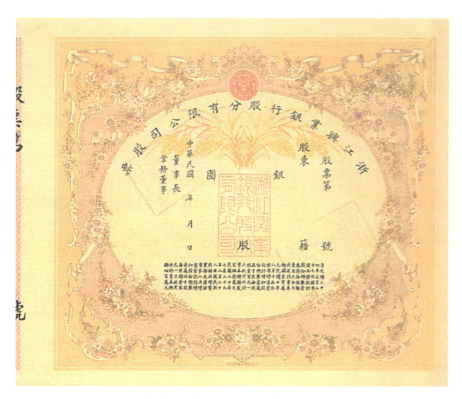

图5　浙江兴业银行股份有限公司的股票（百年中国证券典藏）

爱国桥梁专家茅以升

1934年，浙兴银行向当时国民政府铁道部建议，尽快修筑钱塘江大桥。建议被采纳后，浙兴积极筹措款项，邀请中国、浙江实业等银行组成建桥银团，共同投资200万元。钱塘江大桥修建时，叶景葵首先承借150万元，又邀请中国银行和浙江实业银行参加，组成造桥贷款银团，再共同贷款100万元，大桥由我国著名桥梁专家茅以升主持设计并组织修建，于1937年9月建成通车（见图1）。

图1　钱塘江大桥

1. 爱国桥梁专家茅以升

茅以升（1896—1989年），字唐臣，江苏镇江人。土木工程学家、桥梁专家、工程教育家，中国科学院院士，美国工程院院士，中央研究院院士。20世纪30年代，茅以升（见图2）主持设计并组织修建了钱塘江公路铁路两用大桥，成为中国铁路桥梁史上的一个里程碑，为我国桥梁建设作出了突出的贡献。茅以升从小好学上进，善于独立思考。他10岁那年，过端午节，家乡举行龙舟比赛，看比赛的人都站在文德桥上，而他因为

图2　茅以升

肚子疼所以没有去。桥上由于人太多把桥压塌了，砸死、淹死不少人。这一不幸事件沉重地压在茅以升心里。他暗下决心：长大了一定要造出最结实的桥。从此，茅以升只要看到桥，不管它是石桥还是木桥，他总是从桥面到桥柱看个够。茅以升上学读书后，从书本上看到有关桥的文章、段落，就把它抄在本子上，遇到有关桥的图画就剪贴起来，时间长了，足足积攒了厚厚的几本。

茅以升中学毕业后，先考入唐山工业专门学校土木系。1916年毕业于唐山工业专门学校（今西南交通大学）。参加清华学堂（清华大学前身）留美官费研究生考试，以第一名录取留洋；1917年获美国康乃尔大学硕士学位（桥梁专业）；1919年获美国卡内基理工学院（现为卡内基梅隆大学）博士学位。1919年12月，24岁的茅以升毅然回国。先后任唐山工业专门学校教授、南京国立东南大学工科教授兼主任、南京河海工科大学校长、天津北洋工学院院长兼教授、江苏省水利局局长、交通部中国桥梁公司总经理兼总工程师、北方交通大学校长等职。1930年至1931年任江苏水利局局长；1933年至1937年，茅以升任钱塘江大桥工程处处长，主持修建我国第一座公路铁路兼用的现代化大桥——钱塘江大桥。

1934年至1937年茅以升任浙江省钱塘江桥工程处处长（挂此职到1949年），在自然条件比较复杂的钱塘江上主持设计、组织修建了一座全长1453米，基础深达47.8米的双层公路铁路两用钱塘江大桥。大桥于1937年9月26日建成通车。1937年12月23日，为了阻止日军攻打杭州，茅以升亲自参与了炸桥。抗战胜利以后，茅以升又受命组织修复大桥，1948年3月，大桥修复通车；1942年至1943年任交通部桥梁设计工程处处长；1943年至1949年任中国桥梁公司总经理；是年当选中华民国教育部部聘教授；1948年当选中央研究院院士；1949年至1952年任中国交通大学、北方交通大学校长；1951年至1981年任铁道技术研究所所长、铁道科学研究院院长；1955年选聘为中国科学院院士（学部委员）；1959年在北京十大建筑的建设中，担任人民大会堂结构审查组组长，并为周恩来总理指定为设计方案审定人；1955年至1957年主持设计了武汉长江大桥；1977年主持设计了重庆石板坡长江大桥；1982年当选美国国家工程院外籍院士。

茅以升一生学桥、造桥、写桥,他在中外报刊发表文章200余篇。他主持我国铁道科学研究院工作30余年,为铁道科学技术进步作出了卓越的贡献。茅以升是积极倡导土力学学科在工程中应用的开拓者。在工程教育中,他始创启发式教育法,坚持理论联系实际,致力教育改革,为我国培养了一大批科学技术人才,长期担任学会领导工作,是我国工程学术团体的创建人之一。自1954年起,茅以升当选为一至五届全国政协委员、全国人民代表大会代表、人大常委会委员,并于1987年10月光荣地加入中国共产党。茅以升为我国和世界桥梁建筑事业作出了卓越的贡献。1989年11月12日病逝于北京,享年94岁。

2. 主持修建钱塘江大桥

1933年至1937年,茅以升任钱塘江大桥工程处处长,主持修建我国第一座公路铁路兼用的现代化大桥——钱塘江大桥。他采用"射水法"、"沉箱法"、"浮远法"等,解决了建桥中的一个个技术难题。经过五年的努力,茅以升终于将现代化的钱塘江大桥建成。大桥开工于1934年。当时,浙赣铁路正在兴建,要与沪杭铁路衔接,需在钱塘江上架设一座大桥。钱塘江乃著名的险恶之江,水文地质条件极为复杂。其水势不仅受上游山洪暴发的影响,还受下游海潮涨落的约束,若遇台风袭击,江面常呈汹涌翻腾之势。钱塘江底的流沙厚达41米,变迁莫测,素有"钱塘江无底"之说。因此,民间有"钱塘江上架桥——办不到"的谚语,工程技术界也认为在钱塘江上架桥是一件十分困难的事情。茅以升迎难而上,慨然受命,自任桥工处处长,请在康奈尔大学同学罗英任总工程师。

建桥遇到的第一个困难是打桩。为了使桥基稳固,需要穿越41米厚的泥沙在9个桥墩位置打入1,440根木桩,木桩立于石层之上。沙层又厚又硬,打轻了下不去,打重了断桩。茅以升从浇花壶水把土冲出小洞中受到启发,采用抽江水在厚硬泥沙上冲出深洞再打桩的"射水法",使原来一昼夜只打1根桩,提高到可以打30根桩,大大加快了工程进度。建桥遇到的第二个困难是水流湍急,难以施工。茅以升发明了"沉箱法",将钢筋混凝土做成的箱子口朝下沉入水中罩在江底,再用高压气挤走箱里的水,工人在箱里挖沙作业，使沉箱与木桩逐步结为一体。沉箱上再筑桥墩。放置沉箱很不容易，开始时，一只沉箱，一会儿被江水冲向下游，一会儿被潮水顶到上游，上下乱窜。后来把3吨重的铁锚改为10吨重，沉箱问题才得以解决。第三个困难是架设钢梁。茅以升采用了巧妙利用自然力的"浮运法"，潮涨时用船将钢梁运至两墩之间，潮落时钢梁便落在两墩之上，省工省时，进度大大加快。

钱塘江大桥是一座经受了抗日战火洗礼的桥。建桥末期，淞沪抗战正紧，日军飞机经常来轰炸。有一次，茅以升正在6号桥墩的沉箱里和几个工程师及监工员商量问题，忽然沉箱里电灯全灭。原来因日军飞机轰炸，工地关闭了所有的电灯。钱塘江桥冒着敌人的轰炸，终于于1937年9月26日建成通车。钱塘江大桥建成后，为抗日战争作出了杰出贡献。建桥纪念碑的碑文记录了这段悲壮的史实："时值抗日战争爆发，在敌机轰炸下昼夜赶工，铁路公路相继通车。支援淞沪抗战、抢运撤退物资车辆无数，候渡过江数以数十万计。"钱塘江大桥建成于抗日烽火之中，再生于和平建设之世，它不仅在中华民族抗击外来侵略者的斗争中书写了可歌可泣的一页，而且在国家经济建设中发挥了重要作用。它使沪杭与浙赣两条铁路相连接，使钱塘江两岸由天堑变通途。通车65年以来，它为我国交通事业的发展和当地经济的繁荣建立了不朽的功勋。

钱塘江大桥既是我国桥梁建筑史上的一座里程碑，又是我国桥梁工程师的摇篮。茅以升先生把工地办成学校，吸收大批土木工程专业的学生参加工程实践，为国家培养了一批桥梁工程人才。我国一些重要桥梁工程，如武汉长江大桥、南京长江大桥的一些负责人都曾经历过钱塘江大桥建设的洗礼。钱塘江大桥向全世界展示了中国科技工作者的聪明才智，展示了中华民族有自立于世界民族之林的能力。以茅以升先生为首的我国桥梁工程界的先驱在钱塘江大桥建设中所显示出的伟大的爱国主义精神，敢为人先的科技创新精神，排除一切艰难险阻、勇往直前的奋斗精神，永远是鼓舞我们为祖国的繁荣富强不懈奋斗的宝贵精神财富。

3. 为了阻断敌人受命炸断了亲手建造的大桥

1937年8月13日，淞沪抗战爆发，整个9月、10月，淞沪抗战异常激烈。

战争的硝烟已经弥漫到杭州上空，钱塘江大桥的施工也进入了最紧张的阶段。1937年9月26日，钱塘江大桥的下层单线铁路桥率先通车。茅以升期盼着上海能够阻挡住日军进攻的脚步，然而，持续了3个月的淞沪会战终以上海陷落结束，杭州也危在旦夕。筋疲力尽的茅以升已经明显地感到他已无力把握这座大桥的命运。11月16日，茅以升接到南京政府命令：如果杭州不保，就炸毁钱塘江大桥。茅以升在南2号桥墩留下的长方形大洞，其实就是预防这一时刻的来临。当晚，茅以升以一个桥梁工程学家严谨、精准的态度，将钱塘江大桥所有的致命点标示出来。整个通宵，100多根引线，从各个引爆点全部接到南岸的一所房子里。怀着亲手掐死亲生婴儿一样的痛楚，茅以升一直陪伴着历经艰险建造起来的大桥，直到亲眼看到最后一根引线接好。这是茅以升一生中最难忘、最难受、最难熬的一天，后来对家人的回忆诉说中，那种痛苦、那种无奈，真使他欲哭无泪。

1937年11月17日，是茅以升多么渴望却又没敢指望的大桥全面通车的第一天，当第一辆汽车从大桥上驶过，两岸数十万群众使劲鼓掌，掌声经久不息。茅以升后来回忆说："所有这天过桥的十多万人，以及此后每天过桥的人，人人都要在炸药上面走过，火车也同样在炸药上风驰电掣而过。开桥的第一天，桥里就先有了炸药，这在古今中外的桥梁史上，要算是空前的了！"12月22日，日军进攻武康，窥伺富阳，杭州危在旦夕了。钱塘江大桥上南渡的行人更多，故不必说，而铁路方面，上海和南京之间已不能通车，钱塘江大桥成了撤退的唯一通道，据当时的铁路局估计，22日这一天有300多台机车和超过2,000节客货车通过大桥。

12月23日，日军开始攻打杭州，下午1点多钟，茅以升终于接到命令：炸桥。为了阻断敌人，茅以升受命炸断了亲手建造的大桥，这是何等悲壮的义举。下午3点，炸桥的准备工作全部就绪。他站在桥头看着桥上的黑压压涌过来的难民，心头涌起对日寇无比的愤怒。傍晚5时，日军骑兵扬起的尘烟已然隐隐可见，茅以升命令关闭大桥，禁止通行，实施爆破！人群被强行拦阻，所有的引线都点燃了。随着一声巨响，这条卧江长龙被从六处截断；两座桥墩被毁坏，五孔钢梁折断落入江中。总长1,453米、历经925个日日夜夜、耗资160万美元的现代化大桥，最终在通车的第89天瘫痪在日寇侵略的烽火中（见图3）。当晚，茅以升在书桌前写下了八个字："抗战必胜，此桥必复"；并赋诗一首，"斗地风云突变色，炸桥挥泪断通途，五行缺火真来火，不复原桥不丈夫"。自携图纸资料，辗转后方。

图3　被炸毁的钱塘江大桥

4. 大桥的修建和再次被炸

大桥炸毁后，桥工处全部撤退，茅以升带着在钱塘江大桥建设过程中的所有图表、文卷、相片等14箱重要资料一起撤退。整个抗日战争时期，茅以升一家在躲避战乱的路途中舍弃了许多家什，却将这些珍贵的资料尽数保存下来，新中国成立后移交给上海铁路局和浙江省档案馆，成为国家重点档案中的珍品，并为探明杭州市水文情况及建设钱塘江二桥节省了大量资金。炸毁大桥对阻滞日军南下起到了很大的作用。日军曾对大桥寄予很高的期望，通过它可以直抵战争后方。因此他们决定马上修复大桥，但日本人花了整整7年，才于1944年将大桥勉强修通，而此时距他们战败的日子已经不远了。四处奔波的茅以升时刻期盼着抗战胜利、重修大桥的那一天，而钱塘江大桥的命运却如危难中的中国一样，命运多舛，一波三折。

抗战胜利后，茅以升实践誓言，又受命主持修复了大桥。1948年3月，全部修复工程结束，钱塘江大桥又重新飞跨在钱塘江的波涛之上。1949年5月国民党节节败退，妄图炸毁钱塘江大桥，试图阻止解放军南下。5月3日杭州解放当天，蒋军汤恩伯部撤离杭州时，在大桥第五孔钢梁下放置了炸药，在杭州地下党和铁路工人的努力下，偷偷将炸药量大幅削减，而且关键位置的炸药引信被切断。最终国民党工兵实施炸桥时，只破坏了大桥南侧引桥附近的一段铁轨，在大桥桥面上炸出一个洞，大桥主体没有受到太大破坏。此时解放军第21军63师已靠近大桥，国民党工兵无法实施进一步破坏，大桥最终比较完整地回到人民手中。到1953年修复完成，历时整整7年，远远超过了当初两年半建桥的时间。新中国成立后，茅以升又一次修桥，使钱塘江大桥又重新通车。至此，茅以升主持的钱塘江大桥工程经历了建桥—炸桥—修桥三个时期，这是古今中外建桥史上从未有先例之事。茅以升始终其事，克尽厥责。

图4　修复后的钱塘江大桥

如今登上杭州六和塔极目眺望，会看到一座雄伟的现代化两层铁路、公路大桥飞架在钱塘江上，至今已在风雨和大潮中安全屹立79载。大桥曾被炸过多次，又几度在战火中涅槃重生，但至今没有进行过技术上的大修。

钱塘江大桥的建成，是中国建桥史上的一个里程碑。

坚持抗日爱国以沉船封锁长江航道的
航商虞洽卿

19世纪鸦片战争以后，侵略者的炮舰政策打开了清朝的国门。"南京条约"签订后，上海被迫对外开放，从此外国的船只获得了我国沿海和内河的航行权，外商轮船公司和招商局联合行驶上海至宁波的航线，其船票价格一涨再涨。为此引发了上海宁波等地的众多商人强烈的不满，意见颇大。其间，上海商界名人虞洽卿联合数人，向上述轮船公司提出减价要求，船方没有应允。1908年7月，虞洽卿利用地方教会势力，旋即联合严筱舫、陈薰、李厚祁、方舜年等人商量发行股票，集资成立宁绍商轮有限公司。次年，有总吨位为4,000吨的2条轮船航行于上海、宁波之间。

1. "阿德哥" 虞洽卿

虞洽卿（1867—1945年），小名瑞岳，名和德，宁波人习惯上昵称为"阿德哥"，是旧时上海租界上的一个"闻人"。镇海龙山镇（今属宁波市）人。虞洽卿出身贫寒，曾读私塾。15岁赴沪，初为颜料店学徒，工余自修，能英文会话，1894年后任德商鲁麟洋行、荷兰银行、华俄道胜银行买办。1903年，虞洽卿独资开设通惠银号，发起组织四明银行。1905年，上海发生大闹公审公堂案，虞洽卿与组织当局交涉获胜，遂名闻沪上。他还先后创办宁绍、鸿安及三北轮船公司。辛亥革命曾捐助军饷。历任上海总商会会长，宁波旅沪同乡会会长，淞沪市政会办，公共租界工

图1 虞洽卿

部局华董等职。1911年上海光复后任都督府顾问官、外交次长等职。1913年，虞洽卿又在广东路93号开办三北轮埠公司，发展较快，至1921年，拥有大小轮船12艘，加上租赁的9艘，合2万总吨以上。嗣后，虞洽卿又独资开办宁兴、鸿安商轮公司和鸿升码头堆栈公司，成为抗战前华商最大的航运企业，拥有轮船49艘，7万总吨，航线遍及长江、沿海。宁绍商轮有限公司的创建具有鲜明的时代印迹，正是在外国势力侵夺我国航权、不平等待我乘船同胞之际，虞洽卿等宁波民族实业家以爱国、爱乡为号召，大力兴办民族资本航运企业，体现出虞洽卿等人强烈的爱国精神及忧患意识。1920年虞洽卿合伙创办上海证券物品交易所，任理事长。1923年当选为上海总商会会长。

虞洽卿一生兼任显赫社会职务无数，但他却始终仅以"航商"自居。他还特地登报声称"洽卿专营航业，无暇他顾，现时对各团体之组织，概未预闻"。为了航运，他不愿意做官，甚至再三请辞上海市政府委员一职，表示要专以航业为生。虞洽卿一生创办了三大航运公司：宁绍轮船公司、三北轮船公司、鸿安轮船公司，为民族航运事业鞠躬尽瘁，独树高标。1936年，虞洽卿过七十大寿，旅沪宁波人经反复选择后，大胆向当局提出拿"宁波同乡会"所在西藏中路改名为"虞洽卿路"以作永久纪念。租界工部局居然打破界内路名命名惯例，并同意拿这条十分有影响的南北干道正式改名为"虞洽卿路"。上海的宁波人和社会各界还特地为他隆重庆祝，在当时引起了巨大轰动。抗战时期虞洽卿坚持抗日爱国，拒绝与日方合作，于1941年赴渝。日军占领租界后赴渝经营滇缅公路运输，支持抗战。1945年4月26日，虞洽卿病故于重庆，终年79岁。翌年11月归葬于故乡龙山。

2. 创办宁绍轮船公司

在辛亥革命前，上海港共有三家中国民营的轮船公司，宁绍商轮有限公司即为其一，也是当时华商轮船公司中资本最大的一家。宁波、上海辟为商埠以后，沪甬线客货运输繁忙，成为中国轮运业主要定期航线之一。宁波人闯世界，第一个目标便是上海。美商旗昌轮船公司最先发现这个商机，派了一艘"孔子"号打先锋，于同治元年（1862年）往返沪甬间，两年后即开通客轮航班，申甬线很快成为中国沿海主要定期航线之一。到1908年，沪甬航班已有英商太古公司的"北京"轮、招商局的"江天"轮两艘，但乘客仍然极为拥挤，单程统舱票价都高达一块大洋。法商东方公司见申甬线有利可图，就以"立大"轮加入来分一杯羹。太古和招商立即联手抵制，所用的办法就是联合降价，统舱票一律减至五角。相持一年，没有挤走东方，三公司转而联手对付船客，票价又一律涨至一元。

虞洽卿对同乡会的事一向热心，于1908年四月前往三公司交涉，要求将统舱票价永久定为五角，以便平民往来。谈判的时候，虞洽卿曾甩出一句话："如果你们不同意，则宁波人将自己设立公司，购轮来行驶。"这本是宁波同乡平时说的激愤话，虞在说的时候，并没有自设轮船公司的计划，只不过为了加重筹码，使交涉获得成功而已。不料太古、东方和招商局拒绝降价要求，这一下，倒变成宁波人非办轮船公司不可了！否则，宁波人势必永受三公司摆布。于是虞洽卿邀集同乡，真的发起组织宁绍轮船公司。

1908年5月，虞洽卿等人一边向农工商部呈文立案,一边即行着手筹备宁绍商轮股份有限公司，公司额定资本总额为100万元，股本为20万股，每股5元。设总行于上海，设分行于宁波。又在上海、宁波等15个国内主要商埠及日本横滨设立代收股款处。1909年，虞洽卿邀集陈薰、严筱舫、严义彬、方舜年等宁绍同乡，在上海发起创办创宁绍轮船公司以示抵制，虞洽卿任总经理。消息传出后，不仅旅沪宁波人士纷纷解囊入股，即非甬籍如花旗银行买办袁衡之等也因有利可图而参加投资。这是虞洽卿经营航业的一个开端。虞洽卿领导宁波人自办轮船公司，绝不仅仅出于一时的激愤，而是既为国家"杜斯漏卮"、挽回航权，又为家乡谋取福利。后来在发行宁绍商轮公司股票时，干脆在股票两边的花边纹饰间赫然印着"爱国爱乡，挽回航权"八个字。把类似这样一句爱国明志、富有感情和号召力的口号印在股票上，在中国一百多年股票史上绝无仅有，甚至在世界股票史上也不知道是否有过另例。同时这也鲜明地表达了虞洽卿开创民族航运事业一以贯之的指导思想：与洋商抗争，为祖国和家乡夺回利权。

3."宁绍斗太古，乘船不再苦"

公司正式营业后，原来沪甬线上的几家航运公司采取跌价手段，企图扼杀新生的宁绍公司。面对如此危境，虞洽卿倡议组织宁绍航运维持会，又发动宁波同乡竭力支持公司的运营。在宁波商帮的通力协助下，宁绍公司成为"以华商名义，使用大型轮船，面对外国侵略者强大竞争压力，在一条航线上坚持下来，取得胜利的第一家民族轮船企业"。

宁绍商轮公司开始营业，第一件事情就是在自己公司的船头上立一牌，上书"立永洋五角"。意思是，我宁绍轮船统舱票价永远是五角！"立永洋五角"既是对宁绍乡亲的永久承诺，也是向太古、

图2　宁绍商轮公司1919年的五角船票

东方、招商三公司公开宣战：要么从一元降到五角，要么请你离开！三公司恼羞成怒，立即作出反应，将统舱客票价由一元降至两角五，外带附送小毛巾一条！这一招比当年太古和招商两家打压东方公司，把票价从一元降到五角凶狠得多。料想你资本薄弱、基础未稳的宁绍公司能撑得了几天？但是它们大大低估了宁绍商船公司背后广大宁波同乡的决心和力量。1909年7月9日，宁绍商轮所属的"宁绍"轮和"甬兴"轮行试车礼，从次日起，两轮正式换班来往于沪甬间。自申甬航线开辟以来，宁波人第一次坐上了自己的轮船。宁绍商轮公司为虞洽卿所发起，而且创办中出力最大，其中的艰难困苦难以尽述。在认购公司股份时，虞一人独认得2,000股，位居首席。因此，在开首次股东会时，虞洽卿以9,814的最高票数当选为公司总经理。可以说，开办宁绍商轮，虞洽卿是出钱和出力最多的人。宁绍商轮股份有限公司成立后，即向福建船政局购买大号轮船一艘，定名为"宁绍"，经营上海至宁波的船运业务。开创之初，公司受到外商轮船公司的低价挤压，无利可图，险遭倒闭。

1909年，由虞洽卿、朱葆三等宁波帮巨头发起组织宁波旅沪同乡会，虞洽卿当选为会长。面对外轮的紧逼，宁绍公司以沪甬绅商为后盾，由徐乾麟、孙梅堂等宁波同乡会发起组织一个"航运维持会"，以"爱国爱乡，挽

回航权"为号召，筹得大洋10万元，用来贴补宁绍票价的损失。具体是由宁绍公司的统舱票以五角一张的定价交航业维持会出售，航业维持会以三角售出，每售出一票，维持会贴洋二角。而一般宁波人宁愿多出一点钱也要乘宁绍公司的轮船，必待宁绍轮客满以后才改乘其他公司的船。同时号召往返沪甬的宁波客、货均应搭乘宁绍轮船。宁波籍商人还互相约定，所有货物，都尽先报装宁绍公司轮船。所以宁绍轮船的生意特别好，而太古轮则少人问津，有时甚至只得放空。几番争斗下来，太古等不得不拱手认输。宁绍公司还向宁波各行业协会赠送船票，仅向沪南豆米业就送船票1,000张。宁绍公司以每年亏损5万元的代价，不仅顶住了巨大的竞争压力，今年后开始逐年盈利并发展壮大。一句民谣也从那时流传到现在："宁绍斗太古，乘船不再苦。"

4. 在上海商界及宁波同仁全力支持下发展壮大

公司成立后即向福建船政局购买大号轮船一艘，定名为"宁绍"，经营上海至宁波的船运业务。因得到上海商界及宁波商界同仁全力支持，客货往来，繁忙拥挤。为扩展业务，宁绍商轮公司又购入轮船一艘，定名"甬兴"。随着航运业务日益兴隆，1912年宁绍商轮公司又请英国的一家轮船公司制造新轮一艘。1914年交付使用，取名"新宁绍"。"新宁绍"投入运行后负责上海宁波的航线，与"甬兴"轮隔日对开。同年，宁绍轮则调往长江航线，从事开拓上海到汉口的航运业务，沿途停靠南京、芜湖、九江等地。因长江航线上原已有外商轮船公司与华商轮船公司多家，故竞争颇为激烈，使宁绍商轮公司在长江航线上处境艰难。但宁绍商轮公司依仗着优质的服务，得到上海、汉口的一批宁波籍商人和同乡们的大力支持，在风雨中勉强支撑了下来。

这一局面维持数年，以后随着航运业务的不断发展，宁绍商轮有限公司于1919年重定资本为150万元，分为6万股，每股25元。该公司虽受到外商轮船公司及其他华商轮船公司的挤压，开创之初，无利可图，但从1916年以后则年年盈余。1937年抗日战争爆发后，中国的各轮船公司的船只一部分毁于战火，一部分则被国民党沉没在封锁线上，留在上海的船舶被迫收缩或停业，为数不多的卖给了外商轮船公司。至此，战前颇有声誉的宁绍商轮公司，战后则未复闻。

宁绍公司初创之时，在汉口、北京及天津等国内主要商埠进行招股。公司股票上印有"爱国爱乡"四字，宁绍同乡和各界人士无不踊跃认股。宁绍公司属民营股份有限公司，公司发行股票，内部员工多有购买5元单股。员工成为公司股东，与公司之间利害关系愈显密切，团结扶助、同舟共济的合作精神得以强化，由此迸发出强大而持久的凝聚力，增进了员工和公司齐心协力共御经营风险的能力。同时，各埠同乡商店、行号，购有宁绍股票的也较多，他们经营的客货运输，自然惠顾宁绍公司，无形中更加扩大了公司的业务量。敦重乡谊、团结自治是宁绍公司的一大特点。四海为家、经商在外的宁波人注重乡情乡谊，能够风雨同舟，和衷共济，具有报效桑梓、热心公益的情怀。正如《鄞县通志》记载："团结自治之力，素著闻于寰宇"。

以宁绍为名的宁绍公司，基于同根同源、血缘乡情的地域群体意识，对宁绍同乡多有关照。同乡回籍，只要有同乡会或同乡所开设的店铺出具证明，宁绍公司即予以免费搭轮回乡。宁绍去世的同乡，灵柩先被寄放于四明公所，之后由宁绍公司运往宁波。每批灵柩，少则三五具，多时二三十具，每具仅收取少许运费。虞洽卿也本着"为善不后人"的人道精神，嘱咐三北轮船公司依照办理。

5. 虞洽卿创办三北航运公司

虞洽卿一生行事，很符合"欲任天下事，必自故乡起"的古训。继宁绍商轮公司，他创办第二家航运公司——三北公司，也是源于他浓郁的故乡情结。虞洽卿的故乡龙山，地处镇海、慈溪、余姚三县之北，故称"三北"。三北靠海，多滩涂，盛产棉花，但交通不便，人民清苦。虞洽卿离开故乡后常常记得母亲的话，总想为故乡做些"对一乡有实惠的事情"。1893年，26岁的虞洽卿考察日本实业，明治维新以后的日本新气象令他感慨殊深，"鉴国外维新情形，非创办实业不可。实业复以银行及轮船公司为最要"。于是，1913—1945年，历时32年，他共投入500万元及无数精力于家乡三北建设，目标是上海有的三北都要有，主要内容包括：办学校、开银号、修公路、开辟兴昌隆一条街、建电厂、通电话、设龙山电报局、创办惠乡诊所。另外，还设有一个治安机构——保卫团，兼有相当于派出所和消防队的功能。而其中最主要的则是建轮埠和成立三北轮船公司。

因此，开发龙山，交通先行，第一个建设项目就是造码头。因为龙山当时海与岸之间有一二公里的滩涂，船无法靠岸，所以虞洽卿必须把码头筑在离岸将近一公里外的海上，海与岸之间则筑以长堤，以阻挡潮水浸入。当时没有施工机械，全凭人力，遇到巨浪冲击，抛下的石块即被冲走，于是补打数万根粗如饭桶、长二三米的松树桩，这才使石块不被冲走，历时两年方把长堤筑成。据说仅此一项就花了近百万元。初时还不为乡亲们所理解，犹讥之以"洽卿老板大糊相（宁波土语，傻瓜、笨蛋之意），钞票丢到海中央"的顺口溜。石堤完成后，按照虞洽卿的设想，堤上铺设轻便铁轨，行驶小火车运载客、货。小火车由4节车厢和车头组成，因堤上无法调头，就由车头或推或拉来解决。码头建成后，三北一带的旅客、货物每天就由小火车免费接送。

码头建成之日，三北公司在上海订造的第一艘轮船即靠上了码头，虞洽卿把它命名为"镇北轮"，行驶龙山至宁波，这是解决交通问题的第一步。20世纪初期，火车、轮船在中国绝大多数地方都还是稀罕之物，可是在偏僻的龙山脚下一下子全有了，汽笛声声，火车隆隆，人来货往，一时成了外来人啧啧称奇的非常景观。饭馆、客栈、商号陆续开设，需要大量船员、茶房、信客、挑夫，解决了不少龙山人的就业问题，可谓商旅称颂，皆大欢喜！继"镇北轮"后，虞洽卿又购置"慈北轮"、"姚北轮"。1914年6月，虞洽卿正式创办"三北轮埠股份有限公司"，设总公司于上海，于龙山、镇海、宁波设立分公司。以后陆续购进远洋客货轮、长江客货轮。

继创办三北公司后，虞洽卿又购进"宁兴"轮，开设了"宁兴轮船公司"。另外，又盘下了鸿安轮船公司，设总公司于上海、分公司于长江各埠。这样，虞洽卿从家乡的海滨起航，数年间独资创办了三北、宁兴、鸿安三家轮船公司。1922年，又盘进上海肇成机器厂，改名为"三北轮埠公司机器厂"，专修三北、宁兴、鸿安三公司的船只，并制造一些小型轮船和拖轮铁驳，长江各埠的浮码头趸船。到1936年底，虞洽卿所拥有的独资轮运企业（三北、鸿安、宁兴）总资本为320万元，船只总数达到52艘，总吨位达6.785万吨。船只总数比招商局还多出20艘。相比之下，当时在民营轮运公司中排名第二的政记轮船公司规模为24艘，3.9168万吨，名列第四的民生实业总公司船只总数虽有45艘，但总吨位不及2万吨，根本无法同虞洽卿的轮运势力相比。故虞洽卿是中国最早的、当之无愧的"船王"。

外马路601号3号仓库（见图3），为宁绍商轮股份有限公司仓库原址，建于1937年，由当时的五和洋行建筑部设计，建筑风格属装饰艺术派。如今，它是码头文化的一个印记。

图3　宁绍商轮股份有限公司仓库原址

6.抗战八年，屡遭挫折

1937年，抗日战争爆发后，作为上海民营轮运业中规模最大的航运集团，虞洽卿的轮船公司受战争的影响也最重。轮船公司的船只或毁于战火，或被国民党沉没在航道封锁线上，留在上海的船舶停业，卖给了外商轮船公司。随着战局的变化，特别是1941年底太平洋战争爆发后，虞洽卿的轮运公司也和国内其他华商航业一样遭受接踵而至的厄运：或是被敌机炸沉、炸毁，或被敌人虏捕占扣，或是被政府征用沉塞于重要防地，或在装运公物过程中牺牲。至此，虞洽卿庞大的船队仅剩下27艘，11,448吨。而尚能勉强坚持营业的只有在川江上行驶的渝丰、蜀丰、寿丰、鸿元四小轮及武康拖轮，航线主要为渝万线、渝叙线、渝丰线，总吨位不及1,300吨，损失之巨，可想而知。虞洽卿的航运事业从此一蹶不振。

抗战八年，虞洽卿以七十余高龄，跋涉山川，颠沛流离，好不容易盼到将要胜利，却又突患急性淋巴腺炎客死重庆。虞一生功过是非，成败得失，后人自然尽可见仁见智、臧否评说，但他一生为民族航运事业筚路蓝缕、呕心沥血，他的敬业精神、奋斗精神为后人所称道。在国难当头、民族危亡之际，宁绍公司响应政府号召，积极支援抗战，不惜牺牲自己的经济利益，在执行战时运输和封锁长江航道上，作出了应有的贡献，铸就了航运史上的辉煌一页。新中国成立后，宁绍公司在汉口、上海等地的码头仓库分别交付相关单位接管或与之合营，历时四十余年的宁绍商轮股份有限公司从此退出历史舞台。

以下七枚宁绍商轮股份有限公司的股票：票面艳丽多姿，上方印有五色旗和公司旗，并印有彩色的昂首前进的"新宁绍"轮船。另外三枚是1929年发行的股票，多色印刷，设计构思极佳，股票的上方为航标灯塔。另外最具特色的是股票左右两侧印着醒目的"爱国爱乡"和"挽回航权"八个大字，反映了在当时特定的环境中，宁绍商轮为了对付外商轮船和其他华商轮船的挤压，及自身开拓业务而提出的宣传口号。

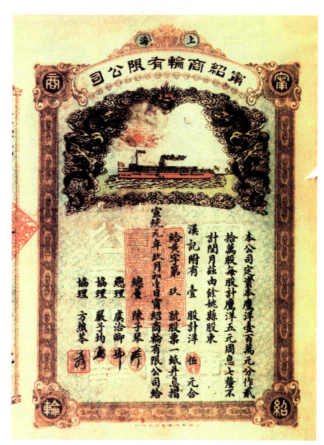

图4　宁绍商轮有限公司1909年10月14日发行面值壹股（5元）的股票（百年中国证券典藏收录）

图5 上海宁绍商轮股份有限公司发行面值贰股（10元）的零股股票

图6 上海宁绍商轮股份有限公司1919年2月1日发行面值贰股（50元）股票
（卓克艺术网收藏）

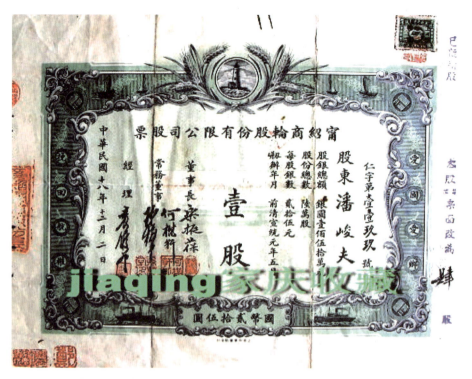

图7　宁绍商轮股份有限公司1929年12月2日发行面值壹股的股票（著名收藏家郑家庆藏品）

图8　宁绍商轮股份有限公司1929年12月20日发行面值壹股（25元）的股票（泓盛艺术网收藏罗天生藏品）

图9　宁绍商轮股份有限公司1929年12月20日发行面值拾股（250元）的股票（盛世艺术网收藏）

图10　宁绍商轮股份有限公司1948年6月1日发行面值壹仟股（25,000元）的股票（百年中国证券典藏）

带领中华书局共赴国难的出版家陆费逵

在当代中国，商务印书馆比中华书局早成立15年，在1911年，商务印书馆已是中国书业的龙头，想在它的格局下有所突破，并非易事。可是陆费逵做到了。1910年，时任商务印书馆图书出版部部长的陆费逵，为中国教育会起草章程时提出，国民教育、人才教育、职业教育应该三者并重。次年辛亥革命爆发，他看到革命必定成功，教科书应有大改革，以共和政体为内容的新教科书将成为当前之急需，而商务却是漠然视之，这正是另创书局的有利时机。1911年辛亥革命前夕，在商务印书馆任出版部主任的陆费逵与戴克敦、陈寅、陈协恭、沈颐等人暗中筹集资金，约请编辑人员秘密加紧编写新教科书，并筹设中华书局。

1. "出版巨擘"陆费逵

陆费逵（1886—1941年），中国近代著名教育家、出版家，中华书局创办人。汉族，复姓陆费，名逵，字伯鸿，号少沧，幼名沧生，笔名有飞、冥飞、白等。原籍浙江桐乡，生于陕西汉中。母为李鸿章侄女，颇识诗书。提起陆费逵，现在年轻一辈大都茫然无知，但说到中华书局，恐怕只要是上过几年学、读过几本书的人都知道这家声誉卓著的大书局。因中华书局出版的书籍哺育和影响了我国几代文化人，港台

图1　陆费逵

乃至东南亚华人社会，一提到中国文化，就要联想到中华书局。近百年来，中华书局在传播中华文化方面已作出了不可磨灭的伟大功绩。然而有许多读书人却不知道中华书局的创始人和前期负责人就是这位陆费逵先生。

陆费逵出生于出版世家，其祖父曾担任过《四库全书》总校官。清宣统年间，陆费逵在上海"文明书局"任职时，被商务印书馆用高薪挖走，委以出版部部长。当时，废除私塾，兴办新学的呼声很高，孙中山领导的推翻清朝封建王朝的革命运动也如火如荼，民国政府建立在际。陆费逵以出版家的远见卓识，认清了这一形势，提出革新教材，重编一套适应新形势的教科书的建议，并联络一批同道者，着手编出了一套小学国文、算术、历史、地理的新课本教材。

但其时主持商务印书馆出版的一些负责人，思想保守，对新的革命形势抱悲观态度，唯恐新教材不被世人接受，经济受损，否定了陆费逵的建议。加之陆费逵早已不满足寄人篱下之地位，于是，1912年，陆费逵便联络了原商务印书馆的一批同仁，宣布脱离商务印书馆，成立了中华书局，并自任中华书局总经理。作为一家完全华商自办的民营出版企业，在旧中国的历史环境和条件下，有来自各方面的势力牵制和威胁着企业的生存和发展，但在陆费逵带领下，中华书局几度摆脱困境，并使其发展成为当时国内最大的两家民营出版企业之一。因此，中华书局的创建是辛亥革命的产物。

2. 中华书局应运而生

1912年元旦，中华民国在南京宣告成立。同日在上海，中国历史最悠久的出版社之一，由陆费逵先生和戴克敦、陈协恭、沈知方等人在上海创办的中华书局应运而生。出版宗旨为：一是养成中华共和国国民；二是并采人道主义、政治主义、军国主义。三是注意实际教育。四是融和国粹欧化。中华书局创办时由五人合资开设，即陆费逵（伯鸿）、戴克敦（懋哉）、陈寅（协恭）、沈颐（朵山）、沈继方（季芳），资本仅2.5万元。办事及编辑人员十余人，陆费逵任局长，沈颐任副局长。陆费逵在开办时提出"教科书革命"和"完全华商自办"两个口号，迅速发行中华小学及中学教科书，在新教材中称赞"孙中山是当今中国的第一伟人"。

中华书局是集编辑、印刷、出版、发行于一体的出版机构，其组织形式为：设董事、监察若干人、总经理1人。总经理之下分设：总办事处、编辑所、印刷所、发行所。书局自办印刷厂，至1937年拥有印刷机械300余架，职工千余人。在传统学术和古籍整理方面，中华书局拥有雄厚的人才资源，已故著名专家学者如陈乃乾、徐调孚、宋云彬、杨伯峻、马宗霍、金灿然、赵守俨等，在中华书局的发展过程中起过巨大的作用。中华书局一成立，当即出版了《中华新教科书》，为辛亥革命成功后，普遍改制的学堂提供了各类新教材，受到各地欢迎，一时供不应求，中华书局一炮打响。这时，商务印书馆追悔莫及，也赶紧编印新教材，与中华书局展开竞争。上海"世界书局"等出版机构也纷纷加入出版教科书的竞争行列。各家都在编辑出版中，力求精善，减低定价，争夺市场，这无形中促进了新教材的革新和普及。同月，中华书局创刊《中华教育界》。

中华书局建局之初奉行"开启民智"的宗旨，以编辑出版各类教科书为主，在传播科学文化知识推行新式教育方面起了积极的作用。建局不久，中华书局的出版事业得到迅猛发展，在国内出版业占有十分重要的地位。同时，云集了一大批专家学者及社会名流，如梁启超、于右任、范源濂、马君武、田汉、张闻天、潘汉年、徐志摩、钱歌川、陈伯吹、张相、舒新城等，并陆续出版了《中华大字典》、《辞海》、《四部备要》、《古今图书集成》等颇有影响的书籍，编辑出版了《大中华》、《新中华》、《学衡》、《中华学生界》、《中华小说界》、《小朋友》、《中华故事》等20余种深受读者欢迎的刊物。

3. 出版事业得到迅猛发展

建局不久，中华书局的出版事业得到迅猛发展，在国内出版业占有十分重要的地位。首先出版新编的《中华教科书》以其国旗图案抢占了大部分教科书市场。"于是改公司，添资本，广设分局，自办印刷"，后又盘入文明书局、民立图书公司和聚珍仿宋印书馆，迅速发展成为国内民间第二大出版机构。书局成立之时于福州路东首租三间店面，又在福州路惠福里设立印刷所，不久迁河南路。1913年沈知方加入。陆费逵任局长（后称经理），沈知方为副局长，编辑所长先后有：范源濂、戴克敦、陆费逵、舒新城等。总公司迁至东百老汇路（今东大名路）AB29号，并租用其旁之民房，设编辑、事务、营业、印刷四所。其编辑所后又移至东百老汇路88号。当年，又出版了《新学制教科书》和《新编国民教育教科书》，刊出新国旗作书籍封面。这些教科书体例新颖，风行一时，遍及全国，争得了广大的教科书市场。各省纷纷向中华书局函购教科书，顾客登门求购的络绎不绝，"架上恒无隔宿之书"，一时供不应求。当年营业额就达20多万元。这些让陆费逵始料未及。他迅速扩充资本添设印刷所。由一家新成立的后起出版企业，异军突起，居然在一两年间享誉海内，真有一夜成名之感。

总店（发行所）先设在抛球场（今河南路南京东路口）。至1915年局员（包括分局）共有700多人，1916年设分支局40处，职工2,000余人，在棋盘街（今福州路河南路转角）建成五层楼新店，店面10间，与商务印书馆贴邻。同年，在静安寺路（今南京西路）哈同路（今铜仁路）口建成印刷总厂（见图2），除印刷所外，总办事处和编辑所也设于此。总厂占地面积40余亩，居当时上海各印刷厂之首，成为集编辑、印刷、出版发行为一体的出版机构，设备属远东一流。随着业务发展的同时，中华书局持续增资扩股。1915年6月，中华书局改为股份有限公司，资本达100万元。以后陆续增资，1916年资本达160万元，至1926年达200万元，1936年增至400万元。1950年资本总额为200亿元。

4. "民六危机"让书局差点倒闭

1916年，中华书局修建印刷厂、发行所大楼及添置器材设备，耗资达80多万元。书局在前三年内，在全国重要城市设立分局40余处，职工达几千人。国内军阀混战，导致西南各省分局有的停业达半年之久，厂所迁移、停工停产导致收入减少，加上内部人员挪用公款，同业竞争又十分激烈，内忧外患，致使书局的财政状况十分不佳。当时中华书局原有资本仅100万元，吸收存款达120万元，平时运行资金全凭吸收的存款和行庄押款来维持。

1917年春，外界谣传纷起，说中华书局即将破产，存户纷纷前来提款，几天就提走现金八九万元，资金周转失灵，书局真的到了倒闭的边缘。经多方设法，营业重获发展。面对危机，董事会决定出租书局以保住中华书局，又曾与商务谈判合并而未成。其间，陆费逵曾一度辞局长职，任司理，由史量才继任局长，仅两个月后收回，仍由陆费逵任总经理。当年12月，改选俞复、于右任、范源廉、康心如、孔祥熙、戴克敦、宋曜如等十一人组成新的董事会，陆费逵改任司理，处理日常事务。宋曜如是宋子文的父亲，作为书局的股东和大存户，他极力劝说债权人共谋维持之方，终于商定了分年摊还的办法，使得书局得以渡过难关。

图2　中华书局印刷总厂

1918年3月，中华书局刊登启事，向债权人征询债务分期偿还办法，启事一出，债务纠纷渐渐平息。到了4月，常州资本家吴镜渊、俞复、陆费逵等组成维华银团，筹资10多万元，作为印制教科书的周转资金。1918年12月，召开股东大会，陆费逵以最多票数重新当选董事。至1919年12月，陆费逵改任总经理，取消了局长制。此年书局盈利2万元，虽然利润很少，却扭转了困难局面。"民六危机"出现了转机。1920年前后，书局承接印制克劳广告公司和南洋兄弟烟草公司烟壳的业务，获利丰厚。

陆费逵在《中华书局二十年之回顾》中说："当此之时，危机间不容发。最困难之时代，凡三年余，此三年中之含诟忍辱，殆非人之意想所能料。"在这场危机中，陆费逵也陷入困境，不少好友都请他脱离中华书局去干别的工作，教育部部长范源廉希望他到部里任职，《新闻报》社请他去担任总主笔等，但他都不为所动，从此一辈子坚守在书局的岗位上。1943年，金兆梓说陆费逵对于中华书局而言："首创之者先生，扩大之者先生，中经蹉跌而复兴之者亦先生。"

同样在日后的抗战中，陆费逵也带领书局共赴国难。在日寇步步侵占中国国土的情况下，坚持文化事业是非常艰难的。在1932年，中华书局主办的《新中华》创刊，当时正处于"九一八"和"一二八"事件之后，陆费逵判断日本会继续侵略中国，便发表《备战》一文，文中说："将整个的财力、人才准备作战。"紧接着事态发展越来越严重，日寇炸毁了商务印书馆，日寇的飞机也对陆费逵的住所进行了低空扫射，幸好未伤到家人。上海沦陷前夕，汉奸维持会在报上公布了名单，上面赫然列着陆费逵的名字。陆费逵赶紧把书局的工作做了紧急部署，便带着家人悄然逃离上海，赶往香港。他走之后，日寇霸占了中华书局的上海本部，但陆费逵在香港重撑中华书局的大旗，指挥国统区各书局继续发挥作用。

5. 鲜为人知的纸币印制业务

1927年南京国民政府建立后，陆费逵积极推举历任政府要职的孔祥熙为中华书局董事长。中华书局除编印出版教科书和各种图书杂志外，还于1929年创办中华教育用具制造厂，制造教学文具仪器。孔祥熙当董事长后，1930年中华书局大量承印国民党有价证券和小额钞票，印刷业务更加发展，1932年扩充印刷所。1933年在香港九龙建立印刷分厂，设备之新号称远东第一。1935年在上海澳门路469号建成印刷总厂，总办事处和编辑所也设于此。购置先进印刷设备，既印本版图书，也承印地图、邮票、香烟壳子以及政府的有价证券、钞票、公债券等。1936年陆费逵接任中华书局董事长。年营业额约千万元，全国各地设有分局四十余处。仅上海、香港两厂职工已达三千余人。书局彩印业务为全国第一，印刷设计之新当时号称远东第一。抗战前资本达国币400万元，分支局约50处，分销处1,000余家，所设函授学校毕业学员数万人。抗战时上海总办事处解散。1937年春，在全国各地和香港、新加坡开设40余个分局，年营业额约1,000万元，进入全盛时期。

中华书局自20世纪30年代起至1949年，先后为中央银行印制铜元券、国币辅币券、国币券、法币券、法币辅币券、关金券、金圆券、银元辅币券、银元券。中华书局为什么能进入国民政府时期的纸币印刷业务？答案很简单，是先进设备和领先的印刷工艺抢来的印钞机会。中华书局能够承接国民政府印制纸币的业务，很多人认为，这一定与书局的创始人陆费逵和董事孔祥熙在当时的社会与政治地位有着紧密的关系，然而，事实并非如此。中华书局当时能够取得为国民政府印制钞票这份"美差"，关键是当时的国际政治形势与中华书局自身的设备优势，同时，中华书局还拥有一批优秀的印刷技术人才，也是重要因素之一。印刷业是陆费逵很重视的一块业务，他创立的中华书局，集编辑、出版、印刷、发行为一体。他说："印刷为文明利器，一国之文化系焉。果使我局放一异彩，不徒为我局实力之发展，亦足以观国民文化之进步。"在他的内心，一直立志要建立亚洲第一的印刷厂，事实上他也做到了。20世纪30年代后期到50年代初，在中华书局的营业额中，一大半来自印刷业务。印刷业务的主业，则是印钞业。1933年夏季，日军已经侵占了中国东北，蚕食华北，进逼上海。鉴于商务印书馆在上海的遭遇，中华书局积极建设香港分局。另外，香港是个无税口岸，印刷原材料价格低于国内，而且印成书刊后，可以享受免税进口的优惠，有利于减轻企业成本，提升同业之间的竞争力；此外，在香港造货，除了可以就近供应华南外，还可以通过海运，经越南河内转运至云南、贵州等西南诸省，省时且运费低廉。

1935年以后，国民党政府实行法币改革，规定以中央银行、中国银行、交通银行等发行的钞票为法币，禁止银元在市面流通，这就给当时设备"远东第一"的中华书局印刷厂提供了发展良机。由于印钞业的利润丰厚，中华书局在香港的业务得到了急速发展。在香港印刷厂全盛时期，职工（包括印书部）近2,000人。印钞部的主要设备有德制大电机5台，小电机100余台，鲁麟机12台，大号元盘机20台，小元盘机30余台，四色凸版机1台，邮票上胶机、打洞机各2台，以及电镀切纸机等其他设备。1941年底，太平洋战争爆发，香港印刷厂被占领。数月后，大部分职工陆续离开香港回到上海或重庆。日本投降后，由重庆中华书局总管理处派员赴香港接收，并在以后的数年中再度成为承担国民政府的印钞业务。

6. 陆费逵病逝后的中华书局

1941年7月9日，陆费逵因突患脑溢血，在九龙寓所逝世，享年55岁。李叔明继任总经理，上海方面由吴叔同任经理。抗日战争时期，静安寺老厂印钞部转移至香港分厂，澳门路总厂改名"美商永宁公司"，由美籍商人A.F.沃特生任经理。日军进占租界后，永宁公司被封，第二年才启封。随后太平洋战争爆发，领导核心内迁，在重庆设立总管理处。其间，仍然印制教科书，编辑出版各种图书杂志。抗战胜利后，总管理处迁回上海，印制教科书的业务虽迅速恢复，但图书杂志出版业务逐渐陷入困境。

1942年在重庆设总管理处，抗战胜利后迁沪。截至1949年，中华书局共计出书5,700种以上，重要书籍有《中华大字典》、《辞海》、《四部备要》、《古今图书集成》、"新文化丛书"、"社会科学丛书"等。先后创办及代印发行期刊近40种。1949年2月李叔明离沪，舒新城任代总经理。7月舒新城辞职，沈陵范继任。然而，时局发生了巨大变化，中华书局在1949年产生裂变，台湾、新加坡、上海、香港四地的中华书局各自独立运行。后来上海的中华书局又搬到了北京，绵延至今。如今打着中华书局旗号的，却只有北京与香港两处了。

1952年，中华书局编辑部迁北京。1954年5月，中华书局公私合营，总公司和商务印书馆同时迁来北京，以它们各自的传统优势，进行了合理调整，在主营业务上进行了科学分工。1958年，国务院科学规划委员会建立了全国古籍整理出版规划领导小组，决定合并北京古籍出版社到中华书局，作为"出版中国文史哲古籍及学术研究著作的专业出版机构"，中华书局被指定为该小组的办事机构，成为整理出版中国古代和近代文学、历史、哲学、语言文字图书及相关的学术著作、通俗读物的专业出版社，承担着国家级古籍整理的基本项目。并把"古籍办"设在中华书局。一直靠多种经营立足于世的中华书局大幅度缩水，成了专门出版古籍的出版社。同时在上海留有中华书局上海办事处，改组为中华书局上海编辑所。1958年，中华书局曾长期在王府井北大街的原中国文联大楼内办公，与商务印书馆同处一楼。

从1912年到1949年的37年间，中华书局共出版各类图书约6,000种，涉及社会科学、自然科学、文学艺术、重要古籍、少儿读物等多种门类。在全国各地设立了50多个分支局，1,000多家分销处还在，新加坡、香港和台湾地区相继设立分局，业务遍及全国并海外发展。是当时中国仅有的几家大型综合出版企业之一。先后编印出版了《四部备要》《古今图书集成》《辞海》《饮冰室合集》等重要书籍，卢梭《社会契约论》、达尔文《物种原始》等重要译著，以及几十种杂志，在学术界颇有声望。出版的各类古籍和学术著作数万种，已成为国内外研究中华文化、历史的珍贵资料。改革开放以来，中华书局扩大经营业务，在保持传统优势的主业下，出版了大量文史哲和外国研究中国的专著普及读物。在新的文化市场竞争中，取得了社会和经济效益双丰收。

1997年迁至位于丰台区太平桥西里的独立办公楼。中华书局是我国整理、编校、出版古籍读物的权威出版机构，在国内外知名度颇高，影响深远。此后，中华书局又在编印工具书、辞书及整理古籍书方面，投入精兵强将，成绩斐然。民国初年出版的《中华大字典》、《辞海》、《四部备要》、《图书集成》等辞书、工具书，编校严谨、印制精善，后经多次修订，已成为我国出版史上的经典之作。中华书局是中国历史最悠久的出版社之一。

7. 辞书与古籍：延续至今的荣耀

今日的中华书局在知识界崇高威望的建立，并非点滴之功，它与创办人陆费逵的贡献是密不可分的。中华书局靠教科书起家，但后来却不局限在这一领域。陆费逵素以改良中国辞书为己任，他创办书局后，编印辞书自然就成了重要的出版业务之一。书局出版的第一部字典《中华大字典》初版于1915年。1911年就由陈寅发起，陆费逵参与其事，书局成立后，又以几十人之力，费五年之功，才告完成。这本字典收字48,000多字，比《康熙字典》还要多，而且解释简明，编排合理，查阅方便，还校正了《康熙字典》中的错误4,000多处，因此出版后很受读书界和学术界的称道，被评为"现在唯一之字书"。而中华书局编纂出版的辞书《辞海》影响就更大了，这部辞书的修订版至今还是人们常用的工具书。当年的《辞海》收单字一万多条，复词十万多条，共约七百万言。这是一部兼有语文辞典和百科辞典性质的综合性大辞典。从1915年秋天开始编纂，范源廉、陆费逵、徐元诰、舒新城、吴廉铭、沈颐等人共献心血，至1935年定稿，编纂工作历时20年，这样艰巨的工程，竟然由一个私营的出版企业完成了。然而这20年里，中国内乱不息，外患也在加剧。日寇进犯上海，身处战争前沿的书局深切地感到时局的飘摇。《辞海》于1936年12月出版上册，次年六月出版下册，它是中华书局对中国文化出版事业的重大贡献。

1936年，鉴于日寇不断挑衅，战事一触即发，陆费逵决定将《辞海》提前出版，特在印刷厂专门开辟一个排版车间，日夜赶排。当年《辞海》上册出版，1937年8月下册面世。1958年，《辞海》修订，在毛泽东的赞许下，《辞海》编委会邀集了专家500多人参加，一时间，上海"满城争说编辞海"。7年后，《辞海》未定稿本出版。1979年10月，集中国1,200名精英的智慧于一身的《辞海》修订版正式出版。回顾《辞海》数十年的历史，不能不记得陆费逵的肇始之功。

在古籍专业出版领域里，中华书局确实是罕有匹敌的。它对古籍出版的重视是一以贯之的，1949年以前，书局就出版了600多种重要古籍，其中就有《二十四史》及《清史列传》这样珍贵的历史文献。新中国成立以后，历时20多年整理修订三千多卷的《二十四史》，就是中华书局50多年来整理出版古籍作出巨大贡献的一个缩影。古籍的出版受到如此重视和毛泽东的支持分不开。当年毛泽东指示要把"前四史"标点出版，后经吴晗、齐燕铭、金灿然共同商议，报告毛泽东，想扩大点校全部《二十四史》。此报告得到毛泽东的批准，于是，由中华书局牵头的《二十四史》点校工作正式展开。1967年5月，北京的运动搞得正热闹，停顿了一年的《二十四史》整理工作又恢复了，不过这一次是昙花一现。

戚本禹给中华书局掌权的"革命造反团"传达意见，要中华书局继续点校《二十四史》，并且可以用"旧人"。书局顿时士气大振，原任点校的学者一部分因此借调到中华书局，还有一部分学者所在的单位却认为他们"问题严重"，不予放行。于是又从学部系统（今日的中国社科院）和北京高校里补充了一部分力量，再加上书局编辑部的老老少少，大家都来参与这项工作。可惜好景不长，局面维持了几个月，戚本禹垮台，《二十四史》的点校工作又告解体。中华书局也遭到重创，他们被集体下放到湖北咸宁五七干校进行劳动改造。这时候，中华书局实际上是"撤销单位"。

1971年，中华书局同仁从湖北返回北京，重新建立并担当起了点校《二十四史》的重任。王府井文联大楼给了书局，作为专用，一大批专家学者被"解放"了出来，中华书局又成了"知识分子成堆的地方"。顾颉刚、白寿彝、唐长孺、陈仲安、王仲荦、郑天挺、卢振华、阴法鲁、陈述、张政烺、翁独健、王敏铨、周振甫、罗尔纲、启功、王钟翰、孙敏棠、吴树平、杨伯峻、赵守俨等学者共襄其事。七年后的1978年春天，史学界和出版界通力合作，《二十四史》全部出齐。国内外学术界对此反响热烈，评论说："可以肯定超过乾隆殿本，将成为今后研究者的标准本。"事实证明，中华书局1978年出版的新本《二十四史》经得起时间的考验，它已经取代旧本，被海内外公认为是当前最好的本子。

在十年的文化浩劫中，中华书局其实成为一个文化堡垒，它使得许多知识分子能够延续自己的学术生命，也使得中国的传统文化能够薪火相传，那些参与《二十四史》点校的学者们，在他们的有生之年，有机会将中国文化的火炬传承给了后人，这大概是《二十四史》点校出版最现实的意义了。在古籍整理方面，陆费逵作为书局的掌门人，也作出了重大的贡献，做出传播中国的传统文化这一决定，也有他的家族情结在里面。陆费逵多次强调，作者和出版家都应对国家、社会要有高度的责任感，他说："社会之盛衰，国家之存亡，国民人格之高下，端于我著作者是赖。"出于这样的理念，书局整理出版了大量的古籍图书，如《竹简斋版二十四史》、清史馆稿本《清史列传》等史籍和众多的古典名著。此外，还出版了许多传统绘画艺术作品的书籍，如《历代碑帖大观》、《晋唐宋元明清名画大观》及近人画集，因此大画家徐悲鸿、齐白石、刘海粟等人还和书局结下了深厚的友谊。

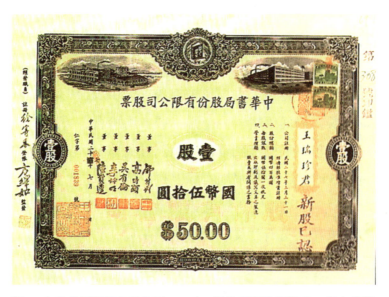

图3 中华书局股份有限公司1938年7月发行面值壹股（50元）的股票（中国近代名人股票鉴藏录）

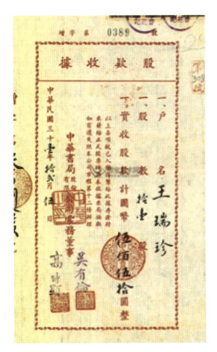

图4　中华书局股份有限公司1942年12月5日发行面值拾壹股（550元）的股款收据及封套（博宝艺术网收藏）

图5　中华书局股份有限公司1948年8月发行面值壹仟贰佰伍拾股（12,500元）的增资股款收据（著名收藏家郑家庆藏品）

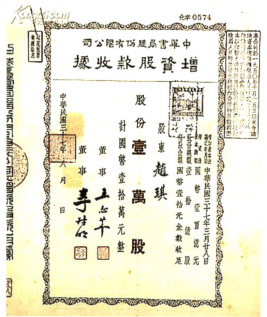

图6　中华书局股份有限公司1948年8月发行面值壹萬股（10万元）的增资股款收据（孔夫子旧书网收藏）

图7　中华书局股份有限公司1948年8月发行面值伍萬股（50万元）的增资股款收据（赵涌在线收藏）

图8　中华书局股份有限公司1948年8月发行面值拾萬股（100万元）的增资股款收据

图9　中华书局股份有限公司1948年8月发行面值伍拾萬股（100万元）的增资股款收据

惨遭汉奸绑票不幸遇害的杰出爱国企业家方液仙

中国近代工业史中，浙商，尤其是其中的"宁波帮"是重要的力量。在当时的工业重镇上海，相当多的金融业钱庄、工业企业由宁波商人创立，为中国的近代工业打下了一定的基础。其中方液仙就是近代中国日用化工业的开创者之一。

1."化工大王"方液仙

方液仙（1893—1940年），字传沆（见图1），浙江省镇海县柏墅乡人，1893年生于上海，实业家，中国化工业的先驱之一，有"国货大王"、"化工大王"之称。镇海方氏家族是当地的名门望族，世代经商，祖辈在上海、宁波、杭州、绍兴、湖州、南浔、南京、汉口、宜昌、长沙、沙市等地经营钱庄、糖业、沙船、银楼、丝绸、棉布、药材、南北货、典当、渔业、书业、房地产业等。在

图1　方液仙

上海、杭州、宁波等地经营钱庄、典当、银楼、南北货等业，仅钱庄就设有20多家。他是"镇海方家"的第五代后人，也是中国近代日用化学品工业的奠基人。生于清末的方液仙，鉴于祖国备受列强压迫、欺凌，少年时就读于宁波斐迪中学和近代上海著名的教会学校中西书院，接受了良好的西学教育，早萌救国之心。

方液仙就读中西书院时，曾师从德国著名化学家、上海公共租界工部局化验师窦伯烈，有勤学之名。其同学中还有后来著名的"味精大王"吴蕴

初，与人合办鼎丰珐琅厂、龙华制革厂和硫酸厂、橡胶厂等。方液仙小时便对化学很感兴趣。方感叹洋货泛滥充斥中国市场，立志走实业强国之路，购阅有关制造日用化学品的书籍，苦心钻研。并在家中设立简易的化学实验室，研制轻工产品。据方液仙的堂侄方之冈介绍"那时候，他父亲本来有意让他继承钱庄，可方液仙对金融行当不感兴趣，希望从事他喜爱的化学工业，渴求实业救国。这让他父亲很不高兴。"

1912年，年方二十岁的方液仙，鉴于日用化妆品市场上外货充斥，利权外溢，毅然在上海筹创中国化学工业社，他说服母亲（李氏）拿出私蓄1万元作为资本，在上海圆明园路安仁里住处办起了家庭作坊，创办了中国化学工业社，是中国日用化学工业品业的滥觞，是中国首家化妆品厂。初期，他亲自带领几个工人和学徒，小批量生产雪花膏、白玉霜、生发油、花露水、牙粉等日用化妆品，与洋货轻工产品相抗衡。并雇人挑担上街叫卖或在电车上向乘客兜售。当时国产化妆品因外货泛滥，销路极少，方液仙的产品打不开销路，连年亏本，最后几乎将1万元资本全部亏掉。亲友们劝他停止经营，可是方液仙十分自信。

2. 三星牌蚊香填补国内日化领域第一个空白

1915年，方液仙又集资5万元（自己出资七成，其舅父李云书投资三成），租赁上海重庆路田丰记营造厂的3间厂房为工厂，请姚聿津任厂长，继续生产化妆品、牙粉，并扩大生产三星牌蚊香，以抵制日货蚊香。方之冈说："19世纪20年代后，中国化学工业社的经营状况开始好转，经营规模扩大。这是因为产品质量提高，同时也受益于1919年'五四'运动掀起的抵制日货运动，国人对'国货'的热情增加。"

三星牌蚊香（见图2）曾是中国化学工业社为当时国内日用化工品领域填补的第一个空缺。20世纪初，日本蚊香畅销中国和东南亚市场。方液仙决定投资这一领域，生产国货蚊香。中国化学工业社先是仿制日本蚊香，继而不断改进工艺。他们从香烛作坊请来了一位老师傅，用压注法造出盘形蚊香。这种蚊香

图2　最早的三星牌蚊香

可使人们一夜8小时免受蚊虫侵扰，而日货蚊香只能燃6小时。"三星牌蚊香机器化大规模生产后，中国化学工业社一开始就打着'国货'旗帜，争取国内消费者认同。同时，中国化学工业社在营销、广告上大做文章，一步步把市场做大。"方之冈介绍，最初，三星牌蚊香用的一种原料"除虫菊"是从日本进口的，为了实现完全意义上的"国货"，方液仙引进"除虫菊"，并聘请农业专家指导，在上海及浙江周边农村种植，实现了原料的自给自足。

20世纪20年代，三星牌蚊香逐渐取代了日货蚊香的垄断地位。中国化学工业社极其重视广告宣传，设有广告科，广告科员包括后来成为著名漫画家的张乐平。其时，上海艺华影业公司拍摄的歌舞片《三星伴月》由中国化学工业社投资，"金嗓子"周璇主演和演唱的《何日君再来》，红极一时，"三星"之名也深入人心。中国化学工业社的广告除报纸、广播、霓虹灯外，还在沪杭、沪宁铁路沿线都制作了大型路牌广告。继蚊香之后，方液仙还投资许多工厂，为中国化学工业社生产提供服务。至20世纪30年代，中国化学工业社产品涵盖牙膏、肥皂、蚊香、化妆品、调味品、化工原料、玻璃器皿7个大类计200多个品种，资金积累达200万元。中国化学工业社成为拥有8个厂的化工联合企业，形成从原材料到制成品基本自给的工业制造系统，成为中国规模最大的一家日用化学品厂。

3. 中国第一代牙膏——三星牙膏

蚊香之后，方液仙又瞄准了另一项其时中国日用化工品的空白领域——牙膏生产。牙膏是在牙粉的基础上改进形成的，20世纪20年代初，国际市场上逐渐以牙膏代替牙粉。1921年，天津的"同昌行"推出"火车头牌"牙粉，这是中国牙粉、牙膏行业的先驱。1922年，方液仙兴办中国第一家牙膏厂，中国第一支国产牙膏"三星牌"牙膏诞生了。上海大学社会科学院副教授李珹认为："中国近代工业中，有一部分产品与当时国际上同类产品几乎是同步产生的，技术也毫不逊色，中国化学工业社生产的牙膏、吴蕴初发明的味精就是例子。这些企业家以及他们的企业为中国工业的近代化作出了很大贡献。"

1922年，方液仙兴办中国第一家牙膏厂。他开始选定美国丝带牌（即高露洁）牙膏，仿效其配方和包装，并向洋行进口软管。其规格有大号、二号两种，由于其质量、口感、香味胜过牙粉，售价仅为国外品牌牙膏的三分之一，所以很快行销全国。1923年，首先研制成功了中国第一代牙膏——三星牙膏。至20世纪40年代末，上海共有78家牙膏厂，品种达110种，三星牙膏是最早的品牌，也是当时最知名的牙膏品牌之一。据方之冈介绍："当时，国内牙膏产品90%以上出自上海，而在方液仙去世前，中国化

图3　三星牙膏海报

学工业社的牙膏约占上海市场的一半。"方液仙因此被誉为"牙膏大王"。1925年"五卅"运动后，产品更是供不应求。

　　由于三星牙膏价廉物美，一时名声大噪。随后，又制成洗衣皂，原定"剪刀"商标，英商祥茂公司探知此事，钻中国化学工业社尚未注册的空子，连夜绘制图案，抢先作了登记。方液仙毅然将"剪刀"改为"箭刀"，终使英商技穷无奈。1926年，上海商会组织上海企业参展美国世博会。中国化学工业社生产的三星牌化妆品、调味品在美国费城世博会上获得好评，分获"甲等大奖"（调味素类）、"丙等金奖章"（香类）。获奖后，方液仙找人将奖章、证书拍照，制成广告。如今，在方液仙后人保存的牙粉扁听盒、化妆品玻璃瓶上，还能清晰地看见博览会奖章。后又研制成功洗衣肥皂等洗涤用品。方液仙还投资许多工厂，为中国化学工业社生产提供服务。至20世纪30年代，中国化学工业社产品涵盖牙膏、肥皂、蚊香、化妆品、调味品、化工原料、玻璃器皿等七个大类计200多个品种，资金积累达200万元。中国化学工业社成为拥有8个厂的化工联合企业，形成从原材料到制成品基本自给的工业制造系统，成为当时中国规模最大的一家日用化学品厂。新中

国成立后，各种品牌牙膏集中在中国化学工业社生产，中国化学工业社改名为上海牙膏厂，当时品种有30多种，产量占全国牙膏生产的70%。

4."国货大王"方液仙

方液仙不仅是有成就的实业家，也是一位具有强烈爱国意识的中国人。他为抵制日货、提倡国货、发展中国民族工商业作出了很大贡献。由于方液仙在国货运动中的作用和影响，又被誉为"国货大王"。1932年，上海爆发"一·二八"事件，各界掀起抗日救国运动，抵制日货。方液仙以自己创办的中国化学工业社联合美亚织绸厂、五和织造厂、华生电器厂、鸿兴布厂、华昌钢精厂、中华珐琅厂、亚浦灯泡厂、华福帽厂9家厂商，选出18种代表性产品，于1932年"九·一八"周年纪念日，在南京路绮华公司原址，举办了"九厂国货临时联合市场"。次年，方液仙与李康年、吴蕴初等在沪创办中国国货公司，方液仙任董事长兼总经理，并在宁、汉等十余个城市开设国货分公司。

"一·二八"淞沪抗战中，方液仙大力支持十九路军，在槟榔路（今安远路）化学工业社厂区（今上海牙膏厂）办起了伤兵医院，救护伤员。9月18日"九·一八"事变周年纪念日，方液仙联合华生电器厂、美亚织绸厂等在南京路举办"九厂国货临时联合商场"。1933年1月，在南京路慈淑大楼，投资设立中国国货公司，为著名国货设专柜展销商品。方液仙任董事长，兼总经理。先后在南京、宁波、汉口等10多地设分支机构，扶持民族工业，抵制洋货，支持国货。

1935年，中国化学工业社改组为股份有限公司，方液仙任总经理。至20世纪40年代末，上海共有78家牙膏厂，品种达110种，三星牙膏是最知名的品种之一。1937年5月，方液

图4　中国化学工业社改组为股份有限公司

仙不畏强暴，与吴鼎昌、蔡声白等在上海创办中国国货联营公司，先后在南京、宁波、汉口等10余处设立分支机构，销售国货，继续抵制日货，赢得国人普遍的赞许与尊重。

"八·一三"抗战爆发，方液仙义无反顾，再次在中国化学工业社内和胶州路申园内，出资创办设立伤兵医院，并聘请著名外科专家为抗日战场上负伤的士兵救治。事变后，上海沦陷。1940年，方液仙身兼健华化学制药厂董事长、开成造酸公司董事长等一系列职务，在上海是商界领袖人物之一，举足轻重。汪伪政府也想拉拢他加盟。方家镇海同乡、时任上海特别市长的傅筱庵前来游说，希望方与伪政府合作，并许以实业部长一职，方表示只会经商，不懂政治，一口回绝傅筱庵，劝告傅筱庵："不要与日本人同流合污，不要当汉奸，当汉奸绝无好下场，要遗臭万年！"方液仙坚持民族气节，拒任汪伪政府实业部长，担任中共地下组织领导的群众业余团体益友社名誉理事。

5. 惨遭汉奸绑票不幸遇害

1938年，方液仙拒绝为伪政府效力，日伪见威逼利诱不成，遂决定暗杀方液仙。1940年7月24日晚，方液仙突然接到一个熟人的电话。此人在电话中说："南洋来的一位大商人要和你洽谈生意，你见不见面？"方液仙问明生意项目，答应见面。约定次日上午在国际饭店见面。7月25日清晨，方液仙如约出门。讵料，这一去就再也没回来。原来，这是一个骗局。那个谈"南洋"生意的电话是汪伪特务设下的毒计。

这天早上，绑匪们埋伏在上海星加坡路（今余姚路）方宅门边，方液仙的轿车一出院门，众绑匪一拥而上，挡住轿车去路。方液仙的保镖立即掏枪，被绑匪头目顾宝林连开7枪当场打死。拥进车内的绑匪挟住方液仙，逼迫司机朝西开。方液仙被绑时的喊叫，被方宅和周边居民听见，几个仆人及租界安南巡捕闻声举枪冲来。情急之下，绑匪将司机一脚踹到车下，自己开车掉头往东，一路疾驰而去。绑走方液仙，顾宝林看到租界巡捕追来，把车开到景云里22号特务组织的又一据点。顾宝林给方液仙打了一针麻醉剂，致其再度昏迷，再悄悄运到"76号魔窟"（今万航渡路435号）交给吴世宝。

后据"76号"特务汪曼云被抓后口述这段历史时透露，"76号"特务头子李士群绑架方液仙，主要目的是恐吓他就范，并想敲诈一笔钱。绑架时，特务拿枪顶住方液仙，其中一支枪走了火，把方液仙打伤了。特务们害怕巡捕房干涉，不敢将方液仙送医院救治，造成他失血过多死亡。

吴世宝原名吴四宝，是李士群手下的得力干将，他用暗杀、爆炸、绑架等手段残杀抗日志士、爱国人士，为当时上海一霸。吴世宝为什么要绑架方液仙？一来方在政治上不与日伪合作；二来方是巨商，在他身上可以大捞一票。"肉票"到手，吴世宝对苏醒过来的方液仙说："你是因为和重庆蒋介石方面有联系才'被捕'的，现在赶快'认罪'。"吴世宝露出真面目，要方液仙写信回家，叫家里拿钱赎人。不料，方液仙不吃这一套，他严词拒绝其一切无理要求，并痛骂吴世宝："我与重庆方面根本无来往。你们绑票我强加罪名，你们是土匪强盗！"吴世宝恼羞成怒，抓起皮带朝方液仙劈头盖脸拼命抽打，又拿水管从方液仙鼻子里给他灌了一肚皮凉水。本来就枪伤在身、失血过多的方液仙经受如此折磨，顿时奄奄一息，被转移出"76号"，不几天就含恨停止了呼吸。遇害时方液仙年仅47岁。直至现在，在上海淞沪抗战纪念馆里陈列着他的爱国事迹和照片。

断然拒绝与日方合作的爱国实业家陈万运

三友实业社创立于1912年，由陈万运、沈九成、沈启涌三个同乡集资450银元创建，企业的名字取自"岁寒三友"，1917年总厂落成。

1. 创始人陈万运

图1　陈万运

陈万运（1885—1950年），又名陈曼云、遇宏，浙江慈溪东安乡东埠头人。1885年9月出生在一个小商人家庭。父亲陈廷宏行贾四方，常年在外奔波。陈万运幼年时在家乡进私塾读书，15岁随父到上海谋生。先在市郊浦镇三阳泰烟杂店当学徒，后转入虹口嘉兴路上的乾新祥烟纸店当学徒。少年陈万运做事认真，又肯动脑筋，深得店主器重，满师后留店当伙计。辛亥革命前夕，"实业救国"的思潮风起云涌，关心国事的陈万运受其影响，萌发了走实业救国道路的意念。经过长期细心观察，陈万运终于找到了一条创业门径。当时西方列强大肆对中国商品倾销，日用商品更是洋货独步天下，单洋烛一项，1910年进口就达百万海关两（一海关两等于1.114银两），洋烛取代了中国老式的油盏灯和土蜡烛。陈万运发现，洋烛烛芯一直由日中桐洋行独家经销，尽管要价高，却供不应求。在烟纸店工作多年的陈万运揆情推测认为可以从这个本轻利厚、生产技术较为简单的项目入手，步上创办实业的征程。1912年4月与人合办三友实业社，生产"金星"牌烛芯名声大振，"三友"的烛芯以价廉质优的优势迅速打开市场。

2. 合伙开办三友实业社

1912年4月，他找到了两个合伙人，一个是同乡沈九成，在上海高裕兴蜡烛店当学徒，另一个是陈的亲戚沈启涌，当时也在"乾新祥烟纸店"工作。三人倾其所有，集资450银元，在四川北路横浜桥南塅士庆路鼎兴里租借5间小屋，购来10台手摇烛芯车，开始制造洋烛烛芯。小作取名"三友实业社"，有3友合作，实业救国之意。产品商标定为"金星"牌。开厂一年后，沈启涌跳槽，拆股分手。不久陈万运的同乡陈律甫入股2,100元，其时资本增加至2,400元，并在厂名上加注"美记"二字。产品出来了，要打入日商垄断的烛芯市场，又成了难题。为了打开局面，陈沈两人走街头，在日商洋烛行附近摆摊点燃自制的蜡烛。行人纷纷围观，看到蜡烛不淌油、不弯头、不中途熄灭，确实不比洋烛逊色。这一街头活广告使"金星"牌烛芯名声大振，"三友"的烛芯以价廉质优的优势迅速打开市场。

3. 抓住机遇，快速发展

1914年，第一次世界大战爆发，烛芯进口中断，日货乘机抬价，英美各制烛工厂纷纷向三友实业社订货，使烛芯产量提高，品种增加。1915年3月，沈陈两人将资本增加到8,400元，将"三友实业社"改为"三友实业社有限公司"，同年12月16日，"三友"改组为股份公司，资本增至3万元，成立董事会，推举慈溪在沪实业家史悠风为董事长，沈九成、陈万运为董事，并兼正副经理。同年，还在横浜桥南面建成三层厂房一座，工人增至百余

图2　三友实业社南京路门市部

人，添置电力烛芯车16台，烛芯球车2台，烛芯品种发展到6种，日产量达到500~600磅，市场份额进一步扩大，"三友"在国货界崭露头角。

1917年，三友实业社在引翔港先后购地60多亩，建造三友实业社毛巾

总厂，陈万运任经理，生产三角牌毛巾、被单、印染色布、透凉罗纹纱帐及浴衣等多种棉织品，与西邻日商东华毛巾厂（生产"铁锚"牌毛巾）抗衡。1918年，经董事会讨论，决定再增资，向外招资7万元，资本金总计达10万元。他集中技术力量研制新产品，每年规定完成13个品种的指标，其中丝光湖色细布曾被中西女中定为校服布，顷刻全市风行；自由布、平纹自由呢、格子呢等受到消费者欢迎。1918年在川沙、嘉定等地又增设毛巾工厂17处。

1919年"五四"运动后，抵制日货、爱用国货思想深入人心，三友实业社抓住时机，在报刊上刊登激发爱国热情的广告，如"三角牌"毛巾打败日货"铁锚牌"、"自由布"打倒"毛斯纶"、"透凉罗"打倒"珠罗纱"、"护卫国货的成长也是国民天职"等。聘请漫画家叶浅予等为三友实业社广告科绘画宣传。著名的漫画《三毛流浪记》作者张乐平那时也在三友实业社广告部当绘图员。1920年，"三角"牌在北京农商部注册备案，其图案是由一个圆圈加内三角组成，寓意三人同甘苦、共患难。同年，又在川沙设立工厂，添置木机百余台。并在广州、杭州、南京等14个大中城市设立发行所，使三角牌产品畅销全国，远销香港、南洋。

三友实业社由于经营有方、管理有序，企业发展很快，三友的产品之多、营业之盛，在当时实业界中是屈指可数的。随着"三角"牌毛巾市场占有率的不断提高，三友实业社的利润也水涨船高，职工的收入水平远高于其他工商企业。陈万运还在厂里设立图书馆、俱乐部、医疗室等设施，处处为工人福利着想，因此三友实业社的工人们以社为家，凝聚力极强。

4. 占领毛巾市场

陈万运聘请了刚从美国留学回来的郑祖廉为第一任厂长，把好技术关。他们把生纱漂白改为熟纱漂白，使毛巾的吸水、手感、白度、纱支脱脂提高到一个新水平，是当时漂染工艺上的革新。接着，三友实业社继续开展毛巾花式的研究，他们把原来生产多年、式样单调的红蓝档式毛巾，改进一下，用鲜红色在雪白平布上印上"祝君早安"字句，还为大宗客户免费加印字号。以后，三友实业社又研究生产新颖别致的多片综织造的回纹浴巾。投放市场后，深受广大用户青睐，甚至远销东南亚一带，同时也使日货铁锚牌毛巾营业日益衰退。

日商不甘心失败，遂改变策略，用廉价政策，再来争夺市场，运进单幅毛巾铁机二百台，设瑞和毛巾厂于华德路高郎桥与兰州路之间，用廉价劳动力大量生产铁锚牌毛巾，来势凶猛。三友实业社则提高质量，精益求精、减少浪费、降低成本。在提倡国货、抵制日货高潮中，人民觉悟普遍提高，爱用国货深入人心，日货铁锚牌毛巾产量再多、价格再廉，无法与优质三角牌毛巾竞争，存货积压、工厂停工，不到三年，日商瑞和毛巾厂被迫歇业，而日货铁锚牌毛巾也于1923年完全退出中国市场。三角牌毛巾获得重大胜利，在中国的纺织史上谱写了光辉的一页。1928年三友实业社盘进杭州通益众纱厂和鼎新织布厂，改为三友社杭州分厂。

5. 日军蓄意制造的"一·二八"事变

三友实业社是一个我们不该忘记的名字，不仅因为这家企业创制了名闻海内外的"三角"牌商标，还见证了中国抗战史上一个重要的历史时刻。1931年"九·一八"事变后，三友实业社生产总厂的工人们抗日热情高涨，成立了抗日救国会，组织了三友抗日义勇军，多达400余人参加，陈万运亲任大队长，队员自费做了军装，天天在上班前操练。抗日义勇军还在厂门口高墙上贴了一幅巨型宣传画，标题是"定要收复东北三省"，画的是一个义勇军战士，拿着长枪对准日本兵。西邻日商东华毛巾厂驻有日本海军陆战队，设有瞭望台，每天都能看到三友社毛巾厂的行动，恨得牙痒痒，视为眼中钉，于是，挑衅事件不断发生。

1932年1月18日下午，日本僧人天崎启升、水上秀雄、藤井国吉、后藤芳平、黑岩淺次郎共五人，以举行"寒中修行"为幌子，在马玉山路（今双阳路）三友实业社毛巾厂门前敲鼓击钟，还向厂内投掷石块。其鬼鬼祟祟的行迹遂引起厂内义勇军注意，义勇军成员立即跟踪其后。天崎启升等人见工人们尾随而来，便向马玉山路租界方向逃窜，逃到赵家宅附近时，遭到工人的拦截盘查。此时，由田中隆吉和川岛芳子事先收买和雇佣的那批打手，化装成工人模样混入义勇军之中，对天崎启升等人用石块猛砸猛打，最后造成日僧一死二伤。打手们见日僧或死伤或逃逸，便一哄而散，将责任嫁祸于工厂工人身上。这便是轰动一时的"日僧事件"。

日本特务组织青年同志会32名打手，于半夜捣毁了三友实业社。在放火焚厂之际，重藤千春及其同伙还袭击前来弹压的工部局华捕，两名被砍伤，一名被砍死。1932年1月19日，日本驻沪总领事向上海市府抗议日本和尚被杀，要求缉拿凶手。下午，上海日侨在日本军方的鼓动下举行千人大会，声称现在中国的抗日"暴行"已达极点，日本应立即派军"以期灭绝抗日运动"。会后，600余日侨手持棍棒举行游行示威，沿途高呼"杀尽中国人"，还用棍棒猛击中国商店的橱窗玻璃，撕毁抗日标语，强阻电车行驶，殴打值勤巡捕。一时间，上述地段鬼哭狼嚎一场混乱。1月21日，又向上海市府再度提出所谓的"抗议"，毫无根据地咬定杀死日僧的凶手是三友实业社工人，还进一步提出正式道歉等项要求。

然而，这一事件完全是日本侵略军蓄意制造的。正如时任上海公使馆附武官田中隆吉战后的自供状所言，他知道三友实业社是"非常共产主义的、排日的，是排日的根据地"，于是就让和他很"亲近的女子"川岛芳子，去"巧妙地利用这个公司的名义来杀死日莲宗的化缘和尚"。最后由于日僧一死二伤，于是他便认为"这时候的确可以搞出点名堂来"了，随后他命令刚来上海的日本宪兵大尉重藤千春指挥袭击三友实业社。因为田中隆吉深信，"这样一来，日华之间必然引起冲突"，重藤千春果然"不孚众望"。

日本政府借口三友实业社的工人与日本僧徒之间的那场冲突，悍然发动了"一·二八"事变。1932年1月28日11时20分，日本海军陆战队分三路突袭闸北，攻占天通庵车站和上海火车北站。日本帝国主义的一系列挑衅行为，激起上海军民的强烈义愤。担负沪宁地区保卫任务的国民政府第19路军，在总指挥蒋光鼐、军长蔡廷锴的指挥下奋起抗战，连续击败日军进攻，但国民政府当局一再妥协退让，防线终被日军从翼侧突破而被迫撤退。在英、美、法、意等国调停下，1932年5月5日中国与日本签署了丧权辱国的《淞沪停战协议》，但"一·二八"淞沪抗战在中国近代反侵略史上写下了光辉的一页。

6. 陈万运的民族气节

"一·二八"事变中，陈万运在引翔港的三友实业社总场被日本侵略者焚毁。此后，陈万运集中精力经营杭州三友纺织印染厂。遭日军焚烧，设备破坏殆尽，损失极为惨重，1932年6月被迫停产。1934年，沈九成离开了三友实业社，去办了"生生牧场"，改做牛奶生意。陈万运于6月赴杭主持生产著名的"三角牌"西湖毛巾、被单、平纹花呢。1937年，抗日战争爆发，杭州沦陷，工厂被日军占领，日方要陈万运出任杭州维持会长，他拒不接受，躲进郊外杨梅岭山洞后潜行返沪。1938年，日方又派人专程来沪，向三友实业社提出"共存共荣"的合作条件，撤出军营，合资经营，陈万运断然拒绝，上海《申报》、《新闻报》、《文汇报》、《中美日报》、《大美晚报》、《大晚报》、《新闻夜报》等，在12月9—10日都刊登了陈万运的爱国行为，表彰他的浩然正气。

陈万运为了维持三友实业社职工生活，在租界制销国药，并代他厂销售棉织品。1941年12月，太平洋战争爆发，日军进占租界，实行经济统制，三友实业社因此生产停滞，入不敷出，资金几乎耗尽。1944年，陈万运坚辞总经理职务，闲居在家长期不出。1945年抗战胜利后，三友实业社恢复生产，由于三角牌毛巾是爱国抗日的品牌，质量又好，很快，三角牌毛巾又畅销全国，享誉东南亚。1950年10月17日，爱国实业家陈万运在上海新昌路金椿里职工宿舍走完了他坎坷的一生，终年66岁。身无遗物，丧葬费用由三友实业社支付。

7. 三友实业社的新生

1954年，三友实业社实行公私合营，并改名为上海三友实业社制造厂，1962年改为生产毛巾专业厂，1966年改名上海毛巾十厂，1979年又恢复上海三友实业社毛巾厂，至今一直生产制造毛巾。2009年9月7日，《东方早报》用一版的篇幅介绍了三友实业社，因为它参加了1926年在美国费城举办的世博会，该厂生产的三角牌毛巾荣获"丙等金奖章"（纺织品类），据此，在世博会荣誉榜上，三友实业社占据了一席席位。根据张闻天的爱人刘英的回忆，毛主席在长征时一直用三友实业社的三角牌毛巾，根据原第二炮兵司令员李水清将军回忆，当时奖励给大渡河17勇士的奖品，就是一条印着"祝君早安"的三角牌毛巾和一只搪瓷杯。

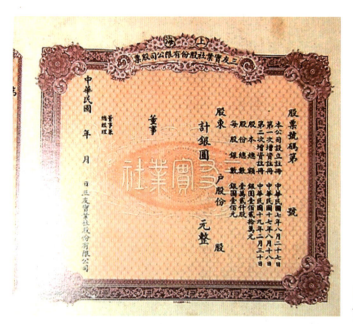

图3　三友实业社股份有限公司的股票

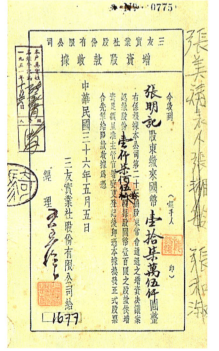

图4　1947年5月5日发行面值壹仟柒佰伍拾股（175,000元）的增资股款收据（著名收藏家郑家庆藏品）

图5　1948年4月19日发行面值伍仟股（50万元）的增资股款收据（百年中国证券典藏收录）

抗日爱国的面粉大王和棉纱大王：
荣氏家族

荣宗敬、荣德生的荣氏企业，是旧中国资力最雄厚、规模最宏大的民族企业集团，是中国民族工业发展史上一个极令人注目的家族企业。因其当时在面粉业和棉纺业雄居首位，而有"面粉大王"、"棉纱大王"之称。荣氏家族是以荣毅仁为代表的中国民族资本家族，在长达一个世纪的岁月中，都在中国经济界占有举足轻重的地位。

1. 荣氏家族对中国经济的发展贡献巨大

从近代开始，荣家三代对中国经济的发展作出了巨大贡献。荣宗敬和荣德生创办的企业是中国民族企业的前驱；新中国成立后，荣毅仁支持中国政府的三大改造，对我国经济的发展起到非常积极的作用；改革开放后，荣家第三代荣智健等人对中国市场经济、新兴民族企业的发展作出了重大贡献。无论是面粉大王、棉纱大王、中国首富，还是红色资本家，百年来，荣氏家族从来都不缺乏这样的王牌称号，他们在商场上的纵横驰骋、独领风骚，也逐步为他们在政治上赢得了较高的话语权。这一点尤其在第二代掌门人荣毅仁身上得到最充分的体现，从1957年出任上海市副市长到1993年出任国家副主席，荣氏家族在政坛的影响力可见一斑。

荣家兄弟的祖父荣锡畴是往来于沪、锡两地的贩运商。父亲荣熙泰先在浙江乌镇一家冶坊做账房，后经人推荐到广东当了清政府的厘卡税史。荣氏兄弟幼时入塾读书，并帮助母亲做家务干农活。不久荣熙泰病逝。而广生钱庄是小本经营，获利不多，三个合伙人因为信心不足撤股退出，从1898年起，由荣家独资经营，一年下来，没什么盈利。之后，荣氏兄弟决定向实业发展。"固守稳健、谨慎行事、绝不投机",这是荣熙泰留给两个儿子荣宗敬和荣德生的遗训。兄弟俩一直以这句话来警戒自己,并因此在商场上建立了良好的信誉,每当资金紧缺之时,沪上一些银行老板甚至会主动上门争相要求帮忙。孔家、宋家都是当时上海滩数一数二的金融资本家,由于跟他们关系密切,银根紧缩的时候,别人借不到,荣家却可以借到。荣氏兄弟性格迥异,荣德生处事慎重,考虑周密,而荣宗敬则敢于冒险,做起事来很有魄力,在兄弟俩默契配合下,荣家企业扩张步伐在不断加快,渐渐地厂房就从华东铺向了全国各地。荣家祖上就有人做过大官,曾经家世显赫,但到了荣毅仁的曾祖这一辈,家道开始中落。荣毅仁的祖父荣熙泰很小的时候就进入铁匠铺当学徒,成年后在外给人当账房先生、当师爷,勉强养家糊口。

由于家境贫寒,荣熙泰的长子荣宗敬在14岁时就不得不离开学堂,到上海南市区一家铁锚厂当起了学徒,当时是1886年。比荣宗敬小两岁的荣德生在私塾学校读书,因为父亲对他抱有很大的希望,认为他将来一定可以考科举当大官。荣德生却并不这么想,他一直以哥哥为学习的榜样,想早日为家庭分忧,三年后,15岁的荣德生乘着小木船从闭塞的无锡郊区摇进了喧闹的大上海。在兄长的引荐下,荣德生进入上海通顺钱庄做学徒,此时的荣宗敬则在另一家钱庄做学徒。这为几年后他们和父亲一起在上海鸿升码头开一个名叫广生的钱庄打下了业务基础。经营上稳妥再加上从不投机倒把,两年不到,荣氏兄弟便掘得了有生以来的第一桶金。

从1901年起,荣宗敬与荣德生兄弟先后在无锡、上海、汉口、济南等地创办保兴面粉厂,福兴面粉公司(一、二、三厂),申新纺织厂(一至九厂),巅峰时期有面粉厂12个,纱厂9个。历经二十余年,荣氏兄弟便进入了中国最大的民族资本家行列。于1917年在沪西宜昌路,收购恒昌源纱厂改名申新二厂。至1922年已拥有面粉厂12家、纺织厂4家,自有资本1,000万元,创业20多年间增长200余倍。纺织厂拥有纱锭13万枚,其面粉生产能力占全国民族资本面粉厂的三分之一,被誉为中国的"面粉大王"、"棉纱大王"。

荣氏兄弟接受张謇"用教育来促进实业"的主张,积极兴办教育事业。从1906年起,先后在无锡创办了公益第一、第二、第三、第四小学,竞化第

一、第二、第三、第四女子小学，在上海申新一厂办子弟学校，鼓励工人子弟就学。1919年，为了培养企业技术管理人才，创办了公益工商中学，开设工商两班，并设有商店、银行和工厂，供学生实习用。该校毕业生在以后荣家企业的生产和管理方面发挥了相当大的作用。

2. 中国的"面粉大王"和"棉纱大王"

图1　荣宗敬

荣宗敬（1873—1938年）名宗锦（见图1），荣德生之兄，荣毅仁之叔，中国近代著名的民族资本家。7岁入塾读书，1887年，进上海南市铁锚厂学习账房业务。翌年，到上海永安街源豫钱庄习艺。1890年，三年苦学满师后，到上海南市鸿升码头里街森泰蓉汇划字号（钱庄）当收解（跑街），负责承揽生意、联系客户等业务。1891年，随父到广东三水河口厘金局帮理账务。1895年，他在厘金局3年任期届满，便和父亲相偕离职回乡。后来，荣熙泰最终决定在上海开办钱庄。1896年，与人合资开设的广生钱庄在上海南市鸿升码头开业了，荣氏持股50%，荣宗敬任经理。1901年，与弟荣德生等人集股在无锡合办保兴面粉厂。

从1901年起，与荣德生等人先后在无锡、上海、汉口、济南等地创办保兴面粉厂（后改名茂新一厂，任批发经理）、福兴面粉公司（一、二、三厂），申新纺织厂（一厂至九厂）。1905年，兄弟俩又与张石君等7人集股在无锡创办振新纱厂，1909年任该厂董事长。1912年，荣氏兄弟与王禹卿等人集股在沪创办福新面粉厂，荣宗敬任总经理。1915年4月，兄弟俩退出振新纱厂，在沪招股创建申新纺织厂，荣宗敬自任总经理。从1917年3月起，荣氏兄弟又先后在上海、无锡、汉口创设申新二至九厂，并在沪设立茂新、福新、申新总公司，自任总经理。至1931年，荣氏兄弟共拥有面粉厂12家、纱厂9家，分别约占全国民族资本面粉总产量的1/3，纱布总产量的1/5，被称为中国"面粉大王"、"纱布大王"。

在实业有成的同时，荣氏兄弟还致力于家乡教育、公益事业，先后在无锡创办了公益小学、竞化女子小学、公益工商中学（后改为公益中学）、大公图书馆，还集资在无锡和常州共建造大小桥梁88座。1929年又在无锡小箕山购地建造锦园。1926年后，曾历任南京国民政府工商部参议、中央银行理事、全国经济委员会委员等职。抗战初，为维持企业生产曾参加"上海市民协会"，不久即移居香港。1937年抗日战争爆发，荣宗敬自上海避居香港。1938年2月10日，在香港病逝。

图2　荣德生

荣德生（1875—1952年）名宗铨，字德生，号乐农居士（见图2）；民族工业巨擘荣宗敬之胞弟，原国家副主席荣毅仁之父，著名慈善家、民族实业家，中国近代著名的民族资本家。9岁入塾读书。15岁进上海通顺钱庄习业。19岁随父至广东任三水县厘金局帮账。3年后回无锡，任广生钱庄无锡分庄经理。1899年农历十月，应邀任广东省河补抽税局总账房。1901年与兄荣宗敬等人集股在无锡合办保兴面粉厂，一年后改为茂新面粉厂并任经理。1905年与兄宗敬等7人集股在无锡创办振新纱厂，先后任经理、总经理。1912年与兄宗敬等人集股在沪创办福新面粉厂，任公正董事。1913年，当选为全国工商会议代表，提出扩充纺织业等3项议案。又在无锡西郊购地辟建梅园，修筑开原路，重修南禅寺妙光塔等。1915年4月起，与兄宗敬先后在上海、无锡、汉口等地创办申新纺织一厂至九厂，并任无锡申新三厂经理。至1931年，他与兄宗敬共拥有12家面粉厂和9家纱厂，与其兄宗敬一起有"面粉大王"和"棉纱大王"之称，成为中国资本最大的实业家之一。其间，曾当选为江苏省第二届议会议员、北洋政府国会议员。先后任北洋政府江苏省议员和国会议员、国民政府工商部参议、中央银行理事、全国经济委员会委员、棉业改进委员会委员和农村复兴委员会委员。

3. 荣氏家族涉足面粉行业

1901年，就在生意蒸蒸日上之时，荣德生南下广东，留下荣宗敬一人打理钱庄。在那里他待了整整一年，广东人思想活跃，敢于开拓，善于经营，这些都使荣德生大受启发。他发现，从外国进口物资中，面粉的量是最大的，尤其在兵荒马乱的年代，销路非常好，而国内面粉厂却只有天津贻来牟、芜湖益新、上海阜丰以及英商在上海经

图3　福新面粉公司

营的增裕四家。荣德生看出了面粉行业的商机，当他把这一想法告诉荣宗敬时，兄弟俩一拍即合。20世纪的第一个年头，荣氏家族事业迈出了其决定性的一步。农历二月初八，荣德生挑了这一良辰吉日破土动工，地点是在无锡西门外的太保墩，取名保兴，有保证兴旺的意思，这是无锡历史上第二家近代企业。17亩地皮，四部法国石磨，三道麦筛，两道粉筛，这是面粉厂的所有家当。

1902年3月17日，保兴面粉厂在无锡正式开机生产。初期荣氏兄弟并不控股，1903年合伙人退出，1904年原大股东退出后，荣氏兄弟增资成为最大股东，厂名也改为茂新面粉厂。后来，由于竞争加剧，茂新面粉厂连续发生亏损；1908年，荣氏兄弟跟着别人投机橡胶股票失败，连老本都赔了；1909年，做进口面粉贸易时又发生沉船意外，货物全部沉入大海。荣氏兄弟陷入前所未有的困境。荣氏兄弟被迫关闭了广生钱庄，保住了振新纱厂，而茂新面粉厂的其他股东纷纷出售股份。面对困境，荣宗敬决定借债扩大市场规模，最后向美商恒丰洋行借款12万两白银，购买了全套最新的面粉机。

1910年，茂新面粉厂获得新生，产能达到每年89万包，比建厂之初提高10倍，跻身于全国大厂之列。1912年，茂新营业利润达到12.8万两白银，还清所有债务之后仍有盈余。就在荣氏兄弟偿还完所有债务时，他们的两位得力助手，即分别管理销售和采购的王禹卿和浦文汀想自己独立办厂，并且找到荣宗敬借钱。最终，荣氏兄弟说服了王禹卿和浦文汀，并与王氏兄弟、浦氏兄弟合资，开设福新面粉厂，荣氏兄弟出资2万元占50%股份，荣宗敬出任经理。从1914年至1922年的八年间，荣家的面粉产业发展迅速，其产量占到当时全国面粉总产量的29%。这种高速度不仅在中国绝无仅有，在世界产

业史上也非常罕见。到抗战前，荣家的面粉厂已飙升到14家，另外还衍生出了9家纺织厂。1921年组成茂新、福新、申新总公司，构成荣家资本集团。荣德生于1916年还创立了振泰钱庄，1942年12月改组为股份有限公司发行股票，荣德生为董事长。

4. 福新面粉公司长足发展

1912年12月19日，福新面粉公司在上海光复路423~433号苏州河畔创立（见图3），为砖木结构二至三层楼，坐北朝南，清水红砖头外墙，木质立柱，楼面木板构筑，建筑面积约4,300平方米。福新开业几个月就赚了4万元，有股东便提出要分红，荣德生提议三年不分红以扩大规模，获得通过。1913年夏，福新租用了中兴面粉厂；同年冬天又建了福新二厂；1914年6月，又建了福新三厂。此时恰逢第一次世界大战爆发，面粉销售紧俏。与福新的扩张同时，茂新又买下了惠元面粉厂，改为茂新二厂；还租用了泰隆和宝新两个厂子，并入股了无锡九丰机制面粉股份有限公司。它与茂新面粉公司共同构成当时中国最大的私营面粉企业集团。两公司共有12个厂，分设于上海、无锡、济南、汉口等地。每昼夜生产面粉96,000多包，约占全国机制面粉生产能力的32%，所拥有的资本占全国私营面粉厂总资本的30.5%。

1915年，福新买下了原先租用的中兴面粉厂，改为福新四厂；1918年，福新五厂在汉口建成，接着又租用了华兴面粉厂，后来买下改为福新六厂。至此，荣氏兄弟俩主要经营的10家面粉厂，每日产量可达到4.2万袋，而10家厂中有5家皆是通过收购而得。为了改良麦、棉品种，荣氏兄弟在20年代初设立了农事试验场，进行试验工作。到1919年荣氏茂新、福新、申新三家总公司，已拥有12个面粉厂和4个纺织厂，资本总额达1,200万元以上，居民族资本工业第二位，仅次于南洋兄弟烟草公司。

1922年，西方列强在医治好战争创伤后，带着他们的商品和资本卷土重来。荣氏企业和全国所有民族企业一样，在内外压迫下，蒙受了不少损失。申新各厂自1923年至1924年两年中就亏损百余万元，福新厂的产销也在下降，从盈余转为亏损。1922年2月，荣氏兄弟经营的面粉厂已经达到12个，其中茂新有4个厂，福新有8个厂，其生产能力已占全国民族资本面粉厂生产量的1/3左右。

5. 创办申新纺织公司

1914年，第一次世界大战爆发，外国输入中国的棉纺织品锐减，因而纱布价格猛涨，再加上反帝爱国运动的影响，1914—1931年，上海的民族纺织工业得到了空前的发展，新建纺织厂20多家，其中包括荣宗敬、荣德生的申新纺织厂，郭乐、郭顺的永安纺织厂等。第一次世界大战也给日本纺织业大公司在中国设立纺织厂创造了良机。在此期间，日本的厂商乘虚而入，内外棉、丰田纺织、钟渊纺织、东洋纺织、伊藤忠商事等大公司也先后在上海设立了内外棉、丰田、大康、东华等纺织厂近20家，还兼并了美商等创办的纺织厂，在上海的外资纺织工业中形成了优势。据1922年统计，当时上海的棉纺锭已达175万枚，其中民族资本的棉纺锭为77万枚，日资72万枚，英资26万枚。

在面粉业兴旺时，荣德生就想扩展振新纱厂，并计划在上海建二厂，在南京建三厂，在郑州建四厂。因此他提出暂不分红，但其他股东都不同意，荣氏兄弟最终退出振新纱厂，在上海筹办申新纱厂。不久买下恒昌源纱厂，荣德生入股四成，后改名申新二厂。1915年，荣氏兄弟集资30万银元，在上海创办了中国近代棉纺织工业中规模最大的民族资本企业——申新纺织公司。

图4 申新纺织公司

图5　申新纺织公司注册证

图6　申新纺织第一厂

　　并建立申新纺织第一厂（见图6），荣氏兄弟占股60%，由荣宗敬任总经理。建厂初正值第一次世界大战期间中国民族工业的蓬勃发展时期，申新获利扩展迅速，颇有盈利。1919年，"五四"爱国运动爆发，荣氏兄弟积极参加了全国规模的抵制日货运动，同时准备趁此机会继续扩大自己的企业。他们派熟悉国外情况的人至欧美考察，购买新式机器，及时更换旧的生产设备。1921年联合组成茂新、福新、申新总公司，荣宗敬为总经理。同时他们联合同业在上海开办上海面粉交易所和华商纱布交易所，申新人钟牌棉纱定作标准纱。荣氏创业，铢积寸累，化利为本。

6. 申新纺织公司以并购不断扩张

初期申新一厂仅有1.3万枚纺锭，1917年购进上海恒昌源纱厂，两年后扩建为申新二厂。1917—1918年添置织机1,100台，1919年又扩充纺锭2.6万枚。1920—1921年，又分别在无锡建立申新三厂，在汉口建立申新四厂。并联合同业与股东相约，三年不分红，股利存厂生息。至1922年，申新纺织公司资本已达300万银元，其中230万银元都是历年红利转入。1922年后，外资蜂拥而入，竞争激烈，荣氏企业出现亏损，荣宗敬以高息向银行贷款，应付资金周转；在申新内部加强管理，提高生产效率，扭亏为盈。"五卅"运动中荣宗敬曾发表提倡国货宣言，并参加罢市。为了加强竞争，荣德生在企业管理方面进行整顿和改革。1924年，在申新三厂实行管理改革，聘用专家和技术人员替代工头管理生产，并制定出一整套厂规条例，从而大大提高了生产效率，降低了产品成本，使企业在竞争中处于比较有利的地位。

1925年，"五卅"反帝运动爆发，全国再次掀起反帝斗争的高潮。荣宗敬积极参加抵制外货运动，捐助罢工工人。荣家企业在提倡国货、抵制外货的高潮中开始转亏为盈，乘机再次扩大实业。是年先后收买上海德大纱厂建立申新五厂，租办常州纱厂成立申新六厂。先后在上海、无锡、汉口建成投产的有 4个厂。不久，荣宗敬决定在汉口福新五厂附近设申新四厂，但荣德生认为负债经营风险大。后来因为荣宗敬决意上马申新四厂，导致总公司（1921年在上海成立了茂福申总公司，作为家族企业的统一管理机构）周转资金发生困难，拖债累累。这时，荣宗敬再次冒险，以接受极为苛刻的条件向日本东亚兴业株式会社贷款350万日元（折合220万两白银），终于渡过难关。

到1931年底，荣氏兄弟的申新纺织系统已有9家纺织厂，拥有纱锭46万枚，成为旧中国规模最大的民族棉纺织业资本集团。1932年，申新各厂实际自有资本共达1,800万元，资产总值为6,400余万元。这时，荣氏兄弟在申新各厂的投资约占申新资本总额的80%。据1932年统计，申新纺织公司共有纺锭53万枚，织机5,357台，分别占全国民族资本（东北除外）纺锭、布机总数的19.9%和28.1%。

但由于国内捐税繁重和世界性经济危机的冲击，茂新、福新、申新总公司实际上已经负债累累。1934年，总公司资产总额为6,800万元，负债却超过6,300万元，大部分工厂被抵押出去。国民政府实业部企图用300万元的低廉价格将荣氏企业据为己有，中国银行董事长宋子文于1936年企图利用债权吞食申新企业，都由于社会舆论的压力未能得手。申新纺织公司16年内从1家厂扩大到9家厂。至1931年发展到全盛时期，在国内共有9个厂，总计纱锭46万枚，布机4,757台，职工逾3万人。荣氏扩展企业，借助金融，负债经营。申新公司是中国银行和上海银行的大股东。荣宗敬还在许多钱庄搭股，他说："搭上1万股子，就可以用他们10万、20万的资金"。1932年，申新借入资金为自有资本的242.7%（10年前为177.7%）。

7. 荣氏企业屡遭磨难

1931年"九·一八"事变后，日本商品倾销东北，华商纱厂产品销路锐减，1933年4月，申新上海各厂存纱达7万件。当时，每生产1件纱需218.33银元，而市场只售204银元，"花贵纱贱"，产品大量积压。1934年6月底，申新资产总值6,898.6万银元，而负债达6,375.9万银元。因债主催逼，而中国、上海两银行又中止贷款，造成申新历史上的搁浅。国民政府实业部企图以"整理"为名，将申新"收归国有"，荣宗敬总经理拼死斗争，由于国民党内部四大家族与改组派汪精卫、陈公博之间的矛盾，加上国民党元老、无锡同乡吴稚晖的活动，才免遭灭顶。1935年初，英商汇丰银行暗中与日商勾结，不顾其他债权人的利益和法院的干预，悍然拍卖申新七厂。荣氏上下呼吁，职工誓死反对，舆论纷起声援，汇丰慑于民气，不得不取消拍卖，续订借约。

1937年，抗日战争全面爆发，不久继"七七"事变后"八·一三"淞沪战争爆发，处在战区内的杨树浦申新五厂、六厂、七厂首当其冲。周家桥申新一厂、八厂也遭日机轰炸，申新八厂几乎全毁，敌伪又阴谋利用荣宗敬。1938年起，日军用"委托经营"方式对上海沦陷区内申新各厂实行"军管理"，申新一厂、五厂、六厂、七厂、八厂分别落入日商丰田、裕丰、上海纺织和钟渊公大之手。唯有申新二厂、九厂在公共租界内，不仅得以继续营业，而且因本市、内地、南洋对纱布需求殷切，进口外棉原料充沛，日夜开工，经济暴发。申九利用"孤岛繁荣"大举添机扩充，纺锭增至13.8万枚，成为远东之最；"双马"棉纱量大、质优，成为市场标准纱，称雄国内，远销南洋。

荣氏兄弟经营的大部分企业未向内地迁移，在战火中损失惨重。纺织厂方面，在上海的除申新二厂、九厂两厂因开设于租界之内，在白天能勉强开工外，其余各厂均遭破坏。面粉厂方面，上海福新各厂均损失严重。无锡茂新一厂、济南茂新四厂也未能幸免。1938年冬，日本侵略军占领上海，江南国土相继沦陷。荣氏企业有的被日军炸毁，有的被日军占据，只有租界内的工厂维持生产。1938年5月，荣德生由汉口来沪，深居简出，唯以收购古籍、字画自遣，亟盼时局好转。1938年起主持荣氏企业，先后在重庆、成都、宝鸡、广州等地兴建6家新厂，支援抗战。

1938年1月4日，荣宗敬自上海远避香港，不久因心力交瘁，旧病新疾并发，2月10日病逝。荣德生从汉口回上海主持，照看留在租界的申新厂，拒绝了日商"合作"经营申新三厂和茂新二厂的企图。1941年，日商觊觎荣氏纱厂，由汪伪实业部派员与荣德生商谈，要他将申新一厂、八厂卖给日本丰田纱厂，当即遭到严词拒绝。汪伪外交部长褚民谊只得亲自来沪邀请荣德生面谈。由其子尔仁代往，说明其父不变初衷，不出卖工厂和人格。褚民谊却厚颜无耻地说："中国的半壁江山都给日本人，何患小小申新两个厂。"并威胁说："不要敬酒不吃吃罚酒！"荣德生闻言，凛然言道："我宁可玉碎，不为瓦全。"申新四厂和福新五厂在抗战中相继迁入西南和西北，为支援抗战起过一定作用。1938—1941年，申九账面盈利按时价折合黄金11.39万两，申二盈利4.16万两。两厂不仅了结旧欠，并偿清了申新银团的全部债务。孤岛时期，申二、申九曾分别改用"美商"、"英商"名义托庇保护。太平洋战争日军占领上海租界，两厂也被"军管"。此后经上海申新各厂疏通后发还，但原棉、电力均受统制配给，只能勉强维持生产。

抗日战争胜利后，荣德生积极恢复茂新一厂，并于1946年在上海组织"天元实业公司"、开源机器厂，在无锡开设天元麻毛棉纺织厂。其间，荣德生两次遭绑架，被勒索款项达百万美元。发生在高恩路（今高安路）荣德生住宅门前的一次被绑架案，是在1946年4月25日。那天，荣德生准备去总公司，离家门不远即被数名穿制服匪徒架上汽车而去。他们使用的是国民党第三方面军司令部的"逮捕证"和淞沪警备司令部的汽车。当时，舆论哗然，认为是军事机关与匪徒串通作案，上海当局被迫出动军警"侦破"。结果，荣德生被放回，并退还部分被敲诈的款项，据说还枪决匪首8人。荣家为"酬谢"军警当局和有关方面，先后付出60余万美元。荣德生对国民党政府的幻想遂完全破灭。1947年，由他控制的茂新厂与上海几家大面粉厂合作组织同业联营组织"五厂公证"，曾垄断了小麦的采购，并且操纵了面粉的销售。1948年，荣德生主持将申新二厂、三厂、五厂和茂新厂组成总管理处，并出任总经理。

此时国民党统治已成土崩瓦解之势，有资产者纷纷离开大陆，荣氏家庭也面临抉择。在一片离沪声中，荣德生专程从无锡来到高恩路住所，明确表示"不离开大陆"，并阻止三子将申新三厂拆迁台湾。解放军渡江前夕，他派代表与共产党联络，迎接解放。1949年9月，荣德生被推选为新中国第一届全国政协委员。1950年任华东军政委员会委员、苏南人民行政公署副主任，并被选为中华全国工商联筹委会委员和苏南各界人民代表会议协商委员会委员。他是少数几个在1949年中国共产党取得政权后继续留在大陆的民族资本家。1952年7月29日，荣德生在无锡病逝。

8. 利用资本市场募集资金

荣氏家族的申新纺织公司16年内，从申新一厂扩大到申新一厂至九厂。然而，扩张需要大量资金来支撑，于是，荣氏家族就利用资本市场通过发行股票来募集资金。荣鸿元，名溥仁，荣宗敬的长子，上海交通大学毕业，历任上海申新第二纺织厂副厂长、厂长，申新纺织总公司总经理，兼任恒大纱厂、鸿丰纺织公司、鸿丰面粉厂、鸿丰铁工厂、鸿丰仓库打包厂总经理，建新航业公司董事长，上海银行董事，全国工业协会监事，全国纺织会理事，上海工业协会常务理事，江南大学常务

图7　荣鸿元

董事，中国纺织染工程学院和鸿丰专科学校校长，国民政府上海市参议员、"国大代表"，上海地方协会理事。1948年去海外，在巴西经营面粉、纺织工业，1990年客死他乡。

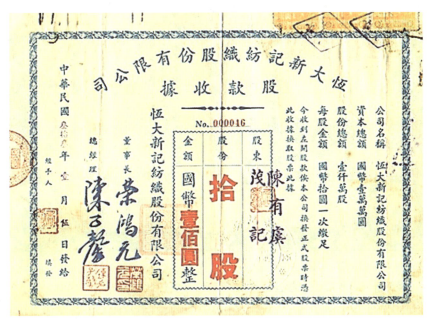

图8　以荣鸿元为董事长的恒大新记纺织股份有限公司1944年1月5日发行面值拾股（100元）的股款收据

图9　恒大新记纺织股份有限公司1945年1月1日发行面值伍佰股（5,000元）的股票

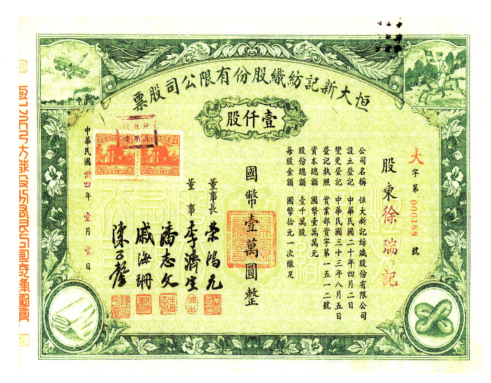

图10　恒大新记纺织股份有限公司1945年1月1日发行面值壹仟股（10,000元）的股票
（泓盛艺术网收藏）

图11　恒大新记纺织股份有限公司1945年1月1日发行面值伍仟股（50,000元）的股票
（中国股票博物馆馆藏）

9."红色资本家"荣毅仁

新中国成立后，荣氏企业虽有所恢复，但远没有达到抗战前的水平。1956年，包括福新面粉公司荣氏企业在经过半个世纪的沧桑后，在荣毅仁的带领下成为了社会主义公有制的一部分。福新面粉公司的诞生促进了民族资本主义的发展，为抵抗西方列强的经济侵略作出了一定贡献。另在支援抗战方面也起过一定作用，为新中国的经济建设献出了自身的力量。

图12　荣毅仁

荣毅仁（1916—2005年），字继曾，1916年5月1日，荣毅仁出生于江苏无锡，是荣德生之子。1937年从上海圣约翰大学历史系毕业后，开始辅助父亲经营面粉、纺织和金融等庞大的家族企业。1949年上海解放前夕，荣氏家族已迁往海外，他毅然作出留在上海的决定，逐渐成为荣氏家族企业的代表。新中国成立后历任上海市副市长、纺织工业部副部长、全国政协副主席、全国人大常委会副委员长。1979年10月，出任中国国际信托投资公司董事长兼总经理。1993年第八届全国人大当选为国家副主席。2005年10月26日，荣毅仁因病在北京逝世，享年89岁。

上海解放后，荣氏企业面临困难，不仅资金紧张，原料也供应不足，国家通过发放贷款、供应原料、收购产品委托加工等方法，对荣氏企业予以大力扶持，实现了新的复苏。荣德生父子加深了对共产党的信任感。上海解放后，人民政府通过贷款、配棉、代纺、代织，帮助申新各厂克服困难，维持生产。广大职工团结资方，增产节约，同舟共济。去港的荣尔仁一度回沪，于1950年3月29日约集上海申新一厂、二厂、五厂、六厂、七厂、九厂代表会商重新组合。4月1日签订合同，成立上海申新纺织厂管理委员会，推选荣德生为主席，荣尔仁为副主席。下设总管理处，推聘荣毅仁为总经理，原申九协理吴中一为副总经理。各厂经济独立，行政由总管理处统一。1950年5月8日正式挂牌宣告成立。其间，共有纺锭40万枚，织机2,931台，印花机组2套。申七、合丰和芜湖裕中纱厂因负债过多，出让给中国花纱布公司。其余各厂通过签订和实现劳资生产合同，管理不断改进，生产逐步走上轨道，7月做到保本，8月计提部分折旧，9月起便有盈余。1951年6月，《上海市私营企业重估财产调整资本方法》公布后，上海申新一厂、二厂、五厂、六厂、九厂进行重估财产，股东重新登记。

1951—1955年，各地申新纱厂全部实现公私合营。1954年5月，荣毅仁响应中共和政府号召，提出对申新纺织公司等荣氏企业实行公私合营，在完成对资本主义工商业的社会主义改造中起了带头作用，为新中国的工业振兴作出了重要贡献，赢得了普遍尊重，被称为"红色资本家"。这一举动为上海对私营工商业的改造工作起了积极带头作用，"红色资本家"的称呼由此得来。无锡申新三厂、汉口申新四厂已先期当年实行了公私合营。10月7日，经国家工商行政管理局批准设立上海申新棉纺织印染厂股份有限公司，1955年6月19日成立董事会，推选荣毅仁为董事长。董事会下仍设总管理处。9月28日，申新纺织印染股份有限公司正式宣布公私合营。经过清产估价，上海申新一厂（纬昌并入）、二厂、五厂、六厂（三明并入）、九厂及相关的中华第一棉纺针织厂、鸿丰纱厂资本总额为6,400万元，占上海全行业合营厂总资本额的47.32%。合营后的申新总管理处仍由荣毅仁担任总经理，吴中一任副总经理并兼任申新九厂厂长。合营前后，上海申新、永安两系统出资出人与安徽省合作在合肥市创办公私合营安徽第一棉纺织厂。

1956年，在对资本主义工商业的社会主义改造中，荣毅仁率先把全部企业拿出来和国家合营。1957年2月，上海棉纺织工业公司成立，实行行业统一管理。中华第一棉纺针织厂划归上海市针织工业公司，申新五厂、六厂在1958年10月与荣丰纺织印染厂合并组成杨浦棉纺织印染厂。1959年，为发挥荣毅仁的专长，中央调任他为纺织工业部副部长。申新二厂于1960年划归上海市仪表电讯工业局，后改为上海无线电二厂。1966年10月，上海申新纺织总管理处撤销。同年申新一厂、申新九厂、杨浦和鸿丰纱厂分别改为上海第二十一、二十二、三十一和第二十七棉纺厂；无锡申新三厂改为无锡第一棉纺织厂，汉口申新四厂改为武汉第三棉纺织厂。

1978年党的十一届三中全会后，香港伟伦纱厂、南洋纱厂先后将全部设备转入内地，投资于上海建设。改革开放后，受邓小平之命创办中国国际信托投资公司，荣毅仁是公司的创始人。1979年10月，经中央批准，中国国际信托投资公司正式成立，荣毅仁同志担任董事长兼总经理。他勇于创新，借鉴发达国家在发展经济中行之有效的做法，与中国实际相结合，广泛开展中外经济技术合作，引进资金和技术，在国内兴办实业，开展金融、技术、贸易、房地产、经济咨询、卫星通信等业务，并在海外择机投资，发行债券，在诸多业务领域成为国内首创，将中信公司建设成为一个综合性跨国企业集团，为国家的社会主义现代化建设作出了卓越的贡献。

1993年第八届全国人大当选为国家副主席，曾被《福布斯》杂志评为2000年度中国首富。2002年中信公司实施经营体制重大改革，更名为中国中信集团，集团新章程获得国务院批准，成为国家授权投资的机构，成立了中国第一家金融业的控股公司。中信集团现已成为具有较大规模的国际化大型企业集团，目前拥有44家子公司（银行），其中包括设在香港、美国、加拿大、澳大利亚等地的子公司。还在东京、纽约、鹿特丹设立了代表处。公司的业务主要涵盖金融、非金融领域。金融业包括商业银行、证券、保险、信托、资产管理、基金、租赁等，经营门类齐全，综合优势明显。非金融业主要涉及房地产基础设施与区域开发业务、工程承包业务、资源与能源业务、制造类业务、信息产业、商贸与服务业等领域。

10. 荣氏家族正在隐去的第二代

上海陕西北路靠近南京西路的地方，有一排雕花的石砌矮墙。在过去的半个多世纪里，这儿常年大门紧闭，少有人和车子进出。这里是荣氏企业大当家荣宗敬的寓所，也是如今上海滩保存最完好的花园洋房（见图

图13　荣宗敬寓所

13）。在被遗忘了若干年以后，这座建筑又闪烁出自己曾有的荣光。20世纪90年代，荣宗敬的三儿子荣鸿庆出生在这栋房子里，青年时代也是在这里度

过的。

如今，荣氏家族已经有第五代了，除少数仍继续留在大陆，大都旅居海外，主要分布在美国、加拿大、澳大利亚、巴西、德国和港澳等地。在荣氏家族中，荣毅仁这一辈健在的已经不多，比较活跃的只有荣宗敬的幼子荣鸿庆一个。荣鸿庆1946年毕业于沪江大学工商管理系。1964年任台湾上海商业储蓄银行董事、1983年任副董事长，1991年出任董事长。近年来，荣鸿庆经常来往于两岸三地，为的是进军大陆金融市场。一旦两岸放开

图14 荣鸿庆

金融上的业务往来，台湾上海商业储蓄银行有望成为首家在大陆开分行的台湾银行。

在银行事业蒸蒸日上的同时，荣鸿庆还不忘在纺织上争取更多大显身手的机会，和银行发展策略一样，也把纺织业的触角延伸到了大陆。1990年，荣鸿庆就同姐姐荣卓如一起来上海，决定将南洋纱厂移机来沪合资经营，与当时上棉二十二厂合资开设申南纺织厂。总投资3,000万美元的这家工厂是目前上海纺织行业最大的合资企业，81岁高龄的荣鸿庆任董事长。

青岛的"辛德勒"
——丛良弼与其振业火柴公司

济南最早的火柴生产厂家是振业火柴公司,创始人是农民出身的山东蓬莱人丛良弼。在济南投资20万元创办振业火柴厂,成为山东省第一家民族资本开办的火柴厂。振业火柴公司成立之初,便呈报山东督军和北洋政府工商部备案,并获准在济南周围三百华里以内制造火柴15年的专利权。振业的初期产品为黄磷火柴,后改为硫化磷火柴。商标为"三光"、"山狮"和"推磨"牌。振业火柴公司的兴起,结束了济南人使用"洋火"的时代。振业火柴公司起步高,发展快,先后在济宁、青岛设立了分厂,并带动了济南火柴业的发展,至20世纪40年代后期济南已建起火柴厂20余家,成为当时全国的火柴生产中心。丛良弼经与其他国内火柴生产厂家共同努力,丛良弼和其他民族火柴企业结束了日本、瑞典火柴垄断中国火柴市场的局面。1931年振业全盛时期,3厂总资本达100万元,工人1,000余人,为当时全国同行业之最。

1. 山东火柴工业创始人

丛良弼(1868—1945年),号庭梦,道号良悟(见图1)。蓬莱县(今蓬莱市)安香丛家村人。民族企业家,山东火柴工业创始人。丛良弼出身于农民家庭,仅读数年私塾。少年外出经商,由亲友引荐在烟台东顺泰打工,东顺泰是牟平人金某开设专营火柴的商号。青年时代先后在烟台、上海等地东顺泰商号为店员,因勤于事业又精明诚信,颇为店主赏识,不久被调往天津分号,后被烟台东顺泰商

图1 丛良弼

号派往日本大阪收购火柴再回国销售，在购销过程中学到火柴的生产工艺和管理方法。被派往日本大阪川口九十六番"东顺泰"任资方代理人，负责收购火柴向中国贩运。其时国内火柴主要依赖进口，俗称"洋火"。当时山东尚无国产火柴，只有日本进口的洋火充斥市场。丛良弼深为中国工业落后大量资金外流而感痛心。

在考察日本后，丛良弼遂发起组织北帮商会公所，并出任董事。丛良弼深为中国工业落后，大量资金外流而感到痛心。大阪中华商务总会成立后，他被推选为总经理。丛良弼以旅日华侨总商会会长的身份出席会议，深受启迪。

2. 创建振业火柴公司

受"实业救国，振兴中华"思想的影响，1912年冬，在济南林祥门里石棚街筹建厂房（占地47亩），取名为"振业"，系取振兴实业之意。振业开业之前，丛良弼经营之术便显露无遗。经过多方筹措，丛良弼共筹得资金20万元，经呈报山东都督和北洋政府农商部注册，振业取得执照。更重要的是，振业获得在济南周围300华里以内制造火柴15年的专利权。这一战略，使得振业在起步之初，便排除掉大量的潜在竞争对手，以相对较小的投入获取最大的市场份额，同时也增强了自身的竞争能力。当时他请东顺泰的东家投资，于1913年凭借对火柴生产技术和经营管理资料的长期积累，在济南投资20万元创建振业火柴公司（济南火柴厂前身），位于林祥门内的济南石棚街。1913年7月，山东省第一家国人自办的火柴厂——济南振业火柴有限公司正式开业。公司实行总经理、协理负责制，丛良弼任总经理，张厚庵为总教习。彼时，主要投资者除丛家外，尚有天津李家（以李肃然为代表）、牟平贺家（以贺俊生、贺介忱为代表）等大家族。

振业火柴公司初期产品为黄磷火柴，后改为硫化磷火柴。建厂初期生产"蜘蛛"、"三光"、"三狮"牌硫化磷火柴。其中"三光"火柴质量最佳，闻名山东。振业火柴雇用工人800名左右，多为济南西关一带回民，并有部分追求"实业救国"的青年学生报名参加，是济南屈指可数的大型企业之一。当时，国内几家日本火柴厂生产的火柴，药头均采用冷胶，唯振业公司采用热胶，药头光滑，不易受潮，发火有力，一经上市，迅速占领了津浦路、陇海路沿线的火柴市场。

图2　济南振业火柴公司生产现场

图3　华醒国货商行股份有限公司1920年2月1日发行的优先股股票

3. 振业公司长足发展

1920年和1928年，丛良弼投资60万元，先后在济宁、青岛增设分厂，所产火柴除行销国内市场外还供出口，至此，振业公司生产规模之大、资金之雄厚、工艺之先进、市场之广阔，均为国内各生产厂家之冠。经与"丹华"、"华北"等国内火柴生产厂家共同努力，结束了日本、瑞典火柴垄断中国火柴市场的局面，国家和人民深受其益。振业火柴创办不久，第一次世界大战爆发。虽古语云，"覆巢之下、焉有完卵"，但因第一次世界大战中，列强忙于战争，暂时放松了对中国的经济侵略，这给民族工业带来了难得的喘息机会。1919年，"五四运动"爆发，日本火柴受到抵制，国内民族火柴工业因此得到迅速发展，振业火柴公司也兴旺起来，甚至出现了"先交款后付货"的供不应求局面。

此时，丛良弼展现了他经商的天赋。因善于与掌权者周旋，加上管理得法，不几年工夫，资本大增，获利甚多。1918年增资10万元，在济宁开设了振业第一分公司。1928年增资20万元，在青岛开设第二分公司，同时开设了制梗工厂和铁木工厂。至此，"振业"公司生产规模之大、资金之雄厚、工艺之先进、市场之广阔，均为国内各生产厂家之冠。经与"丹华"、"华北"等国内火柴生产厂家共同努力，结束了日本、瑞典火柴垄断中国火柴市场的局面，国家和人民深受其益。

在经营火柴工业的同时，丛良弼也借力火柴开始了多元化经营。紧锣密鼓地筹备之后，在经营火柴工业的同时，丛良弼于1923年前后于潍县创办裕鲁颜料股份有限公司，于青岛创办胶厂、制干厂、三合板厂。

4. 股份制改组

殊为难得的是，在振业火柴公司管理架构上，丛良弼也较早地实现了与西方的接轨，正所谓，"师夷长技以自强"。1933年1月，济南振业火柴有限公司改组，由总协理负责制改为董事会负责制，经股东大会选举7人组成董事会，任期3年。董事会主要掌握企业重大改革事项和盈利分配，以及公司主要人员的升迁、雇用等事宜。并选举监察人2名，监督董事会行使职权。在董事会中推举董事长1名，总揽公司一切事务；另选常务董事3人，轮流分驻济南、济宁、青岛3厂监理一切。

丛良弼的次子丛贯一任董事长。各分公司分设经理、副经理各1人，负责各厂生产和经营管理。当时华东、华中、华北3地区有64家火柴厂，振业公司年产量占3地区年生产总量的15.3%。振业火柴公司所产火柴质量稳定，在市场上信誉卓著，畅销津浦及陇海、京汉铁路沿线，在全国同行业中名列前茅。当时全体股东人数已有324人，共计8,541股，股金总额达100万元，3厂共有职工近3,000人。

顺带一提的是，振业火柴公司曾发给工人的工资券（附后），主要在公司内部作为工资使用。由于振业火柴总公司的影响和信誉，该流通券，也流通于济南市内。

图4　振业火柴公司1928年发行的面额贰佰文和肆佰文的工资券

这张股票原本的拥有者是周自齐，此人是民国时期的风云人物，字子廙，单县单城镇牌坊街人。1912年至1913年任山东都督，后任北洋政府国务总理兼教育总长，1922年摄行大总统职务。民国时期，一些企业为了壮大声威，增强实力，积极吸纳军阀或财阀当做靠山，一些军政要人在企业中持股坐东的现象比比皆是。从股票发行时间上看，此时周自齐已经离开济南赴北京任职，那么，远在北京的他仍然持有振业公司的股票，是基于

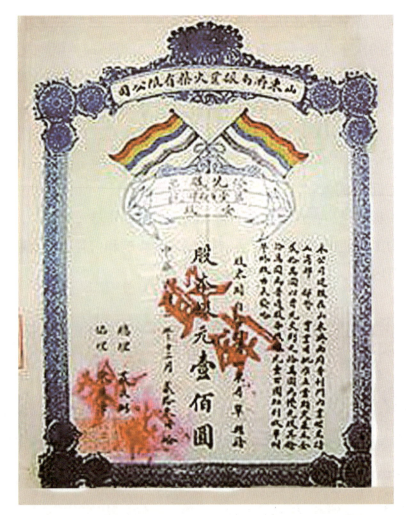

图5　振业火柴有限公司的股票发行于1914年12月23日面值壹股的优
先股股票，股本银元100圆

注：按照文内介绍，"工商部、都督、实业司批准立案，额定基本金二十万
元，以首先交到之十万元为优先股，其余十万元为普通股"。股票边饰花纹方框，
框内醒目处戳印"取消"二字，表明本张股票已经由公司赎回，左下侧竖书"总理
丛良弼，协理宋建章"。

对家乡民族工业的支持，还是纯粹投资以获取收益，抑或是振业公司获取
政治人物支持的一种手段，我们不得而知，但有一点是肯定的，这张股票
因它股东的不同寻常而显得弥足珍贵。岁月悠悠，斯人已去，历史却永远
定格，周自齐与振业公司的这段"旧情"不但为振业公司增添了几分传奇
色彩，也使我们从一个侧面了解到在军阀混战、时局动荡的旧中国民族工
业发展的艰辛历史。

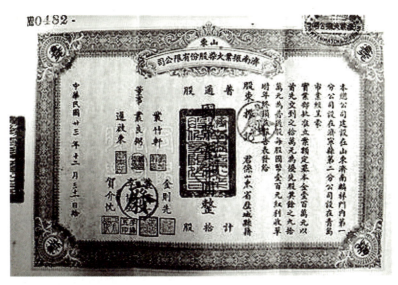

图6 发行于1934年12月，面值拾股（1,000元）的普通股股票，此时公司名称变为山东济南振业火柴股份有限公司

　　此时的振业公司除了在济南有总公司外，在济宁和青岛分别设立了第一和第二分公司，额定基本金也增长为100万元，可见，企业逐渐发展壮大。公司由总协理负责制变成了董事会负责制，共有七名董事，分别是丛竹轩、丛良弼、迟启东、金则光、丛贯一、李协五、贺介忱，其中丛贯一是丛良弼的次子，任董事长。

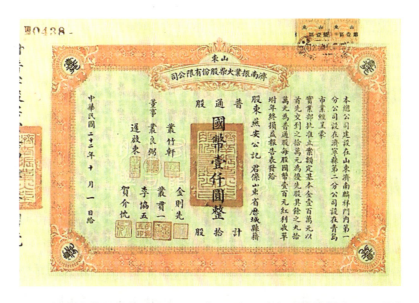

图7 振业火柴股份有限公司1933年10月1日发行面值拾股（1,000元）的普通股股票（中国近代名人股票鉴藏录）

5. 青岛的"辛德勒"——丛良弼

丛良弼颇具民族气节，注重维护民族利益，所创公司命名"振业"，实取"振兴中华，实业救国"之意，并在集资简章中明文规定："股东以中国人为限，一律不受外资"。"七·七"事变后，日军侵占青岛，多次邀丛良弼出任青岛市市长和商会会长，均遭到严词拒绝。丛良弼乐善好施，热心公益慈善事业，1924年在家乡蓬莱出资兴办丛氏小学，后改为良弼小学，到20世纪30年代初发展成为全县规模最大的完全小学。常为各地赈灾捐款，曾先后三次获国家、省级赠匾褒扬。丛良弼是青岛国际红十字会创始人之一，长期担任会长。在任期间，出资兴建了红十字会大楼。1942年日军制造"马石山惨案"后，丛良弼出资活动，率红十字会同仁营救出抗日军民千余名。丛良弼很重乡谊，在济南曾办同乡会，接济乡亲。凡蓬莱人去济南，无食宿者安排食宿，无职业者介绍职业，扶困济厄，乡人受益者甚多。

1943年冬，日本侵略者对胶东一带进行大扫荡，两千余名八路军和平民百姓都囚禁在青岛体育场内，缺衣少食，遭受了残酷的折磨和迫害。丛良弼代表慈善组织与青岛市商会共同进行营救工作，办理供应被关押人员的饮食、衣服。丛良弼与日军接洽谈判，日军说只要他肯以个人的性命担保，那两千中国人可以全部放掉。丛良弼一口答应了日本人的条件，"这算什么，如果日本人说话算数，岂止用我一个人的性命担保，我丛良弼可以用全家人的性命担保！"

6. 民族火柴厂的国货运动

正当雄心勃勃之际，丛良弼遭到当头一棒——南京国民政府宣布对火柴实行统税，此举一出，火柴销路顿时停滞。此后的统税税率竟占当时火柴销售价的50%以上。由于统税过重，加之日本火柴大量渗入，民族工业遭受严重冲击，振业公司困难重重，亏赔不堪，遂于1936年10月被迫暂时停产。转过年来，抗战爆发。日本帝国主义在军事侵略的同时，大肆进行经济掠夺，用当时市场紧缺的火柴换取大量煤炭。为达到此目的，1940年开始在沦陷区实行火柴专卖，并限令没有开工的火柴厂一律开工生产，否则就由日本人借用或没收。此时，曾经鼎鼎大名的振业火柴公司前后停工已达4年之久。

丛良弼穷其一生，都在试图将"洋火"更名为"火柴"。1941年，在日本帝国主义强制下，"中华全国火柴产销联营社"正式成立。总社设在北京，由日本人植田负责，上海、天津、青岛均设分社。青岛分社辖山东地区，生产的火柴全由联营社统销。1942年后济南振业火柴公司因原料缺乏而濒临倒闭，在1944年一年内只开工一个月，由于石蜡严重缺乏，曾一度用棉籽油代替石蜡，后来又用硫黄代替。此时虽振业"不振"，但丛良弼却另辟了一片事业。

1945年8月，日本投降，国民党政府对全市工商企业进行"接收"。振业火柴公司也未能幸免。就在那一年，丛良弼因病医治无效，在青岛逝世，终年77岁。当时，振业的一切经营活动全由营业主任蔡吉庭代理。经过多次力辩抗争，提供证据，再三申明振业系股份公司，所有股东都是中国人，组织简章明文规定概不收外资，最后经国民党南京政府实业部调查核实，确认振业火柴公司确实没有日伪敌产，才幸免"充公"。虽丛良弼已逝，但当日设立股份之严（不准外国人入股），却又一次挽救了振业。

7. 丛氏家族后继有人

振业火柴公司成立之前，丛良弼即获得在济南周围300华里以内制造火柴15年的专利权。虽出身乡野，丛之精明眼光与当时任何企业家相比都不遑多让。在青岛齐东路与龙山路口的齐东路2号（原小仓通）有一座花园，花园中间有一座欧陆风格夹杂中国风格的洋楼。它原有一个很大的庭院，现在大部分已经不复存在，但从齐东路走进去，仍有保存得很好的一片竹林。这里曾是丛公馆，建于1925年至1928年间（见图8）。丛公馆的第一代主人是丛良弼，如今虽然"物是人

图8　青岛丛公馆

非"，但丛氏家族依然人丁兴旺。

丛良弼有三个儿子：丛超杰、丛贯一和丛树五。丛超杰和丛贯一在日本留学，后来跟随丛良弼回国掌舵火柴公司。丛树五法国留学归国后，在当时的青岛农业科学院任所长。二儿子丛贯一新中国成立后担任过山东省政协委员、青岛市政协委员，并在青岛市工商业联合会任领导职务。丛贯一的次子丛兆桓是我国著名昆曲表演艺术家。1999年，丛兆桓获美国文化艺术中心"杰出艺术奖"，是继京剧艺术名演员叶少兰、张学津之后第三位获此殊荣的艺术家。2009年1月，丛兆桓被北京市列为世界非物质文化遗产北昆艺术传承人之一。而丛兆桓的二女儿是电影演员丛珊，以处女作《牧马人》成名，后去法国深造。目前仍活跃在国内影视圈。

惨遭暗杀身亡的知名企业家、
慈善家陆伯鸿

辛亥革命后，民办钢铁企业在上海开始崛起，兴办最早、实力最强、规模最大的企业当属由实业家陆伯鸿发起创办的和兴钢铁厂。在半封建、半殖民地社会制度下的和兴钢铁厂，竟得不到当时历届政府的支持和重视，且屡受帝国主义之害，创办后途程坎坷，步履维艰，几起几落，历经磨难。

1. 中国知名企业家、慈善家陆伯鸿

陆伯鸿（1875—1937年），原名陆熙顺（见图1），上海本地人，天主教内洗名若瑟。少年时代的陆伯鸿也如同其他孩子一样，必须十年寒窗，攻读四书五经，终于在18岁（1893年）那年，他幸运地考取了秀才。1896年起，师从南市董家渡天主堂神甫龚西满习法文和科技知识。先后充任上海比利时洋行职员和法租界蒲石律师事务所帮办。但是，1905年清朝政府宣布废除科举制度，于是大批士子

图1　陆伯鸿

转而进入新型学堂，改学洋务。这时陆家也将陆伯鸿送到董家渡主教座堂一位龚神父那里学习法语，后来曾参与编纂《法华新字典》。此后任比利时洋行职员和法租界蒲石律师事务所秘书。

20世纪初，陆伯鸿作为上海总商会代表，赴美国、意大利、瑞士等国观光考察，受到罗马教皇接见。回国后萌发兴办实业救国的计划，此后陆续兴办一系列的工商交通企业，成为上海的华商领袖。1911年，经江南制造局提调、中国通商银行总董、轮船招商局董事、江苏铁路公司董事李平书推荐，

出任上海华商内地电灯公司经理。善于经营，管理有方，公司业务日益兴隆，南市电灯数由1,000余盏激增至7万盏上下。他还任过自来水公司、电车公司、大通轮船公司、和兴钢铁公司总经理。辛亥革命上海光复，应李平书之请，筹办电车交通。1912年，投股集资20万元，组建华商电车公司，先后开辟外马路、民国路（今人民路）电车线路。

1913年11月，以和兴实业公司名义集资，陆伯鸿在浦东周家渡创办和兴化铁厂。1918年华商电灯、电车公司合并，组建华商电气股份有限公司，任总经理。同年，创办和兴钢铁厂，任经理。1923年与德商合资创办和兴钢铁股份有限公司。1928年发起创办和兴码头堆栈有限公司。1935年参与创办新和兴钢铁股份有限公司。此外，还创办大通仁记航业公司，建造隆大、志大、正大客轮，投入航运，任公司总经理。民国初期，主持重建新普育堂，创设杨树浦施诊所，在北京接办中央医院。1933年，在上海北桥创办普慈疗养院。1936年，在松江建立若瑟医院，在闸北建立母心医院，创办中小学校5所。兼任上海和全国公教进行会会长。先后获罗马教廷西尔弗斯德肋都骑尉勋位、额吾略骑士尉勋位和袍剑爵士勋位。"八·一三"事变前，兼任上海闸北水电公司经理、上海航业同业公会理事、法租界公董局华董、全国民营电业联合会委员长等职。

2. 创办和兴铁厂

晚清时期的上海，除由清政府在1890年创建了江南制造局炼钢厂，始终未办过第二家官办钢铁企业，也未出现过一家民办钢铁工厂。陆伯鸿于1912年在上海创办内地电车公司获得成功后，深感上海"一隅向为工业界之中心，然欲求自炼之寸钢尺铁竟不可得"，立志创办钢铁企业。1913年3月，他委托西门子洋行任职的德国人高翕（E.Kocher）以和兴实业公司工程师身份去安徽太平府宝兴公司铁矿考察，获得该处铁矿石的含铁量达67%的资料后，陆伯鸿即于当年11月拟就《化铁炉说略及预算》一文，分发实业界和金融界，广为宣传，筹集资金。在文中，用国内外资料的对比，详尽地阐述了创办钢铁企业的重要性、必要性、可能性，其词意之优美，使陆伯鸿的一片爱国之忧溢于言表，深深地打动了众多投资者之心。此后，有乐振记、姜炳记、戴运记、张延记、陈文记、四明银行、滋康庄、丰昌庄、增泰行、慎记号、信孚庄、萃康庄、合兴厂等工商企业和金融单位，以6万两票存资金和2.3万两押款作为投资，兴办和兴化铁厂。

1917年，选址于上海浦东周家渡西村，租、买土地20余亩，1918年，陆伯鸿集上海实业家投资银50万两，于浦东周家渡建设和兴钢铁厂，委托西门子洋行向德国购入10吨炼铁炉1座，动工兴建，造价银7.2万两。8月18日投产出铁，所用原料有安徽芜湖益华公司和浙江长兴长安公司的铁矿石、浙江的白云石、湖北的锰矿石，燃料初用浙江的木炭，后用开滦的焦炭，所产生铁销给江南造船所、上海兵工厂、明昌机器厂、培昌铁行、利昌铁行等。以天然矿产化炼成铁，先建化铁炉一座，日出生铁10吨，成绩优良，营业尚称发达；当年售出铁1,048吨，收入铁价163,303两，盈利80,123两，使投资者信心大增；次年，将注册资本增至16.55万两。

经营未久，风云突变，和兴钢铁厂走上了风摧雨残的崎岖之路。建厂、投产之时，正值发生第一次世界大战之际，当时资本主义国家所产之铁主要用于战争，销至中国的数量锐减，故和兴钢铁厂炼出质量优良铸造铁后，普遍受到工商界欢迎，上海兵工厂甚至不惜超出每吨150两的市场价，以每吨190两的高价向其订购百吨木炭生铁。可是，这一兴旺景象竟是昙花一现，和兴厂投产仅数月（1918年11月），大战即告结束，西方国家生铁过剩。为了转嫁危机，对中国实行倾销，1919年和1920年分别达到53,950吨和68,204吨，比大战结束这一年的14,085吨陡增2.8倍和3.8倍，遂使市场供应由紧转疲，每吨生铁的售价由大战期间的150两左右，跌至90两甚至50两左右（进口铁的报关价，1918年为80.47两，1919年则骤降至43.86两），远低于和兴的成本价90两，这就使和兴厂遭到沉重打击，转盈为亏。至同年4月9日，先后炼铁1,585吨。此后，因多种原因（包括1座25吨炼铁炉动建），工厂停产休整。1920年3月，又向德国订购1座日出生铁25吨的化铁炉，大力扩展炼铁生产。合共每日出铁35吨。1921年1月16日，第二次恢复炼铁，仅半年，产铁1,585吨，仍难扭转亏损局面，且难以为继，被迫于当年7月7日停止生产。

3. 几起几落，历经磨难

停业后，陆伯鸿即到处奔走筹划，拟将和兴厂建成一个集炼铁、炼钢、轧钢于一体的综合性钢铁厂，希冀以此能使和兴厂得以复苏、振兴，拟就《扩充计划书》进行宣传，并以股本总额100万两为目标发起集资，经数年努力，实收股本908,350两，在主要的投资者中，有芜湖益华公司15万两，江南造船所14万两。除内资外，尚有外资投入，德国吕桑埠陶蒙城矿务钢铁股份有限公司以2座10吨碱性平炉和1套20英寸轧钢机，作价25万两银售予和兴钢铁厂，并将其中的20万两银投资入股，作为五分之一股本，并订明合约："日后和兴营业发达而需添股，应接受德厂亦以五分之一数额添股"，"和兴公司之管理部，由经理五人组织之，五人中应有德工程师两人"，"德厂有询问和兴厂营业状况之权，并得举遣代表查阅账册。和兴厂编造年终报告时，该代表有参与之权"。

1922年4月，和兴钢铁股份有限公司成立，经北洋政府工商部核准和兴钢铁厂注册，发给执照；按照德厂提供的图样，动工兴建，由德国工程师负责建造，厂区扩大到60亩左右。当时浦东电气公司供电困难，经浦电同意，由南市华商电气公司供电，从鲁班路底沿江码头西侧敷设过江电缆，解决电源。1924年12月，和兴公司除原有两座炼铁炉外，新建两座10吨平炉，4座煤气炉，1套直径500毫米轧钢机基本竣工。1925年2月，和兴钢铁厂从德国吕桑埠陶蒙城矿务钢铁股份有限公司引进的1套Φ515毫米型钢轧机投产，日产钢材30吨左右，品种有硬钢和竹节钢两类，竹节钢由当时的中国工程师协会、同济大学测试合格颁发证书。

自和兴钢铁厂投产后，美国销至中国的竹节钢市价即从上年每吨84.2两降至72.6两，而和兴钢铁厂的成本价为69.4两，因产品尚未取得信誉，售价仅58.25两，不仅难以获利，反而亏损甚巨；10月，第三次江浙战争爆发，军阀混战，运输受阻；更使钢铁生产受到严重影响。和兴钢铁厂连遭两个方面打击，致使债台高筑，仅支付银行利息即达57,271两，全年结亏138,967两。1926年，和兴钢铁厂更是陷入困境。5月，经董事会承认签字，将全部基地和设备抵押给因上年借银30万两给和兴钢铁厂而延期偿还的银行团；7

月22日至8月2日，该厂持江苏省财政厅发给的免税单，将1,098吨硬钢销往西安和山西等地，货到河南陕州，当地百货征收局竟以未曾完税为由，将货物扣留，几经交涉，直至10月21日，财政部始批文"令河南财政厅转饬该征收局验收放行"。1927年，支付的银行利息猛增至138,154两，比上年增加1倍以上；结亏亦比上年大幅度提高，达到214,669两。至1927年1月，已累计负债90余万两，全厂被迫停产。1927年2月21日，经股东会议决"本厂已立于破产地位，经各股东讨论之下决定停办"。

停业后不久，北伐胜利，国民政府上台。陆伯鸿把和兴钢铁厂复业的希望寄托在国民政府身上，故屡屡求助于国民政府。1928年11月18日，和兴钢铁厂向国民政府工商部呈文："请予拨给巨款，辅助复业，而期发展。"事隔105天，国民政府实业部终于在1929年3月21日批文回复，要求和兴厂自行创造投资条件，"自易筹措复业，或可无须政府拨款补助"，以此进行搪塞。1930年，陆伯鸿在一次工商会议上提出"奖励兴办钢铁实业"的提案，至1931年2月19日，实业部始致函陆伯鸿，要求将"和兴厂以往之历史，现在之实况，及用如何方法恢复，迅予详复"。陆随即拟就《和兴钢铁厂复业纲要》呈报。之后石沉大海。1932年，陆伯鸿听到政府拟筹办规模很大的中央钢铁厂的传闻，即呈文实业部，提出将和兴钢铁厂售予政府或与政府合作的方案，直至1934年3月20日始获得实业部答复："惜值库款支绌，实无余力及此，仍仰该创办人自筹复工，继续前业。"至此，使陆伯鸿对国民政府不再抱有幻想，只得另谋出路，对民间进行租赁。

租赁之举，陆伯鸿早在接获实业部复文之前即开始酝酿，时有潘尚林发起集资15万元议租和兴厂炼钢和轧钢二处厂产，定名为和兴发记炼钢股份有限公司。1934年3月31日双方签约，租期5年，月租2,000元，押租12,000元，营业所得纯利提30%作为折旧拨交和兴钢铁厂。1925年11月，开工生产。不久，因发记厂处理劳资关系不当，引起工潮，后虽事端平息，但一直生产不振，维持至1935年上半年，工厂停办。停业之后，时有担任中兴煤矿经理的实业家钱新之，不甘于上海唯一一家集炼铁、炼钢、轧钢为一体的综合性钢铁企业和兴厂的衰败和消亡，毅然发起，于1935年7月与发记厂订立受盘契约，仍以租赁的形式，以40万元的股本，组建成新和兴钢铁股份有限公司。

公司组建后，成立了董事会，聘用了总经理，迅即恢复生产，采取了一系列促进生产的措施，凡月炼钢超900吨者，即可按不同工种，分别获得5元或3元月奖；年终如能获利，即将纯利的46%分给职工，作为年奖。由此极大地调动了全厂职工的积极性，月钢产量经常超900吨，最多时竟达1,200吨。此外，为了充分挖掘轧钢机的生产能力，降低成本，除千方百计增产钢锭外，还积极组织外购钢锭，增产钢材。由于经营管理得法，新和兴厂自投产之日起，至抗日战争爆发时止，在两年时间内，炼钢虽仅2万吨，而轧制和销售的钢材却接近3万吨。生产蒸蒸日上，经营也很有起色。

4. 屡经战火创伤

1937年7月7日，蓄谋已久的日本帝国主义发动了侵华战争，8月13日，战争之火又烧到了上海，新和兴厂奉令停产。由此开始，和兴钢铁厂又遭受到一场浩劫。为了保护和兴钢铁厂的财产不致遭到日本侵略者的破坏，和兴钢铁厂在战争初起之时，即以5万元巨款，请在沪德商向德国总领事馆疏通，在厂大门张贴德国总领事飞师尔签署的保护和兴厂的布告，并在厂内悬挂德国旗，从1937年8月20日起，与和兴厂一江之隔的上海炼钢厂屡遭日机轰炸，而和兴钢铁厂却安然无恙。为了保险起见，又向英国驻沪领事馆疏通，在厂内轧钢马达间屋顶铺置巨幅英国国旗，免遭日机轰炸；同时在厂大门张贴英国驻沪领事发给用英、日、中三国文字书写的保护和兴钢铁厂布告。使工厂得到了保护。1938年12月30日，陆伯鸿遭一群不明身份者枪击身亡。1938年后，原和兴厂轧钢机厂被日寇占领，增加压延机、剪断机等配套设备，生产Φ7~9毫米线材。

抗战爆发后，日本侵略者蓄意占领和兴厂，妄图以和兴厂生产的钢铁，为其发动的侵略战争服务，以达其"以华制华"的罪恶目的，但碍于和兴厂大门外分别张贴了德、英两国总领事签署的护产布告，厂内悬挂着两国的国旗，疑为和兴厂系两国之财产，故久久不敢贸然下手，但又并不甘心。为此，进行广泛的间谍活动，以彻底搞清和兴厂的归属。1938年6月19日，即有一日本特务潜至和兴钢铁厂向看守人员进行盘问；其后，又接连有陌生人至厂窥探。新和兴厂觉事有可疑，即将库存150吨钢坯沉入厂周河底。日本侵略者经数月的侦查，终于摸清了和兴厂的归属情况，9月24日上午，派出日军占领了和兴厂，实行军管，工厂交由日商经管，改名为中山钢业浦东制铁厂，并开始征募工人，应征者寥寥，随即派出日本宪兵在厂周围工人居住处，挨家挨户调查，强征工人，强迫开工，由此开始了中国工人和日本侵略者的长期斗争。1940年，和兴厂发生了轧钢机用1,200匹马力主电机被炸毁事件（日本侵略者称系被中国抗日游击队所炸），使轧钢生产陷入瘫痪，直至觅得1,500匹马力主电机后才得以恢复生产；1943年，又出现工人逃亡事件，使日本侵略者大伤脑筋，生产同样受到了影响。

1945年抗战胜利后，上海钢铁股份公司成立，日商吴淞工厂改上海钢铁公司第一厂。国民政府竟将和兴厂全部作为"敌产"对待，并于1945年11月20日派员接收原由华商经营后被日本侵略者霸占的和兴钢铁厂。同年12月16日，由中央信托局出面筹组的官商合办上海钢铁股份有限公司成立，下设第一厂（原吴淞炼钢工厂），第二厂（原黄兴路压延工厂），第三厂（租赁原和兴钢铁厂的炼钢等设备）。陆隐耕子承父业，与当局几经交涉，始于1946年4月6日办理了领回厂产手续，因需要偿还战前和兴钢铁厂的巨额债务，已无力自行复工，只能将厂里的炼钢部分租给由官商合办的上海钢铁股份有限公司，并改名为上钢公司第三厂。1947年12月15日，第一座平炉恢复生产；1948年，第二座平炉也已经修复，但因蒋介石发动内战所带来的运输不畅，原材料供应匮乏，至1949年3月，已无法继续生产，顿告停产。上海解放前夕，该厂中国共产党地下党员刘春山奉党组织的指示，以工人协会为主体，发动了133名职工进行护厂斗争，免遭国民党溃军的破坏。1949年5月27日上海解放，6月20日，上海市军管会接管了上钢公司的官股，8月8日，军事特派员阎凤舞进驻该公司第三厂，成为公私合营上海第三钢铁厂。1957年3月，改名上海第三钢铁厂。

图2　上海和兴钢铁股份有限公司1924年5月4日发行面值贰佰股（银1万两）的股票（博宝艺术网收藏）

将工厂向内地转移后方创办实业的"中国民族化学工业之父"范旭东

天津化工历史悠久、源远流长。历史既造就了具有中国近代化学工业摇篮美誉的天津碱厂等一批大型骨干企业，也形成了星罗棋布，分散在城市众多区域的一批中小化工企业。天津碱厂，全称为天津渤化永利碱业有限公司，其前身是由"中国民族化学工业之父"范旭东（见图1）于1914年在天津创办的久大精盐公司和1917年依托久大精盐创办的"永利制碱公司"。由该厂生产的"红三角牌"纯碱，使中国生产的化工产品首次出口海外。早在1926年美国费城世界博览会上，永利制碱厂生产的纯碱获得了金奖和证书，证书中称永利碱厂为"发展中华民国主要化学工业之象征"。在天津的近代史上，永利碱厂和南开大学、《大公报》同时被称为"天津三宝"。

1. 塘沽设立久大精盐厂

范旭东，湖南湘阴县人。1908年，考入日本京都帝国大学理学院攻读应用化学，留学期间立志创办中国化学工业，以求实业救国。1911年，学成归国并决定创办中国的化学工业。当时食盐由官商合伙垄断，优质精盐全由国外进口，价格昂贵。1914年，范旭东决心改革弊政，在天津塘沽创办久大精盐公司，自制精盐。他在塘沽的渔村开始研制精盐，纯度达到90%以上。1913年，他来到塘沽实地考察，发现塘沽是得

图1　范旭东

天独厚的盐碱工业基地。随后，范旭东在其兄时任中华民国教育部长范源濂和师友梁启超等人的支持下，由范旭东、景韬白、胡睿泰、李积芸、胡森

林、方积琳、黄大暹为发起人，梁启超、范静生、李思浩、王家襄、刘揆一、陈国祥、左树珍、李穆、钱锦孙为赞助人，于1914年7月20日提出申请立案，同年9月22日，获得批准建立久大精盐公司精制食盐，并在塘沽设立久大精盐厂。当时久大股东有诸多军政界人士相助，如黎元洪、曹锟、蔡锷和冯玉祥等。

1916年4月6日，久大精盐厂竣工投产。同年9月11日，生产出的第一批精盐由塘沽运往天津销售，之后又在湖南、湖北、安徽、江西等地打开了销路。这时的久大精盐开始达到日产5吨的能力，每年可获利五六十万元。在此基础上，1917年范旭东又开始创建永利碱厂。在侯德榜等人的帮助下，攻克了一系列技术难题，生产出优质纯碱，突破了外国公司的垄断。范旭东与王小徐、陈调甫实验制碱成功。1919年扩建东厂后，年产量可达62,000多吨。久大精盐厂的建成和投产，为日后永利碱厂的创办"变盐为碱"提供了原料和人才保障，尤其是在资金上为永利碱厂提供了极大地帮助。

2. 创立永利制碱公司

1914年，第一次世界大战爆发，"洋碱"的进口中断，一些以碱为原料的工业纷纷停工。范旭东等人有鉴于此，决定自己创办制碱工厂。1916年开始筹建，1918年11月，永利制碱公司创立大会召开。1920年5月召开第一次股东会，推选范旭东为总经理，在天津设公司。9月，中华民国农商部准许注册，定名为"永利制碱股份有限公司"，并在塘沽设立"永利碱厂"。1921年，侯德榜获得博士学位并受范旭东之聘出任永利制碱公司工程师。厂内由侯德榜、李烛尘轮流担任厂长。1924年8月13日，永利碱厂首次开工出碱，揭开了中国乃至整个东亚制碱工业史上的第一页。1926年6月29日，永利碱厂在重新调试后重新开工，生产出雪白的产品，其碳酸钠含量超过99%。1926年8月在美国费城举办的万国博览会上，中国"红三角牌"纯碱获最高荣誉金质奖章，并实现了中国生产的化工产品首次出口。1930年，"红三角牌"纯碱荣获比利时工商博览会金奖。永利碱厂生产的"红三角牌"纯碱在国际上两次获得大奖肯定，奠定了中国近代化学工业的基础。1934年3月28日，创始人范旭东将永利制碱股份有限公司改组并更名为"永利化学工业股份有限公司"。

1937年，塘沽沦陷后，日军包围了久大、永利厂。范旭东要求员工将厂内留下的部分蓝图和资料集中在制碱炉内烧毁，将部分图纸资料秘密保存，为到后方建设碱厂做技术准备。同时，范旭东将工厂向内地转移，继续在后方创办实业。1938年7月，在四川自流井开办了久大自流井盐厂。在办厂过程中，范旭东积极支持侯德榜等人革新苏尔维制碱工艺，于1943年研究开发成功了联合制碱新工艺。抗日战争胜利后，范旭东正准备派员分赴久大、永利、永裕等厂接收原有财产之时，突然身患急性肝炎，经医治无效，于1945年10月4日逝世。范旭东去世后，正参加重庆和谈的蒋介石和毛泽东中止会谈，一同前往重庆沙坪坝范旭东的家中凭吊。毛泽东为其亲笔书写了"工业先导，功在中华"的挽联。

3. 更名天津碱厂

1952年6月23日，永利化学工业股份有限公司实行公私合营后，易名为"公私合营永利化学工业公司"，永利碱厂则更名"公私合营永利化学工业公司沽厂"，简称"永利沽厂"，并划归中央人民政府重工业部化学工业管理局管辖。1955年1月1日，永利沽厂和久大精盐厂合并经营，更名为"公私合营永利久大化学工业公司沽厂"，简称"永久沽厂"。1956年6月，中华人民共和国化学工业部成立，永久沽厂转归化学工业部领导。1958年6月11日，永久沽厂由化学工业部划归天津市，隶属于天津市化学工业局。1959年3月13日，永久沽厂改为隶属于河北省化学石油工业厅。1961年7月1日，永久沽厂重新隶属于化学工业部。1968年3月，更名为天津碱厂。1968年7月13日，又更名为"化学工业部天津碱厂"。1972年3月，天津碱厂再次由化学工业部划归至天津市化学工业局领导。

4. 成立天津渤海化工集团

1991年5月8日，在天津市化工局及其下属企业的基础上成立天津渤海化工集团，天津碱厂改为隶属于天津渤海化工集团，全名为天津渤海化工集团天津碱厂。天津渤海化工集团由天津市化工局改制而成，主要经历了三个重组过程，即1991年由化工局三大化（天津碱厂、大沽化工厂、天津化工厂）组建天津渤海化工集团。作为全国首批公布的123户特大型企业，经天津市经济体制改革委员会［津体改委字（1992）45号文］批准，由天津渤海化工集团公司作为唯一发起人投入其生产经营性资产，采取定向募集股票的方式，于1993年6月改组设立了天津渤海化工（集团）股份有限公司。

经政府有关部门核准天津渤海化工集团公司，将其全部经营性资产账面净值83,902万元，折国家股83,902万股，同时以发行价格每股人民币2元向公司内部职工和企（事）业法人募集8,200万股，每股面值1元。根据国务院证券委员会［证委发（1994）4号文］批准，1994年5月3日至6日，天津渤海化工（集团）股份有限公司（以下简称渤海化工）在香港成功地发行了"H股"股票，34,000万股（每股面值人民币1元），发行价人民币1.36元，并于1994年5月17日在香港联合交易所上市交易，成为国内首次九家股票境外上市的企业之一。

1995年初，渤海化工被国家外经贸委批准为中外合资企业。年末，天津渤海化工集团公司又被批准为国家计划单列企业，在规划、投资、融资等方面可享受一系列特殊政策，这为集团的壮大和发展创造了更为有利的条件。1995年6月10日至6月30日，经中国证券监督管理委员会［证监发审字（1995）13号文］复审同意，在与上海证券交易所联网交易的地区，社会个人公开发行A股11,249.5万股，其中向社会公众公开发行6,898万股，采用溢价发行，每股发行价2.50元，其余4,351.5万股为将公司定向募集职工股转为公司职工股，本次发行不再向职工配售公司职工股。6月30日，经国务院证券委员会［证委发（1994）4号文］和中国证券监督管理委员会［证监发审字（1995）13号文］复审通过，股票上市申请经上海证券交易所［上证上（1995）字第011号文］审核批准，在上海证券交易所挂牌交易。

渤海化工1998年、1999年连续两年出现较大亏损，2000年下半年进行了重大的股权和资产重组：根据天津市政投资有限公司与天津渤海化工集团公司于2000年10月10日签署的《股权划转协议》、天津市人民政府《关于同意对天津渤海化工（集团）股份有限公司进行重组的批复》［津政函（2000）58号］、中华人民共和国财政部《关于天津渤海化工（集团）股份有限公司国家股划转有关问题的批复》［财企（2000）379号］、中国证监会《关于同意豁免天津市政投资有限公司要约收购“渤海化工”股票义务的函》［证监函（2000）245号］以及外经贸部《关于天津渤海化工（集团）股份有限公司股权变更的批复》［（2000）外经贸资二函字第795号文］的批准，天津渤海化工集团公司持有的渤海化工的国家股无偿划转给天津市政投资有限公司。天津市政投资有限公司为天津渤海化工（集团）股份有限公司的国家股股东。

天津市政投资有限公司将其拥有的中环线东南半环城市道路、外埠进津车辆通行费收费站、污水处理厂等资产置入天津渤海化工（集团）股份有限公司，同时，渤海化工将其原有化工资产和负债全部置出给天津渤海化工集团公司。置换完成后的2000年末，天津渤海化工（集团）股份有限公司实施资产重组后，更名为天津创业环保集团股份有限公司，同时主营业务由化工产品的生产和销售转型为污水处理及相关环保产品开发业务、公路收费站业务。

股权证持有卡（个人股）
天津渤海化工(集团)股份有限公司
股东编号：109015
股东姓名：高明秀
身份证号：120102590618216
发卡日期：01-29-94
总印号：0008613

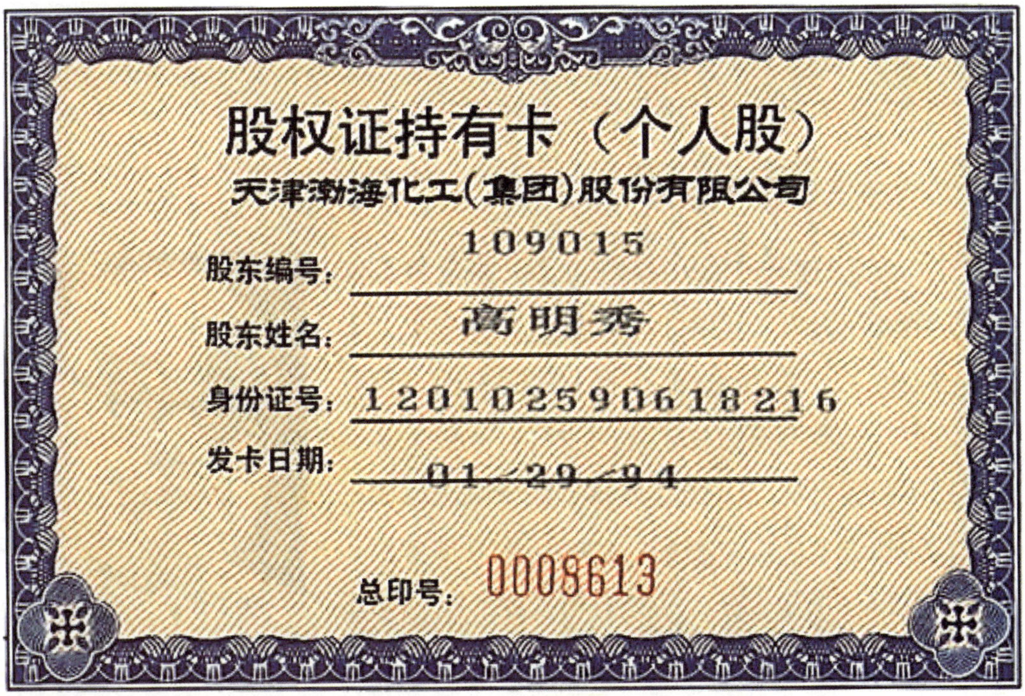

图2　天津渤海化工（集团）股份有限公司1994年2月2日发行的（个人股）股权证持有卡

国难当头吹响了抗日御侮的号角的
世界书局沈知方

世界书局是民国时期民营出版发行企业，1917年由沈知方在上海创办，1921年改为股份公司，在福州路390号开设（见图1）。设编辑所、发行所和印刷厂，在各大城市设分局30余处，沈知方任总经理，初期以出版小说为主。从1924年起，编辑出版中小学教科

图1　位于上海福州路的世界书局

书，与商务印书馆、中华书局出版的教科书三足鼎立。

1. "才气宏阔出版家" 沈知方

沈知方（1883—1939年）字芝芳，别署粹芬阁主人，浙江绍兴人，世界书局创始人、藏书家。祖上是藏书世家，至其父一代，已是家道衰落，仅有薄田数亩，靠摆书摊为生。沈年少时，就被父亲送到绍兴奎照楼书坊当学徒。1898年在余姚玉海楼书坊，1899年进上海广益书局，1900年由夏瑞芳招入商务印书馆。学徒生涯，四处赶考卖书，让他熟悉了各地的书业行情，培养了浓厚的商业意识，积攒了丰富的市场经验。他在商务印书馆供职，虽未见

图2　沈知方

重用，却深得老板夏瑞芳赏识，着意笼络。据说，沈知方在商务印书馆经常不按时上班，同事既有闲言，股东亦有碎语，夏瑞芳却为他袒护，说他"才气宏阔"，一旦让其离去，日后必将成为商务之患。

1912年，夏瑞芳的预言不幸而言中。商务印书馆的劲敌中华书局创办成立，翌年，沈知方就被中华书局挖了墙角，委之以中华书局副局长的重要职务。在中华书局1913年4月20日股东会议上，局长陆费逵所作的报告中，有专门一段对他的评价："沈芝芳（知方）君于营业颇有经验，既出商务印书馆，由本局延充副局长，到局已两月余，极称得力。"沈的"得力"，主要归之于他别出心裁地促成了各地有影响、有号召力的乡绅，与中华书局合资开设了众多分局，解决了中华书局草创伊始资金、人力不足，而要与商务竞争，开分局又势在必行的难题。这个办法投资少、收效快、竞争能力强，确保了中华书局初始几年迅猛发展的需要，也奠定了中华书局与商务印书馆分庭抗礼的出版地位。

沈知方在中华书局出任副经理，主管营业和进货，后因用公款大量购纸投机失败，使中华书局陷入困境，加之当时建设厂房、添置设备耗资过大，以致资金周转不灵，至1917年濒临倒闭。沈知方因债务纠葛不得不离开中华书局，另谋生路，抽回中华书局投资另办广文书局。沈知方以3,000元资本在上海闸北义品里及福州路青莲阁茶馆对面弄内其昌旅馆租了一房间，作为广文书局营业基地。所出版的图书，比较正规的，用广文书局名称；属于投机的，用世界书局或中国第一书局名称，因自己无门面，委托大东书局代为发行。后因用"世界"名称的书销路最好，故只用"世界"一名，不用另两个名称了。

1921年7月，世界书局股份有限公司成立，选出董事沈知方、魏炳荣、林修良、毛纯卿、张丽云，监察陈芝生、胡挺楣，沈知方担任总经理。局址位于福州路、山东路处的怀远里，并于怀远里口（福州路320号）租店面为门市部，门面漆成红色，又叫红屋。同时，在闸北香山路和虬江路设立编辑所和印刷所。1923年受盘俄商西伯利亚印书馆、广智书局和东亚书局等企业。1925年，虬江路印刷所因失火获得保险金，便在虹口大连湾路（今大连路）建造总厂。1926年，吸收了上海公共租界会审公堂法官孙美梅和大丝商沈莲芳的资本，印发《三民主义读本》、《不平等条约问答》等政治读本，资本不断扩大。1926年总务处、编辑所、印刷所迁入总厂。1927年后，聘请徐蔚南编辑《ABC丛书》、《生活丛书》，请陶行知主编《工人课本》，从此书局业务逐步扩大发展，遂创办世界商业储蓄银行，自任董事兼行长。1932年，世界书局迁入福州路390号，建成五层楼厂房，又添置大批印刷设备，拥有全张密勒机17部。同年，发行所迁入福州路390号。

1934年，由于沈知方以大量资金投资房地产失利，加上出版物库存积压，书局发生经济危机。后与世界社的李石曾商谈投资，并让出董事、监察半数以上席位给李石曾集团，沈知方被迫辞去总经理职务，改任监理，由陆高谊继任总经理。1937年8月日军占领上海后，强占上海世界书局设在虹口大连湾路的总厂为军营，并威胁世界书局与他们合作。遭沈知方反对后，1938年11月，日伪在世界书局发行所制造了定时炸弹爆炸事件，导致书局职员一死一伤。抗战胜利后，李石曾强制投资半数，自任常务董事与总经理。张静江、杜月笙先后任董事长，吴稚晖等为监察人。1939年，沈知方病重之时立下遗嘱："近遭国难，不为利诱，不为威胁"，命其后人不得与日伪妥协。同年9月11日，沈知方病逝于上海，终年57岁。

2. 纵横书业的经营奇才

十几年学徒生涯的经验积累，使年轻的沈知方具有精明的商业头脑和敏锐的洞察力。20世纪20年代初、中期，正是鸳鸯蝴蝶派作品大行其道的当口，世界书局或是将旧小说加以整理，用新式标点排印后廉价发售；或是许以高额稿酬，将张恨水、不肖生（向恺然）等受读者欢迎的作家作品"买断"，很是出版了一些影响面大、行销范围广的通俗性畅销书。另外，沈知方采用书刊互动的出版策略，在出书的同时又出版相关杂志。李涵秋和张云石主编的《快活》，严独鹤和施济群主编的《红杂志》，严独鹤和赵苕狂主编的《红玫瑰》，江红蕉主编的《家庭杂志》，施济群、程小青主编的《侦探世界》，均在世界书局的强大宣传攻势下，一时风行海内外。世界书局也因此成为当时最为主要的鸳鸯蝴蝶派出版阵地，获得了不少经济利益。

"五四"运动之后，提倡白话文学习一时酿成社会风气，沈知方迎合时代潮流，出版了许多文白对照的作文、尺牍等书，供人学习模仿，受到学生的极大欢迎。而到了1924年至1927年大革命期间，沈知方揣摩时局走势，特叮嘱世界书局位于革命大本营的广州分局，就近搜集《全民政治问答》、《农民协会问答》等革命宣传小册子，分批寄到上海编辑加工，然后以广州世界书局、广州共和书局等名义出版发行。当北伐战争在南方各省风起云涌，世界书局棋先一着大胆出版的这些革命小册子，也跟着在商业上饱尝到了胜利的果实。

20世纪20年代末，经新文化运动洗礼的国人，已深感科学知识于现实人生的重要性。正当商务印书馆瞅准时机，忙着编印各种学科普及小丛书时，沈知方也看到了这种现实阅读需要，特约徐渭南主编了一套《ABC丛书》，前后共150余种，于1928年6月陆续出版。这套丛书早于商务印书馆的《万有文库》一年时间出版，以其学科范围综合、内容通俗浅显、作者阵容强大、适合读者需要，获得巨大商业成功。与此同时，世界书局也一改过去在读者心目中专出鸳鸯蝴蝶派书刊的低级书局形象。这正是20世纪20年代中期跻身于教科书领域的世界书局所希望得到的结果。它后来出版的许多学术文化性书刊，均是其有意调整出版策略，提升自己出版形象的结果。那些通俗性小说之类，世界书局虽还在继续印制，但已悄然改用副牌——广文书局、普益书局等名称出版。世界书局只是名义上居于经销地位，以向社会表明自己是出版教科书的正派书商。

3. 教科书的三足鼎立

当1922年脱离了中华书局的沈知方，在其自行创办的世界书局，开始大张旗鼓地筹措中小学教科书出版时，此次如临大敌的，就不光只是商务印书馆了，同时紧张的还有中华书局。昔日的这两大冤家，此时由对手而联手，共同合资创办了国民书局，以低至成本以下的价格倾销教科书，试图挤掉世界书局，然而还是败下阵来。论质量，三家其实在伯仲之间，沈知方出奇制胜的招数，在于他另寻了一条销售教科书的新路子。商务印书馆、中华书局的教科书发行模式，是把分支机构开在全国大、中城市，而世界书局走得更远，把教科书销售网络的终端，延伸到商务印书馆、中华书局鞭长莫及的县城，走"农村包围城市"的道路。其办法不是设分支机构，而是在全国各地设立特约经销处，外地书店在预先向世界书局交纳部分保证金后，便有权挂起"世界书局某地特约经销处"，甚至是"世界书局某地分店"的招牌，享受着某一特定区域内该社所有图书的营业独占，这样便极大地调动了各地书店推销世界版教科图书的积极性。而对世界书局来说，完全不用总部派干部，不必花钱租赁房屋和装修，只需将一定数量书赊销给经销处，简便而易行。这是于社店双方均为有利的好办法，因而很快取得成功。

沈知方是发行教科书的奇才，更是出版畅销书的高手。他熟悉一般市民读者的阅读趣味，在捕捉畅销书题材方面，有着良好的嗅觉和过人的胆识。侦探小说作家程小青说沈知方"有一种口吐莲花的募集股金的特殊手腕"。金城银行经理吴蕴斋、华侨领袖陈嘉庚等，都是世界书局早期的董事，商界、司法界中的不少要人，成为世界书局的大股东。然而世事难料，后因时局动荡，房地产呆滞跌价，不赚反亏，连带地影响了世界书局的发展。对于失败，沈知方并不气馁，每到年终，世界书局同仁与他这个总经理谈话时，总是听到他简洁而有力地说道："明年从头再做起！"充分体现出他开疆拓土的出版家气魄。

4. 募集资金的能手

世界书局最初由沈知方个人经营，到1921年才改组为股份有限公司，初期为赚钱计，以出版一些迎合小市民低级趣味的社会新闻报道、言情小说、武侠小说为主，在世人心目中没有什么地位。1924年出版教科书以后，社会影响和经济实力急剧增长，逐渐成为继商务印书馆、中华书局之后第三大中国民营出版业。以财力言，世界书局成立时，资本仅银币25万元，后来陆续增资，到抗战前为银币73万元，到抗战时期上海成为孤岛，畸形发展，游资充斥，世界书局乘机吸收社会游资，所发股票，可在交易所证券市场买卖，成为当时证券交易所文化业的热门股票，至1948年增资至伪币60亿元（有李石曾官僚资本加入）。这账面资本因股票价格下跌而不值钱，实际财产不如商务印书馆、中华书局两家之殷实雄厚。商务印书馆、中华书局曾增资数次，股票也可买卖，但不如世界书局股票因有投机商操纵而容易买进卖出。

沈知方还是募集资金的能手。他还常拉作者入股，用书局股票向作者付酬。作者成为股东，年终有望分红，往往乐意接受；而对书局来说，既可省下一笔现金稿费支出，还可紧密与作者的关系，可谓两得其所。1930年，沈知芳发起组织成立世界商业储蓄银行，吸收社会游资，在用于书局需要之余，还以多出的存款购置房地产，期望必要时，可以出售获利，或供押款周转。

商务印书馆、中华书局、世界书局这三家都是股份有限公司，由股东会选举董事、监察人，再由董事会互选常务董事推定董事长，派定总经理，领导公司业务。设总管理处（前期称总务处）及编辑所、印刷厂、上海发行所，下设各部科并附设其他机构，如函授学社等。世界书局有两个部门为同业所无，即读书储蓄部（后称同人存款部）和房地产部。在各省市设分支机构，世界书局先后开设分局有三十余处，苏州、杭州设过编辑分所，但其分支机构不及商务印书馆、中华书局之多。世界书局上海发行所1932年也设有世界教育用品商店，曾独家经销德国雅士牌金笔、国产光华牌口琴等文具，并曾独家经销新加坡陈嘉庚公司橡胶制品的球类跑鞋等。

5. 世界书局三十年的沉浮

世界书局自1921年成立股份公司起，到1950年被人民政府接管止，在近30年的经营岁月里，走过了一段自初创幼稚，到发展兴盛，到保守艰难，最终混乱衰落的历程。它的消长成败，反映了近现代中国民营企业在竞争中锐意求生，又在纷扰时局中归于暗淡的命运。

民国初年，教科书市场几乎为中华书局、商务印书馆所独占。沈知方自然不会放过这一巨大的潜在市场，1924年，世界书局开始出版小学教科书。其时除广东已有孙中山的革命政权外，其他省区尚处在北洋军阀统治之下，出版教科书须送北洋政府的教育部审定，在发行推销上才有号召力和合法性。世界书局为了易达审定的目的起见，请曾任北京大学校长的胡仁源为教科书审订人，在教科书上刊用他的姓名，并获得当时北京教育界知名人士如马邻翼、黎锦熙等的赞助，所以向北洋政府教育部送审时，得到了许多方便。这是最早出版新学制教科书的事。由于世界书局出版教科书，改变了商务印书馆、中华书局两家垄断局面，成为三家竞争之势，从而使教科书内容不断有所革新，售价也比较低廉，这是当时教育界和社会公认的。

1924年第一次国共合作后，孙中山在广东领导革命军酝酿发动北伐战争，世界书局鉴于大革命形势为全国人心所向，由广州分局搜集宣传性小册子，分批寄到上海编辑加工后，用广州世界书局名义大量出版，如《全民政治问答》、《农民协会问答》、《不平等条约问答》、《三民主义浅说》等书。随着北伐军的进展，首先发行于南方各省。

世界书局之所以在北伐军尚未到达长江流域和上海之前，即胆敢出版配合大革命的宣传书籍，一是沈知方的商人本性，觉得出这类书可名利双收；二是总机构在租界，可依赖租界作护身符。北伐胜利后，南京成立国民政府，世界书局除改编小学教科书、增出初高中教科书外，并注重一般新书的出版。其中由徐蔚南主编的《ABC丛书》一百余种，有沈雁冰、杨贤江、陈望道、夏丏尊、洪深等进步作家撰稿，曾风行一时。其时沈雁冰、杨贤江因国民党反动派的迫害而流亡日本，生活不能自持，世界书局由徐蔚南经手接收了两人书稿14种，解除了进步文化界人士一时之忧，被传为书坛佳话。这正是世界书局成长兴盛、蒸蒸日上的时期。

沈知方个人办的世界书局（包括用广文书局、中国第一书局之名出的书）在1917—1920年，营业逐年增加，资金不够运用，沈氏乃于1921年夏季改组为股份有限公司。其时该书局已出版书籍二百数十种（包括用广文书局、中国第一书局名称的），并经售其他书籍，用廉价赠品方法，大事宣传，一时营业鼎盛。1921年至1923年，全局共有职工一百余人，并设编辑所、印刷厂于闸北香山路及虬江路，又设分局于广州、北京、汉口、奉天等处。改组公司时资本为银币25,000元，选出董事沈知方等五人，监察两人，其中一人是广益书局老板，其他均为纸号老板，可见沈氏在聚资方面是有其手腕的。业务负责人为总经理沈知方，下设营业部、信托部、会计部、分局事务部、门市部、批发部、函购部及编辑所、印刷厂，各部门有专人负责，可谓规模初具。

1931年，东北沦陷于日本侵略军的铁蹄之下，1932年日军侵犯上海，世界书局的虹口大连湾路总厂因在日军控制区域内，总管理处、编辑所暂迁福州路发行所内办公，印刷厂停工。国难当头，进步文化界人士为抗日御侮奋力疾呼，世界书局也发出了自己的声音。世界书局于1931年出版的《世界杂志》第2卷第5期上，登出马伯相所写《为日祸敬告国人》一文，号召共赴国难，抵抗暴日，并刊印了日寇侵略的照片，随后又出版了《日军侵略满蒙史》、《帝国主义侵略中国史》、《各国对中国的不平等条约》等书，吹响了抗日御侮的号角。1937年全面抗战爆发，8月上海地区抗战开始，世界书局总厂被日军占领作为军营，厂内财物损失巨大。大批教科书被没收，送回造纸厂回炉做原料；经史子集国学名著、小说名著等被劫往日本；书籍的金属品底版被熔作军火，其中如影印的《十三经注疏》、《铜版康熙字典》、《资治通鉴》、《史记》、《汉书》、《三国志》等锌铜版被毁。

1934年后，世界书局的主持人是陆高谊。陆高谊生于1898年，浙江绍兴人，1924年毕业于之江大学中文系，曾任河南第一女子师范校长、之江大学附中校长。1933年入世界书局，先任总管理处秘书，后任经理，1934年沈知方辞去总经理职务后，陆高谊乃总览全局。陆高谊与沈知方原无渊源，之所以能进世界书局，是得了林汉达的介绍。林汉达与陆高谊是杭州之江大学同学，抗日战争前，林汉达任世界书局英文编辑部主任和出版部主任等职。1933年，沈知方原有秘书病故，要林汉达担任秘书职务。林汉达乃一介书生，长于编辑写稿和教书，不愿搞行政工作，便将同学陆高谊推荐给沈知方。陆高谊进世界书局后，先任总管理处秘书，很快体现了其行政管理和交际应酬之才，不久升任经理。

1945年7月，世界书局总经理陆高谊辞职离沪，由陆仲良代理。同年8月抗战胜利。然而以蒋介石为首的国民党反动派背信弃义，撕毁与中国共产党的合同，发动了反共反人民的内战。不久抗战期间退入内地形同虚设的旧董事会复员回沪，抗战期间在上海选出的董事会取消。旧董事会复选名单为董事张静江、钱新之、陆高谊、崔竹溪、李书华、陆仲良、陈和铣、胡天石、魏炳荣，监察人吴稚晖、李麟玉、齐云青等。官僚资本的入侵，使世界书局最终走进一条死胡同。

1949年新中国成立后，世界书局实行军管，没收其中的官僚资本，1950年2月，私股部分参加公私合营，世界书局宣告结束，其印刷厂易名为新华印刷厂。在出版史上，我们应该记住沈知方这个人，不仅因为他创办了世界书局这个近现代出版史上第三大书局，出书5,000余种，对中国文化发展作出了重要贡献；还因为其发行才干和商业禀赋，把更激烈的竞争带入了出版界，对提高整个书业的经营水平产生了不容忽视的影响。

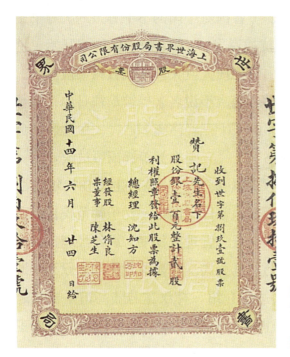

图3　上海世界书局股份有限公司1925年6月24日发行面值贰股（100元）的股票（百年中国股票典藏）

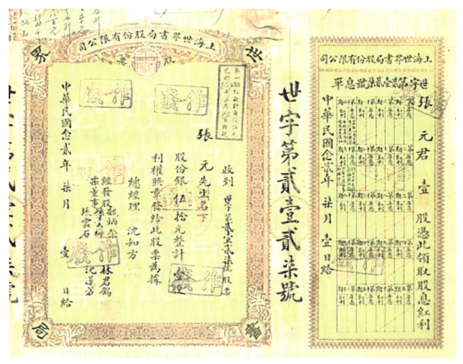

图4　上海世界书局股份有限公司1933年7月1日发行面值壹股（50元）的股票及息单（中国近代名人股票鉴藏录）

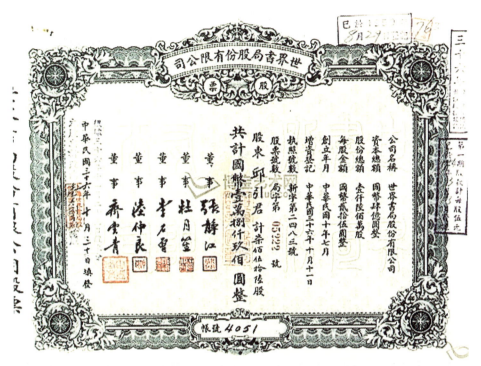

图5　世界书局股份有限公司1947年10月30日发行面值柒佰伍拾陆股（18,900元）的股票（博宝艺术网收藏）

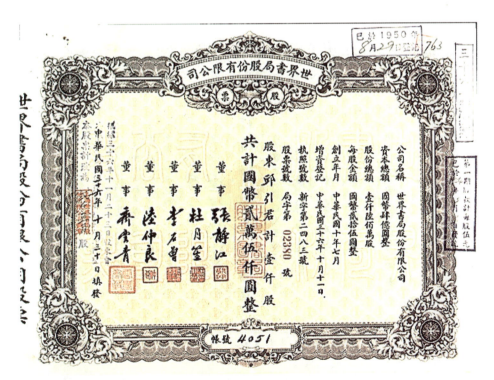

图6　世界书局股份有限公司1947年10月30日发行面值壹仟股（25,000元）的股票（99拍卖收藏）

图7　世界书局股份有限公司1947年12月31日发行面值拾股（100元）的升值股款收据（雅昌艺术网收藏）

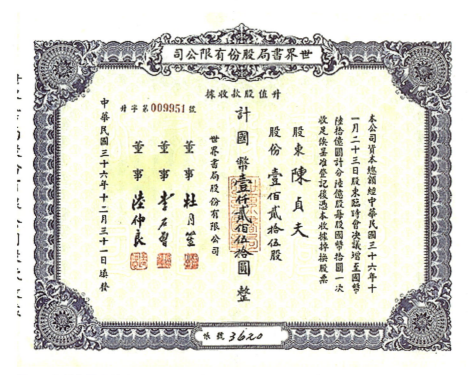

图8　世界书局股份有限公司1947年12月31日发行面值壹佰贰拾伍股（1,250元）的升值股款收据（雅昌艺术网收藏）

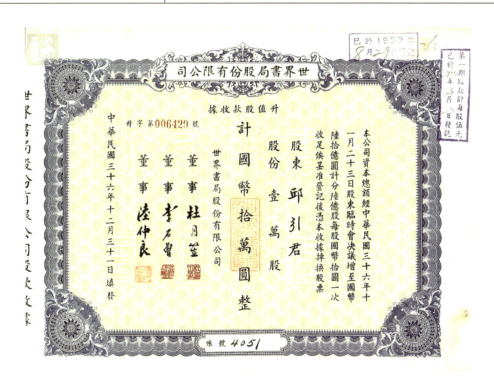

图9　世界书局股份有限公司1947年12月31日发行面值壹萬股（10万元）的升值股款收据（赵涌在线收藏）

图10　世界书局股份有限公司1948年5月20日发行面值柒佰伍拾股（7,500元）的股票（百年中国股票典藏）

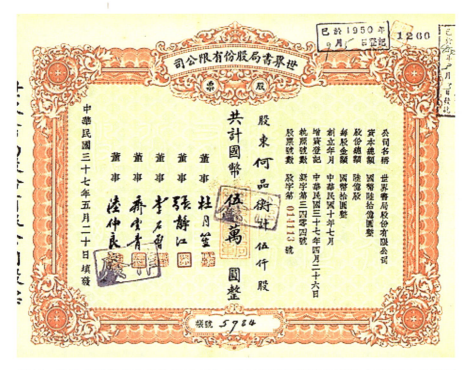

图11　世界书局股份有限公司1948年5月20日发行面值伍仟股（5万元）的股票（卓克艺术网收藏）

图12　世界书局股份有限公司1948年5月20日发行面值壹萬股（10万元）的股票（博宝艺术网收藏）

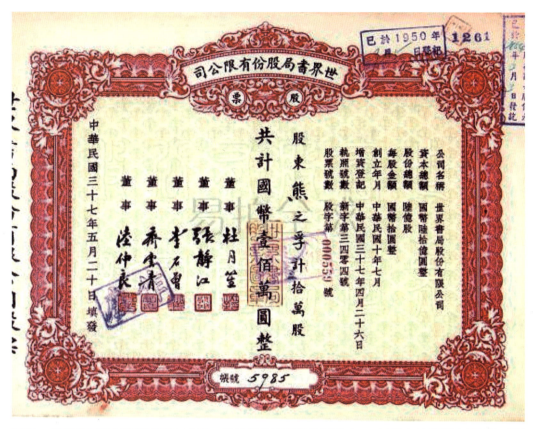

图13　世界书局股份有限公司1948年5月20日发行面值拾万股（100万元）的股票（易拍全球网雍和嘉诚收藏）

将冠生园食品送往前线慰劳
抗日将士的冼冠生

第一次世界大战期间，外国食品输入锐减，中国食品工业得到发展机遇。出现了一个有着近百年历史的中华民族名牌老字号企业——闻名天下的冠生园食品公司。冠生园创建于1910年，创始人冼冠生先生从一根扁担打天下开始，艰苦创业，风风雨雨走过了漫长的世纪之年，创下了闻名中外的辉煌业绩，树立了中国乃至东南亚首屈一指的月饼饮食文化，创造了食品业的一代传奇，成为了中国月饼界的第一大品牌。也是中国食品工业二十大杰出企业之一。

1. 冠生园创始人冼冠生

冼冠生（1887—1952年），冠生园创始人（见图1），原名冼炳生，广东南海佛山人，出生于一户小手工业者的贫困家庭，幼年家贫，入私塾数月即辍学回家，15岁那年因父亲去世，生活所逼，随舅父舒竹生至其在上海开设的"竹生居"宵夜馆当学徒，向厨师学习烹调、糕点技艺，三年期满师后，他与姓潭的同乡女子结婚，自设小宵夜馆，因业务不振，蚀本关门，时停时开达七八次之多，终因无

图1 冼冠生

力经营而停业。当时冼冠生住在上海亭子间，白天同母亲、妻子制作陈皮梅、牛肉干等零食，夜晚挑着食品袋到九亩地新舞台戏院门口摆摊，与其他摊贩不同的是，他自制了"香港上海冠生园"的商标纸做包装使用，他的生意很快做开了。

冼冠生从早年在上海老城厢九亩地戏院门口设摊的一个小商贩，自制自销陈皮梅、牛肉干等小食品，后于新舞台职工薛寿龄合伙在大境路开设食品店，沿用已经倒闭的香港"冠生园"食品店的店名，到成为上海旧时四大食品公司之一"冠生园"的总经理，这期间只用了短短十年时间。在冠生园从无到有，不断壮大，冼冠生在生产、经营、管理、营销各方面都体现了独到的企业经营才干。除了上海的发展，冼冠生还把企业向外埠发展，不仅使自己的企业获得了巨大的成功，也为内地的近代食品工业发展奠定了基础，终于成为一个在全国首屈一指的食品企业。其"以民为本"的思想正是他成功的原因所在。冼冠生饱经沧桑，穷毕生心血从困苦中奋斗和拼搏出来的。冠生园发展到如此地步，创办人冼冠生功不可没。他是上海食品行业中出类拔萃的人物，历史将记住他的名字。

2. 立志创业更名为冼冠生

冼炳生立志要创一番事业，遂把名字改为"冠生"。"冠"者，第一也。当时的上海旧城区，要比租界热闹。尤其是城隍庙豫园一带，是挑夫小贩聚集之地。年仅18岁的冼冠生认准了这是块黄金宝地，便用学徒时积攒下来的15块银洋，在老城隍庙一家饭店门口摆了个卖粥和馄饨的摊头。靠着他在舅舅店里学得的一手煮粥和包馄饨的好本事，他推出的"鱼生粥"和"广东馄饨"不仅迎合广东人的口味，而且广受生活在老城厢的本地人青睐，更因价廉物美，"小广东"的摊头生意格外兴隆。特别是早晚高峰时，附近居民都会手持器皿，在摊头前排起长龙。

由于粥摊的火暴妨碍了饭店的生意，饭店老板火冒三丈，竟买通官吏前来取缔。冼冠生只得换个地方摆摊。年轻气盛又敢作敢为的他，索性把摊头摆到了城隍庙最闹猛的九曲桥附近。哪知冤家路窄，偏偏又被前来取缔的皂隶捉牢，抓进公廨拘禁三日，罚款20元大洋。这倒是提醒了冼冠生，他开始意识到做生意得有个固定的店面。于是，冼冠生在南栈码头（即十六铺）的新舞台左侧找到了一间店面房子，开了一家名叫"冠香"的小吃店，瞄准来新舞台看戏的客人，冠香小吃店糖果糕点、烟茶杂货什么都卖，楼上还尝试做中西大菜，生意倒还不错。然而好景不长，1913年上海都督陈其美组织了数千人的讨袁军与北洋军阀的陆军在江南制造局和十六铺一带激战，新舞台被迫停演，冠香小吃店也因此失去了主要客源而停业。不久，冼冠生在南京东路浙江路口又找了一处店面，开起"陶陶居"小作坊。这回，冼冠生改变了经营策略，不再做小吃，而是尝试制作蜜饯来打开局面。相传"蜜饯"的发明与杨贵妃有关。杨贵妃喜欢吃荔枝，所以唐玄宗命令人从广东快马运送荔枝到京城，但即使是快马加鞭，夜以继日，可到了长安，鲜荔枝还是腐烂了。于是广东的果农想出了办法，将鲜荔枝用蜂蜜浸渍后进贡，使杨贵妃吃后大加赞赏。因为这种荔枝是用蜂蜜浸渍过的，故名"蜜饯"。冼冠生出生于蜜饯之乡——广东，从小就懂得做蜜饯的方法。他先用橄榄做蜜饯，因其店名"陶陶居"，故将制成的蜜饯橄榄取名为"二陶橄榄"。可试销后却很少有人问津，原来，已有"檀香橄榄"早就占领了市场。这时"陶陶居"周围房屋都要拆掉建造永安公司，只好再次关门歇业了。

3. 时来运转"陈皮梅"引来投资

之后，不甘失败的冼冠生从报纸上看到，新舞台已在九亩地露香园路造好了新剧场。于是他也赶快到新舞台附近觅了一间店面，开起一家"小雅园"宵夜店。从此，他边做生意，边研制蜜饯。冼冠生虽然文化程度不高，但喜欢读书看报。有一天，他在一本医书上看到，梅子具有性平敛肺、生津止渴、清凉润喉的药用，便受到了启发，生出用梅子做蜜饯的想法。他先把梅子烘干，然后加入蔗糖、薄荷等配料，吃起来味道还不错。但给这新品种蜜饯取什么名字好呢？冼冠生忽然想到了清朝文人戴延年在《秋灯丛话·忠勇祠联》中说的"不特推陈出新，饶有别致"。"对！我要的就是别致！"他豁然开朗，给梅子蜜饯取名"陈皮梅"，并拿到新舞台去试销。

这新舞台原是上海京剧界一批激进艺人如汪笑侬、潘月樵、夏月珊、夏月润等于1908年创办的，是我国戏曲改革的策源地。自从搬到九亩地露香园路后，京剧名旦薛瑶卿领衔的文明戏风靡一时，卖座率极高。冼冠生拿着"陈皮梅"俟演出中间休息时，便高声吆喝："小广东自制的陈皮梅，清凉润喉，生津止渴，味道哆来！各位快来尝尝！"这时，有些看戏看得口渴唇干的观众就会买上几粒尝尝，果然酸而生津，唇齿留香。"小广东的陈皮梅，价廉物美，好吃来!"就这样一传十，十传百，几来新舞台看戏的观众都会买上点带回去，渐渐地出现了"陈皮梅"供不应求的情况。冼冠生总是白天蹲在亭子间的洋风炉旁制作"陈皮梅"，晚上在新舞台提篮叫卖。一天，名伶薛瑶卿唱哑了嗓子，戏迷们送上几粒"陈皮梅"给他，服用后，嗓音居然很快恢复了。然后，演武生的夏月珊和演花脸的夏月润也听说了"陈皮梅"，试用后都感到其疗效神奇。

于是，这三位京剧名演员一起找到冼冠生，要求合伙经营"陈皮梅"。冼冠生受宠若惊，自忖是小本经营，岂敢与大名人合伙开店。见冼冠生犹豫不决，夏月珊不由分说地递上了一张500元银票，说道："这就算是咱们三人入伙的第一笔资金吧!今后生意做大了，还可以增加。"其实，冼冠生当时正想扩大经营"陈皮梅"而苦于缺少资金，但他又担心自己的小店连本带利还抵不上五百大洋的一半，这合伙店怎么开法?薛瑶卿见冼冠生仍面有难色，便说："咱三人是唱戏的，都忙于演出。合伙店的经营由你全权负责，并且用你的名字'冠生'为店名，如何?"夏月珊则补充说："咱三人这五百元资金，就算百分之五十的股份吧。"冼冠生听了，这才连连点头说："承蒙三位梨园朋友提挈，我冼冠生一定把商店经营好。"

4."冠生园"名字的由来

1918年，冠生店改名为"冠生园"。说起这个新店名还有一段故事呢。"冠生店"是京剧名演员薛瑶卿、夏月珊、夏月润三人资助500元创办起来的。那时"冠生店"又扩大资本，除薛瑶卿和夏氏兄弟各出资500元外，还新加入郑正秋出资的500元。而冼冠生出资500元，再加制作设备和店铺作价500元，只占了股份的三分之一，所以他提出再不能用自己的名字"冠生"作店名了，应该把四位股东的名字也加在新店名里。薛瑶卿听后立刻就说："那怎么可以!"冼冠生坚持说："我冼某有今天，全仗诸位鼎力相助，所以新店名要有这层意思。"这时，郑正秋突然拍了拍脑袋说："有了!不妨在'冠生'后面加个'园'字。"他进一步解释说："'园'就是梨园。咱们四个都是梨园弟子嘛。"此言一出，立即得到了薛瑶卿和夏氏兄弟的赞同。冼冠生也觉得这店名很妥帖，便附和道："虽然香港有过一家'冠生园’，但早已关门了。这三个字用来做我们的店名，既能体现合伙经营的意思，又能代表我的心意——冠生感谢四位梨园朋友鼎力相助。”冼冠生说的是心里话，这四位梨园朋友对"冠生园"太重要了。

冠生园刚成立时，薛瑶卿看到冼冠生一个人忙里忙外的，便说服儿子薛寿龄来冠生园给冼冠生当助手。薛寿龄原先在兴华制面公司和开明房地产公司都担任重要职务，他为人宽厚谦和，善于理财，与社会名流和金融界人士有广泛的交往。冼冠生有了这样的得力助手，办起事更是得心应手，他让薛寿龄抓财务和对外应酬，自己便集中精力搞经营。冼冠生把500元资金全部用于扩大"陈皮梅"的生产，除了购置厂房、设备，还改进了手工操作的方法。我国产梅子的地方很多，但品质良莠不齐，冼冠生为了解决原料问题，跑遍了全国产梅子的地方。最后他认定浙江超山梅林的梅子核小肉厚，酸甜香醇，最适合制作"陈皮梅"。冼冠生正想与浙江超山梅林签订购货合同时，薛瑶卿介绍自己的亲戚一江苏邓尉梅林老板来兜生意了。对方许下了种种优惠条件，冼冠生皆不为所动。他向薛瑶卿解释了选用"超山梅"的理由，最终得到了薛瑶卿的认同。

5.“三本主义”冼老板最讲“本心”

"小贩生利"是冼冠生的发家之道。他根据自己在新舞台提篮叫卖的经验发展开来，招募了一大批小贩加以培训，然后以小贩得三成、冠生园得七成的"三七分成"，让他们到茶馆、游艺场和戏院等场所提篮卖。当时这些娱乐场所，都为帮派势力所控制，这批身穿印有"冠生园"马夹的小贩想进去谈何容易。于是，郑正秋等人便亲自出马为其说项。当时，郑正秋是上海明星电影公司老板，与其他两位老板张石川、周剑云，人称"明星三驾马车"。由于郑正秋的面子，"麻皮金荣"（青帮头子黄金荣的绰号）控制的大世界、共舞台就为这批小贩大军打开了方便之门。

冠生园以后的几次扩资，又是梨园朋友们利用自身人脉广，有一定的社会影响力，不断拉拢如《申报》的周瘦鹃、汪优游和生生美术公司经理、著名画家孙雪泥，以及实业界的张珍侯、诸宛明等，使冠生园的人气像滚雪球一般飞速发展。从1918年到1925年的短短七八年间，冠生园从一家小店发展到拥有十五家工厂、门店和一千多员工的大公司，产品从单一的"陈皮梅"扩大到饼干、糖果、罐头食品，果露、果酱和西式糕点等共二千多种，年营业额达到170余万元，与"泰康"、"梅林"并称为上海食品业"三巨头"。

冼老板有个习惯，每天上午都要去生产单位和商店门市部，检查产品质量，了解销售情况，下午回公司办公，几十年如一日，从不懈怠。他根据以往的从商经验提出了一个"三本主义"，作为冠生园的经营指导方针，即"本心"：事业心和责任心；"本领"：经营管理和业务水平；"本钱"：资本和资金，要求开源节流，积累充足资金，以利企业发展。其中尤以"本心"最重要。"本心"是指员工要有事业心。冼冠生要求职工把冠生园当成一种共同的事业，同心协力，务期成功。他常教育职工："人无笑脸不开店，绝不做一锤子买卖"，把售货员向顾客陪笑脸，视为做生意最起码的条件。一次，冼冠生到河南中路冠生园一家店检查工作，见有位刚满师的店员接待顾客时面不带笑，便立刻责问其师傅："为什么给他满师？"当即命该店员"学会笑脸相迎"后才可重新上柜台。又一次，静安寺门店经理报告，一名姓冉的学徒不热情待客，欲将其除名。冼冠生并没有马上批示，而是亲自下去考察。冼发现该学徒做事勤奋，只是生性内向，不善交际。于是将冉调到了糕点工场学做糕点。冉某果然不负期望，成了著名的糕点师。

6. 改组为股份有限公司

冠生园生产糖果、糕点、罐头食品等产品，果汁牛肉、桔味牛肉、陈皮梅等零食，各种独特香味的月饼驰名中外，一些著名产品还远销东南亚，此外还附设饮食部，兼营粤菜、粤菜点和广东腊味，独特的南国风味极为顾客所称许。扩大生产规模，1918年增资到15万银元。1923年与薛寿龄改组为冠生园食品股份有限公司，冼冠生任总经理，他倾足全力经营，食宿均同职工在一起，每天必到工厂督导生产，他是内行，只要用舌尖一舔，就能分辨食品的好坏，同职工共同商量改进。他很会向同行借鉴经验，1924年，冠生园集资10万元，在上海局门路开设工厂，生产有糖果饼干、面包糕点、罐头食品、各式果酱、果汁饮料等。
为图发展，冼冠生租下了原金
城银行的旧址，把冠生园总店
于1928年迁至上海最繁华的南
京路上（现南京东路445—457
号）作为冠生园的总店（见图
2）。店的底层设门市部和饮
冰室，供应冠生园的各种食
品，还兼销洋酒和土特产；二
楼是饮食部，供应粤点粤菜，

图2　冠生园总店

可以举办大小宴会，还附设了冠真照相部；三楼为餐厅雅座。

冠生园的原址则改为冠生园老店，并在市区各地广设分店，使营业额大大提升。并陆续在南京西路、金陵东路、老西门、小东门、开设多家门市部、分店。1931年分别在南京、杭州、庐山、天津等地建立分支机构，后在北京等地设立不少代销店，在各分店所在地设立食品厂，在上海开辟有农场，在杭州种有大片梅林，作为梅子的原料，成为我国食品行业中产销结合、工商一体、名列前茅的大型企业。原来的老厂则改造为专门生产罐头食品的车间，产品有红烧牛肉、红烧鸡、凤尾鱼、果子酱、油焖笋等名牌产品。1932年，冼冠生在浙江超山购进山地数十亩，成立冠生园超山梅林场，解决了公司的梅子货源问题。并且在山麓建造制梅厂，为冠生园"陈皮梅"几十年长盛不衰打下了基础。1933年，他率各部门负责人到日本参观访问，得到启发，回国后制出了杏华软糖、鱼皮花生等产品，他还雇用外国技师制作了果酱夹心糖，这些产品在我国都是首创。1936年，冠生园在上海就有总店1个，工厂3个，分店10个，成为一个工商联营的食品企业，年产值在食品行业里超过原来的泰康等厂家，居第一位。

7. 土法制胜同洋商一争高下

20世纪20年代中期，"五卅"运动前后，提倡国货，抵制洋货呼声日高，冼冠生积极参加爱国运动，并以"食品救国"为号召，团结同业。他还确定"扬己所长"、"人无我有"、"真工实料"的经营思想，促使冠生园蒸蒸日上，设总店于河南路棋盘街，建罐头厂于局门路，并在全市热闹地段，增设分店、代销店10多处，到20年代末，已与同业著名企业梅林、泰康呈鼎足之势。1930年又增资50万元，并在漕河泾购地60余亩，建造食品厂（今上海感光胶片厂厂址）。

只因当时，冼冠生看到美国沙利文饼干和日本糖果在上海食品市场上称霸，就想与之较量较量。但当时冠生园刚成立不久，各方面条件还不是很好，自忖也不是外商对手，想来想去，想出了用做月饼的方法来生产饼干。在两层薄薄的面粉皮子当中，夹进碾碎的花生、芝麻、核桃仁和葡萄干等，然后烘干，就成了"夹心饼干"。拿到各门市部试销，居然大受消费者欢迎。"夹心饼干"试制成功后，冼冠生又用同样的办法，制作"果酱夹心糖"。但糖不比面粉，容易稀化。他经过多次实验，终于把饴糖调整到一个适当的比例，不仅稀化的问题解决了，而且做出来的"果酱夹心糖"不粘纸留手，同样受到了消费者的欢迎。

冠生园的"夹心饼干"和"果酱夹心糖"在市场上供不应求，严重影响了沙利文和日商的经济利益。于是沙利文和日本糖果商不约而同地刺探起冠生园的生产工艺来。殊不知，冠生园的这两种畅销产品，不是用洋机器，而是全靠手工土办法制作出来的。那些外商还认为"冠生园的保密工作做得好"，只得各买了一批冠生园的"夹心饼干"和"果酱夹心糖"，送回国研究。面对初步的胜利，冼冠生头脑清醒。他并不满足于用土办法生产饼干和糖果，而是通过上海机制工厂联合会，分别向英国和德国定制了两套制作"夹心饼干"和"果酱夹心糖"的机器，并且在漕河泾建起了厂房。1935年7月25日，冠生园的这两套洋设备正式投产，"夹心饼干"和"果酱夹心糖"从此源源不断地流向市场。产品由糖果、糕点、罐头、腊味等类增至300多种；先后在南京、杭州、天津等20多个城市开设分店。同时，开辟冠生园农场，有果园、牧场、豆棚瓜架、花木盆景和金鱼100余缸；有望梅村、鱼乐天、望云桥、来苏亭、菊径、果园、绿荫草堂八景（今已废），因与康健园为邻，亦供人游憩。

8. 促销有术与当今如出一辙

推动冠生园发展的一个重要原因是冼冠生熟练的广告技巧。冼冠生读书虽不多，向来重视广告的宣传，做广告很有一套。在实践中他总结了有关做广告的"广、大、小、活"的四条原则。广是指广告的宣传面要大、要宽，凡报刊、路牌、电影、电台、车站、码头等都应该是冠生园的广告发布地。大是指要做特大型的广告，冠生园在自己的厂房上竖起过高达6米的"上海冠生园糖果饼干厂"巨型霓虹灯广告，在进出上海的吴淞码头竖立起高达3层楼的"冠生园陈皮梅"广告牌，使进出上海港的旅客无不为巨大的广告所吸引。小是指在报刊上不断地发布活泼的小广告，使冠生园这三个字不断地映入人们的眼帘。活是指广告的手段要灵活新奇。

冠生园很会做广告，广告的范围扩大到报刊、路牌、电影幻灯、车辆招贴、电台播音以及铁路沿线的民房墙上等，几乎达到了"冠生园无处不在"的程度。这源于它的老板冼冠生是个"广告迷"。早在"竹生居"宵夜店当学徒时，他就天天必看《申报》和《新闻报》，对那些构思巧妙、引人入胜的广告更是看得入迷，甚至将其剪下来贴成一本本资料，平时一有空闲，就翻翻看看琢磨琢磨。几十年下来，冼冠生竟对广告颇有心得。

冠生园成立后，冼冠生根据自己日益增强的财力，逐渐加大对广告的投入。他做广告也别出心裁。当年在吴淞口三夹水轮船进出必经岸边，制作了六层楼高的大铁架子，上面缀上"冠生园陈皮梅"六个鲜红大字，坐船经过吴淞口的乘客无不惊叹冠生园之气魄。1931年，公司在上海的漕河泾购地四十余亩，新建四层楼大厂房一幢，配置新式的外国食品机械设备，大量生产各类食品，满足市场的需求。1932年在漕河泾建造新厂房时，在屋顶上安装了高达六米的巨型霓虹灯，夜里光彩夺目。当时有位要好的朋友向冼冠生提出："耗费如此巨资，得不偿失。"可是有一天，这位朋友到杭州办事，夜里乘沪杭火车返回时，在松江车站就看到了璀璨的"冠生园"三个大字，不禁由衷赞叹："冼冠生真乃广告天才也！"

冼冠生还很前卫地把两辆冠生园的运货大卡车绘上五彩缤纷的广告，车身两边还装有活动翻板。平时当运货车用，翻下翻板，就变成活动商店的柜台，陈列商品进行交易。每逢上海公共场所有重大活动，或郊县、城镇举行庙会，就出动"大篷车"，满载货物和营业员开赴现场，就地插起"冠生园"旗帜开张营业。由于这种新奇举措，每到一处，都会吸引着爱看西洋镜的顾客像潮水般涌来。冼冠生当年创造了不少促销办法，有的竟与今天的促销手段相类似。他招募业余推销员推销冠生园的产品，这些业余推销员不入编制，不拿工资，靠薄利多销，多卖多得。当时"陈皮梅"的零售价为三文钱一枚。业余推销员则可以二文钱一枚直接卖给消费者。业余推销员的报酬以销售数量递增，如卖掉100枚，可得三十文钱；卖掉二百枚，可得七十文钱；卖掉三百枚，可得一百三十文钱。这种跳过商业批发和零售环节的推销手段，有点像现在的"直销"；但冼冠生奉公守法，业余推销员销售的产品，也一样向国家纳税。

像如今在居民的信箱里塞商品信息和促销广告的方法，当年冠生园就用过。冼冠生雇用了一些熟悉市场行情的"写手"，编写《冠生园商品信息》，同时附上"冠生园商品优惠券"，通过邮局寄给新老客户。消费者凭优惠券在冠生园各门市部购买商品，可获得九五折优惠。如是逢年过节，顾客购满一定数量的冠生园商品，还可获得多种优待券，如"冠生园一日游"、"冠生园超山梅林场二日游"、"冠生园食品品尝会"等。此外，现在有些超市和大卖场发售的预售券，冠生园也曾有过。当年，冠生园出售一元、十元、五十元等多种面值的购货券。购券者可享受九五折或九折的优惠。持券人不但可在本市各冠生园门市部购货，还可在外省市的分店购买冠生园食品。

每年漕河泾冠生园农场都要办"食品质量评审会"，邀请各界人士特别是新闻记者，一起对冠生园食品评头论足。不少记者都撰文介绍了这项活动和冠生园的食品，为扩大企业的社会知名度起到事半功倍的作用。冠生园的商业广告意识极强，不惜花费巨资，大做广告。1934年中秋节前夕，包下了上海大世界游乐场的一个楼面，举办了一场别开生面的"冠生园月饼展览会"，开幕那天，特邀红极一时的著名影星胡蝶剪彩，并拍了许多照片。其中有一张照片是胡蝶横躺在红毡毯上，一只手搭特制的宝塔形大月饼拍了一张照，旁边请著名书法家题上"唯上海有此明星，唯冠生园有此月饼"的广告语，精制成宣传画广为散发，贴满了上海的大街小巷，一时名声大噪。既促进了月饼的销售，又提高了公司的知名度。冠生园的广式月饼，被评为全市质量第一。20世纪30年代初，著名影星袁美云也为冠生园月饼作过此类广告。

1935年秋风送爽之时，冠生园又推出中秋水上赏月活动，向市轮渡公司包了一艘游览船，舱内各剧种名角争艳斗奇，彩船游弋在黄浦江上，外滩行人纷纷驻足观望。凡购买冠生园月饼十盒以上者，赠水上赏月券一张，顾客可凭券于中秋之夜上船边赏月边观看文艺演出，由外滩水上饭店驶向吴淞口后折回。1936年，冠生园又把赏月活动从水中移到了陆上，向上海铁路局包下了中秋之夜的七节车厢，披红挂绿，张灯结彩，装饰成"赏月专车"，也是购满十盒月饼即可上车。赏月专车从北站直驶青阳港铁路花园饭店，游客可在花园草坪上观看演员和明星的表演，也可在湖上划船赏月，还有冠生园的各种食品品尝。这三次赏月活动，让冠生园三个字深入人心。另外，公司还在上海数处地段竖立高大的冠生园的广告牌，让人们对它和它的产品更加熟悉。此时的"冠生园"三字在上海滩可谓是老幼皆知了。

9. 支援抗战西迁路上多危难

1937年，正当冠生园顺利发展之际，8月13日淞沪会战拉开了战幕。冼冠生同仇敌忾，加紧劳军生产，将面包、光饼、咸鱼、酱菜等食品装满了五卡车，送往前线慰劳抗日将士；冯玉祥为此挥毫大书"现代弦高"（弦高是春秋战国时郑国商人，有救国之功）四字，嘉奖冼冠生的爱国行为。同年11月12日，上海沦陷，漕河泾食品厂遭受严重破坏，变成日军的军营和养马场；在沪各分店，被日本侵略军劫掠一空；生产饼干糖果的工厂也被焚掠，损失惨重。冠生园装了满满五卡车的食品，上前线慰劳抗日将士。冠生园成了带头内迁的企业之一。他们把罐头食品厂的全套机器设备和物资，从水路运往武汉，然而货船驶到半途被日寇飞机炸沉。百折不挠的冼冠生亲赴武汉筹建罐头食品厂，但武汉也很快被日寇占领。于是，冠生园罐头食品厂被迫转到湖南桃源县山区，用当地的牛肉和黄豆，制成"黄豆牛肉罐头"及饼干、面包等食品，继续支援抗日前线。

上海租界沦为"孤岛"后，经济上出现了畸形的繁荣。冼冠生决定抓住这一有利时机，重振旗鼓。他在公共租界和法租界租了多处房子，开设生产工厂和销售门店，每个门店都增设粤菜馆；将冠生园的特色产品陈皮梅、饼干、月饼、糖果、罐头食品等全部恢复生产。赚来的钱，一方面用于扩大上海的经营业务，另一方面投向大后方，光是重庆一地，就建了多家食品厂和商店，还出资兴办了一所"南泉中学"。抗战爆发后，冼冠生将妻子留在上海，自己到重庆设立分店，以重庆为中心发展业务，在重庆设立罐头厂，当时西南后方以川帮、苏帮糕点及杂糖、蜜饯为主，冠生园生产的糖果糕都是机器生产，产量大、质量高，冼冠生又向一位外国老太太学会用当地土白糖提炼白糖的方法，风味独特，几乎以压倒优势占领市场，成为冠生园发展的黄金时期。随后，冼冠生亲赴各地选址开设分店，分别于1939年建成昆明分店，1941年建成贵阳分店、泸州分店，1943年建成成都分店。

抗战胜利后，冼冠生回到上海，继续在上海冠生园主持生产。此时，冼冠生为总经理的上海冠生园食品股份有限公司，除在上海开设了37家工厂、商店、农场外，还在全国各地创办了几十家冠生园。这时，冠生园的事业也发展到了顶峰。经增资扩股，1947年冠生园的资本已达20亿元。

10. 劳资同心冠生园闯过难关

新中国成立后，由于政治经济和消费对象发生了变化，冠生园作了一系列改革。首先，生产适销对路的大众化食品；其次，将销售渠道转向中百公司及供销合作社，并且培训了一批政治素质好、业务能力强的销售人员，深入到全国广大农村推销冠生园食品，使业务平稳过渡到新社会，因而受到陈毅市长的称赞。然而，1950年美蒋"二六"轰炸上海后，冠生园由于摊子过大、冗员较多，营业所得入不敷出，加上劳资纠纷不断，几乎陷入破产倒闭的境地。但冼冠生在全体职工大会上仍慷慨激昂地说："我相信在共产党和人民政府领导下，只要劳资双方精诚团结，同舟共济，没有克服不了的困难。"他的决心和自信，博得了全体职工的谅解和支持。过了不久，国家经济形势好转。在人民政府的大力扶植下，冠生园的业务又很快恢复发展。

11. 冠生园位居《中华老字号品牌价值百强榜》食品行业榜首

1956年冠生园实行公私合营，更名为冠生园食品厂。从此有多家食品厂（如中国青青蜂蜜厂）先后并入冠生园，为全国的食品行业的龙头大哥。1972年，周恩来总理将冠生园生产的大白兔奶糖作为礼品赠送给美国总统尼克松。1976年，上海爱民糖果厂并入冠生园，公司规模进一步扩大。1987年，上海长征食品厂并入冠生园食品厂，成立了上海冠生园食品总厂，继而又组建成立上海冠生园食品联合总公司。1992年，利用浦东优惠政策，冠生园总公司注册在浦东，并于当年取得了自营进出口权。1993年，上海冠生园食品联合总公司与上海冠生园食品总厂、上海天山回民食品厂、上海华山食品厂合并成立了资产经营一体化的冠生园（集团）总公司，主要生产糖果和蜂制品两大系列产品。当年净资产总额8,000万元，销售收入 2.9亿元，出口创汇110万美元。1995年，冠生园（集团）总公司与上海发酵食品公司合并，成立新的冠生园（集团）总公司并成立董事会。1996年，上海工商冠生园合并，统一字号，冠生园（集团）有限公司改制成立。创建和扶植一批有品牌、有产品、有市场、有效益的品牌公司，同时实施产业结构大调整，破产三家企业（新型发酵厂、上海酒精总厂、上海啤酒厂）兼并两家企业（华光啤酒厂和益民四厂）。

1997年9月10日，上海轻工控股（集团）公司与冠生园（集团）有限公司签订了转让协议，将其持有的上海丰华圆珠笔股份有限公司国家股全部转让给冠生园（集团）有限公司。根据转让协议，并经国有资产管理局批准，冠生园"借壳"上市，成为上海丰华圆珠笔股份有限公司国有股的持股人。1998年，轻工、烟草大联合，新冠生园（集团）有限公司又揭开了企业新的一页。企业净资产11.6亿元，销售收入50亿元，出口创汇1,100万美元。2000年，"冠生园"商标被评为中国驰名商标，从而冠生园集团成为全国唯一一家拥有两个中国驰名商标的企业集团。2000年3月27日，财政部批复，同意冠生园（集团）有限公司将所持丰华股份7,918,636万股国有法人股，转让给汉骐集团有限公司。

目前，冠生园（集团）有限公司是由光明食品集团与国际跨国公司中信资本共同投资的中外合资企业，分别占股55%和45%。公司总部位于上海市中心新闸路，生产基地主要集中于上海星火开发区和青浦工业园区内。冠生园（集团）有限公司拥有"冠生园"和"大白兔"两个中国驰名商标，主要生产和经营大白兔糖果、冠生园蜂制品、保健品、面制品、华佗十全酒、佛手调味品等五大类上千个品种的产品。集团主打产品：大白兔奶糖为中国名牌产品、国家免检产品和国家原产地标记注册产品，畅销四十多个国家和地区，国内销售市场占有率第一位；冠生园蜂蜜为上海市名牌产品，上海市场占有率达到70%，瓶装蜂蜜是全球销量最大的品牌，全国市场占有率第一位；华佗十全酒有着五十多年历史，家喻户晓，享誉东南亚；佛手牌味精有着83年历史，深受消费者的喜爱。

2006年8月，中国品牌研究院首次公布了《中华老字号品牌价值百强榜》，这是第一次有机构对中华老字号大小品牌价值进行专业的评价和研究。而在这张长长的"百强榜"排行榜单中单单食品行业就占到了四分之一的数量，而在那众多的食品商号中，位居榜首的则是一家名为"冠生园"的企业。20世纪初，老上海的报纸上、汽车上、马路招牌上，到处都可见"冠生园"的广告，而也许很多中国人，尤其是上海人都还记得，在20世纪六七十年代，每到逢年过节，购买限量发售的冠生园大白兔奶糖总是家里的一件大事，因为那时，各家串门拜年，若是在谁家茶几的果盘中发现大白兔奶糖总会让主人觉得很有面子，而那一颗颗印着可爱的小白兔的糖果却也不知是那时多少孩子的最爱。

图3　冠生园股份有限公司1944年4月13日发行面值壹股（50元）的发行股票（著名收藏家郑家庆藏品）

图4　冠生园食品股份有限公司1947年6月19日增资发行面值陆仟贰佰伍拾股（62,500元）的股票（雅昌艺术网收藏）

图5　冠生园食品股份有限公司1947年6月25日增资发行面值壹萬股（10万元）的股票（泓盛艺术网收藏）

图6　冠生园食品股份有限公司1947年6月27日发行面值伍仟股（5万元）的股票（泓盛艺术网收藏）

图7　冠生园食品股份有限公司1947年6月27日发行面值壹萬股（10万元）的股票（百年中国证券典藏）

图8　冠生园食品股份有限公司1947年6月28日发行面值壹萬股（10万元）的股票（泓盛艺术网收藏）

图9　冠生园食品股份有限公司1947年6月30日发行面值贰萬伍仟股
（25万元）的股票（博宝艺术网收藏）

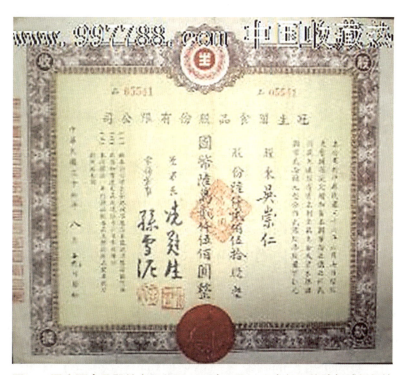

图10　冠生园食品股份有限公司1947年8月19日发行面值陆仟贰佰伍拾
股（62,500元）的股票（中国收藏热线收藏）

为抗战军需艰难创建重庆纺织厂的
近代纺织工业开拓者朱仙舫

九江久兴纱厂创始人朱仙舫（1887—1968年）原名升芹（见图1），江西省临川县长乐乡百源朱村（今属进贤县长山晏乡）人。中国近代纺织工业开拓者和中国第一代纺织工业管理专家、实业家，江西民族纺织工业的奠基人。朱仙舫的父亲朱玉屏系秀才出身，长期教私塾兼务农。朱仙舫幼年在父亲的私塾读书，后进临川小学和抚州中学学习，应县试获第三名。清朝末年，清政府腐败，帝国主义列强侵入中国，中国处于亡国的危难之中，年轻的朱仙舫把拯救祖国，寄托于振兴实业，遂决定攻读纺

图1　朱仙舫

织。1907年，朱仙舫考取官费留学日本，进入日本东京高等工业学校（今东京工业大学）攻读纺织专业。1917年学成归国，应上海总商会聂云台会长之邀，进上海恒丰纺织新局任技师、工程师、厂长等职。为了培养纺织技术人才，他利用工余时间，创办纺织技术养成所，亲自编写讲义任教员，其专著《理论实用纺织学》为我国首次出版中文纺织科技书籍，填补了国内空白。

第一次世界大战期间，欧洲列强忙于战争，无暇东顾，棉纺织品进口锐减，给中国纺织业带来难得的发展机遇。江西的绅商纷纷创办纱织业。1919年，江西省省长陶家瑶在沪邀集赣籍政、军、工商界和知名人士商议在江西创办近代纺织工厂事宜，并发起募集资金100万银元，组成久兴纺织股份有限公司。身为董事长的陶家瑶邀请朱仙舫担任久兴纱厂（九江国棉一厂前身）2万纱锭的总体设计。朱仙舫欣然应诺，并先后在南昌、九江等地选

址，积极筹办久兴纱厂。经过实地考察比较，从购置厂地、原料供应、交通便利、劳力来源、产品销售诸多方面权衡利弊，力排众议，最后选择了九江。因为九江是江西的北大门，拥有得天独厚的黄金水道——长江，仅此一项即可减少大量投资，降低成本。

厂址确定后，当务之急是选购机器设备，在选购哪家产品时，朱仙舫坚持选购最新的较为先进的美国沙可洛威尔厂制造的设备，坚决不买外国淘汰的设备，否则后患无穷。经由朱仙舫亲自设计，选购当时较为先进的美国沙可洛威尔厂1922年制造的设备，工程设计、生产工艺、厂房结构、建筑施工等均为同期较高水平。这是赣人自行设计、自办民族纺织工业的开端。经过数年的营造，于1922年建成，陆续建成投产。朱仙舫任经理，在其领导下纱厂产销两旺，年年盈利。庐山牌棉纱畅销省内外，陆续投产，该厂生产的12英支、16英支庐山牌棉纱畅销市场。1927年，任江西省九江久兴纱厂经理兼总工程师。遗憾的是，董事长陶家瑶鬼迷心窍，抽走资金去活动官场，致使纱厂资金周转困难，生产难以维持，董事间发生摩擦，朱仙舫愤而辞职离浔去沪。不久，久兴纱厂因无力偿还机器价款，经法院裁决，划归债权人美商慎昌洋行。

1928年，朱仙舫应上海申新纺织总公司总经理荣宗敬之聘，进入申新纺织总公司，任申新五厂厂长，同年8月兼任申新二厂厂长，1929年又兼任申新七厂厂长。朱仙舫一贯注重管理，锐意改进，使得企业短期见效，深得总经理之赞赏。他在申新供职期间，广揽纺织人才，选拔重用贤能，使得当时申新人才荟萃，极一时之盛。1930年，朱仙舫、汪孚礼等在上海发起成立中国纺织学会，并当选为第一届执委会主席委员（理事长、主任委员）。以后连选连任14届（直至1954年）。1935年，朱仙舫与汉口商会会长黄文植合作，向慎昌洋行租办久兴纱厂，更名为利中纱厂，恢复庐山牌棉纱的生产。1936年又组建复兴实业公司，承办汉口第一纱厂。抗日战争时期，朱仙舫先后任重庆纺织厂厂长和衡阳建成纺织厂经理。1938年，任九江利中纱厂和汉口第一纺织厂经理。1939—1941年，重庆国民政府军政部请朱仙舫任军政部重庆纺织厂厂长，朱仙舫考虑纱布为抗战军需，允予任职。重庆纺织厂有两个分厂，分别建于重庆沙坪坝和南岸弹子石两地，朱仙舫冒着严寒酷暑，奔波于两厂之间，亲临现场，督促施工，鼓励施工人员积极工作早日竣工，支援抗战。仅一年多时间，重庆纺织厂就正式投入生产，支援了抗战急需。

抗战胜利后，朱仙舫任中纺公司上海第十六纺织厂厂长。1946年，慎昌洋行将利中纱厂产权估价出售，朱仙舫闻讯后，与上海、江西政界、金融界、工商界人士联合集资数十万美元，向美商慎昌洋行购得原利中纱厂全部产权，组成九江兴中纺织股份有限公司，利中纱厂随即更名为九江兴中纱厂，后朱仙舫被推举为董事长兼经理。当时饱经八年战火沧桑的利中纱厂满目疮痍，机器被搬迁一空，车间成为马厩，马粪遍地，臭味难闻。兴中纺织公司积极筹备复工，一是在沪聘请纺织保全技术人员和采购机物料，二是将搬运至汉口的机器运回九江，三是雇请潜水员打捞因飞机轰炸沉于长江的设备，并积极组织力量进行整机配套安装。经过几个月的艰苦奋斗，终于组装成8台旧纺纱机，形成3,200锭生产能力，并于当年中秋节前生产出第一批20英支庐山牌棉纱应市。到1949年12月，兴中纱厂已拥有18,000枚纱锭。

中华人民共和国成立后，朱仙舫任纺织工业部第一任计划司司长，中南军政委员会委员。他热爱祖国、热爱社会主义，带头促进兴中纱厂公私合营，使兴中成为江西省最早的公私合营企业。1953年，朱仙舫任中南纺织管理局顾问，并当选为第一届全国人大代表。1955—1957年，任江西省工业厅副厅长。1957—1960年，任江西省科委副主任，并当选为第二届全国人大代表。1961—1963年，任江西省人民政府参事室参事。"文革"期间，朱仙舫遭到不应有的待遇，1968年7月20日，逝世于南昌，终年81岁。

朱仙舫是中国第一代纺织工业管理专家，长期从事纺织工业管理和纺织科学技术的研究与实践，编著了我国第一部纺织科技书籍《理论实用纺织学》，开创早期纺织工业教育；设计建设2万锭纱厂，成为江西省民族纺织工业的奠基人。朱仙舫是中国纺织工程学会的前身——中国纺织学会的创始人之一。20世纪20年代初至50年代初的30多年间，朱仙舫一直在进行兴办民族纺织实业和管理企业的实践探索。这一时期，他的工作地点主要在上海和江西九江，他先后担任上海、九江、汉口、重庆等12家纺织厂的厂长、经理，亲自主持设计兴建上海、九江、重庆等数家纺织厂，工作建树显著，成为当时颇具权威的中国纺织界第一批专家之一。他亲手创立了江西第一家机器纺织企业——九江久兴纱厂，并为这个厂的生存与发展辛劳奔波，殚精竭虑，其道德、文章素为人称道，故连任14届中国纺织工程学会负责人之重任。他为人正直，不善言辞，勤奋好学，处事严谨，一贯热心教育，扶掖后进，不仅著书立说，培育纺织人才，还曾捐资创办玉屏小学和兴建抚州一中图书馆。

图2　九江兴中纺织股份有限公司1947年1月1日发行面值肆仟股（400万元）的股票（中国收藏热线收藏）

图3　九江兴中纺织股份有限公司1947年1月1日发行面值壹万叁仟陆百股（1,360万元）的股款收据（中国收藏热线收藏）

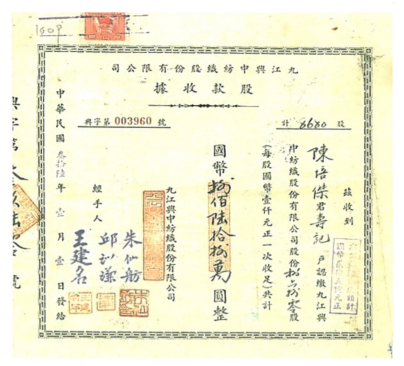

图4　九江兴中纺织股份有限公司1947年1月1日发行面值捌仟陆佰捌拾股（868万元）的股票

图5　九江兴中纺织股份有限公司1947年1月1日发行面值壹拾柒萬叁仟陆佰股（17,360万元）的股票

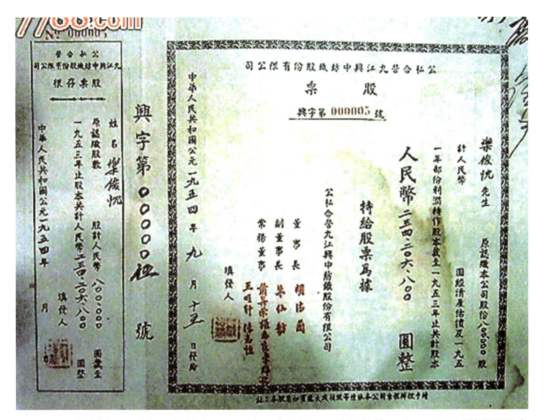

图6 公私合营九江兴中纺织股份有限公司1954年9月15日发行股款234,206.800元的股票及存根（中国收藏热线收藏）

认捐5万件背心和购买救国捐20万元的统益纺织公司董事长吴瑞元

吴麟书（1878—1930年）原名毓曾，江苏吴县人，祖籍广东肇庆四会。16岁随父在上海学生意。清光绪三十四年（1908年）与人合设源盛洋货号，不久由吴麟书独营。第一次世界大战期间，吴麟书经营印度纱获利白银10万余两致富。吴以2万两白银独资开设益大纱号，除经销印度纱外，还为英国、美国、日本等洋行推销进口棉纱；同时大量买进上海英商怡和纱厂股票，成为该厂董事，并取得独家经销怡和纱的权利。后又投资宁波和丰纱厂、南京中国水泥公司，担任董事或董事长；独资及合伙开设益成等4家金号进行黄金交易，经营房地产。民国7年（1918年）底，已获巨利白银达500多万两，成为当时上海3个最大棉纱商之首。

1919年，吴麟书邀集邵声涛、董仲书等人，投资白银30万两（吴占70%）购买美国寒克络纺机5,000锭和制线全套设备，在苏州河畔创办统益辘

图1　统益辘线厂

线厂（见图1），自任总经理。该厂生产金鸡牌线团和20支棉纱，为当时全国唯一的全能辗线厂。次年，又增资白银40万两，增添纺机1万锭，增产10支、16支粗纱，厂名更改为统益纱厂。同年，又投资开设崇信、大丰纱厂。1920年，统益纱厂建成统益里、统益东里、统益村等工房。同年7月，统益纱厂改制为统益纺织股份有限公司，专营棉纺，纺锭16,128枚。下设两厂，第一厂专纺细号纱，第二厂专纺粗号纱。统益一厂当时能生产80支细纱，这在华商纱厂中是先进的，统益纱厂成为当时上海3家最大棉纱商之首。吴麟书信奉实业救国，尤其注重纺织业。统益纱厂生产的"猫蝶"牌棉纱成为百年上海民族工业品牌。

1921年，统益厂再度增资90万两，增添纺机至61,000锭。同年，为了与日本棉纱投机商的"取引所"相对抗，吴麟书和荣宗敬等人发起成立上海华商纱布交易所，发起人中排名第一，可见业界的地位。到1924年，因为申新荣家的"人钟"牌质量下滑，纱交所决定改以统益纱厂的"金鸡"牌为标准纱。1925年2月，日商内外棉纱厂工人总罢工时，华商纱厂联合会公推吴麟书为代表进行调解，吴麟书将工会提出的6条要求转给内外棉日本厂主，经工人代表正式谈判，达成协议，罢工取得胜利。"五卅"运动爆发后，吴参加罢市斗争，并出资捐助工人罢工，参加提倡国货等活动。

新中国成立前，董事长吴瑞元移居香港，总经理董春芳仍留守上海。1950年的《人民日报》中一篇上海通讯称统益纱厂当时有纱锭63,000余枚，电力织布机300多架，员工共约2,800人。是上海剩下54家纱厂中规模较大、设备较好的一家。这54家纱厂中，只有9家能自己支撑，统益即是其中之一。为解决财政困难，1950年发行国家公债，第一期上海承担了3,000万份，而董春芳就认购了5万份。1956年，公私合营后改名为公私合营统益棉纺织股份有限公司。1966年，公私合营统益棉纺织股份有限公司改名国营上海第二十三棉纺织厂。1971年3月，划归市化纤公司，改建为国内第一家生产锦纶浸胶帘子布的专业工厂——上海第十一化纤厂。20世纪70年代初，为满足中国汽车工业发展的需要，该厂职工在转产锦纶帘子布改建中，用土设备加"蚂蚁啃骨头"的精神，制造出高精度设备，仅14个月即竣工投产，填补了国内空白。1980年，双翼牌锦纶6浸胶帘子布获国家银质奖。

20世纪80年代初,上海第十一化纤厂开发涤纶低弹长丝,引进联邦德国及英国设备,建成1条涤纶低弹丝生产线,于1983年11月正式投产。产品经纺织、针织加工成内衣、外衣、涤盖棉运动衫、T恤衫、纯涤纶面料。同时,开发生产锦纶6长丝与涤纶低弹丝交织浸胶帆布,为输送带骨架材料提供更新换代的产品。1983年,采用大容量聚合VK1管及相应配套的各种新设备,使锦纶帘子布产量从4,000吨/年上升到6,000吨/年。1992年末,有职工3,285人;占地面积36,956平方米,建筑面积63,257平方米;固定资产原值10,341万元,净值6,013万元;总产值23,280万元,利税1,610万元,其中利润954万元。

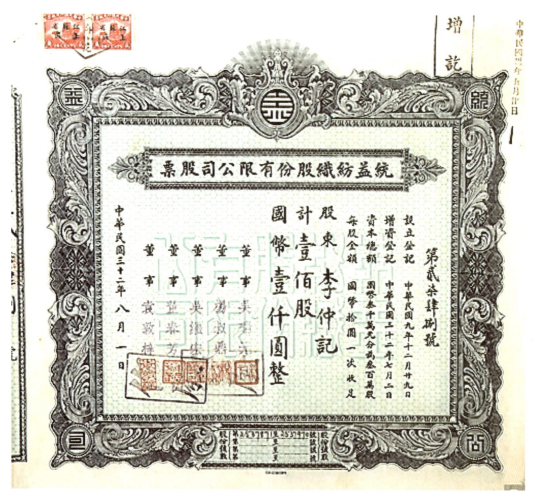

图2　统益纺织股份有限公司1943年8月1日发行面值壹佰股（1,000元）的股票（赵涌在线收藏）

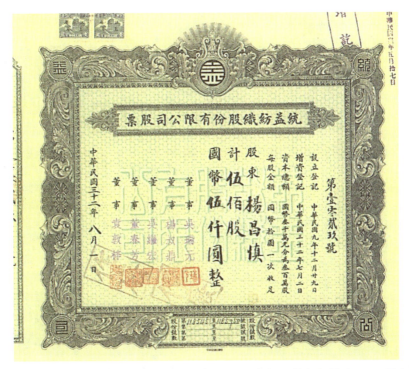

图3　统益纺织股份有限公司1943年8月1日发行面值伍佰股（5,000元）的股票（百年中国证券典藏）

图4　统益纺织股份有限公司1943年8月1日发行面值壹仟股（10,000元）的股票（著名收藏家郑家庆藏品）

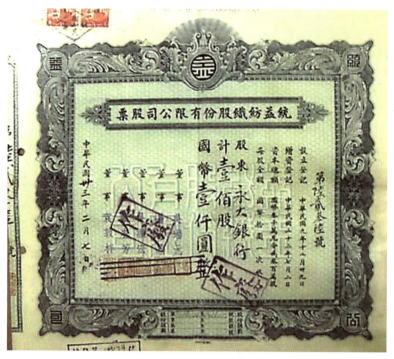

图5　统益纺织股份有限公司1944年2月7日发行面值壹佰股（1,000元）的股票（中国收藏热线收藏）

图6　统益纺织股份有限公司1944年5月5日发行面值壹佰股（1,000元）的股票（中国收藏热线收藏）

图7　统益纺织股份有限公司1944年5月9日发行面值壹佰股（1,000元）的股票（高德在线收藏）

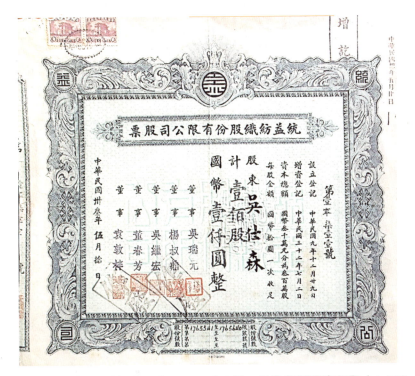

图8　统益纺织股份有限公司1944年5月10日发行面值壹佰股（1,000元）的股票（中国收藏热线收藏）

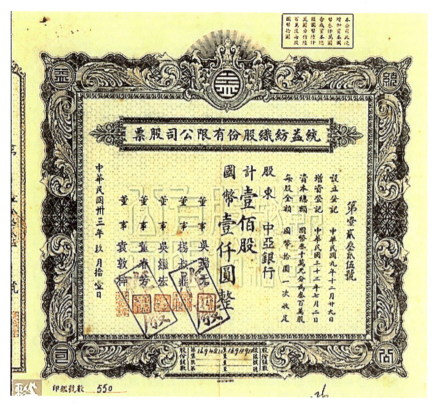

图9 统益纺织股份有限公司1944年9月11日发行面值壹佰股（1,000元）的
股票（赵涌在线收藏）

图10 统益纺织股份有限公司1948年12月13日发行面值伍萬股（50万元）的
股票（中国收藏热线收藏）

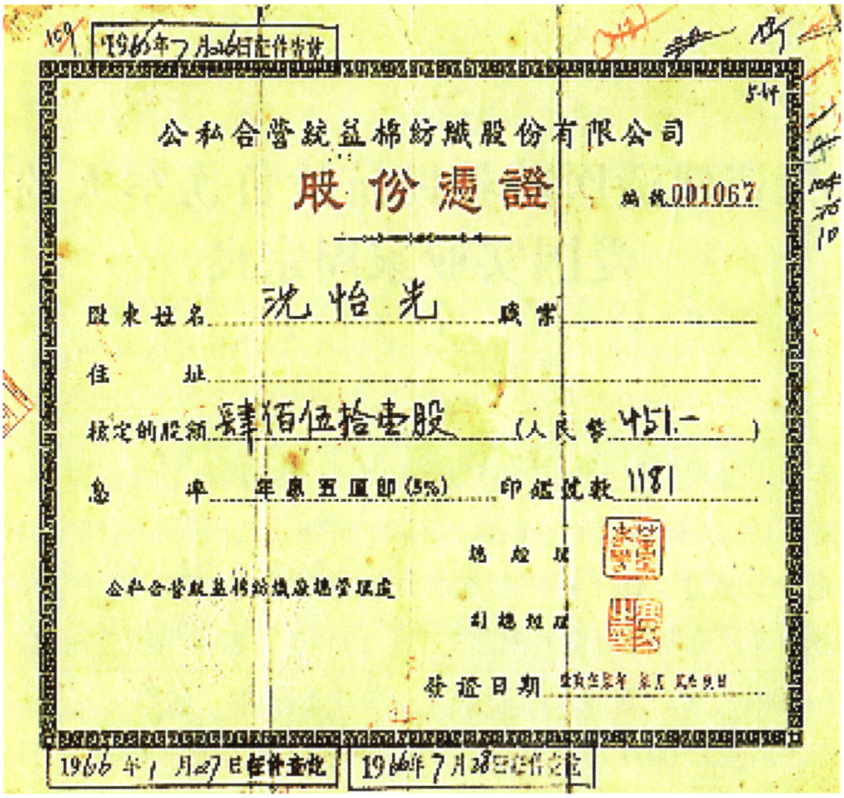
公私合營統益棉紡織股份有限公司

股份憑證 編號001067

股東姓名 沈怡光 職業

住址

核定的股額 肆佰伍拾壹股 （人民幣 451.– ）

息率 年息五厘即(5%) 印鑑號數 1181

總經理

公私合營統益棉紡織廠總管理處

副總經理

發證日期

图11　公私合营统益棉纺织股份有限公司1957年7月29日发行面值肆佰伍拾壹股（451元）的股票（背面付息登记至1966年，泓盛艺术网收藏郑家庆藏品）

投资建造医院救助抗战负伤军人的
爱国实业家周宗良

振丰纺织公司创设于1919年5月，初为独资经营。下设三厂：一厂在上海巨鹿路151号，主营棉织、内衣、漂染、精炼；二厂在长寿路946号，主营毛纺、毛织、整理、铁工；三厂在虬江路育婴堂路口，主营丝质、内衣、横织、麦绸等；总发行所在河南路33号。1942年，振丰纺织公司改制为振丰纺织股份有限公司，董事长叶菲康，董事中有号称"颜料大王"周宗良等四人。资本增至1,500万元；1943年8月，增至2,500万元；1944年2月增至1亿元；1947年9月，增至3亿元，总股本3,000万股，每股10元。1955年10月，上海毛麻纺织公司成立，私企实行全行业公私合营。经清产核资，总资产为5,876万元，其中公股占6%，私股占94%。在公私合营过程中，全行业53家私营企业裁并组合成19家具有纺织染能力的全能厂。1956年初，振丰毛纺厂并入章华毛麻纺织厂，成为17家全能厂。

周宗良（1875—1957年），字良卿，号忠良（见图1）、阿良，浙江宁波人，祖籍安徽人。民国时期著名实业家，上海滩著名的"颜料大王"。1875年出生在浙江宁波的一个牧师家庭，父亲在宁波经营油漆业，家境殷实。早年就读于宁波耶稣教会创办的斐迪中学，练成了一口流利的英式口语。1905年来到上海，曾任职于宁波海关，后工作于德商爱礼司洋行宁

图1　周宗良

波经销行美益颜料号。曾合伙创办通和布厂。创立谦益顺号，经营染料和土特产运输贸易。1910年，因以其英语兼通德语的优势，得到在华德国谦信洋行（当时德商在华的最大商行）老板的赏识，很快就坐上了买办的交椅，

被委任为上海谦信洋行主持人，经营"狮马牌"颜料，名噪中外商界。1914年，第一次世界大战爆发，在华德商纷纷回国，德国谦信洋行老板哥罗门离沪时，将洋行全部栈存染料折价卖给周宗良。大战期间颜料来源中断，日本、美国等国商人来沪收购德国颜料，致使价格狂涨数十倍，周宗良因栈存染料数量巨大而一举成为沪上大富家。1924年，德商在沪成立德孚洋行，周宗良又任总买办，成为德国颜料在华的总代理，分号多达200余个，资金达400万元，1930年，独设"周宗良记"颜料号。

周宗良投资的企业还有汉口济既水电公司（武汉）、镇东机器厂、如生罐头食品厂、康元制罐厂、公和纺织厂、振丰毛纺织厂、完泰进出口行、信余汽灯号、杭州电汽公司、中兴轮船公司等企业，成为横跨机械、轻工纺织、航运、进出口的巨商。此外，周宗良还投资即溶、房地产业，先后任浙江实业银行、中国垦业银行、中国银行和中央银行董事等。周宗良与宋子文交谊颇深，同为实力雄厚的财界巨擘。周宗良热衷公益事业，抗战时期在上海投资壹佰万元建造宗良医院，还在宁波路开办了一所伤病医院，救助抗战负伤的军人。周宗良还是中国红十字会的创始人之一。1948年6月，经广州赴香港定居。周宗良因三个儿子年幼，将企业托付给两位同乡助手打理，其中陈廷骅后成为香港著名企业家。1957年周宗良在香港病逝，享年82岁。

图2　振丰纺织股份有限公司1947年9月1日发行面值壹佰股（1,000元）的股票（百年中国证券典藏收录）

图3　振丰纺织股份有限公司1947年9月1日发行面值壹萬股（10万元）的股票（中国近代名人股票鉴藏录）

图4　振丰纺织股份有限公司1947年9月1日发行面值拾萬股（100万元）的股票（百年中国证券典藏收录）

图5　振丰纺织股份有限公司1947年12月30日发行面值贰仟柒佰股（27,000元）的增资股款收据（百年中国证券典藏）

著名爱国华侨领袖、企业家、教育家、慈善家、社会活动家陈嘉庚

陈嘉庚，别名陈甲庚。著名的爱国华侨领袖、企业家、教育家、慈善家、社会活动家，1874年10月21日出生于福建泉州府同安县集美村（现厦门市集美区）的一个华侨世家。祖父陈簪聚（1795—1856年）一生中并未出洋，仅在集美社"俭朴自守，勤谨克家，处于海浒，耕渔自给"。陈簪聚育有三子，长名缨忠，次名缨斟（1836—1876年），三名杞柏（即陈嘉庚父亲，字缨如松）。此兄弟三人，都曾到南洋星洲经商。缨斟少壮时曾在叻（新加坡旧简称，下同）

图1 陈嘉庚

开设米铺。陈杞柏幼年来叻在其兄长的米店工作，从勤俭中累积资金，因而在19世纪70年代创立顺安。除经营米业以外，长袖善舞的陈杞柏还兼营地产，办理硕莪厂，开辟黄梨园数百顷，创办黄梨厂以制成品外销欧美各国。1900年是陈杞柏实业的顶峰，其各业各产等资产共40余万元（叻币）。陈杞柏实业上的成功为陈嘉庚后来自己独自创业提供了重要的条件和基础。陈嘉庚父亲1909年逝世于集美。

1913年，陈嘉庚（见图1）回家乡集美先后创办了集美小学、中学、师范、水产、航海、商科、农林等校（统称集美学校）和厦门大学。陈嘉庚一生支持辛亥革命，支持抗战、反对汪精卫投降卖国，支持祖国抗战。1949年，应毛泽东主席的邀请回国参加政协筹备会，曾任中国人民政治协商会议全国委员会副主席、全国人民代表大会常务委员会委员、中华全国归国华侨联合会主席等职，曾被毛泽东称誉为"华侨旗帜、民族光辉"。成长于郑成

功抗清复明故垒的陈嘉庚一生为辛亥革命、民族教育、抗日战争、解放战争、新中国的建设作出了卓越的贡献。晚年的陈嘉庚，请人在鳌园刻录"台湾省全图"，念念不忘国家统一。1961年8月12日病逝于北京。1990年3月11日，国际小行星中心和小行星命名委员会把一颗编号为2963的小行星命名为"陈嘉庚星"，以表彰陈嘉庚对教育事业的杰出贡献。

1. 身负父债的侨乡少年郎

陈嘉庚出生后因战乱不断，有很多人远赴南洋讨生活，这里便成了著名的侨乡。陈嘉庚家庭也是一个华侨世家，他出生时父亲正在新加坡，经营着米店和一家小厂。从小由母亲独自抚养他长大。闽南一带，曾有着十分光辉的历史，从民族英雄郑成功到虎门销烟的林则徐，这些故事都在小嘉庚的心里留下了十分深刻的影响。集美村还有着郑成功的"国姓寨"、"国姓井"，在老一辈人的传说中，陈嘉庚从小就对这些爱国英雄充满了敬仰。而清政府的腐败无能，更使他渴望早日能够报效祖国。1890年，17岁的陈嘉庚应父亲要他到新加坡来见见世面，于是离开了故乡，独身前往南洋。虽然都市的繁华是一种诱惑，但他却不为所动，老老实实地待在店里，跟着老伙计学习怎么管理，很快就成了父亲的左右手。

1898年，母亲病逝，闻听噩耗的陈嘉庚立即回乡葬母。出发之前，他将自己经管的账务移交给他的族叔。当时他父亲各项经营都很顺利，拥有资产约35万元。可是当守完3年母丧的陈嘉庚回到新加坡时，却发现曾经兴隆的米店已经门庭冷落，负债已达30多万元。原来是父亲的妾生子趁陈嘉庚不在，尽情挥霍导致负债累累，面临破产的边缘。按照新加坡法律，儿子不必偿还父亲债务，况且陈嘉庚身无分文，如何偿还，但深受儒家教育的他面对父亲的凄凉，还是毅然承担了债务，继承了这个烂摊子，当时他还不到31岁。从此这个杰出的企业家开始了自己独立的商业之旅。

2. 菠萝"苏丹"、橡胶大王

独自创业的路程是极其艰难的。陈嘉庚手里的资金只有一点，用来投资什么才能成功呢？经过详细的考察，陈嘉庚发现，菠萝罐头销路旺盛，且周期短、需要的资金不是很多，非常符合自己的情况。于是他决定建立一个菠萝罐头厂。资金不够，陈嘉庚借了7,000元，在距新加坡城区10英里的淡水港山地，着手建造一所菠萝罐头厂。一切省了再省，借款用在建厂总算勉强够了。制作菠萝罐头所需的白铁、糖坊，都可向别的商人赊取。开工终于没有问题。等到4月菠萝一上市，陈嘉庚的"新利川"工厂就开始生产了，为了在竞争中取胜，陈嘉庚给自己的菠萝罐头的商标定名为"苏丹"，意思就是菠萝罐头之王。在陈嘉庚的精心经营之下，罐头厂运作良好，销售看涨，月底核算结果，获净利9,000余元。不仅收回全部建厂投资，而且还有盈余，经济效益之大，确实惊人。从绝境中拼杀出来的陈嘉庚初战获胜，就以"新利川"为立足点，兼营父亲企业与人合伙的月新菠萝厂，接着又开设了谦益米号，米店也兼做罐头厂的营业机关。

随着菠萝罐头生意越做越大，对菠萝的原料需求也在不断增长，为了解决这个问题，陈嘉庚在"新利川"附近购买了一块空地，用来种植菠萝，取名为"福山园"，事实上，这块种植地也确实是一块福地，后来成为了当地最大的菠萝种植园。创业道路并非是一帆风顺，就在菠萝生意顺利发展的同时，1906年夏季，菠萝罐头行市大跌，陈嘉庚只能勉强保住了1万元的盈利，这次打击使他意识到，商场如战场，仅仅靠一种产品经营是不能适应市场的瞬息多变，他要寻找新的项目。一次偶然的机会，陈嘉庚了解到一个橡胶商人高价卖掉了自己的橡胶园，他立即意识到这是一个机会，于是赶忙联系这个商人，从他那里购进18万粒橡胶种子。而当时因为菠萝生意的不景气，很多人纷纷脱手自己的菠萝园，陈嘉庚趁此机会购买了大片土地，这些成了他以后的橡胶种植园。

到了1913年，陈嘉庚的菠萝产量已经占了整个新加坡的半数以上，一跃而居首位，真正成了业内的苏丹，这一年，他已是一个拥有两处橡胶园，四个菠萝罐头厂，一家米厂，一间米店，固定资产和纯利润有四五十万元的华侨企业家了。然而商场风云多变，1914年秋，正当菠萝罐头的生产旺季到来之际，第一次世界大战爆发，欧洲各国对菠萝罐头限制入口。因而各洋行停止采办。陈嘉庚的菠萝罐头厂遭到了沉重打击，积存着几万箱产品无法售出。不仅如此，战争还使陈嘉庚的米业遇到了麻烦，特别是许多商船在东印度洋上受到德国战舰攻击之后，原已紧张的航运几乎全部停顿。陈嘉庚米厂的仓库里堆放着1万多包熟米。产品积压的直接后果是资金流转困难，工厂租金逾期无法清还，工人的生活费又绝对不可拖欠。陈嘉庚陷入了"艰难维持，度日如年"的境地。1914年冬天，陈嘉庚终于将所有的货全部售脱。这时，他当机立断决定经营航运业，他先是靠租船运输，分别租下了载重1,300吨的"万通"和载重2,500吨的"万达"两艘轮船，运来需求量很大的熟米，再送到印度销售。不久因为市场的扩大，他又增加了2艘轮船，专门承接英国政府的货物。他的审时度势，及时改变经营策略获得了可观利润。仅仅一年后，就盈利了20多万元。之后，更是购得多艘轮船，但却不亲自经营，而是租给法国政府，这样不仅省事，避免了风险，也获利很快。

1916年，陈嘉庚又有了新的举措。当时欧洲各国互相厮杀，给美国经济腾飞提供了难得的机会。美国工业长足的发展，刺激了橡胶制品的需求，带动了马来西亚的橡胶业，一跃而成了支柱产业，产量居世界第一位。马来西亚成了世界"橡胶王国"。而陈嘉庚此前的投资终于有了回报，他被作为公认的"马来西亚橡胶王国四大功臣"之一载入史册。此后2年，陈嘉庚逐渐把重心转移到橡胶业上，他先后将新加坡土头桥的菠萝罐头厂和恒美熟米厂改作"谦益"橡胶厂，专制胶布，实现了橡胶经营从单一的农业垦植到工业制造的飞跃。接着，他又设法与美国橡胶业协会搭上关系，把广告做到了美国，把"谦益"橡胶厂的大半产品直接销售到美国。这样，他实现了第二个飞跃：将橡胶的农、工、贸经营集于一身，而且开创了在英国统治新加坡百年来华侨不通过洋行而与外国商家直接进行贸易的先例。整个第一次世界大战期间，陈嘉庚不但没有遭受损失，还安然无恙，依靠米、橡胶、轮船航运和出售菠萝罐头厂积存的铁皮，陈嘉庚共获得450多万元，扣除各种费用，实存资产430万元。从而迅速跻身于新加坡富豪之列，也成为著名的企业家、新加坡华侨大亨。

第一次世界大战之后，陈嘉庚意识到航运业的危险性和暂时性，就没有再继续下去，他开始继续扩展自己的橡胶王国。1919年，随着橡胶制品的广泛应用，英国投资者不断到马来西亚抢占市场，有实力的华侨商家和小园主也纷纷改办橡胶种植园或兴办小橡胶厂，竞争越来越激烈。面对挑战，陈嘉庚调整自己，实现了第三个飞跃：他扩充了"谦益"橡胶厂的规模，将粗加工的生胶厂改为深加工的橡胶熟品厂；退出于两年前投资50万元入股的3家橡胶公司；组建陈嘉庚股份有限公司，将谦益以橡胶总公司的名义列其麾下。1921年，陈嘉庚、陈延谦创办同美汽车路股份有限公司。次年同美公路通车后，即经营同安至集美汽车客运业务。抗战期间停运，1946年12月16日复业。

1954年11月16日，陈嘉庚先生致函中央，将同美汽车路股份有限公司献给国家。1922年，资本主义自由竞争无度引起市况萧条，橡胶价连续3年下滑，许多小规模的胶园、胶厂被迫停产。而这时的陈嘉庚公司虎气十足，他断定橡胶业是新兴产业，好景还在前头。在对马来西亚各地进行考察之后，陈嘉庚一下子买下了9家橡胶厂。1924年他在马来西亚和印度尼西亚设了10多家橡胶分店，其后又在其他地方设分行、分店或办事机构，目的是扩大产品销路和原料来源，减少中间环节造成的损失。这一年，英国政府为抬高橡胶在国际市场上的价格，从中独占利润，在新加坡、马来西亚实行限制橡胶生产计划，第二年略见成效，加上美国汽车工业生产迅速发展的影响，橡胶价格大幅度上涨。这一年是陈嘉庚的橡胶事业的巅峰，在英国大臣对新加坡工业的考察书中，也提到了陈嘉庚股份有限公司，说它是"亚洲最大的企业"。

3. 折叠散尽家财、培育英才

陈嘉庚始终没有忘记自己的故乡——福建集美。他认为振兴工商业的目的在报国，但报国的关键在提倡教育，因而"立志一生所获的财利，慨办教育"。1893年，他在家乡创办"惕齐学塾"，1913年又创办集美小学。以后他与胞弟陈敬贤先生一起，边集资边办学，办学规模不断扩大，先后在家乡创办了包括幼稚园、小学、中学、师范、水产、航海、商业、农林、集美轻工业等校在内的集美学校和厦门大学，资助了闽南20个县市110多所学校，并在侨居地新加坡倡办和赞助了道南小学、爱同小学、崇福小学、南侨中学、南侨师范水产航海等许多学校。他用于兴学的资金超过1亿美元，几乎等于他的全部家财。人们亲切地称陈嘉庚先生为"校主"。自1926年起，陈嘉庚为了维持集美学校和厦门大学经费不至于中断，做了许多努力。在资金紧缺时，他甚至于贱价出卖了橡胶园。

1929年10月，资本主义世界经济危机爆发。新加坡、马来西亚最大宗的出口是橡胶和锡，最大的买主是美国。美国的不景气，造成了新加坡、马来西亚橡胶和锡业的大萧条。但陈嘉庚一直提供集美、厦门学校经费达90万元。当时，陈嘉庚股份有限公司积欠银行债款近400万元。陈嘉庚股份有限公司资产仅有200多万元，已是资不抵债。在世界经济危机袭击着殖民地经济的时候，陈嘉庚以硬骨头精神同英国垄断资本集团进行了不屈不挠的斗争。以英国汇丰银行为首的债权银行要求陈嘉庚停止支持集美厦门学校经费，被陈嘉庚断然拒绝了。他愤然说："不，企业可以收盘，学校绝不能停办！"他认为自己不能也不应放弃义务，学校办起来了，就得维持下去，一旦关了门，恢复就无望了。学校如果关停，不仅耽误青少年前途，而且对社会影响不好，罪就大了。如果因为负担学校经费而招致生意失败，这是个人事业的荣枯。1932年，陈嘉庚辛苦创办的企业终于被收盘，虽然他的事业走到了末路，但陈嘉庚却从不后悔，因为他成功地创办了这么多学校，尤其是厦门大学和集美学校。

1961年8月12日，这个伟大的企业家、教育家病逝于北京。弥留时他仍殷切盼望台湾回归祖国，并嘱咐"把集美学校办下去"，把遗产300万元人民币全部献给国家。为了感谢这么多年他对国家作出的不朽贡献，中华人民共和国给予其国葬的哀荣，灵柩运回集美，安葬在家乡，以告慰这个曾经辉煌、博大无私的爱国华侨。陈嘉庚先生一生俭朴，从不夸耀自己，但是在投资办学方面却不惜一切。据有关人员统计，以1981年人民币和黄金比价计算，陈老一生用来办学的捐款达1亿美元以上。在陈嘉庚故居，从陈列的蚊帐、被褥、衣服、礼帽、皮鞋等物来看，都是破旧而老式的。一只翻过来的破茶杯，杯底上插上蜡烛，就是他自己设计的烛盘了。他家财万贯，但对自己的家事却是"求缺不求全"。校舍和他的住宅都曾因日本飞机的轰炸而炸毁。然而，在校舍和住宅之间，他却坚持先修校舍，并说："第念校舍未复，若先建住宅，难免违背先忧后乐之训耳！"他逝世后国内存款尚有300余万元，可是按照他的遗嘱，一分钱也没有留给子孙，对这个问题，他的说法是："人谁不爱子，惟必以道德之爱，非多遗金钱方谓德之爱。且贤而多财损其志，愚而多财则益其过。"

4. 积极支持中国国内革命和抗日战争

陈嘉庚虽身处南洋，但一直心系中国，积极支持中国国内的革命活动。他结识了孙中山，在1910年加入同盟会并积极支持孙中山的革命活动。辛亥革命后，陈嘉庚担任福建"保安会"会长，筹款支援福建，稳定了当地局势。陈嘉庚对于文化事业，也是积极支持。他支援了范长江、夏衍等人主办的"国际新闻社"和《华商报》等，还汇款支持邹韬奋复办《大众生活》周刊。1928年中国济南惨案发生后，南洋华侨掀起了声势浩大的声援运动，陈嘉庚担任"山东惨祸筹赈会"主席，积极筹款救济难民，还发起抵制日货运动。

1937年抗日战争全面爆发，南洋华侨筹赈祖国难民总会（简称"南侨总会"）在新加坡成立，陈嘉庚被推选为主席。他自己带头捐款，还组织各类活动。1939年，南洋华侨就向祖国汇款3.6亿多元，从卢沟桥事变到太平洋战争爆发的4年半期间，共计捐款约15亿元，极大地支援了中国国内的抗日力量。1938年10月，广州、武汉相继失守后，我国对外交通濒临瘫痪，新修建的滇缅公路成为最主要的军运大动脉，不但需要大批军运汽车，而且急需大批熟练的司机和汽车修理工。国民政府军事委员会西南进出口物资运输总经理处商请陈嘉庚先生在南洋代招募司机和修理工。陈嘉庚领导的南侨总会遂于1939年2月迅速发出《征募汽车修机、驶机人员回国服务》的第六号通告。陈嘉庚一方面号召华侨捐款捐物，购买大量汽车和军需物品，另一方面还亲自到南洋各埠演说动员，广大华侨青年热烈响应、纷纷报名参加。白清泉等在新加坡首先报名，当即批准30名；廖国雄、赖玉光等在巴株、巴峇带头报名，当即批准50名。同年2月18日，首批南侨机工回国服务团成员80名在新加坡集中出发，南侨总会举行盛大欢送会。陈嘉庚勉励大家："你们是代表千万华侨回国服务的，一定要坚持到底"。新加坡报纸出版欢送专刊，把首批回国机工赞颂为"八十先锋队"。

陈嘉庚坚持抗日到底，针对汪精卫等人的妥协方案，在国民参政会第二次大会上提出"敌未出国土前，言和即汉奸"的著名提案。电文提案经5次删改，原意被歪曲，锋芒被砍掉，尽管如此，仍产生了日益广泛的影响，振奋了全国人民和广大海外侨胞的人心，对于当时重庆的主战派也起着很大的鼓舞作用。上述"敌未出国土前，言和即汉奸"是盛传的十一字之提案，原文不止11字，而是三条、100多字。汪精卫一伙删去其第二、第三条提案，对第一条则几经修改，想模糊提案的针对性，删改为"公务员不得谈和平案"。后经大会成员激烈讨论，认为9个字的修改案含糊不清，不伦不类，形同儿戏，表示反对。最终定下的则是19个字，即"在日寇未退出我国土之前，公务员不得言和案"，

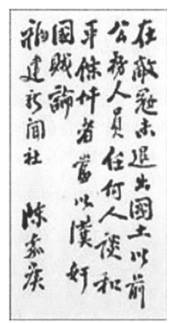

图2 陈嘉庚反对汪精卫投降卖国的著名提案

成为国民参政会正式文献记录在案。由于这是陈嘉庚提出的震动中外的坚决反对汉奸国贼、妥协分子投降卖国的著名提案，因此特摘录原文如下：

议长、秘书（长）公鉴：东电悉。庚因事未能赴会，甚歉。兹有提案二宗，乞代征求参政员足数同意并提请公决。一、日寇未退出我国土之前，凡公务员对任何人谈和平条件，概以汉奸国贼论。二、大中学校、在抗战期间，禁放暑假。三、长衣马褂限期废除，以振我民族雄武精神。陈嘉庚叩首（10月26日）。

1940年3月，陈嘉庚率领南侨总会组织的"南洋华侨回国慰劳考察团"，慰劳抗日前线的将士与后方的军民，这是他人生中的一大转折。访问重庆和延安之后，他了解了中国抗战的真相，分清了是非，思想认识产生了飞跃，陈嘉庚为了弄清国共摩擦的真相，劝说国共两党团结抗战，于1940年5月31日抵达延安。他原定在延安停留三天，恰巧因随行的李铁民车祸住院，这样陈嘉庚在延安多住了四天，6月8日清晨，离开延安东行，前往山西战区慰问考察。

朝鲜战争爆发后，美国第七舰队进入台湾海峡，阻挠中国人民统一事业。针对美国的侵略行径，1950年7月4日，陈嘉庚通过《福建日报》发表谈

话，明确表示台湾是中国的领土，绝不允许外国干涉。此后，他又发表一系列对记者的谈话和声明以及接见华侨的谈话等，一再阐明台湾是中国的领土，绝不允许外国侵占或干涉，并号召华侨为台湾回归祖国的统一大业贡献力量。祖国统一是陈嘉庚临终遗嘱的第一件大事，他最后的遗言是"台湾必须归中国"。他相信他的这个愿望一定会实现，这就是陈嘉庚先生为什么在"鳌园"刻录的地图中刻下"台湾省全图"的最重要原因。

5. 陈嘉庚的晚年活动

1949年5月，陈嘉庚应毛泽东的邀请，回国参加中国人民政治协商会议筹备会议，当年9月，以华侨首席代表身份参加中国人民政治协商会议。10月1日，在天安门城楼参加了中华人民共和国开国大典。此后，陈嘉庚历任中央人民政府委员，中国人民政治协商会议第一届全国委员会常务委员，中央华侨事务委员会委员，华东行政委员会副主席，中华全国归国华侨联合会主席，第一届全国人大常委会委员，政协第三届全国委员会副主席等职务。1961年8月12日，陈嘉庚病逝于北京，享年87岁，后安葬于福建集美鳌园。"陈嘉庚先生治丧委员会"由周恩来总理担任主任委员，丧仪极为隆重。周恩来总理朱德委员长亲自执绋，廖承志在追悼会上致辞。陈毅在吊唁的时候激动地说："陈嘉庚先生是一个有骨气的中国人。作为华侨领袖来说，他是一个杰出的爱国主义者，追随革命，善始善终，值得后人学习。"8月15日首都各界举行公祭，公祭结束后，灵柩南运，专车经过的许多城市，当地党政部门和归国华侨都到车站献花圈致祭，最后在集美鳌园举行了隆重的安葬仪式。

陈嘉庚先生是一个重要的历史人物，他的影响远远超出了国界，不仅中国内地人尊敬他，而且华侨和海外华裔也尊敬他，他的精神在海内外都将永远放光芒。在我们的历史课本中，陈嘉庚是一个经常被提及的名字，不仅是因为他的财富，他的波折经历，更是因为他作为一个华侨，对中国人民的革命事业、抗日战争及内地发展作出的巨大贡献。陈嘉庚成功的秘诀就在于：商人父亲的教导，个人的勤奋用心。为国为民出资办学，造福后人，盛誉百世，商界伟人。

图3　坐落在厦门大学的陈嘉庚先生铜像

实业救国、情系桑梓的爱国侨胞庄怡生

日军在侵华战争中表现得如此残暴，其中很大一部分原因是要摧毁中国社会的经济基础以及中国军民的抗战意志，以便实现其战前所制定的迅速结束中国战争的目标。可是事与愿违，他们最后不仅没能实现这一目标，还败在了看似弱小的对手面前。抗战胜利日当天，侵华日军最高指挥官冈村宁次在确认日本代表已签署投降书的情况下，以他个人的角度，通过当天的日记对侵华战争做了反思。冈村宁次认为，归根到底，地大人多的国家既是大国又是强国，"中国夸称地大物博，即此道理"。他承认，由于中国"地大物博"且可使用"人海战术"，侵华战争并未能够使中国屈服。他以下棋的胜负打了个比方，形容中国虽然车、马、炮不多，可是士、相、兵俱全，所以日本才难以将它将死。

1. 欢呼，在结束最漫长的抵抗之时

据《中国新闻周刊》2015年9月9日报道：1945年9月3日上午，当时的中国陪都重庆晴朗无云。国府要员们早早就集中于国民政府花园，武官穿一身戎装，文官着长袍马褂，大家喜气洋洋，相互恭贺胜利。《大公报》记者朱启平亲历了日本签字受降的一幕——9时整，麦克阿瑟和尼米兹、海尔赛（今译哈尔西）走出将领指挥室。麦克阿瑟执讲稿在手，极清晰、极庄严、一个字一个字对着扩音机宣读，日本代表团肃立静听。麦克阿瑟读到最后，昂首向日本代表团说："我现在命令日本皇帝和日本政府的代表，日本帝国大本营的代表，在投降书上指定的地方签字。"他说完后，一个日本人走到桌前，审视那两份像大书夹一样白纸黑字的投降书，证明无误，然后又折回入队。重光葵挣扎上前行近签字桌，除帽放在桌上，斜身入椅，倚杖椅

边，除手套，执投降书看了约一分钟，才从衣袋里取出一支自来水笔，在两份投降书上分别签了字。梅津美治郎随即也签了字。他签字时没有入座，右手除手套，立着欠身执笔签字。这时是9时10分。之后，盟军总司令、美国代表和中国代表先后在投降书上签字。

在"胜利日"的各界大游行中，有一支主要由南洋华侨组成的队伍，他们是重庆中南橡胶厂

图1　1945年9月3日，重庆各界举行大游行庆祝抗战胜利。摄影Jack Wilks　LIFE

的职工。借用冈村宁次的说法，该厂总经理庄怡生和工友们都可以称得上是抗战中的"士、相、兵"。事实雄辩地证明，任何战争，除了军事实力、武器装备、指挥能力、战斗意志、民众支持之外，后勤保障和经济实力也是一个重要因素。抗日战争中，正是由于广大中国民族工商业者以及全体国民万众一心、同仇敌忾、不畏强暴、不辱使命、坚持不懈的大无畏民族精神，才获取抗战的全面胜利。

2. 实业救国、情系桑梓的爱国侨胞庄怡生

庄怡生（1911—1984年），祖籍福建惠安东园镇秀涂人，出生于马来西亚怡保市。1926年，回国就读于厦门大同中学，1931—1933年在厦门大学肄业。毕业后回乡于1934年接办惠安秀涂秀津小学，出任校长。之后又重返马来西亚，在当地华侨创办的闽侨子弟学校任校长。可以看到，庄怡生（见图2）原先并不是一个买卖人，甚至可以说与经商这一行毫不搭界，如果周围局势不发生大的变化，他极可能在"三尺讲台、一支粉笔"中平静度过一生。

图2　庄怡生

1935年，庄怡生去马来西亚，次年任怡保市培南学校校长职。而抗战改变了他的人生轨迹。1937年抗战爆发后，马来西亚怡保市成立华侨筹赈会等爱国群众组织，庄怡生被委任为委员并办起洪钟话剧团任团长，经常在当地演出抗日剧目。为抗战进行宣传和募捐，成为华侨青年中拥护抗战的积极分子。1939年冬，庄怡生随华侨领袖陈嘉庚率领的"南洋华侨归国抗日救亡慰问团"来重庆，赴抗日前线慰问、考察，受到周恩来等领导人的亲切接见。

庄怡生和众多的南洋爱国侨胞一样，心怀对祖国的一片拳拳之心。在内地，庄怡生看到大批汽车因缺少轮胎而不能使用，造成运输困难；而大西南抗战后方急需汽车轮胎，同时，前方将士急需军用胶鞋等橡胶制品的情况后，当即冒险购买美国

图3　庄怡生购买美国橡胶运送至大后方

橡胶，然后智越中缅边界，把物品运到大后方（见图3），以供制造轮胎、胶鞋之用。可是当时的大后方不仅缺乏橡胶，也没有橡胶加工业，就算买来橡胶也没用。同在华侨访问团的王振相、王金兴在马来西亚经营橡胶工业多年。于是，庄怡生和其他几位马来西亚橡胶行业实业家一道，谋划在重庆筹建中南橡胶厂振兴实业，支援抗日救国。

3. 创建中南橡胶厂股份有限公司

1940年4月16日，经过短短三个月的筹备，中南橡胶厂股份有限公司在重庆正式成立，公司名称里的"中南"取义于"中国南洋华侨投资创办"。马来西亚华侨、橡胶实业家王振湘和王金兴投资70万元，与中国茶叶公司投资30万元，合股在重庆开办中南橡胶厂股份有限公司，由寿景伟任董事长，庄怡生任总经理，继而又在贵阳、昆明、广元、曲江等地设立分厂，经营连修带补的翻胎业务，以实际行动支援抗战。

华侨在南洋经营的橡胶工业，一般都拥有从炼胶到成型硫化的成套正规生产设备。在中南橡胶厂筹备之初，庄怡生本来也想根据南洋经验，向国外订购生产新轮胎的机器，但后来考虑到国内条件较差，在使用电力、选定厂址以及添配设备等方面，都不如在南洋方便，于是便改为从南洋进口半成品进行翻造，并采取分散生产的游击战术，以争取节约资金，快速开工。中南橡胶厂的这种游击战术，无须安装成套的炼胶设备，只要有小翻胎炉各一台，便可以同时翻造两台轮胎。生产过程也不复杂，仅需半成品原料一吨和一些简单的制胶工具，再加上三四名熟练的技术工人，用一辆卡车连人带物运到工地，就能马上开工，可谓是吹糠见米。

王振相、王金兴在马来西亚除经营橡胶工业外，还兼营锡矿，是南洋华侨中较有财力的人物，自然是公司董事会的主要出资方。庄怡生在董事会内最初并无股份，但他凭借在中南橡胶厂筹办期间的出色表现，得到了王振相的赏识。二王的主要业务都在海外，不能长住国内，于是王振相就给庄怡生凑集了5万元股本，并全力支持他出任常务董事兼公司总经理。中南橡胶厂筹建时，中国沿海口岸已经纷纷沦陷，越南海防港、中泰边境也被封锁，交通运输不得不主要依赖于滇缅公路。滇缅公路坑坑洼洼，路况很不好，汽车轮胎的消耗也就特别大。

有鉴于此，庄怡生决定首先在昆明设立分厂，并在设厂时亲自督促安装试车。昆明分厂开工的第二天，日机就对昆明进行了轰炸，厂房附近中弹，庄怡生险遭不测，但他没有因此害怕退缩。在他的组织下，工友们及时将机器设备迁往城外的一座寺庙，继续恢复了生产。1940年9月1日，昆明分厂在国内翻造出了第一条汽车轮胎，最初该分厂每月仅能翻胎100多条，后来增加到每月五六百条。1941年，昆明分厂全年翻胎已达3,000条。庄怡生为人精明强干，经营有方，在设立昆明分厂的同时，他便根据业务需要，指派专人分头筹建贵阳分厂和重庆南岸分厂。当年，这两家分厂也相继开工，并都达到了翻胎2,000条的年产量。

4. 实业救国，功不可没

当这批新轮胎被安装在军运车队，奔驰于滇缅公路之上时，庄怡生和他的同事们看到自己参加抗战，报效祖国的夙愿终于得以实现，心情无比激动，有人还当场流了眼泪。1941年底，太平洋战争爆发，日本海陆军将战火扩大至整个南洋地区，缅甸首都仰光沦陷在即。中南橡胶厂在仰光囤积有大批待运物质，这批物资是中南橡胶厂用股金在国外购买的原材料和机器，能否将它们完好地运回国内，关系到中南橡胶厂整个业务的发展。尽管滇缅公路上已经一片混乱，日军随时可能侵占仰光，但庄怡生仍不顾危险亲自飞往仰光，并组织人员抢运出了尚未被毁损的部分物资。在完成物资托运后，庄怡生没有像其他人那样急于撤离仰光，而是打算再买一批生胶回国，为此，他一连在码头上转了好几天。

这时恰好有一批刚从海岛运来的生胶无法运走，庄怡生立即找到货主洽购。对方急于脱手，最终他以很便宜的价格就将50吨生胶全部买了下来。滇缅路上的紧急抢运，为中南橡胶厂的连续生产提供了急需的原料和设备，其中的10吨生胶和30吨半成品原料维持了昆明、贵阳两分厂约半年的生产所需，后来贵阳、重庆等分厂开始炼胶，原料用的都是这批抢运出来的生胶。截止"胜利日"为止，中南橡胶厂共建成三家分厂、一家总厂，共计为国防运输翻造出四万条轮胎，基本解决了大后方汽车因轮胎磨损而无法得到补充的问题。

战前西南地区几乎没有什么近代工业，内迁和华侨企业成为战时后方经济的中坚力量，并构成了一个独特的战时经济体系。根据1943年的一项统计，大后方各省共有符合登记条件的工业企业4,524家，资本总额26.37亿元，与战前相比，工厂数增加了18倍，资本增加164倍。抗战期间，这些工商企业所生产的军需民用产品不计其数，为坚持长期抗战奠定了坚实的经济基础。

5. 振兴实业，兴学育才

1945年抗战胜利后，为使企业走向世界，庄怡生旋即来沪设立上海办事处，建立中南橡胶厂上海总厂，经营重点转移到上海。1946年9月3日，标购敌产上海兴亚护谟工业株式会社，在上海组建中南橡胶厂。在全家庵路改建为中南橡胶厂上海总厂。并在厦门、泉州设立分公司，经过一段时间发展，企业已具相当规模，庄怡生也成为知名的企业家。1941年太平洋战争爆发，王振相与中国茶叶公司撤股，中南橡胶厂改组由庄怡生任董事长兼总经理。1943年任职期间新建炼胶和硫化车间，后又续建制鞋车间，同时，聘请留美学习橡胶机械专业的陈国沧，为中南橡胶厂股份有限公司协理兼总工程师和总厂厂长，还从南洋去上海招聘人才，进行技术培训，壮大职工技术队伍，使中南橡胶厂发展成为重庆地区橡胶工业两大支柱厂之一。

事业有成后，庄怡生不忘家乡，1947年，他捐献黄金21斤，请南京建筑学院设计，在秀涂村兴建了一座用地6,000平方米、配套完整、设备先进的秀津小学，并亲任董事长，长期关心家乡教育发展。1948年8月，秀津小学建成，庄怡生亲自回校主持落成庆典，国民党元老于右任、李宗仁等纷纷寄赠贺词。秀津学校至今仍保存完好的有原国民政府主席林森于1942年所题校匾"秀津学校"（木刻）和原国民政府行政院长孙科（孙中山之子）于1948年题字"石利纪念堂"、"优良办公室"、"勤母图书馆"（石刻）。几十年来，秀津中学培养了不少各行各业的人才，得到社会各界的广泛赞誉。庄怡生一生爱国爱乡，重视教育、乐育英才，为海内外侨胞树立了榜样。

6. 新中国成立后的庄怡生

中华人民共和国成立后，庄怡生积极响应党的号召，承接军工定货，搞好生产，支援抗美援朝。又兴建汽车轮胎生产厂房生产汽车轮胎。庄怡生担任上海市侨联主席，在对私改造运动中，庄怡生积极响应，是上海市公私合营的带头人。中南橡胶厂率先申请获准，在1954年1月1日成为上海橡胶行业第一家公私合营单位。为上海市工业的复兴作出了贡献。1950—1951年庄怡生为上海市第一、第二届人民代表大会特邀代表、抗美援朝代表会议代表、上海市侨务投资公司委员、虹口区工商联常委。此后，庄怡生参加了民主建国会，还被选为上海市归侨联合会常委、归国华侨联谊会副主任。此后，重庆中南橡胶厂实施了公私合营，成为地方国营橡胶厂，隶属于重庆化学工业局管理。1960年9月，是月双龙橡胶厂并入中南橡胶厂。1963年9月，中南橡胶厂革新成功力车胎内胎无接头硫化生产工艺，属国内首创。后中南橡胶厂更名为上海力车胎厂。于1973年试制成功国内首创力车胎无接头内胎的压出、成型生产流水线。于1978年国内首家研制成功硬边自行车外胎钢丝冷挤压接头新工艺。1980年6月通过鉴定投产。1984年12月，庄怡生因病逝世，享年73岁。

1992年10月3日，中南橡胶厂等7家隶属关系划归上海轮胎橡胶（集团）股份有限公司领导，法人地位不变。1997年7月，上海华谊（集团）公司、上海胶带股份有限公司共同投资收购重庆市中南橡胶厂，由上海胶带股份有限公司实施管理。是年10月，重庆中南橡胶厂更名为上海申联重庆中南橡胶有限公司，1998年5月正式揭牌。2004年6月，企业改制并更名为重庆中南橡胶有限公司。公司通过了ISO9001：2008质量认证，建立了完备的质量管理体系。公司实施了ERP和OA管理系统，全面提升了管理水平。公司拥有一批德才兼备的科技人员。依靠体制创新、技术创新和管理创新形成了较强的研发能力。先后研制的各系列的钢丝输送带、抗灼烧带、管状带等产品填补了西南地区空白。

2009年10月，重庆中南橡胶有限公司整体搬迁至渝北空港工业园生产经营。目前公司坐落在国家级经济开发区——两江新区，已成为我国西南地区大型输送带生产企业。拥有7条输送带生产线，产品规格型号实现全覆盖，年产量达900余万层平方米，年销售额达数亿元。公司"中南牌"商标享誉冶金、煤炭、电力、建材、港口等行业。公司以"诚信为本，共谋发展"的经营理念赢得了来自西南、西北、华中、华东等全国二十多个省市的客户，在同行业和市场中具有显著的影响力。公司荣获"中国橡胶工业协会会员"、"中国化工500强和橡胶50强企业"、"中国煤炭工业橡塑制品定点生产企业"、"重庆市高科技企业"、"首届重庆知名品牌企业"、"首届重庆最具发展潜力企业"、"石油化工企业A级质量检验机构"等称号。

拒不与日本人合作的
"中国火柴大王"刘鸿生

1933年，芝加哥世博会集中展示了科学在工业生产中的成果。中国、捷克斯洛伐克、意大利、日本、瑞典、乌克兰拥有独立展馆，按照各国城市风情建造的大型露天展园大受欢迎，"上海街"成了芝加哥城的街中街。在中国展品中，一盒小小的火柴有着特别的意义。近代著名爱国实业家刘鸿生联合多家国内火柴厂组建大中华火柴公司，打败了瑞典、日本等国的进口火柴。彼时大中华火柴占据了大半个中国火柴市场，不仅中国人用的基本上是国产火柴，中国火柴也成为南洋各地居民的日用佳品。刘鸿生也当之无愧地获得"中国火柴大王"的头衔。

1. 中国近代著名实业家刘鸿生

刘鸿生（1888—1956年）名克定（见图1），中国近代实业家，祖籍浙江定海，1888年农历三月初五生于上海，早年在上海圣约翰大学肄业，清末为开平矿务局上海办事处买办，定海城关人。19世纪刘鸿生的祖父刘维忠在上海宝善街开设了一家供人看戏饮茶的"丹桂茶园"，生意还算兴隆。刘鸿生的父亲刘贤喜，在招商局的轮船上做总账房，除了每月优厚的薪水，还经常利用轮船往来的便利条件夹带私货贩卖，从中牟利，因此家庭生活还算

图1 刘鸿生

富裕。刘鸿生7岁那年，父亲突然病逝。尽管哥哥继任了父亲的轮船账房职务，收入却减少了；同时，也由于祖父年迈，无力经营茶园，生意也一天不

如一天，全家十几口人生活十分拮据。虽然家中交学费已经十分困难，但母亲仍然不愿意让聪明好学的儿子失学，她想方设法让刘鸿生继续读书，13岁他进圣约翰中学。

1906年刘鸿生就读于上海圣约翰大学，他发愤苦读，各门功课一直名列前茅，不但可以免交昂贵的学费，而且每月能领到奖学金。大学二年级时，美国校长决定送他到美国去学习神学，学成回校担任牧师兼教英文。因不服从校长培养他当牧师的安排，刘鸿生被开除。同年刘鸿生由上海圣约翰大学辍学，至职业学校任教，入上海公共租界工部局老闸巡捕房做教师。1908年考入上海英租界会审公廨当翻译。约半年后，转入意籍律师穆安素事务所工作。1909年入英商开平矿务局，任上海办事处任推销员，为开平煤打开销路。1911年升为开平矿务局买办，设立账房，赚取佣金。随后，又与上海义泰兴煤号合作，经销开滦煤，分取利润。第一次世界大战期间，他自租船只，由秦皇岛装载开滦煤运沪销售，约有三年时间，赚银百万余两。1918年，为扩展煤炭经营，他与义泰兴煤号等伙设义泰兴董家渡煤栈，并委托英商壳件洋行经理码头业务。此后，他又在上海及长江下游各埠与人广设销煤机构。

第一次世界大战期间，刘鸿生以经营开滦煤炭起家，被称为"煤炭大王"。此后，刘鸿生将其资本投资火柴、水泥、毛织等行业。1920年起陆续创办上海水泥厂、上海章华毛绒纺织公司、大中华火柴公司等企业，还投资码头、搪瓷、航运、金融及保险等业。到1931年投资额已达740余万元，被称为"中国火柴大王"和"毛纺业大王"。抗日战争时期，刘鸿生在香港、重庆和兰州投资创办中国火柴原料股份有限公司、中国毛纺织公司、西北毛纺公司等，一度任重庆国民政府火柴专卖公司（后改火柴烟草专卖局）总经理。抗战胜利后，任国民政府行政院善后救济总署执行长兼上海分署署长、轮船招商局理事长等职。新中国成立后，刘鸿生被选为第一届全国人大代表、第一届上海市人大代表、第一届全国政协委员、第一届上海市政协委员和上海市人民委员会委员；历任华东军政委员会委员、中国人民政治协商会议全国委员会委员、全国工商业联合会常务委员、中国民主建国会中央常委兼上海市副主任委员、中华全国工商联常委兼上海工商联副主任委员等职。1956年10月1日，刘鸿生因心脏病在上海逝世，终年68岁。

2. 办火柴厂安置灾民

20世纪初，瑞典"凤凰牌"洋火和日商"猴牌"洋火大量进入中国市场。在孙中山实业救国的号召下，实业家刘鸿生积极投身于民族工业的振兴和发展。1919年夏天，苏北发了大水，大批难民涌入上海、苏州。刘鸿生看着日夜愁苦于街头的大批难民，很不是滋味。在一位同乡的提示下，刘鸿生决定办火柴厂。第一，火柴生产工艺简单，手工操作量大，可安置大批难民；第二，火柴为家家必需，而价低、量大，效益定为可观；第三，他早有在苏州办一家火柴厂的夙愿；第四，当时国产火柴多为极不安全的黄磷火柴，生产安全火柴的工厂又规模甚小。

1920年元旦，刘鸿生邀约杜家坤等共7个股东，集资12万元，在苏州创办华商鸿生火柴无限公司。鸿生火柴的第一个商标定名为"定军山"，后又变其名，但因质量问题，销路依然不畅。几乎与鸿生设厂同时，老牌子上海叶氏家族创办的燮昌火柴，外国如瑞典、日本火柴以品牌、质量错价压制，致使鸿生火柴至1924年以前亏损5万多元。为扭转颓势，刘鸿生前往日本考察，熟悉有关火柴生产与销售的流程，重金聘用了中外专家，购足进口设备，解决了火柴生产的药头化学配方问题。在此基础上，刘鸿生兼并了燮昌火柴厂，不仅扩大了生产规模，而且吃掉一个雄厚的竞争对手，使鸿生火柴厂成为苏州唯一的生产厂家，产品行销苏北、苏南乃至浙江各地。仅一年时间，火柴厂不但弥补了亏损，还盈利10万余元。随着业务扩大，刘鸿生为华商鸿生火柴无限公司增资50万元，分为5,000股，转成有限责任公司。公司改变粘胶配方创造了"宝塔"牌火柴产品。至1929年，这一产品已晋升为各贸易市场火柴的标准产品，不但供应国内，还成为南洋著名商品。

3. 三大火柴厂对抗洋货

1928年，为挽回被中国火柴夺占的市场，世界火柴"寡头"的瑞典火柴集团开始低价倾销，日本火柴也紧随其后。瑞典资本提议收购鸿生等中国民族火柴厂商，但经多次谈判，刘鸿生以条件不合为由，拒绝了国际资本收购企图。后瑞典火柴以成本价一半的价格倾销，压迫中方退让。1929年，刘鸿生联合燮昌火柴老板朱子谦等，成立江苏省火柴同业联合会，选举实业巨子张謇担任会长，规定：共同议价，避免自相降价；同时向国民政府联合上书，要求限制瑞典火柴进口数量；组织抗议、罢工活动，以求得政府减低火柴捐税。但这并未挡住瑞典火柴的野心。1930年10月5日，《时事新报》披露，瑞典拟用1,500万元贷款，来换取中国火柴专利权50年。刘鸿生代表中国火柴联合会质疑国民政府，最终瑞方未能与中国达成协议。

在瑞典公司一再强攻下，中国三大火柴厂家均处于严重亏损状态，荧生、中华、鸿生三大公司开始谋求"抱团取暖"。三大公司于1930年7月1日达成合股，成立大中华火柴有限公司，乐振葆出任董事长，刘鸿生出任总经理，这是中国民族火柴工业第一个大型联合企业。到1934年，"大中华"在上海、汉口、杭州等地拥有直属7个火柴厂和一个梗片厂，资本达365万元，年产火柴15万箱，成为全国实力最雄厚的火柴大公司，使瑞典火柴公司和日本三井物产的火柴销售受到了有力的遏制。大中华火柴有限公司随后兼并了九江裕生火柴厂、汉口燮昌火柴厂、芜湖大昌火柴厂、扬州耀华火柴厂等火柴企业，形成了中国火柴集团，刘鸿生还大幅更新了中国火柴生产的设备与技术，从而具备了与瑞典火柴竞争的实力。1931年，大中华火柴击退瑞典火柴，占据了大半个中国火柴市场，加上其他中小火柴企业的产销，不仅中国人基本用的是国产火柴，中国火柴也成为南洋各地居民的日用佳品。刘鸿生也成了"中国火柴大王"。1933年，中国向芝加哥世博会递呈的送展品中，大中华火柴公司的火花赫然在列。

4. "火柴大王"离沪赴港

1937年7月，抗日战争爆发。日军侵占上海后，大中华火柴公司在上海、江苏和浙江的不少工厂一度停工。日资企业强令刘鸿生与其合作。1938年6月，不愿与日本人合作的刘鸿生乘坐俄罗斯皇后号轮船悄然离沪赴港。第二天，日本人得知刘鸿生出走的消息，恼羞成怒，对刘鸿生的儿子们宣布：奉军方之命，所有刘氏企业都作为敌产处理，一律由日方接管，除非你们的父亲有悔过之心，重返上海与我们合作。在日军侵华之初，大中华火柴公司即逐步将下属杭州光华火柴厂就近内迁到桐庐、富阳、萧山等地。1940年2月，日军进犯萧山岳驻村。大中华火柴公司在岳驻的火柴厂遭焚毁，损失惨重。年底，刘鸿生将原岳驻临时工厂迁建并改组为龙游火柴厂股份有限公司，亲任董事长兼总经理，继续生产。当时龙游火柴厂生产的部分火柴不仅以龙为图案，且标有"龙游"地名，并有"请用国货"和"大中华火柴公司"字样。这枚火花，巨龙昂首，云海怒卷，表现了中华民族不屈不挠的品格。1942年12月，大中华火柴公司被迫与日商中支振兴株式会社签订"中日合办"华中火柴股份公司的合同，是以中方出让两家工厂给华中火柴股份公司为条件，来换取日军解除对华资大中华火柴公司所属6家工厂的军管。

抗战胜利后，刘鸿生向国民政府力争要求发还被日商中支那振兴株式会社侵占的上海燮昌、镇江燮昌两火柴厂，又从经济部苏浙皖区敌伪产业处理局取得敌遗火柴原料优先采购的权利。1946年11月7日，因地处偏僻，交通不便，龙游火柴厂关闭，所有机器设备和原料运回大中华火柴公司所属杭州光华火柴厂。杭州光华火柴厂后改名为杭州火柴厂。1947年7月，刘鸿生标购敌产青岛磷寸株式会社，组成青岛火柴股份有限公司。同年9月，大中华火柴公司为解决火柴原料供应，在福州筹建了福华梗片厂。

1954年1月18日，上海水泥公司召开董事会，在刘鸿生的提议下；作出创造条件尽早实现公私合营的决议，并向政府提出申请。7月1日获准公私合营。当年刘鸿生旗下八个企业包括大中华火柴公司（见图2）以及1956年初刘氏在各地价值2,000余万元的企业全部实现公私合营。1956年在刘鸿生去世前半个月，他告诫家人："定息可以分取，但不要多取，每人至多拿几万元，多拿了对你们没好处，其余的全部捐献给国家，这是我对中国共产党一点微小的表示，也是我最后的嘱咐。"1999年9月8日，杭州火柴厂改制为杭州光华股份合作公司，经营范围仍是各类火柴，以及部分火柴设备配件和烟草加工等。

图2　公私合营后的鸿生火柴厂

图3　大中华火柴股份有限公司1944年12月30日发行面值捌股（160元）的股票

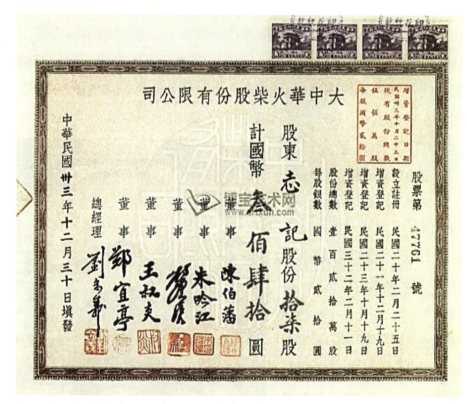

图4　大中华火柴股份有限公司1944年12月30日发行面值拾柒股（340元）的股票
（博宝艺术网收藏）

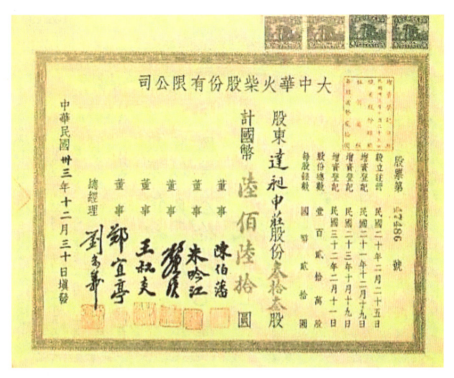

图5　大中华火柴股份有限公司1944年12月30日发行面值叁拾叁股（660元）的
股票（中国近代名人股票鉴藏录）

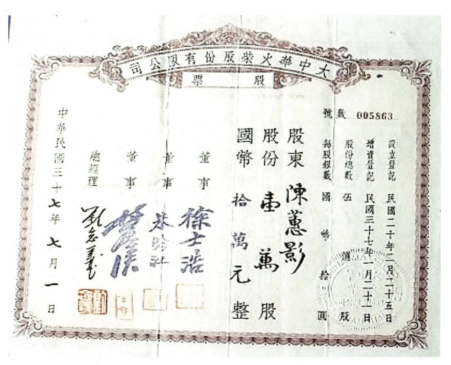

图6　大中华火柴股份有限公司1948年7月1日发行面值壹萬股（10万元）的股票
（中国收藏热线收藏）

图7 大中华火柴股份有限公司1948年7月1日发行面值叁萬（30万元）的股票

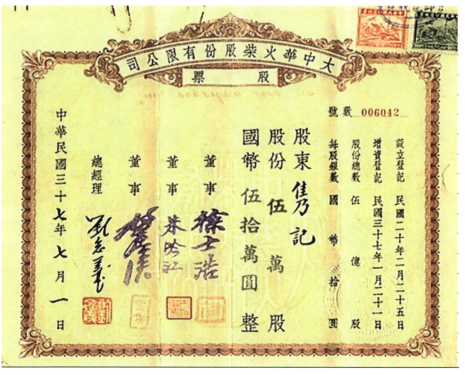

图8 大中华火柴股份有限公司1948年7月1日发行面值伍萬（50万元）的股票（中国
股票博物馆馆藏）

沉船于航道为抗战胜利作出巨大贡献的
中国一代船王陈顺通

陈顺通，鄞县人，1895年出生在浙江宁波，14岁背井离乡闯荡上海，谙熟船艺的他由见习水手很快便成长为一名技艺娴熟的船长。一个偶然的机会，陈顺通救了被军阀追捕的国民党元老张静江。张静江是孙中山的最重要的经济支柱，财政部长，蒋介石的媒人及"伯乐"，被称为"现代吕不韦"，日后张静江担任了国民政府建设委员会委员长，为报答救命之恩，特举荐陈顺通为国民船运公司经理，为北伐军暗中运送军火立下汗马功劳。陈顺通与钱业一代巨子、上海均泰钱庄总经理钱远声为儿女亲家。

北伐胜利后，陈顺通在上海均泰钱庄的优惠信贷支持下买入第一艘船"太平"号货轮。1930年9月1日，陈在上海开办中威轮船公司，成为中国第一家独资海运公司。以后6年里，公司不断扩展新业务，开辟新航线，相继从英国、澳大利亚购进分别命名为"新太平"、"顺丰"、"源长"等新式巨轮。其中顺丰为当时中国最大货轮，公司船只总吨位2万吨，由此陈顺通成为中国第一船王。后来的香港船王、香港特首董建华的父亲董浩云当时曾是其助手。1936年出于纯粹商业目的，陈顺通与日本大同海运株式会社（简称大同会社）签署租船合同，期满后顺丰与新太平两轮却下落不明。让他遗憾和不能接受的事实是，租船后不久这两轮就于1937年8月22日被日本海军征用，大量运输用来侵略中国和东南亚国家、屠杀受害国无辜群众的武器和军事物资。给作为一位正直商人所珍惜、看得比生命还宝贵一千倍一万倍的爱国情怀和名誉，蒙上了毕生也挥之不去的阴影，成为了一场噩梦！1937年8月中日战争全面爆发。为响应国民政府堵塞航道防御日寇军舰大举进攻的要求，陈将公司剩余的两艘货轮太平号和源长号，分别自沉于江阴要塞与宁波湾航道，为抗战胜利作出巨大贡献，表现了中国热血商人的民族大义。

1988年12月30日，原告陈震、陈春（原中威轮船公司创始人陈顺通的孙子）为与被告大同会社（现为商船三井株式会社，简称商船三井）定期租船合同欠款及侵权赔偿纠纷一案向上海海事法院提起诉讼，追索顺丰轮、新太平轮船舶租金及经济损失。原告诉称，被告从1937年8月起再未支付租金，并在合同约定的还船日期之后仍占有和使用两艘货轮直至其沉没，要求被告赔偿其经济损失。法院认为，从租约期满起至两轮沉没期间，被告属于非法占有两艘货轮，应对船舶所有人实际造成的经济损失承担侵权赔偿责任。上海海事法院对该案进行了公开审理，2007年12月7日，对这起延宕20年的诉讼案件作出一审判决，判决被告支付及赔偿原告丰轮和新太平轮租金、营运损失、船舶损失及孳息29亿余日元，折合人民币约1.9亿元。2010年8月6日，上海市高级人民法院作出维持原判的终审判决。2010年12月23日，最高人民法院裁定驳回被告的再审申请。

据上海市政府官方网站"中国上海"消息，2014年4月19日，上海海事法院为执行生效判决，依照《中华人民共和国民事诉讼法》、《中华人民共和国海事诉讼特别程序法》的有关规定，在浙江嵊泗马迹山港对被执行人商船三井的船舶"BAOSTEELEMOTION"轮实施扣押。上海海事法院已通知律师，正式将商船三井一艘28万吨的轮船扣押，作为赔偿原中威轮船公司在第二次世界大战期间遭受的财产损失。据日本共同社4月24日报道，"因在一起与日中战争爆发前船舶租赁合同有关的索赔案中败诉、旗下货船被中国法院扣押的商船三井已根据法院判决向中方支付了约40亿日元（约合2.4亿元人民币）"。日本《东京新闻》称，上海海事法院24日审查认定商船三井已全面履行判决确定的义务，遂下令解除对其货船的扣押。这场历时70多年的索赔案，终以中国原告陈震、陈春的胜诉画上一个圆满的句号，以此告慰了九泉之下的中威轮船公司创始人陈顺通先生。同时，也印证了美国休尼特法官的"正义从来不会缺席，只会迟到"的那句名言。

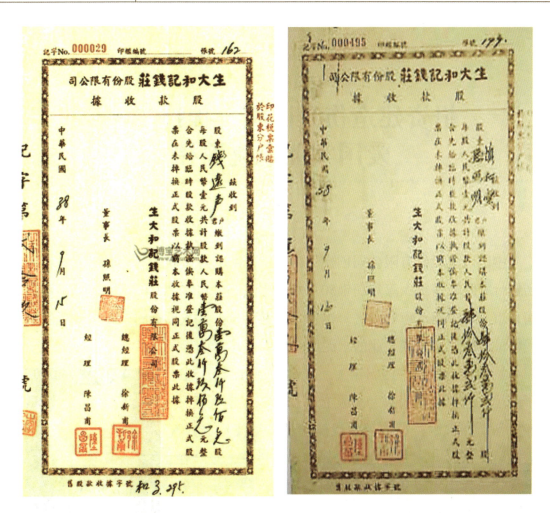

图1　生大和记钱庄股份有限公司1949年9月15日和16日发行的股款收据（博宝艺术网收藏）

捐资建造伤兵医院支援抗战的
爱国实业家姚锦林

中国水泥股份有限公司创建于1920年，由上海民族工商业者姚锡舟和著名银行家陈光甫等人筹集白银50万两，在江苏省句容县龙潭镇（1953年划归南京市，现为南京市栖霞区）组建，是继最早由日本投资的启新水泥厂后，我国最早的属于民族工业的水泥厂。

图1　姚锦林

姚锦林（1875—1944年），字锡舟，川沙人。其子乃煌、乃炽、乃康、乃寿及有德、清德等均继承父业，活跃在国内外营造界。以姚锦林（见图1）为代表的姚氏家族已成为上海营造界的建筑世家，至今在上海建筑界中仍有众多姚氏后裔在为中国建筑事业效力。姚锦林幼时家境贫寒读不起书，11岁时即到上海租界独自谋生，贩过瓜果，为洋人捡过网球，当过外国坟山守夜者。1893年（当时18岁）在租界当马路小工，因其勤奋被提升为班首，遂结识杨斯盛、江裕生等建筑界知名人物。

1900年，姚锦林创办姚新记营造厂。1903年，外白渡桥重建，需拆除的旧桥桩却拔不上来，工部局的外籍工程师一筹莫展，姚锦林揽下这一难事。他在苏州河里停上几条大船，趁落潮时把旧桥桩固定在船上，涨潮时，靠水的巨大浮力，拔出桥桩，深得工部局工程师玛礼逊、罗德、德利等人的欣赏。1907年，穆勒设计的安徽芜湖铁路局的3座铁路桥开始施工，其中一座遇上流沙层，桩头移位严重。姚锦林将水泥杆绑好装在麻袋里沉入桩基坑，一袋袋叠上去，水泥遇水凝固，这样桩头便被固定。上海香港路上一座仓库加层，因仓库内存放货物，业主要求在施工时保留人字形屋面，姚锦林便用几十只千斤顶把屋面顶起来，加层的墙逐步砌高，完成这项工程。宣统二年（1910年），与穆勒、德利合伙开办的协泰洋行（这是上海建筑业早期的中外合资建筑企业，也是一家集设计、施工于一体的企业）先后承建了不少重要工程，如中孚银行大楼、中央造币厂、中央银行、恒丰路桥等，其中尤以建造法国总会（今上海花园饭店裙房）为人所瞩目。

姚锦林很早就意识到建筑业的振兴离不开建材业的发展，1921年，姚锦林联络上海无锡巨商吴麟书、陈光甫、聂云台、荣宗敬等人，筹资白银50万两，在江苏省句容县龙潭镇创办中国水泥股份有限公司（今中国水泥厂），姚任总经理，专心致志发展水泥工业。生产的"泰山"牌水泥，畅行国内，并饮誉香港和南洋。面对日产水泥倾销，他还联合启新、江南等几家水泥厂实行联营，确定价格销售，并积极购入机器扩大生产。1923年，中国水泥厂从德国纳克尔·开姆泼公司进口了规格为2.25×46米的旋窑一台，时产熟料3.45吨，日产水泥500桶（每桶170公斤，合85吨）。南京中山陵墓工程所用水泥多来源于此。1925年公司增资为100万两白银，与太湖水泥厂合办。1927年合办装配工程告竣，被军阀孙传芳焚毁。1928年集股200万银元，修复开工，日产水泥3,000桶，后在上海设总办事处。

1926年，中标承建南京中山陵陵墓、祭堂、平台等，因施工材料要求极其严格，便自行建窑专门为陵墓烧制砖块，中山陵告竣，亏损银达14万元。姚锦林说："国父坟再蚀本也要做。"为表彰姚锦林建设中山陵的贡献，中山陵葬事筹备委员会决议将姚锦林的名字刻入《中山先生陵墓建筑记》碑文，载入中山陵史册。1927年，中国水泥厂再从德国进口了两条直径2.85米、长60米的湿法旋窑。1933年又从德国购进一台日产熟料170吨的湿法旋窑。中国水泥厂形成了由4台湿法旋窑构成的日产水泥715吨的生产能力，这在当时的中国是最大的水泥生产企业之一。

1936年，水泥年产量达11余万吨，当时报纸称："本埠所用水泥一律华商，日货被挤毫无地位"。此外，还与聂云台、胡耀廷等在崇明创办大通纺织股份有限公司，被举为董事兼经理，其子多名均继承父业，为上海建筑世家。上海建筑业中宁绍帮的代表人物张继光致力于发展民族工业，30年代日本水泥倾销上海，中国水泥厂的"泰山牌"水泥销售困难。呼吁同业抵制日货，并采取得力措施，终于使"泰山牌"水泥在市场上站稳脚跟。抗日战争爆发后，中国水泥厂被日军侵占，各种机器设备损失惨重。"八·一三"事变，爱国实业家姚锦林捐资在今四川南路市六中学处建造伤兵医院支援抗战。1937年11月日军侵占南京，该厂设备遭破坏。1942年12月，在侵略军的重重威逼下，中国水泥厂被迫以租赁形式将工厂出租给三菱洋行所属磐城水泥株式会社经营。1939年6月1日发行股票，资本总额540万银元，其中普通股210万银元，优先股330银元。1944年6月1日，中国水泥股份有限公司增资至6,000万元，总股本600万股；1948年3月15日，增资至100亿元，股本总额10亿股。抗战胜利后由国民政府接收。

1949年4月23日，古都南京获得解放，中国水泥厂（见图2）也随之获得新生。该厂进行公私合营，改称为中国水泥公司，后又改名为中国水泥厂。到20世纪70年代，工厂水泥产量已由新中国成立前的最高年产12万吨，提高到50万吨左右。1956年

图2　中国水泥厂

后，国家对水泥的调运作了新的规定，江南水泥厂所产之水泥不再调往山东沿海，中国水泥厂生产的水泥基本上都供应铁路沿线各地，不走海运，上海出口水泥的货源逐渐减少。

改革开放时代，由4台小型湿法旋窑支撑的中国水泥厂，经过60余年持续疲惫的运转，再也无法适应规模化竞争激烈的现代市场，企业经营日趋困难。1987年，为救活曾经在国家建设中作出过重要贡献的老国企，经国务院批准，国家计划委员会批复下达了中国水泥厂技术改造设计任务书，确定新建1条2,000t/d熟料新型干法窑外分解水泥生产线。1994年8月18日，2,000t/d生产线技改工程开工，1996年开始试生产，1999年11月29日通过国家有关部门验收。至此，中国水泥厂形成年产熟料能力达110万吨。2001年，由于工艺落后、负担沉重，中国水泥厂已无法适应市场经济的发展要求。工厂亏损数亿元，同时企业职工工资也不能按期发放，包括一年多医疗费及养老失业

保险及住房公积金等费用也无着落，而陷入无法经营的泥潭。

2002年6月，为盘活资产、重获新生，在各级政府的大力支持下，中国水泥厂成为当年南京市国企"三联动"改制的试点单位，南京化建产业集团与海螺集团签订购并协议，海螺以承债方式整体购并中国水泥厂，改制为中国水泥厂有限公司。新公司成立后，海螺集团恪守诚信，严格履行购并协议书约定，投资建设了2条5,000t/d水泥熟料新型干法窑外分解线，第一条5,000t/d生产线于2004年7月投产，第二条5,000t/d生产线于2005年2月投产，并均顺利通过环保验收。公司积极响应国家节能降耗、环保生产的要求，先后关闭了所有落后、高污染的湿法旋窑生产线，生产规模从改制前的110万吨跃升至500万吨，成为南京改制的成功典范。

图3 中国水泥股份有限公司1939年6月1日发行面值陆股（600元）的股票（中国近代名人股票鉴藏录）

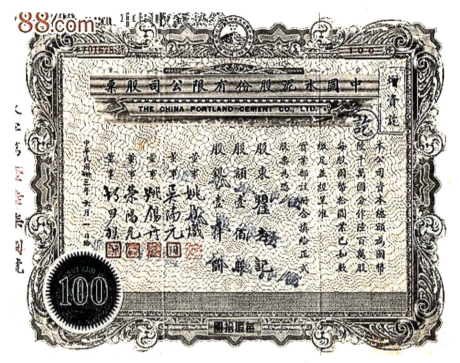

图4　中国水泥股份有限公司1944年6月1日发行面值壹佰股（1,000元）的股票
及背书（中国收藏热线收藏）

图5　中国水泥股份有限公司1948年3月15日发行面值壹仟股（1万元）的股票
（百年中国证券典藏收录）

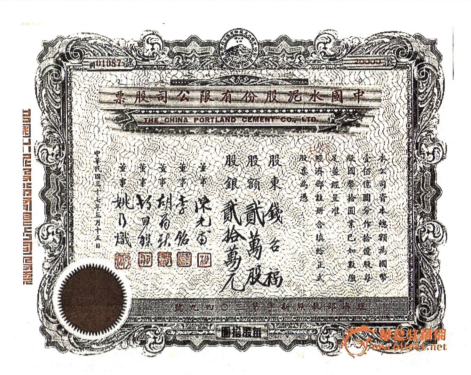

图6　中国水泥股份有限公司1948年3月15日发行面值贰萬股（20万元）的股票
（华夏收藏网藏品）

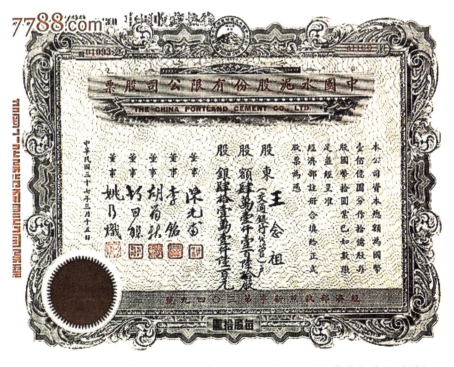

图7　中国水泥股份有限公司1948年3月15日发行面值肆萬壹仟壹佰陆拾股
（411,600元）的股票（中国收藏热线收藏）

图8　中国水泥股份有限公司1948年3月15日发行面值伍萬股（50万元）的股票（中国收藏热线收藏）

拒同日本人合作而辞职的奉天八王寺公司创始人张惠霖

民国9年（1920年），正值军阀混战洋货大肆倾销中国市场之际，在实业救国思想的影响下，民族工业刚刚兴起。京城双合盛啤酒厂朱寿臣先生来沈阳，在大北关街八王寺井西租了三亩香火地，开办一家只有11名员工，生产汽水的手工作坊，年产汽水3万瓶。1921年1月，由东北官银号总稽查张惠霖、奉天工商会长金哲忱等民族资本家等人，联合数十人聚资66万奉洋，在八王寺门前租用30亩地扩建了奉天八王寺汽水厂，并增建啤酒生产楼，购进德式啤酒机，聘用德国啤酒技师，创办了奉天八王寺啤酒汽水酱油股份有限公司，1923年在奉天警察局注册。

公司创始人张惠霖（1878—1947年），名志良，字惠霖（见图1），1878年5月生于沈阳虎石台乡大古城村。青年时代起在张作霖手下做事，1911—1931年，历任奉天督军府监印官、东三省官银号总稽查、东三省商会联合会会长、全国商会联合会会长、奉海铁路公司总办、筹济局局长、东三省盐运使。后来创办实业，1920—1924年，张惠霖牵头合资创办了"奉天八王寺啤酒汽水酱油股份有限公司"、"惠临火柴股份有限公司"，被誉为"辽宁（奉天）现代民族工业的

图1　张惠霖

奠基人"。张惠霖担任过奉天（辽宁）储蓄会长、东三省官银号总稽查、奉天（辽宁）和全国商会会长、奉（沈）海铁路公司总经理、筹济局局长、东三省盐运使等职。"九·一八"事变后，不替日本人做事，辞职。隐居于大连黑石礁屯，抗战胜利后回沈阳。1947年1月因病逝世，享年69岁。

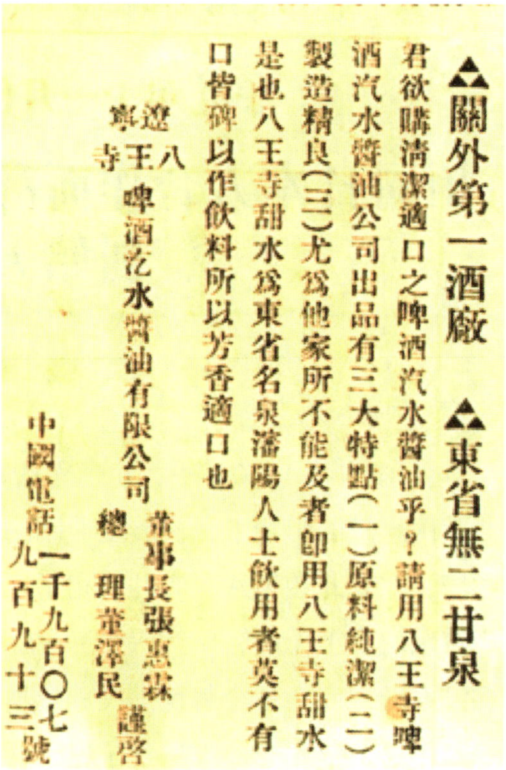

奉天八王寺啤酒汽水酱油股份有限公司作为民族饮料工业的代表，在洋货倾销中国市场之际，恰逢其时地推出了物美价廉的八王寺"金铎"牌汽水，备受国人与市民青睐，为抵制洋货、倡导国货作出了卓越贡献。政府当局在"抵制洋货，倡导国货"的风潮中，做出了"准许汽水公司三年不缴纳税金"的决定。公司抓住契机薄利多销，扩大生产，最负盛名的产品为"果汁蜜"汽水。1928年，啤酒年产10万箱（18瓶装），汽水6万大箱（48瓶装），产品远销至天津、上海等地，有力地抵制了日本饮料对中国市场的倾销和侵蚀，创造了建厂初

图2 民国时期奉天八王寺啤酒汽水酱油有限公司广告

期的传奇。20世纪30年代，风靡一时的日本饮料被挤出东北市场，也是因八王寺品牌的崛起。翻开历史上关于奉天八王寺啤酒汽水酱油股份有限公司的篇章，它不仅是沈阳最早的股份制企业，也是沈阳最早在报纸打广告的企业（见图2）。

1931年"九·一八"事变后，日寇侵占沈阳，奉天八王寺啤酒汽水酱油股份有限公司被日军抢夺，被日伪商工银行接收，并更名为"奉天八王寺酿造工业株式会社"，派日寇市川宗助为代理人。1939年，日寇又在长春建立"八王寺长春分工厂"，产品大部分运回日本销售。1945年"8·15"光复后，汽水公司被国民党沈阳市政府工业局以"敌伪"产业名义派员驻厂接管。由原副经理秦彝出面维持，改名为"兆大冯酿造厂"。1946年3月国民党沈阳市政府将汽水公司转交国民党沈阳市党部经营，但因偷工减料、经营不轨，使悠久的汽水信誉受挫。1947年由原股东金哲忱等人付款赎回，并更名为奉天八王寺民生工业股份有限公司。

1948年11月2日，沈阳解放，"八王寺"回到祖国和人民手中。军代表吕时音、孙静（女）接管"八王寺"。1949年2月，"公私合营"。中共沈阳特别市政府接收，并改名为"沈阳市八王寺汽水厂"。1949年5月，国家对民族资本实施赎买政策，沈阳市特别市政府企业公司全资收购了八王寺汽水公司，并更名为"沈阳市八王寺汽水厂"。1956—1957年，"制冰厂"及"啤酒厂"部分车间并入"八王寺"。在改革开放初期曾是东北地区最大的汽水生产专业厂。素以"八王寺汽水够汽够味"称誉东北三省。八王寺商标曾被评为辽宁省著名饮料商标，八王寺橘子汽水被评为国家轻工部名牌产品，八王寺果子蜜汽水被评为沈阳市名牌产品，同时被誉为沈阳"老字号"。

1958—1960年，"大跃进"时期。"酿酒厂"与"烧酒厂"并入"八王寺"，成立了"沈阳市酿酒工业公司"。1965—1968年，"文革"开始，生产受到严重破坏，打破了"八王寺"新中国成立以后没有亏损的纪录。1976年"文革"结束后，厂名改为"沈阳市蜜糖厂"。次年，又恢复原厂名"沈阳市八王寺汽水厂"。国民经济全面复苏、企业经营极大发展，"八王寺"汽水成为东北人最爱喝的饮料。八王寺汽水是由沈阳八王寺汽水厂（现为沈阳八王寺实业有限公司）生产的碳酸系列饮品。作为一家有近百年历史的饮料生产专业厂，是我国现存唯一的由民族资本家集资创办的碳酸饮料工厂，成为众多沈阳人乃至东北人的共同记忆。如今，八王寺汽水已经成为中外驰名的最佳饮料之一，荣获国家轻工部优质产品称号，颇受国内外人士的赞誉。

1993年，美国某著名可乐公司，以"与中国国营饮料厂合资经营、帮助中国民族饮料发展"的名义，将"八王寺"包括商标所有权、市场份额在内的全部资产并入其成立的"合资企业"，使其成为无力自保的"小股东"。至此，"八王寺"商标所有权被"可乐公司"拥有并封存达十年之久，人民喜爱的"八王寺"饮料被迫消亡。在"消灭"、吞并了"八王寺"原有市场和优势后，"可乐公司"又将为其承担全部债务的空壳"沈阳市八王寺汽水厂"退还给地方政府，具有近百年历史的民族品牌"八王寺"濒临"灭亡"。2003年，"深化改革"时期。困境中的"沈阳市八王寺汽水厂"被"吉福(沈阳)食品饮料有限公司"全资收购。新的经营管理团队经过艰苦努力,使其恢复了生机和活力,并重新赢得了"金铎"与"八王寺"商标所有权。

沈阳市八王寺汽水厂(现为沈阳八王寺实业有限公司),作为一家有近百年历史的饮料生产专业厂,是我国现存唯一的由民族资本家集资创办的碳酸饮料工厂,公司位于沈阳市大东区八王寺街90号,毗邻沈阳东西快速干道和著名商业街——中街,属商、居旺地,交通十分便利。厂区占地面积30,500平方米,现有生产厂房4座,建筑面积12,000平方米;办公楼2座,建筑面积7,000平方米。2003年8月改制后的八王寺斥资上千万元,改造并购进先进的全自动化生产线,具备了2,400瓶/小时及600桶/小时的瓶(桶)装水生产能力。公司现有员工158人。已在全省范围内建立了100多家销售网络,以及沈阳市及周边近40多家的连锁运营平台。并拥有先进的订水及客户管理系统,全天24小时为客户提供优质服务。而今的八王寺人肩负着振兴民族饮料品牌的重任,一批年轻的经营管理人才正在为再创八王寺的辉煌做出不懈的努力!

2010年,"经济快速发展"时期。为弘扬民族品牌、扩大生产规模,"八王寺"在沈阳欧盟经济开发区选址购地,建设了集罐装生产、原浆生产、仓储配送、产品研发、注塑及吹瓶生产于一体的现代化碳酸饮料生产基地。同时在原厂址兴建"八王寺水文化博物馆",以文献和实物等形式向社会展示"八王寺"等民族饮料企业的兴衰历史,以此唤醒民众爱国家、爱民族、自强奋进的传统精神。2012年1月10日,公司董事长李秀实与我国第十二届全运会筹委会正式签约,"八王寺"荣膺2013中国全运会唯一指定专用汽水。"八王寺"拉开了牵手全运会续写百年传奇的序幕。这个具有近百年悠久历史,唯一见证了我国百年以来民族饮料工业兴衰的活化石"八王寺"企业在改革开放的浪潮中实现了凤凰涅槃,浴火重生。

图3 奉天八王寺啤酒汽水酱油股份有限公司1928年11月1日发行面值壹股（15元）的股票

从财力和物力上支持抗战的中南
银行总经理胡笔江

第一次世界大战及以后一段时期，在华的外资银行由于受大战及中国人民反帝运动的影响，纷纷倒闭停歇，幸存的外国银行信誉也因此发生动摇。与此同时，我国官办和官商合办的银行也由于政局多变、军阀混战等原因，挤兑倒闭，停业清理的年有增多。这一时期的资本盈利率达到高峰，因而对商业银行的发展极为有利。中南银行便是在这样的背景下创立。其创办宗旨既体现了"华侨资本家良多于祖国国家社会各事业抱具执忧者"，也"以为今后为南洋华侨资本家社会各事业发生关系起见。"

1. 黄奕柱与胡笔江

黄奕柱（1868—1945年），福建南安人（见图1），1884年去新加坡，后转去印度尼西亚。1910年在印度尼西亚三宝垄市设立日兴行，后来在印度尼西亚雅加达、泗水，新加坡等地设立分行，1919年回国。1921年7月，在上海开设中南银行，任董事长，并在天津、厦门、广州、南京、香港等地设立分行，在北京设立办事处。后投资创建上海新裕纺织公司，上海德丰毛纺织公司、上海普益纱布

图1 黄奕柱

厂、益中磁电厂和诚孚二厂，同时独资经营的企业还有天津北洋纺织公司、广州矿务公司、厦门自来水公司、厦门电话公司等。热心教育事业，曾先后赞助过厦门大学、北京大学、复旦大学等学校。1945年6月5日在上海病逝。

当时，黄奕柱资力雄厚，但对国内情况生疏。由于其对于开办银行更是门外汉，也没有什么政治背景，于是便通过史量才结识并聘请了既了解国内

政局，又懂行的胡笔江（见图2）出任中南银行总经理。黄奕柱原拟单独出资1,000万元，后听取了胡笔江的意见，改为招股合资2,000万元，开业时先收500万元，由黄奕柱认股70%，即350万元，其余由胡招股，胡笔江与史量才等多人都参与投资。因为银行是由中国金融、工商界人士和南洋华侨合营，故定名为中南银行。这样的规模在当时的商业资本银行中是绝无仅有的。

图2　胡笔江

胡笔江（1881—1938年），谱名敏贤，名筠，字笔江，江苏江都人。胡笔江少年时期接受良好的私塾教育，且好学上进。17岁时，胡笔江到姜堰镇裕隆元钱庄当练习生，三年师满后赴扬州仙女庙义善源银号当店员，通过几年磨炼，积累了金融业的工作经验。胡此后结识了李鸿章之子及不少有名人物。不久经人介绍，进交通银行北京分行，任调查专员。后经梁士诒提拔，从总行稽核、北京分行副理到1914年任北京分行经理。他主持行事井井有条，营业猛增，成绩斐然。1821年离开交通银行，结识了南洋富商黄奕柱，合议集资筹设中南银行。中南银行开业后胡任总经理。北四行联营后，胡笔江任四行准备库总监。1933年，交通银行再次改组，胡笔江被宋子文指派为交通银行董事长。1937年7月，上海发起成立上海市各界抗敌后援会，胡笔江担任了该会委员。1937年8月12日，胡笔江在上海电台演讲，动员广大爱国人士响应募捐，他自己以身作则，从财力物力上支持抗战。1938年，胡笔江先生座机"桂林号"遭日军3架零式战斗机追击，不幸遇难去世。

2. 创立中南银行

中南银行为近代上海著名的商业银行之一，由南洋华侨集资创办。1921年6月5日，中南银行召开创立会，黄奕柱为董事长，胡笔江为总经理，1921年7月5日正式开张，总行设于上海汉口路110号（见图3）。1924年，经股东会决议增资250万元，合计资本达750万元。

图3　中南银行总行

图4　1921年6月5日中南银行创立合影

3. 联合发行中南银行钞票

中南银行在开业后不久，便以其侨资银行的特殊身份争取到了钞票发行权。与盐业、金城和大陆银行联合发行中南银行钞票，这在中国商业银行史上是一个创举。发行钞票虽然可以帮助银行降低成本、筹措资金，但也有可能因为滥发钞票而引起"挤兑"风潮，严重的将导致银行倒闭。中南银行决定采取比较稳妥而切实可行的方法——联合盐业银行、金城银行和大陆银行成立四行联合营业事务所，同时建立四行准备库，联合发行兑换券250万元。随后便筹建了四行准备库，制定了"十足准备"的发钞原则，联合发行中南银行钞票。四行准备库不仅成功地规避了"挤兑"风险，且取得了发钞额稳步上升的骄人业绩。由于中南银行的华侨背景，讲究信用，其钞票具有很高的信誉度。现在我们在旧币市场上，仍然能够看到许多该行发行的10元、5元和1元币，纸币上还印着"上海"、"天津"、"厦门"等不同的地名，以示发行地之区别。直到1935年11月，南京国民政府实施法币政策、统一全国币制，该行钞票才正式停止流通。

4. 业务取得长足发展

第一次世界大战后，由于美元、英镑、法郎等外币价值甚为稳定，许多国内银行纷纷开办国外汇兑业务，中南银行也不甘落后，为此专门聘请了一名英国人办理此项业务。由于中南银行和华侨的特殊关系，因而外汇业务相当活跃。1922年7月，中南银行首先在天津设立分行，以后又在北京，厦门、汉口、广州、南京、杭州、苏州、无锡、重庆、香港等地增设了分支行。中南银行开业后，先在上海总行设立业务部，主要经营存放款业务，继而开办储蓄部吸收储蓄存款提供给业务部放款，以后又成立信托部代客户保管贵重物品及买卖有价证券。

中南银行在香港、北京、南京、汉口、厦门、杭州、苏州等地设有分行。1923年6月，由四行各出资本25万元，成立了四行储蓄会，吸收了大量的储蓄存款，后来还建成了当时国内最高的建筑——二十四层楼的国际饭店（见图5）。1924年，经股东会决议增资250万元，合计资本达750万元。与盐业银行、大陆银行及金城银行合称"北四行"。额定资本2,000万元，开办时实收500万元，经营汇兑、存放等商业银行业务，并于当年年末取得纸币发行权。1931年，四行又设立企业部和调查部。1935年11月，南京国民政府实施法币政策，统一全国币制，四行准备库才正式结束其

图5　国际饭店

历史使命。1936年又设立了四行信托部。除了联合营业外，中南银行本身的业务也不断拓展。

除了上述业务外，中南银行还涉足贸易、保险、信托、工业管理等业务。如太平保险公司原由金城银行一家创办，资本仅为100万元，以后由于经营得法业务甚为发达，但金城并不满足，而是以此为基础，联合中南银行、大陆银行、交通银行、国华银行五家银行各投资100万元，扩充资本为500万元，联合经营。在全国设立8个分公司，业务范围几乎覆盖了全国的主要省份，以后又将业务扩展到新加坡、菲律宾等国，取得了骄人的业绩。

后来中南银行又与金城银行合办诚孚信托公司，通过其对工厂进行的管理，成功地将几家濒临破产的企业恢复了生机，如天津的恒源纱厂、北洋纱厂和上海的新裕纱厂。这三家老企业由于内部经营管理不善和外部日资及日本侵华政策的制约而负债累累，无法经营，致使中南银行、金城银行等银行所承放的贷款无法收回，若任其破产，则两家银行也会因此蒙受巨大损失。为挽救这几家纱厂，尽可能地减少损失，中南银行、金城银行等银行首先通过诚孚信托公司聘请专家对这几家厂都进行了全面科学地评估，确认其并非无药可救。随后又通过聘请管理纱厂有经验的专家任厂长，对纱厂进行一系列的整顿，如充实熟练女工、完善各项规章制度、调整机器、加强管理。由此迅速提高了生产效率，工厂面貌为之一新，产量因此日增，业务情况有了好转，并逐步实现了扭亏为盈，因而工厂非但没有破产、倒闭，反而焕发了生机，还清了贷款。不仅如此，中南银行通过这样的实践，也逐步积累了银行资本渗透到企业资本以后如何进行有效管理的经验。以后，中南银行还独资兴办了上海德丰毛纺厂。

作为一家商业银行，中南银行业务上都相当活跃成功。有些业务如保险还扩展到了新加坡、菲律宾等国，取得了骄人的业绩。尤值称道的是，该行在上海、天津和广州等地大力投资纺织、化学工业及机械矿业，对于中国民族资本主义的发展发挥了积极的扶助作用。

5. 日寇侵华战争大伤中南元气

不幸的是，日寇发动侵华战争期间，中南银行也和全国许多银行一样，蒙受了巨大的损失，经营管理也不如从前了。1938年8月，总经理胡笔江不幸遇难身亡。1945年，董事长黄奕柱回国定居27年后在厦门鼓浪屿病故，享年77岁，由其长子黄浴沂先后接任总经理和董事长之职。1952年全国各商业银行联合改组为公私合营银行，中南银行也参加了公私合营。2001年，其香港分行并入中银香港。

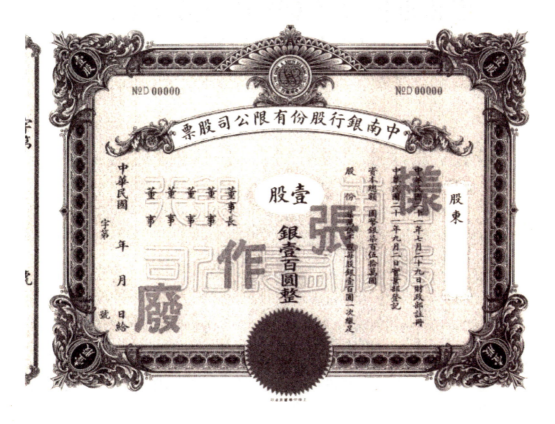

图6　中南银行股份有限公司发行面值壹股（100元）的股票（百年中国证券典藏）

温籍近代著名爱国社会活动家、实业家黄溯初

中国的信托业是20世纪初伴随着西方政治、经济势力入侵而输入中国的。1921年初，投机商人先后集资开设了几家交易所和信托公司，以其本身所发股票在交易所上市买卖，并暗中哄抬价格，牟取暴利。当时其他商人见有利可图，便争相招募股份，纷起组织。那时交易所和信托公司如雨后春笋般兴起，大量社会游资涌入信交业，炒股票似乎一下子成了发财致富的一条捷径。仅在当年夏秋间的几个月内，即成立交易所140多家，信托公司12家。在这样的背景下，黄溯初、王晓籁等人分别发起创办了中央信托公司和通易信托公司。由于股票大量上市，形成投机狂潮。各家银行为确保资金安全，开始收缩银根，继而停止贷款，并大量收回前期所放款项，导致股票暴跌，交易所、信托公司大量倒闭。在上海最后只剩下"中央"、"通易"2家信托公司和6家交易所。这就是中国证券发展史上著名的"信交风潮"。"信交风潮"从1921年5月开始泛滥，到1922年春偃旗息鼓，不到一年的时间，社会经济损失竟高达3,000万元以上。投机破产的股民难计其数，不少工商实业家也遭了殃。中央与通易两家信托公司没有倒闭的主要原因应该归功于两家公司信托、银行、储蓄、保险多元化的经营。

1. 温籍近代著名社会活动家、实业家黄溯初

黄溯初（1883—1945年），原名冲，字旭初，后改名群，字溯初（见图1），郑楼人，近代实业家、教育家。早年留学日本早稻田大学学法政，结识康有为、梁启超，赞成戊戌变法。戊戌变法失败后，积极参加辛亥革命，先后为各省都督府代表联合会的浙江代表、南京临时参议院的议员、

苏浙皖矿务署署长。1915年拥护云南蔡锷反对袁世凯复辟，对推翻清朝封建帝制、建立民国作出了贡献。受日本明治维新的影响极深，认为振兴中华，必先振兴实业，发展普及教育，回国后先后创办了瓯海医院、温州师范学校，并被追认为温州大学创办人，对温州的文化教育事业作出了不可磨灭的贡献。此外，黄岩蜜橘和无核瓯柑也是他从日本引进培育推广的。著作今辑为《黄群集》。他还是个诗

图1　黄溯初

人。著名书法家、上海博物馆馆长顾廷龙在20世纪50年代亲手抄写的《敬乡楼诗》中可以看到这位温州先贤气壮山河的诗篇。这本诗集收集了他1932—1942年所作的诗共454首，涉及抗日题材的就有几十首，诗行中蕴含着浓浓的爱国之情。

　　1936年，冀东有22个县沦陷在日本人手里，他在《冀东》诗中呼喊："失地东隅撼未申，又看冀北满胡尘。固知却敌关民力，谁信扶危仗党人。公道难期盟国助，吾言枉惹大官嗔。甘为此策心何苦，忍辱还须说善邻。"诗中为刚刚失去了东北，狼烟又起长城内外的局势而悲愤。"七七"事变之后，黄溯初虽身在海外，却心系祖国，关心抗日战争的前途，"又报鲸波扬渤海，遂传蜂虿遍燕都，艰难岂绝兴邦望，委弃宁逃失职诛。"他深深地责怪自己"时难不归空许国""世乱他乡何独留？"痛苦之情在睡眠中也是酸酸楚楚的，真是"梦里山川寇已深"。他在《飞渡》中言："身为忧患俱，酣睡久已无。昨夜梦魂忽飞渡，归去来兮无畏途。仿佛见黄河，滚滚扬其波，风腥伤国破，鬼厉喜人过。朔方何处有坚垒，健儿之死矢靡他。梦中欲奋空拳斗，忽觉身犹在网罗。"他爱国心切，又不能报效祖国，百感交集，痛苦之至。黄溯初希望祖国强大，面对日本人的铁蹄蹂躏祖国河山，他缅想着汉唐时期的雄风，热切呼唤有岳飞、戚继光那样的民族英雄出现，"岳家阵营岂容侵，河洛曾传屡破金，后患今兹尤过昔，苦无名将似汤阴。""荡平倭寇靖尘氛，定远当年不世勋，寇已重来更深入，使人空忆戚将军。"

　　1939年，黄溯初终于回到了祖国怀抱，当他中途路过香港时，杜月笙也刚好在港，经友人介绍与杜结识，杜月笙要资助黄溯初赴美国，但被谢

绝了。他说自己是"自爱神州好"。那时候，他在温州的敬乡楼也遭战火烧毁，"归来歇浦已无家，暂借枝栖不用嗟。"后来他辗转走避桂林，来到重庆，居住在同乡棋王谢侠逊的家里。当他听到日本进入温州时，心急如焚，在《闻日军去温州》中写道："初报乡关入战尘，旋闻胡骑去瓯滨。谁能固守飞云渡，今独追征向日民。""老妻消息何处问，真愧牛衣作伴人。"1941年，日本偷袭珍珠港，太平洋战争爆发，他写了五首《所感》，诗中痛斥日军是"大行不义"，叹息"可怜焦土成俄顷"。1945年，在"外忧国际，内忧战局，频年失眠之症伤及心主"的情况下，黄溯初去世了。他是多么想见到抗战胜利的一天，可是没能等到，给家乡人民留下了这么厚厚的三卷情真意切的《敬乡楼诗》，留下了利国利民的巨大实业。敬乡者，乡人永远敬之。中国楹联学会理事、楹联家陈祗时《纪念黄溯初》云："兼善力行，民生业展丰供世；迭荣恩报，祖壤情深笃敬乡。"

2. 黄溯初创办通易信托公司

通易信托公司创立于1921年7月，为中国信托业鼻祖。公司由张嘉璈、陈仪、黄溯初、徐寄顾等发起组织，经营银行信托保险业务。额定股本国币250万元，实收136万元。1921年冬，大批交易所、公司倒闭，交易所剩6家，信托公司剩2家，造成震撼上海金融市场的"信交风潮"。通易信托公司是仅存的两家信托公司之一，主要原因应该归功于这两家公司信托、银行、储蓄、保险多元化的经营。通易信托公司的成立有两种说法：一是此前黄溯初助其五弟黄梅初与温州同乡数人在上海创办了"通易商号"，经营进出口贸易，大都以温州土产变换上海工业品，已具备一定的实力。后因黄梅初在普济轮海难中遇难，黄溯初将商号扩而充之，经营银行信托保险业务。另一说是通易信托公司是由通易公司改组而来。通易公司最初是无限公司，主要经营棉花，由黄溯初、范季美主办。1916年改组为两合公司，资本额为10万元，其中无限责任股东是黄溯初、范季美、邓君翔3人。

黄溯初弃政从商，进行工商实业活动。开始曾助其五弟黄梅初与温州同乡数人在上海创办了"通易商号"，经营进出口贸易，大都以温州土产变换上海工业品，已具备一定的实力。当时黄溯初等人有感于上海的外商对证券业颇为注意，而本国的商人反而不太重视，担心"如不再设法提倡，日后国内公债等行市必为外商操纵"。因此，在1919年初，公司决定将商号扩而充之，同时追加资本。1920年资本额增加到50万元，实收资本20万元。到1921年5月，实收资本增加到30万元。1921年7月，黄溯初上海招股，在北京路384号，成立通易信托公司，营业范围为信托、银行、证券、保险、地产、运输等业务，尤以银行、证券及地产业务发展最快。同年6月，通易信托公司改组为通易信托股份有限公司，额定资本250万元，6月上旬即收足股款。1921年7月10日，公司宣告成立，在当日召开的第一次董事会上，黄溯初当选董事长并兼总经理，时人评论黄溯初："弃其政治活动，现常驻公司，主持一切事务，黄君对于公司之经营，颇有兴味，他方面则与金融界颇为熟悉，以资望手腕才具等项，堪称得人。"此后，至1936年一直担任着这一职务。

通易信托公司在上海自建四层大楼，前门在北京路上，大楼后面自建仓库、码头，面临苏州河，在四川路设虹口分处；先后还在北京、杭州、苏州设分公司；公司保险部在哈尔滨、南京、武汉、广州设分局。公司有两个主要业务部门：一个是证券部，一个是储蓄部，另还开办"妇女储蓄处"，附设金银珠宝饰物押款处，便利女顾客通融款项。公司经营银行信托业务，代理股票交易，业务甚多。通易信托公司成立后，很多温州人担任公司的业务骨干，比如徐寄顾是董事监察人，周守良任副经理，陈亦侯任北京分公司经理。此外，任职的温州人还有殷汝耕、傅筑隐、董仲佳等，为此，当时人们称通易信托公司为"温州帮"的金融机构。

3. 通易信托公司业务发展迅速，经营颇具特色

在黄溯初的主持下，通易信托公司发展很快，经营有特色，特别是重视借助广告宣传来拓展业务，其影响力大大超出上海的其他信托公司。《银行周报》、《申报》等报刊上几乎每期都能看到公司广告。在业务的地域覆盖方面，通易信托公司也迅速得到拓展。1923年，公司为流通各地金融活动和各界资金起见，特与国内殷实行号订立汇兑合同代理，在全国十几个省份的几十个城市设有通汇地点。同年，公司增加了房地产买卖介绍和经营。1924

年分别获得农商部、财政部批准注册。1926年3月，将1922年5月成立，资本
200万银元。总行设上海的浙江丝绸商业银行归并。公司成立后在四川路设
虹口分处；先后在北京、杭州、苏州设分公司；通易信托公司发展后，黄溯
初的社会实业事业跨越了众多的领域，特别是为温州的城市近代化作出了巨
大的贡献。

通易信托公司保险部1927年1月成立。原系通易信托公司内一个部门，
资本金由通易信托公司总资本内划拨30万元，故不另发股票，次年7月注册
为股份有限公司，由黄溯初任董事长兼总经理，副经理兼保险部主任邓东
明。专营火险业务，公司保险部在在哈尔滨、北平（北京）、南京、广州、
武汉、杭州、苏州等地设分公司，在常州、无锡、厦门、烟台、温州、宁
波、汉口、蚌埠、长沙、吴兴、海门、金华、嘉兴等地设代理处。1928年7
月注册，1929年8月改组为有限责任公司。1929年12月，先由上海联保、联
泰、肇泰、羊城置业等4家保险公司成立"四行联合总经理处"，承办联合
经营业务。1930年2月，加入中国联合保险总经理处，签订联合分保协议。
1931年2月，又由经营船舶保险的9家公司组成"船舶联合团"，采取联合经
营管理，增强承保实力，堵塞外汇漏卮。4月，作为上海保险业同业公会成
员，参与组织保价委员会。8月31日，由宁波帮厉树雄、傅其霖发起，通易
等9家保险机构参与了发起组织华商保险公司合组经理处的工作。当年度收
入保险费7万余元。

4. 组建华商联合保险公司，解决华商分保问题

1932年，在黄溯初的倡导下，公司和上海11家信托公司组成"信托同
仁聚餐会"。每月聚餐一次，轮流做东，旨在联络感情，有时请人演讲，如
黄溯初、麦佐衡（中国信托公司总经理）、章乃器等都曾在会上讲过信托、
银行等问题。1932年4月，黄溯初在中国银行作了《仁者以财发身，不仁者
以身发财》的演讲。是年，通易等5家保险公司呈文国民党政府拟组织再保
险公司，即华商联合水火保险股份有限公司，作为"华商各公司对外对内一
切分保之统一机关"，"要求给予该公司特许设立之权利，并于商股之外由
大部即实业部认股提倡，以示重视"，并附创立合约草案一份（共25条）。

1935年，在第六次讲谈会上，黄溯初作了《白银、外债与币制问题》的演讲。后来参加聚会的成员扩大，中国银行、交通银行、浙江兴业银行、浙江实业银行、金城银行、大陆银行、国华银行、上海银行等银行信托部的经理也都参加。聚会的任务也发展到讨论信托业务纲目和研究信托法规等，成立了信托法规起草委员会、业务讨论委员会两个常设机构。

1933年，公司制定《团体保寿储金认储办法》（共10条），以及《上海通易信托公司保寿储金章程》（共28条）。公司还总结了保寿储金的十大优点。6月，通易联合上海联保、华兴、肇泰、华安、永宁、永安、先施、中国海上、宁绍9家保险公司，共同参股组建华商联合保险公司，以解决华商保险公司的分保问题。8月，该公司进行注册，总公司设上海，别无分支机构。这是中国第一家专营再保险的公司，发起人为时任通易信托公司副经理兼保险部主任邓东明。邓东明出任公司经理，资本规银80万元，实收40万元，订有章程6章34条。国民政府实业部认购官股5万元，以示扶持，特许经营全国保险业对内对外再保险业务，并与瑞士再保险公司订有分保合约，以解决溢额再保险问题。1933年公司实收资本22.4万元。1934年11月22日，黄溯初参加了华商联合保险股份公司第30次董监事联席会议，制定了关于改用百分率分派本公司及各股东公司之受保责任的14条办法。

5. 通易信托商海沉浮，黄溯初被迫退出

然而好景不长，1934年7月，政府及官僚资本为便利于对民营银行的监控，国民政府公布实施《储蓄银行法》，靠储蓄存款维持正常运营的通易信托公司要抽缴出相当巨大的财产给中央银行，大大削弱了经营资金。就在这一背景下，银行、信托公司纷纷停业倒闭。到1935年7月，上海银行倒闭了9家，信托公司倒闭了2家。通易信托公司也难以支撑，加上决策失误、用人不当等因素，终于停业破产。黄溯初出走日本，避居长崎小滨，结束了作为银行家的生涯。之后，通易信托公司的善后工作由徐寄顾、周守良等负责，经年余周旋，才得以妥善处理。上海商界闻人王晓籁（1921年，王晓籁进入保险业，当时王在中央信托公司工作，保险部是公司的一个部门）接棒继续推进通易信托公司的事业。

　　1936年，因为通易信托公司倒闭，其保险部的股份退出，保险部随之清理结束。华商联合保险公司资金受到严重影响，当年亏损2万元，公司面临解散的危险。经过数度接洽，太平保险公司接盘通易股份51,000元，由此修改了华商联合保险公司章程，改组董事会，选举太平保险公司丁雪农任董事长，主持该公司事务，邓东明任总经理，并与瑞士再保险公司签订分保合约，继续经营，获得发展。1937年4月，参与改组成立了中国人寿保险公司。1938年1月，上海通易信托股份有限公司汪伪时期应付环境增资改组，总股本增至13.6万股，资本总额136万元。1942年7月、9月、10月三次增资至500万元。抗战胜利后仍依照法令，由王晓籁、徐寄顾、陈志皋等合法董监于1946年1月17日复员完成。战前曾在南京、杭州、苏州、北平、汉口、哈尔滨、营口等地设立分公司，战后徐州、常州二分公司复业。战后资本实收法币1亿元。董事长为王艮仲，常务董事为王新衡、陈志皋、郭虞堂、陆翔鸿，董事为徐寄顾、徐采丞、冷御秋、顾嘉棠、黄定慧、林素珊、陈振九、赵祖慰、程克藩、陈廷骧、陈益卿等，常务监察人为潘公展，总经理为陈志皋。

　　1945年2月1日，上海通易信托股份有限公司在重庆成立了中国人事保险公司。成立当日制定出台了《员工意外险保险单条款》。该公司是由国民党政府指定四行两局，即中央银行、中国银行、交通银行、中国农民银行、邮政储金汇业局、中央信托局率先投资1,500万元，另再集股1,500万元，资本总额法币3,000万元投资设立。董事长为孔祥熙，王晓籁出任总经理，主要经营范围为职业信用险、契约信用险、诉讼信用险、员工意外险及复员期间旅客人身意外险等业务。其中除旅客意外险外，其他保险投保者较少。1945年7月，共同举办职业信用保险与员工意外保险。同年12月，总公司搬迁上海中山东一路6号，在重庆、南京设立分公司。抗战胜利后，中国人事保险公司复迁至上海。1947年公司增资为12亿元。王晓籁出任董事长。由此可以看出当时王晓籁在国民政府当中的地位。1948年，公司入不敷出，陷入停顿。1949年5月25日宣告终止营业，同年10月被接管停业清理。1951年11月，联合其他14家民营保险公司与中国人民保险公司共组公私合营太平保险公司。

图2　通易信托股份有限公司1935年2月12日发行面值拾股（500元）的股票（百年中国证券典藏收录）

图3　通易信托股份有限公司1935年5月15日发行面值拾股（500元）的股票（博宝艺术网收藏）

图4　通易信托股份有限公司1938年7月11日发行面值壹股（10元）的股票（孔夫子旧书网收藏）

图5　通易信托股份有限公司1938年7月11日发行面值贰股（20元）的股票（百年中国证券典藏收录）

图6　通易信托股份有限公司1938年7月11日发行面值捌股（80元）的股票（中国股票博物馆收藏）

图7　通易信托股份有限公司1938年7月11日发行面值肆拾叁股（430元）的股票（中国近代名人股票鉴藏录）

图8　通易信托股份有限公司1941年1月发行面额壹佰元的不记名无利债券（百年中国证券典藏）

图9　通易信托股份有限公司1943年8月23日发行面值壹股（10元）的股票（中国股票博物馆馆藏）

图10　通易信托股份有限公司1943年8月23日发行面值拾股（100元）的股票（雅昌艺术网收藏）

图11　通易信托股份有限公司1943年9月25日发行面值拾股（100元）的股票（百年中国证券典藏）

图12　通易信托股份有限公司1943年11月25日发行面值壹股（10元）的股票（百年中国证券典藏）

发明抗战时期大为流行的七七纺棉机的著名棉花专家穆藕初

十里洋场之旧上海，既充满陷阱，也不乏机遇，至于商场之中的明争暗斗，乃至拼得你死我活，更是不足为奇。当开办援学、实力最雄厚的上海证券物品交易所，在无情的市场竞争中逐步衰落，走向末途时，有几家原先资历浅、底子薄的交易所却搞得风风火火，青云直上，上海华商纱布交易所（以下简称"纱交所"）即为其中之一。

1. 纱交所的成立

纱交所由上海纱布业代表人物荣宗敬、穆藕初、夏潆生等发起，民国十年（1921年）七月创立于上海，额定资本300万元，实收150万元。初期租房于爱多亚路（今延安东路）四行路口。纱交所成立于1921年4月11日、7月7日正式营业，最初租房于爱多亚路（今延安东路）9号。1924年自建大楼于（爱多亚路）延安东路260号（见图1，今日自然博物馆）。交易物品为棉花、棉纱、棉布，其中棉花开拍后仅半年即停止交易。"信交风潮"以后为上海仅存的6家交易所之一。以后虽然历经风潮，但该所对民族棉纺织

图1　上海华商纱布交易所大楼

业的发展仍有一定积极作用。1929年，分为棉纱交易市场和棉布交易市场，各自设市经营。1937年"八·一三"事变爆发后即停止营业。抗战胜利后，虽有复业呼声，但终因时局不稳，金融混乱而未能恢复营业。

2. 逢机遇后来居上的纱交所

纱交所在刚开始时，其经营根本不能同证券物品交易所"搭脉"。当时一般客户心理总认为证交所牌子老、资本厚，都愿意到那儿去做交易，因此相于热闹的证交所，纱布交易所不免显得十分冷清。但事隔不久，证交所因投机失败，信誉一落千丈，大量客户转到纱交所，使它时来运转。加之20世纪20年代正是华商纱厂发展鼎盛期，各厂生产的棉纱大量涌出，使棉纱交易异常兴旺，纱交所因此营业蒸蒸日上，资本也逐渐雄厚。1924年，纱交所新建起交易大楼，同年又使用计谋和金钱、让棉业交易所自动歇闭，兼并了其棉花交易业务，成为沪上唯一经营花、纱物品的大型交易所。

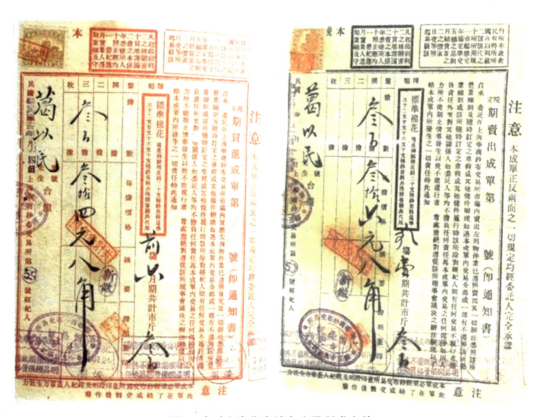

图2　当时上海华商纱布交易所成交单

纱交所交易额的上升，使经纪人由此大发其财，一般经纪人每年佣金收入都有上万两银子，个别甚至达数10万两。由于纱交所章程规定已有的经纪人户数不能随便增加，故一时间经纪人牌号非常值钱，开价一二万两银子已属低价，到20世纪30年代中期，有人愿出高价4万银元，仍无人肯出让，可见经纪人盈利之丰厚。既然买不到牌号，有人想出一法："租牌号"。据说当时暗中流行两种"租法"，一种是"提成法"，即出租者从租用者盈利中提取30%或40%；另一种为"收租法"，一般每年收租费五六千两银子。不论哪一种租法，无疑均给那些经纪人添了一条生财之道。

3. 投机盛行，兴风作浪

营业兴旺的纱交所中，当然也少不了一些实力人物从中兴风作浪，有"三官菩萨"之称的吴麟书、邵声涛、徐庆云，即是早期纱交所中播弄风雨的头面人物。吴、邵、徐三人分别为统益纱广、崇信纱厂、大丰纱厂老板，手中均有货源，并非空头，同时，他们同洋商又有密切的联系。吴麟书为英商怡和纱厂独家棉纱代销商，邵声涛是英商庚兴、瑞康洋行印度棉花经销商，徐庆云则当过英商大英银行买办，凭着这些实力，他们作为纱交所中的大户，常常看准机会"捕捉猎物"。例如，当他们看到某家纱厂在交易所买进大量棉花，知道这家纱厂不久就要开纱出货，于是就在交易所抛出棉纱。由于"三官菩萨"在市场的一举一动都引人注目，同行一见他们卖出，以为必有"利空"消息，都不敢买进，结果等到这家纱厂开纱时，市价十分低落，但因急需头寸，只得忍痛杀价，而"三官菩萨"则趁低收进，大大赚了一票。不少纱厂都吃过这种亏。如当时甚有规模的宝成纱厂，因被"三官菩萨"盯住，所出棉纱在市场上卖不出价，陷入困境，只得将厂基抵押，向日本三井洋行举借500万日元，以维持生存，后来因无力还债，拥有10万纱锭的这家大型纱厂，被法院以500万日元拍卖给三井洋行，眼睁睁地被日本洋行捡了个便宜。

4. 没有理事股份的纱交所理事长

说起纱交所的历史，一定得重点介绍一位失去理事股份的理事长——

穆藕初（见图3）。穆藕初（1876—1943年），上海工商界名流，昆剧票友，昆剧传习所的创办者之一。民国时期著名的棉花专家。名湘玥，上海浦东人，祖籍苏州洞庭东山。6岁入塾。1889年入棉花行学徒，1897年进夜校学英文。1900年，进上海海关任办事员。1904年，与马相伯等人组织"沪学会"，声援上海各界的反美爱国斗争，从事资产阶级改良活动。1907年，任江苏铁路公司警务长。宣统元年（1909

图3　穆藕初

年）夏赴美国，先后在威斯康星大学、伊利诺伊大学、得克萨斯农工专修学校学习农科、纺织和企业管理等。民国3年（1914年），获农学硕士，学成归国。1915年，与胞兄穆湘瑶共建德大纱厂，自任经理。他曾几次拜访过被后人尊称为"科学管理之父"的弗雷德里克·温斯洛·泰罗，是唯一跟这位伟大的管理学家有过切磋的中国人，1916年11月上海中华书局出版了他翻译泰罗的名为《工厂适用学理的管理法》，并将该管理法在厂内推行。

此后，穆藕初创办了上海厚生纱厂、郑州豫丰纱厂，分别任总经理及董事长兼总经理职务。其间，还办植棉试验场，著《植棉浅说》，致力改良棉种和推广植棉事业。1917年，参与发起成立中华职业教育社，任中华职业学校校董会主席。1918年当选上海总商会会董，两年后连任。1920年，发起组织上海华商纱布交易所，被推为理事长。同年又被聘为北京政府农商部名誉实业顾问，次年，集股在上海办中华劝工银行。1921—1925年，穆藕初担任公共租界工部局顾问。1922年秋由上海总商会推派，北京政府农商部任命其为首席代表，出席在美国檀香山召开的"太平洋商务会议"。1923年，穆藕初辞去厚生纱厂总经理职务。1924年，豫丰纱厂被迫由美商慎昌洋行接办。1925年，又辞去德大纱厂的总经理之职。1927年，当选上海总商会临时委员会执行委员。1928年以后，出任国民政府工商部常务次长和实业部中央农业实验所筹备主任。"一·二八"事变发生后，他和史量才、黄炎培等人组织地方维持会，支持抗日。抗日战争爆发后，任上海市救济委员会给养组主任、国民政府行政院农产促进委员会主委、经济部农本局总经理。

从1922年起，中国棉纺织业陷入深深的危机之中。外受日商资本挤压，内受军阀混战影响，花贵纱贱，市场萧条，许多工厂被迫停产、减产。穆藕初经营的几家厂也相继出现亏损，接着金融危机由豫丰纱厂延伸至德大、厚生。1923年初，穆藕初联合聂云台等援国际惯例，希望通过组织中国棉业银公司发行棉业债券来挽救颓运。穆、聂赶往北京，试图说服当局给予担保支持。可是正逢政潮，内阁更替，无暇顾及穆藕初他们的计划。1924年初癸亥年关将近，各路债权人蜂拥而至，穆藕初最讲诚信，把全部个人资产交出，任凭债权人处置，其中就包括了纱厂布交易所的10万元股票。按纱交所章程，必须拥有200股本所股票的股东才有资格选为理事，然后互选出一位理事长。穆藕初既然已失去理事股份，无异自动取消理事长资格，一份薪水也将无着。正当全家一筹莫展之际，奇迹出现了。

是年元旦，以纱布交易所副理事长吴麟书为首的五位理事来到穆宅拜年。往年都在纱交所理事长室进行团拜，这次一改惯例，非同寻常。吴麟书贺年毕，说明来意："纱布交易所重任，仍仰仗穆先生大力主持。理事地位所需之保证200股，已经在我们股份中划出，代送至会计处，完成过户手续……"穆藕初闻言，极为感动，想不到身处如此逆境，朋友们雪中送炭，助其渡过难关。1930年吴麟书病逝，穆在所撰《麟书先生象赞》中写道："廿年订交，若前喁而后于（吁）；是年共事，乃我瘠而君腴。幸肝胆之有托，鉴激尚之区区；感知音之契合，忽中道而分殊。"甲子新春穆藕初否极泰来，可称两人肝胆相托、知音契合的动人写照。其实吴麟书及诸理事们由衷地敬佩穆办事公正，不谋私利，对事业极端负责，纱交所怎能少得了他这样一位当家人呢？从此，穆藕初当了十四年没有理事股份的纱布交易所理事长。

5. 穆藕初对纱交所功不可没

穆藕初自言矮三尺。纱交所发展历程上并非一帆风顺，动荡不定的时局影响尤大。1925年"五卅"运动期间，由于罢市、罢工引发纱价飞涨，交易所因价格上下波动太大，交割为难，又有业外犹太籍商人介入大做多头，以致纱价越抬越高，7月10日不得不停拍。穆藕初紧急召集理事商议对策，果断决定公布新的交割标准价，从而稳定市场，避免了一场一触即发的纱交风潮。然而两年后风潮还是出现了。1927年五六月间，日本借口保护侨民，出兵山东，强占青岛、济南，全国上下掀起了对日的抗议浪潮。6月中旬以后，上海各界对日经济绝交运动此起彼伏。由16个团体参加的"上海对日出兵来华运动委员会"提出，取缔以日纱为大宗交易的华商纱布交易所。1927年6月23日，纱交所揭示宣布停止日纱交易，为此影响7月期纱全盘不能交易，买卖双方及纱交所三方之间引发无数纠葛，最后被迫停市。买方指控该所理事化名卖空，唆使扰乱市场秩序；卖方认为事出非常，不得已请求结价；理事会方面则认为，既有此种非常事变，除呈请政府核办外，别无他法。

穆藕初通过上海总商会敦请市政府出面调停，并几次亲自找当局要员交涉。市农工商局要求"定价了结"，而交易所为卖方加价，买方则不干，双方笔墨纷争，没完没了。由此纱交所1927年上半年度股东会结账都无法进行。穆藕初作为理事长身居要冲，处理此风潮可谓殚精竭虑，焦头烂额。一次他对两位经纪人袒露真情："此案办理完毕，我穆藕初将立矮三尺。"当时《晶报》在报道这场纱交风潮时，就用《穆藕初自言矮三尺》作标题。经过旷日持久的调停，各方终于达成妥协。1927年11月1日，纱交所复业开市，自6月中旬以来四个多月停市局面结束。

1927年12月各省商会联合会在沪集会。有一天代表们参观上海华商纱布交易所，穆藕初引导参观并解说市场交易状况，当晚在交易所联合会举行的欢迎宴会上，穆致辞阐述交易所的性质与商业上的关系。他再一次总结交易所的作用有四：一平准物价，二辅助事业，三反对外人垄断把持，四流通现金。在论及交易所的弊病时，他说："非商人之趋于交易所者，实繁有徒。其中面团团作富翁者有之，倾家荡产者亦有之，甚至因失败而自戕其身者，亦时有所闻。此诚交易所之弊也。然而天下事岂有百利而无一弊？如水火然，要在人是善用之耳。自今以往，试问投机分子以何方法而可使之减少乎？必也政治清明，百业发展，人人有职业，生计宽裕。庶侥幸之心泯，冒险之心绝。善治国者，倘亦知所以趋向之方乎？予日望之。"穆藕初作为交易所事业的先驱者和开拓者，在中国交易所理论方面也堪称奠基人之一。

1928年11月，穆藕初因担任国民政府工商部次长而辞去纱交所理事长。

过去有一种说法，称穆当上工商部次长，乃是纱交所"用钱用在刀口上"，即行贿铺路的结果。那完全是捕风捉影，毫无根据，且有恶意诽谤之嫌。穆藕初两度应邀从政，均出于公心，绝非金钱交易所能解释。1931年春夏间他辞去公职，重新被同事们推举为理事长。同年7月，他主持了纱交所创立十周年的纪念活动。然而时局多变，尤其日本侵略的魔影深深笼罩大地，我国实业举步维艰，交易所不时出现困境。

1932年"一·二八"事变发生，纱交所停业三个多月。1933年10月，纱交所存纱较多，南京政府所设的棉业统制委员会突然宣布，组织合兴公司收买一部分存纱，让上海纱交所通知各纱厂在交货之后一个月内负责收回。而实业部更以训令形式责成纱交所"拒绝收受客户新交入之纱"，从而引发纱交停拍，市场一片混乱。穆藕初名义上也是棉业统制委员会委员，但从本能上抵制这种违背经济规律的做法。他一面布置交易所应对措施，一面邀棉统会成员集议解决办法，还赴京交涉。南京政府从它成立起就企图建立垄断经济。民族资本家与当局之间的这场博弈，力量悬殊，然而非抗争不可。穆藕初与纱交所众理事商议，实业部令势难收回，除继续请命抵制，也不能不采用变通办法，通知经纪人公会先行照常开市，同时每包棉纱加收特别保证金，以减少收购。一场官商矛盾暂时缓解。1934年4月间，穆藕初公开发表呈实业部文，要求按市场规划妥善处理，实业部也发表"批驳文"。可见当年民族资本为了自身的生存和发展，处境是多么艰难！

1935年初，南京政府财政部宣布征收交易（所）税，即棉花每担征税0.90元，棉纱每包征税3.5元。此令一出，舆论哗然。1927年南京政府成立之初就一度宣布征收交易税，后因纱交等所呈请而未实施。如今工商界情形远不如那时，怎能又开征此税？穆藕初与上海另五家交易所负责人几次进京请愿，希望当局收回成命。他们在一份呈财政部文中尖锐指出："日本向我经济界积极图谋活动，甚为猛进，颇有日本取引所随时复活之可能。为维持沉滞之商况计，交易税实有缓征之必要。一俟将来商况转好，再行征收，庶几政府与工商界两蒙其利。"当局在穆藕初等请愿及舆论压力下，先是同意减低税率，后同意延期半年。

抗战时期，穆藕初担任农业促进委员会的主任委员。为了改善后方棉布极缺的情况，他发明了"七七纺棉机"。这是一种脚踏式的木制纺织机，每机有纱锭32个，每日工作10小时，可纺棉纱1.5市斤。由于该机每台只需一人操作，生产效率超过旧式手摇纺织机数倍，因而在国统区和共产党的西北根据地大为流行。"七七"之名，在于让民众勿忘"七七事变"的国耻。毛泽东曾在《外力军阀与革命》一文中把穆藕初归为"新兴商人派"。钟祥财在《读〈穆藕初先生年谱〉》一文中提到：1939年11月下旬，毛泽东在中共中央政治局会议上强调要克服投降危险，为此必须组织中产阶级，组织工农民众，组织武装力量和政权，"中产阶级包括一部分资产阶级，如穆藕初等。"1940年10月，毛泽东致函刘少奇、陈毅、叶挺、项英等，指示注意吸收民族资本家及其代表参加根据地建设，再次提到穆藕初。中国共产党在穆藕初死后，多有褒奖之辞。例如董必武送挽联，称"才是万人英，在抗战困难中，多所发明，自出机杼；功宜百代祀，于举世混浊中，独留清白，堪作楷模。"1943年9月16日，在重庆病故，享年67岁。

图4　上海华商纱布交易所股份有限公司1931年10月13日发行面值伍拾股（1,250元）的股票（盛世艺术网收藏）

图5 上海华商纱布交易所股份有限公司1931年10月13日发行面值壹佰股
（2,500元）的股票（中国收藏指数网收藏）

图6 上海华商纱布交易所股份有限公司1931年11月9日发行面值壹佰股
（2,500元）的股票（中国近代名人股票鉴藏录）

图7　上海华商纱布交易所股份有限公司1931年12月15日发行面值伍拾
股（1,250元）的股票（卓克艺术网收藏）

图8　上海华商纱布交易所股份有限公司1932年1月9日发行面值伍拾股
（1,250元）的股票

图9　上海华商纱布交易所股份有限公司1932年1月12日发行面值壹佰股
（2,500元）的股票

图10　上海华商纱布交易所股份有限公司1934年8月22日发行面值拾股
（250元）的股票（博宝艺术网收藏）

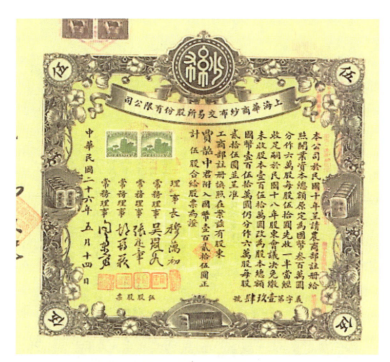

图11 上海华商纱布交易所股份有限公司1937年5月14日发行面值伍股（125元）的股票（百年中国证券典藏收录）

图12 上海华商纱布交易所股份有限公司1937年5月18日发行面值拾股（250元）的股票（百年中国证券典藏收录）

图13 上海华商纱布交易所股份有限公司1939年4月29日发行面值
伍拾股（1,250元）的股票（百年中国证券典藏）

信奉实业救国的味精大王吴蕴初

被世人誉为"味精大王"的吴蕴初（1891—1953年），江苏嘉定（今上海嘉定）人，名葆元，著名的化工实业家，中国近代化学工业的奠基人之一。1891年9月29日，吴蕴初（见图1）出生在江苏省嘉定县（今属上海市）一个穷困的教师家庭里。祖父吴鼎侯、父亲吴鼎纺都以教书为生。父亲是前清秀才，因病早逝。弟妹6人，他为长兄。吴蕴初童年时代既顽皮大胆，又聪明好学，10岁时就进学考

图1 吴蕴初

童生。后来，他进上海陆军部兵工专业学校兵工学堂半工半读，学习化学。他在校刻苦攻读，成绩优良，成为兵工学堂的高才生，受到德籍教师杜博的赏识。吴蕴初15岁进上海广方言馆学习，因家贫辍学任小学教员半年。后入陆军部上海兵工专门学校学习化学。1911年毕业后，在上海制造局实习一年，回兵工学堂担任助教，同时在杜博办的化验室做化验工作。吴蕴初每天做一些简单的单项、次要的化验，虽薪水可观，足以过得衣食不愁，但这并不是吴蕴初所追求的目标。

1913年，吴蕴初在汉口汉冶萍公司任汉阳铁厂化验师。1916年，在汉口汉阳铁厂任砖厂厂长。后在汉阳兵工厂任理化课课长及制药课（制炸药）课长，研制成功筑炉的矽砖与锰砖。1919年，在汉口任燮昌火柴厂工程师兼厂长。1920年，创办硝碱公司；1921年8月，在上海创办炽昌新牛皮胶厂任厂长。1923年，吴蕴初创办天厨味精公司任经理、技师，在国内最早生产味精。1928年，创办中华工业化学研究所，任董事长。1929年，成立上海天原电化厂股份有限公司任总经理，在国内最早生产盐酸、烧碱、漂白粉等，成

为国内屈指可数的华商化工公司之一。

1. 吴蕴初信奉实业救国

1931年"九·一八"事变后，吴蕴初主张抗日救亡，率先捐款救济流亡入关的东北难民。1932年"一·二八"事变，制造大批防毒面具支援十九路军抗日，用天原化工厂的汽车出入火线运送作战物资，又以天厨、天原两厂存油支援前线。1933年，吴蕴初用12万元购买战斗机和教练机各一架，捐赠中国航空协会。1937年，日本侵略军向我国大举进攻，战火燃到上海。吴蕴初是个有强烈爱国心的实业家。他常说："做一个中国人，总要对得起自己的国家。"在面临日军炮火威胁下，为保存民族经济，吴蕴初积极组织天原、天利、天厨、天盛4厂内迁。他兵分两路，一路派人到重庆选点，把天原、天利两厂的主要设备运走，准备继续生产；另一路将天厨味精存货运往香港变卖，作为筹建香港天厨味精厂之用。在敌机的盘旋扫射、轰炸下，吴蕴初亲自组织员工昼夜拆运设备，并率员先行来到战时的陪都——重庆，成立了迁川工厂委员会，被公推为中华工业协会理事长、迁川工厂联合会副理事长。当时选定嘉陵江北岸的猫儿石作为厂址。设备物资由上海水运至重庆过程中，因武汉、广州失守，许多管件和材料只得通过海防运至云南，再转运至重庆。历经千辛万苦，重庆天原化工厂终于在1940年5月建成投产，以氯碱产品供应抗战后方的需要。天盛陶器厂作为重庆天原化工厂的一个车间，于1939年11月建成投产，生产国计民生急需的氯碱制品。天厨味精厂于1940年12月在重庆天原化工厂旁建成投产。由于重庆电力供应不足，1943年吴蕴初又在宜宾筹建天原电化厂宜宾分厂，于1946年12月建成投产。1945年9月17日，吴蕴初和王若飞共同签发请帖，邀请重庆工商界人士与毛泽东在桂园座谈。

这几个工厂在四川建成投产，不仅在大后方填补了产品的空白，解决了工农业生产和人民生活的需要，为支援抗日战争作出了积极的贡献，而且在工业经济落后的大西南，播下了轻重化学工业的种子，对后来大西南化学工业的发展发挥了重要作用。

2. 吴蕴初热心教育救国

吴蕴初一贯热心教育救国，认为拯救国家危亡、振兴中华最要紧的问题在于发展教育，培养人才。20世纪30年代，向上海中华职业学校、中华工商专科学校、比乐中学、爱国女学、沪江大学等校捐款。购买环龙路（今南昌路）洋房捐赠中国化工学会作为会址。倡议化工研究所、化工学会合办《化学工业》刊物。并以天厨厂名义捐资5万元，成立清寒教育基金，资助家境清寒子弟，奖励学业优秀学生。吴蕴初自奉节俭，一生未曾置过房产，以厂为家。家用开支严格规定，不许随意挥霍，不许子女随意用车。

3. 在汉阳铁厂研制成功矽砖与锰砖

吴蕴初他期望自己能在学术与实际研发上有所造诣，就算受再大的累也值得。既然与自己所追求的目标相违，那不如趁早离开。1915年，吴蕴初决定另谋新路。而恰在此时，有几个天津人想集资创办一家硝碱公司，得知吴蕴初曾是化学专业的高才生，便力邀其一同筹办。当时，在国内还没有一家具有规模性的硝碱公司，如果创办成功将会为国家增添一份实业，吴蕴初认为自己大展才华的时候终于来了，立即整装北上，满怀希望地赶到天津，但得到的消息却是筹办计划取消了。然而，天无绝人之路，本已辞掉了工作、受困于天津的吴蕴初，此时接到了汉阳铁厂让其重返的来信。原来，为了提高生产效率，汉阳铁厂决定试制在国际上已应用于筑炉的，效能很好的矽砖与锰砖，虽然资金花费不少，但厂里有关技术人员使出了浑身解数也未试制成功。

吴蕴初的返回让他们如获救星。吴蕴初是有备而来的，矽砖与锰砖他虽未研制过，也没读过有关的技术资料，可凭他的化学知识与分析，觉得这个难题虽大，但自己还是有些把握。何况当时国内矽砖与锰砖领域基本上还是空白，一旦攻下这个难关，不仅对汉口铁厂，对全国的冶炼企业都有好处。吴蕴初很能吃苦，只要他下了决心的事，就会不遗余力地去做。他到处奔走收集查找材料。凡有关的技术条件与数据，哪怕细微到一句话，甚至只有些间接关系，他都会认真地、一字不漏地抄录下来，再带回住所进行汇总、综合、分析。功夫不负有心人，不久，吴蕴初终于研究出完善的方案，并经他亲手试制几次后大获成功。这是中国人制造矽砖与锰砖的首例，也为中国企业使用矽砖、锰砖开创了良好的开端，作出了重大的贡献。年仅25岁的吴蕴初在化学事业上取得了首次成功。此后，在矽砖、锰砖的推广使用中，吴蕴初的名字不胫而走，他因此出任了砖厂的厂长，更被当时我国最早、最大的兵工厂——汉阳兵工厂聘为该厂的制药课课长，并授予少校军衔。吴蕴初一时声名鹊起。

4. 在汉口硝碱公司基础上创办上海燮昌新牛皮胶厂

当时，名利双收的吴蕴初不断接到要与其合伙做生意的邀请，但均被他拒绝，唯独对汉口燮昌火柴厂老板宋炜臣的邀请一口答应。原因是宋炜臣提出要与他合办汉口硝碱公司，由宋炜臣出资，吴蕴初出技术并任总工程师兼厂长，利用兵工厂的废液生产氯酸钾。当时，国内氯酸钾多是购自德国，一大笔运费不说，出关、入关的关税也掌握在外国人手里，不知要花多少冤枉钱。在天津没能办成硝碱厂的吴蕴初又找到了施展才能的机会，只有26岁的他一身兼起三职。但当吴蕴初将生产氯酸钾的整套技术工艺研究成功，并交给炽昌硝碱公司付诸生产时，因为第一次世界大战而伤痕累累的德国却携氯酸钾卷土重来，凭借着它们攫取的在华特权进行疯狂的商业掠夺。小小的燮昌公司只好被迫转产，改做火柴的另一种原料——牛皮胶。为了不让牛皮胶再被挤出市场，吴蕴初对技术精益求精，在工艺上追求完善，成本也大大地降低，然而负责提供资金的宋炜臣却因氯酸钾事件吓破了胆，再也不肯拿出更多的钱来做投资。

此时，吴蕴初听说上海的刘鸿生在苏州办了家鸿生火柴厂，并且买下了其岳父叶恭世的苏州燮昌火柴厂，生意很是兴旺，于是吴蕴初托人转达了欲与刘鸿生合作的想法，本就想将外国火柴连同原料一道驱出中国市场的刘鸿生，爽快地答应了吴的合作要求，出资在上海日晖港附近办起牛皮胶厂，厂名"新燮昌"。1921年，吴蕴初将在汉口燮昌硝碱公司从武汉迁来上海，与刘鸿生、施耕伊在上海合办燮昌新制胶公司。吴蕴初任厂长，生产火柴用牛皮胶。这是吴蕴初在上海创办的第一个工厂，也是中国第一家牛皮胶生产厂家。燮昌硝碱公司原资本总额2万银元，改组为上海燮昌新牛皮胶股份有限公司，资本总额增至6万银元，总股本600股，每股100银元。1947年11月，公司资本增至20亿元，总股本1亿股。厂址最初在上海南市外日晖桥日晖东路685号，后来又在中正西路（今延安西路）1448弄191号开设新厂。注册商标是八角形里一个"燧"字。

然而经过一段生产后，牛皮胶并未打开市场，此时瑞典、日本的火柴反而大量涌入，刘鸿生的火柴厂也遭到了冲击。眼看牛皮胶也难得持久，吴蕴初又打算用电解食盐的方法生产盐酸烧碱。但此时的刘鸿生也没了兴趣，开始精心打造他的第二支柱产业——水泥厂。"新燮昌"陷入了绝境。吴蕴初从事具有广阔发展前途的基本化学工业。但由于没有经济能力，只得从轻化工方面寻找出路。自制味精抵日货，1923年8月18日，与当时著名的张崇新酱园店老板张逸云合作创办了天厨味精厂。

图2　上海燮昌新牛皮胶股份有限公司1924年5月1日发行面值叁股（300元）的股票（中国近代名人股票鉴藏录）

5. 吴蕴初成功创制味精

如今"味精"这一调味品，早已进入我国的大小酒楼、餐厅和平常人家，但你可曾知道，70多年前的中国，却是依赖日本"味之素"的进口，食用得起的人家少之又少。1922年，吴蕴初目睹日货"味之素"在中国的倾销市场越来越大，为爱国之心所驱使，决心研制生产味精，以抵制日货。吴蕴初花4角钱买得一瓶时销的日本味之素，进行分析研究。经过数百次的苦心化验，终于发现其中的主要成分是从面筋中析出而获得的。从1921年起，他与妻子在上海城南租了一个亭子间，在阁楼上开始了实验。据亲人回忆，实验不成功的时候，吴蕴初总是心情很烦躁，动不动就发脾气。有时候试管破碎，弄得他满手都是口子。实验中不时逸出的硫化氢的臭气与盐酸的酸味弥漫着整个里弄，弄得街坊邻居非常不满，吴夫人只好事先前往邻家去致歉，以求谅解。好在两年之后神奇的白色粉末终于试制成功。经化学分析知其就是谷氨酸钠，再经反复实验、不断改进，中国味精终于成功地创制出来，产品取名味精。

产品试制成功，市场销售又是另一回事。史料记载：一天在聚丰园饭店里，吴蕴初要来饭菜，有意识地从口袋里拿出一只小瓶，倒出一点白色的粉末放进汤里，津津有味地喝着。他陶醉的神情引起了同桌一位顾客的注意，不禁问道："你汤里放了什么东西，喝得这么起劲？""你要试试看？"吴蕴初说着，随手往那人汤里倒了一点。不料那人急了，"你有毛病吧？"引起了一场争吵。邻桌坐着一位30来岁的商人叫王东园，是张崇新酱园的推销员，看到这个情景，他过来问道："你拿什么东西放进人家汤里？""这东西味道很鲜美，我好意请他尝尝，想不到他开口骂人。""这东西哪里来的？""我自己做的。""让我尝尝看。"王东园随手喝了一勺汤，觉得味道确实鲜美，就对那位恼怒的顾客说："这汤算我的，我赔你一碗吧！"并坐下和吴蕴初攀谈起来。末了，王东园说："我们老板对你的调味品会感兴趣的。你们都是读书人，一定谈得来。"并表示愿意给他引见。吴蕴初得意地说，"此乃味中精华，故名味精"。在场的人大概都没想到，这两个字日后竟成了一个行业的通用名词，吴蕴初也成了誉满中国的"味精之父"。

6. 创办天厨味精厂

张崇新酱园老板叫张逸云，是个拥有许多家酱园、资金雄厚的巨商。经王东园介绍之后，他们一拍即合，由张逸云出资银洋5,000元，吴蕴初出技术，合伙办厂，租得兰维霭路（今肇周路）福源里两开间石库门房子，投入

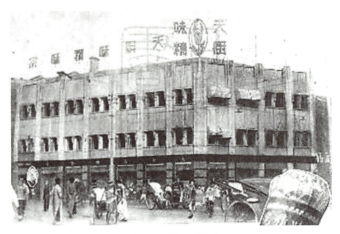

图3　天厨味精厂

生产。在吴蕴初的提议下，采用"佛手"商标。产品质量可比日本味之素，利润丰厚。两人由此合作建立了中国第一家味精厂，这些从谷物中提取出的味精上市后，打出了"国货味精完全胜过日本味之素"的口号，很快抢占了市场。试生产的佛手牌味精上市后，随即向北洋政府农商部申请发明奖励，1923年5月21日，获得北洋政府的褒奖证书。8月18日，吴蕴初以5万银元资本在云岭东路40号成立天厨味精厂（见图3），为全国首家机器生产调味品厂，厂名取"佛手"有"天上庖厨"之意。此后，在上海出现和味精类似的鲜味剂，统称调味粉。

1925年3月，天厨味精厂与日商铃木商店争执味精商标一案议结。商标局将日商所登录之311号味精二字商标撤销。从1926年起，天厨味精厂在中国驻英、法、美三国使馆的协助下，先后取得对这些国家产品出口专利保护权，开中国轻工产品获得国际专利之先河。天厨味精厂投产初期，推销员推着彩旗招

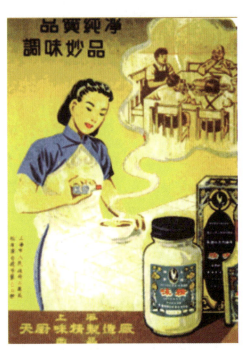

图4　当时的上海天厨味精厂味精广告

展的小车，配以铜鼓乐器，在马路上大声叫卖"天厨味精，价廉物美，完全国货，鲜美绝伦，味精胜日本的味之素"，迅速打开销路。1928年产量达到5.1吨，取代了日本味之素。

7. 创建"天字号"化工集团

1926年，吴蕴初突然宣布放弃味精的国内专利，呼吁全国各地大量仿造生产。国内由此出现了十几个味精品牌，日本的"美女牌"味之素除了在东三省销售外，在中国的其他地区再也难见踪影。味精制造过程需要使用盐酸，当时，中国还不能自己生产盐酸，生产味精所需要的盐酸都要从日本进口。吴蕴初立即向股东提出，建立自己的酸碱厂，自主生产盐酸。1929年，"天原电化厂"成立，吴蕴初开始自己生产盐酸，解决制造味精所需盐酸原料的自给。天原的含义就是为天厨提供原料。

从越南海防购进法国远东化学公司生产盐酸的电解槽等全套二手设备，以优厚待遇聘请该公司总工程师伯努瓦为工程师，负责机械安装和按标准制出烧碱盐酸及漂白粉。1929年天原电化厂投产，日产盐酸两吨、液碱四吨、漂白粉三吨。这些产品与味精一样，在此前的中国是空白领域，而且这三种产品当时在中国市场都是日本产品占据主导地位。1930年11月天原厂正式投产，是中国化学工业首家食盐电解工厂。投产之初，日产盐酸2吨、漂白粉3吨、液碱4吨。上市后，迫使日本盐酸、漂白粉和英商卜内门洋行的烧碱，均跌价销售。

1932年，吴蕴初赴美国考察氯碱工业时，了解到杜邦公司有一套中型合成氨试验工厂停业，成套设备待售，十分动心。原来他早就想利用天原厂放空的氢气做合成氨，再从氨做硝酸。但是由于办氨厂和硝酸厂投资大、技术难度高，产品销路没把握，吴蕴初因此而甚感踌躇。这次对方要价18万元，通过谈判，对方愿以半价成交。吴蕴初随即与张逸云取得联系，拍板成交。共筹集资金100万元，在天原厂附近的河对面购地造房，开办天利氮气厂。工厂取名"天利"，意为利用天然氢气。1934年春，吴蕴初又亲赴西欧考察，买下了法国的硝酸设备。他自己还留在法国学习较长一段时间硝酸生产技术，回国后，他亲自主持安装、试生产。1935年秋，天利氮气厂合成氨正式投产。在美考察期间，吴蕴初还详细了解了美国通用陶瓷公司及所属厂家。凭着他当年做矽砖的经验，吴蕴初认为，耐酸陶器必须做到自给自足。此后，他于1935年在上海龙华镇济公滩开办陶器厂，取名"天盛陶器厂"。于是天厨、天原、天利、天盛4个轻重化工企业的创办，不仅形成了自成体系、配套发展的天字号集团，而且也带动了中国一系列有关产业，对中国经济的发展和国计民生作出了重要贡献。

8. 改组为天厨味精厂股份有限公司

1933年，天厨味精厂改组为天厨味精厂股份有限公司，资本扩为105万元，资金年均增长率达100%。1934年，吴蕴初从法国订购设备，兴办天盛化学陶器厂，生产盛酸器。又在美国杜邦公司考察中，以10万美元从该公司购进一座中型合成氨试验厂的机器设备，开办天利氮气厂。1935年该厂投产，生产合成氨、硝酸产品，为中国首家固定氨工厂。所产硝酸品质优良，日本人也竞相购买。吴蕴初的4家"天字号"企业集团与天津范旭东永利集团，形成了当时中国"南吴北范"生产基本化工原料的两大系统。1936年3月，更名为天厨味精制造厂股份有限公司。

1937年，天厨味精厂在南市的两家厂房被日军占领，部分设备内迁汉口，后迁重庆。不过，就在国货逐渐收复中国市场之际，中国军队在战场上却节节败退。日本全面侵略中国后，吴蕴初不得不将天厨味精厂搬去香港。1938年10月，吴蕴初在九龙开办天厨味精厂。1941年，日本占领香港，远在重庆的吴蕴初又不得不电令香港"天厨"拆运撤退。1946年，天厨味精厂徐虹路工厂、顺昌路精制工厂先后恢复生产，并在北新泾建新厂，进口美国耐酸蒸发器等设备。到1949年，全市调味粉有佛手牌味精、味母、味宝、鲜味晶、麦精粉等，产量54吨。鲜味剂都为粉状，分为两种包装。一种为马口铁听装，另一种为玻璃瓶装。1947年7月，增资扩股至2,200万股，每股面值100元，资本总额22亿元。

吴蕴初热爱祖国，积极抗日。早在1932年，他就开始组织生产防毒军用面具，支援抗战。1937年后，为保存民族工业，吴蕴初积极组织内迁，于1939年建成了香港天厨味精厂、重庆天原化工厂及重庆天厨味精厂，1943年又建成天原电化厂宜宾分厂。抗战胜利后，吴蕴初回到上海，收回了天原、天利两厂，并接收了日本侵略军占领上海期间在浦东建成的一个小氯碱厂作为天原被严重破坏的赔偿。1945年底，这个小厂恢复生产，成为天原电化厂的浦东工厂。1947年5月，天原恢复生产，并于1949年恢复到日产10吨烧碱的水平。吴蕴初于1948年底出国。上海解放时，他在美国听到上海天原等厂一切正常，十分欣慰。不久，他收到钱昌照来信，邀他回国，分外高兴。

9. 新中国的天厨味精厂

1949年10月，吴蕴初到达北京，受到周总理亲切接见并设便宴招待。一见面，周总理就说："味精大王回来了，欢迎！欢迎！"周总理还说："中国化学工业将会有很大发展，希望吴先生能为化工事业继续努力。"吴蕴初受到极大鼓舞。这年11月，他返回上海，受到天原电化厂全体职工热烈欢迎。此后，他担任了华东军政委员会委员，上海市人民政府委员，上海市工商联监察委员会副主任委员，中国民主建国会中央委员及上海分会副主任委员，化学原料工业同业公会主任委员等职。他与共产党人密切合作，积极努力发展我国的化学工业。1952年，人民政府委派他赴苏联访问，回国后，准备请他到北京工作，进一步发挥他的才能。不幸的是，他的夫人吴戴仪病故，使吴蕴初十分悲痛，加上积劳成疾，住进了医院。1953年10月15日，吴蕴初在上海华东医院病逝，终年62岁。

1955年公私合营，天香、天元、太乙、天然和天生等调味粉厂并入。1956年，全市调味粉厂都并入天厨味精厂，天厨厂在全市独家生产味精。1957年，天厨味精厂兼并了天生、太乙、天香、天元、天然5厂，味精年产量达265吨，比合营前一年提高163%。1958年，为适应外商99°颗粒结晶味精订货需要，对结晶工艺进行研究，研制成功大颗粒99°结晶味精；7月产品出口。从20世纪60年代起，包装材料和计量变化，包装材料逐渐改用塑料薄膜袋，重量英制改公制，分为50克、100克、250克、500克4种。1964年，在国内首创用发酵法生产味精。1965年，上海天厨味精厂在国内首先采用发酵法生产谷氨酸。1966年，采用酒精抽提法分离谷氨酸。1966年改名为上海味精厂。1970年，上海生物化学研究所、上海工业微生物研究所和上海天厨味精厂合作，利用谷氨酸菌体进行自溶生产乌苷酸、肌苷酸，为生产复合味精创造条件。1979年，天厨味精厂首批生产20吨复合味精。1980年，还试制成比普通味精鲜度高5倍以上称为第二代调味粉的特鲜味精，鲜度比普通味精高5倍以上，产品销巴西、印度尼西亚、新加坡、菲律宾、马来西亚等国家和地区。

10. 天厨味精后继有人

吴蕴初的长子、著名实业家吴志超，1914年生，7岁入南翔小学。1927年入上海沪江大学附属中学。1932年，"一·二八"事变爆发，学校停课，吴志超为十九路军担任通讯员。停战后，升入沪江大学化学系。1936年赴美国密西根大学化学系攻读，并为其父开设的天厨味精厂洽购原料。1938年，吴志超（见图5）回国任国民政府资源委员会昆明化工厂工程师，两年后受其父委派赴重庆负责建厂事宜。他从香港

图5　吴志超

天厨厂调出1.2万港元和从金城银行透支15万元法币充做流动资金，又从上海天厨厂调去两名技术工人，建成月产不足1,000磅的重庆天厨味精厂，为解决面筋原料自给又办了日产300包的面粉厂。1941年初，味精月产量增至1,400磅，市场上仍供不应求。当时后方粮食紧张，他支持试验改用黄豆或油粕（豆饼）代替面筋获得成功，受到国民政府经济部的奖励，产量上升至1,500磅，销往西南、西北内地，得到丰厚利润。1947年6月返沪，任上海天厨味精厂秘书。

1949年春，吴志超奉命担任上海天厨味精厂业务管理委员会召集人，掌管企业大权，上海解放后担任厂协理。在抗美援朝和认购国家经济建设公债时，他带头捐款，积极认购，在同行业中起了推动作用。"五反"运动结束时，天厨味精厂被评为"守法户"。他积极贯彻统购统销政策，将天厨味精厂生产的味精全部交给百货公司包销。1954年，任上海市化工原料同业公会主任委员。1956年1月，天厨味精厂公私合营，任总经理。4月当选上海市工商业联合会第二届执委、副秘书长。1957年，因厂务去香港，将其父百万余

港元调回上海。1958年连任市工商联第三届执委、副秘书长。1961年起当选市工商联第四至八届副主任委员。在担任天厨味精厂、同业公会和市工商联职务期间，带头认购公债、捐献飞机大炮、公私合营，妥善解决香港天厨味精厂劳资纠纷。在"文化大革命"中受到冲击，下放劳动。

1979年3月，参加上海工商界代表团访港。同年，筹建上海市工商界爱国建设公司任副董事长。还应邀赴北京筹建中国国际信托投资公司，任筹备小组副组长。公司成立，任常务董事兼副总经理，1985年，被推选为沪港经济发展协会理事。先后任民建上海市委常委，中国人民政治协商会议上海市委员会第一、第二、第六届委员，第三、第四、第五届常委，上海市第三、第四、第五届人民代表大会代表，中国民主建国会中央委员会副主任委员和中国人民政治协商会议全国委员会第四、五届委员和第六、七届常委。为祖国的社会主义现代化建设和改革开放事业，吴志超以77岁之高龄往返奔波于京沪港之间。1990年10月16日病逝。

11. 天厨味精厂加盟"冠生园"

1980年恢复"天厨味精厂"原名。70年代末80年代初试制出L-赖氨酸、L-天门冬氨酸、L-丙氨酸、L-脯氨酸等新产品，并出口到欧美国家。1980年，设计出国内第一台150立方米大型通风发酵罐。1981年，在行业中率先采用电子计算机控制发酵全过程。到1988年主要产品有80°粉剂、99°结晶、特鲜味精3大系列。1988年，天厨味精（集团）公司成立。1990年，佛手牌味精销售量1.2万吨。员工1,075人，占地85,120平方米，建筑面积37,148平方米，固定资产原值3,130万元，净值2,129万元，工业总产值7,797万元，税利727万元。

1998年，上海烟草（集团）公司和上海轻工控股（集团）公司联手共同投资冠生园，新的冠生园（集团）有限公司揭牌。主要产品：糖果、蜂制品、酒类、调味品、面制品、冷冻食品、饮料等二十多个系列两千多个品种。企业净资产11.6亿元，销售收入50亿元，出口创汇1,100万美元。天厨味精厂纳入冠生园旗下，更名为上海冠生园天厨食品有限公司。为了进一步扩大产量，提高产品档次，上海冠生园天厨食品有限公司与冠生园集团有限公司联手组建了冠生园调味品有限公司，投入巨资，从意大利、西班牙等国引进了先进生产线，其中采用立式流体—半流体灌装技术，以及活动封盖直立式外包装，所生产的好拌酱系列产品具备食用方便、便于贮存等优点，与鸡精、宴会酱油等产品成为调味品的主打产品。是年，上海冠生园天厨食品有限公司、冠生园（集团）有限公司与日本协和公司三方投资640万美元，筹建中外合资上海冠生园协和氨基酸公司，年产量300吨药用级氨基酸，目前产品已进入国际国内市场。

"佛手"商标（见图6）于1928—1943年先后在味精、酱油和调味粉等商品上注册。新中国成立后"佛手"商标于1951年向中央私营企业局注册，1981年向国家工商行政管理局商标局注册，2001年，经国家工商行政管理局商标局核准，"佛手"商标注册人由上海天厨味精厂转让给冠生园（集团）有限公司。同时，冠生园（集团）有限公司于2001年许可上海冠生园调味品有限公司使用"佛手"商标。2000年，"佛手"牌味精被列入上海市名牌产品100强；2001年，"佛手"商标被认定为上海市著名商标；2002年，"佛手"牌味精被推荐为上海市名牌产品；2003年，"佛手"牌鸡精荣获上海市名优食品称号；2004年，"佛手"牌味精被推荐为上海名牌产品；2005年，荣获消费市场验货检测安全达标食品。

图6　"佛手"商标

为八年抗战作出贡献的
西南大金融家康心如

我国近代史上曾出现过3家中外合资美丰银行，分别为上海美丰银行、四川美丰银行和福建美丰银行。这3家银行都是由中美商人合资创办的，彼此存在渊源关系，并且都发行有以中国银元为本位货币的银行兑换券。四川美丰银行是重庆第一家中外合资银行。1921年6月6日，四川美丰银行成立，总行设在重庆。总经理为雷文财团的董事长雷文，经理为美方的赫尔德，两位协理则由中方担任，分别是华股方面的出资方邓芝如和促成这次中美合作的功臣康心如。所以说起美丰银行，还得从康心如这个人说起。

1. 美丰银行在中国

在3家中外合资美丰银行中，上海美丰银行成立最早，由美国商人雷文联合中国商人创办，1917年在美国注册，1918年在上海设立总行，1923年在天津法租界设立分行。注册资本金折合中国银元300万元，其中美方出资美金55万元（当时1美金折合中币3元），占59%，中方资本125万元。该行经营普通商业银行一切业务，曾一度兴盛。1935年因投机地产失败，被迫于5月24日宣告停业。该行未经中国政府批准就擅自发行纸币兑换券，面值分为1元、5元、10元、50元和100元5种。目前发现的纸币实物有1919年版5元券2种、10元和100元各1种以及1924年版1元、5元和10元券各1种。它的天津分行也以"天津美丰银行"的名义发行纸币，在天津一带流通使用，目前实物只见1924年版5元券1种。上海美丰银行及其分行发行的钞票正面中心处都有轮船、宝塔图案，图文设计风格与美钞相近，均是委托美国钞票公司设计印制的。该行发行的纸币回收较为彻底，迄今已较为罕见。福建美丰银行是上海美丰银行业务扩展后在福建设立的，资本额折合中币200万元，美方占52%的股份，由雷文的普益信托公司出资，中方占48%。

四川美丰银行也由美国商人雷文联合中国商人合资创办，1922年2月在美国注册，4月设总行于重庆新街口（见图1）。额定资本250万元，其中美方占52%，中方占48%。1927年，美方资本全部让渡给中方，该行成为纯粹的华资商业银行。美丰银行的奢华时光，在抗战胜利后，渐渐不复存在；1945年后，美丰仍四处扩张分支机构，康心如还赴北美考察，但国共内战日渐升级，国统区

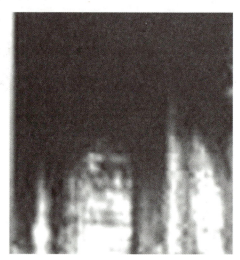

图1 四川美丰银行总行

经济一日不如一日；国民党"币制改革"失败，美丰银行内部汇兑业务也受重创，在一系列的应对措施都失败后，重庆迎来了解放的一天。1950年，美丰银行的经营已经无法维持，濒临崩溃；康心如曾想将美丰大楼抵押，用于贷款，未能如愿；1950年4月3日下午，美丰银行召开紧急行务会议，商讨救亡之策，直至深夜仍无有效解决方案，康心如终于认识到，私营银行业务在新中国已发生巨大变化，次日，存活28年历史的银行宣告停业。

2. 西南大金融家康心如

康心如（1890—1969年）字宝恕（见图2），出生于四川绵阳。1910年加入同盟会。1911年赴日本早稻田大学攻读政治经济学专业。回国后，担任过浚川源银行上海分行经理。辛亥革命后任四川银行贷付课课长。1913年后经营民族图书公司，并为中华书局股东。还曾因在北京办报，刊登段祺瑞政府"满蒙大借款"一事被刑拘。1921年参与筹办中美合资四川美丰银行，任协理。1929年该行改成华资银行，任总经理。抗战期间，自任重庆临时参议会会长。1939年任重庆银

图2 康心如

行公会主席，1940年当选重庆临时参议会首届议长，并蝉联两届。新中国成立后，任西南军政委员会委员、财经委员会委员，全国工商联执委，重庆市工商联副主席等职，并参加了民主建国会。1969年11月16日，康心如病逝于北京，终年79岁。2010年，康心如诞辰一百二十周年之际，重庆历史名人馆举办了一场纪念会，追思这个曾在中国金融界叱咤风云，并为八年抗战作出贡献的大金融家。

3. 四川美丰银行的成立

四川美丰银行为中国旧时的私营商业银行。1921年6月6日，四川美丰银行成立，总行设在重庆，经理是美国人雷文，康心如任协理。1922年4月2日，四川美丰银行在重庆正式开业，并在各通商口岸设立分行，经营普通银行业务，并发行兑换券。康心如被聘为该行协理（相当于总经理助理，并占1.2万银元的股本金）。当天，美丰银行举办了一场盛大的开幕典礼。但与这场排场浩大的开幕典礼形成鲜明对比的是，美丰银行在重庆的第一年过得并不是十分风光。由于管理层没有经营这样一个合资银行的经验，并且由于中美双方人员在文化和经营理念上巨大的差异，使得这家之前被人看好的银行在第一年不但没有赚到任何的钱，反而还亏损了3,000多元，这可以说是美丰建行以后的一个污点。1923年春，为了改变四川美丰银行这种亏损的状况，总经理雷文抵达重庆调整四川美丰银行的经营班子，他将不得力的赫尔德从美丰银行调走，改派来了一个叫鄂更斯的美国人赴渝，并重用了在美丰银行成立中起了关键作用的康心如，还特别叮嘱鄂更斯上任后要"一切听从康协理的安排"，要鄂更斯在任上一定要与康心如密切合作。

雷文重用康心如的这一举动迎来了回报，康心如首先紧紧抓住美丰系合资银行的种种有利条件加以充分利用，并在此基础上不失时机地拼力扩展银行业务。他利用银行的美资关系，首先将当时重庆的海关、邮局以及各个洋行的汇兑业务牢牢地抓在手中；同时，他又竭力宣传美丰银行是重庆唯一一家可与美国各地直接通汇的银行，利用世人崇洋的思想，使美丰银行的汇兑收益猛增至62,000余元。康心如将合资银行的有利条件用足并有所开发，这就使美丰银行充分显示了它独有的优越性。在此基础上，康心如又迎合了重庆商帮的市场习惯，开展了原先美丰银行没有的"比期存款"业务。美丰银行出台的"比期存款"利息尽管比市面上低，但由于人们相信康心如"美丰有洋商资本，不会有风险"的大规模宣传，便也纷纷来存款。因此，美丰银行所吸引的"比期存款"逐年上升，从1922年的60多万很快增长到1924年的120多万，两年翻了1倍，开始向银行注册的美国政府缴纳所得税。随着美丰券的发行，美丰银行达到了历史上的一个顶峰。

4. 说服军阀刘湘收购美方股份

四川美丰银行总行设在重庆，先后于上海、成都、汉口、昆明、南京、广州等地设分行。最早为中美合资银行，资本额25万元，美资占52%，1927年4月美资全部出让给华方。1942年资本总额为1,000万元，股份总额为10万股。1943年资本增至2,000万元，股份总额为20万股。1932年11月设代理部，后改称信托部。1934年设储蓄部，开展汇兑、储蓄业务，投资工矿、交通、公用事业。

1926年北伐战争爆发了，国民革命军约十万人，分三路浩浩荡荡从广州出师北伐，革命的目标是推翻军阀统治、驱逐帝国主义、收回外国租界。这次革命使像美丰银行这种中外合资的机构显得十分的尴尬。同年9月5日，英国军舰炮击万县，打死打伤中国军民近千人，焚毁房屋、商号近千家。"万县惨案"（也称"九五惨案"）激发了全川、全国人民的反帝浪潮。发生之后，中国民众反帝情绪高涨，再加上国民革命军北伐不可阻遏的胜利态势，各帝国主义国家纷纷撤侨。1927年2月，在川各外国侨民接到撤离中国的通知。美方决定将美丰银行的资金、账册、文件封存，待局势平定再说。中国股东的权益、中国人的存款怎么办？康心如不想仅仅由中国人来"埋单"。他接受美方提出中方13万银元买下美方全部股份的提议。

康心如清楚政治对中国经济的影响和作用，但13万银元对于康心如来说并不是一个小数目。为了这13万华股，康心如真是绞尽脑汁，想来想去，康心如认为要迅速筹全资金，只有依靠当时重庆拥有最大势力的军阀刘湘了。只有刘湘出马，筹齐13万现洋才有可能。他找曾为军阀刘湘当副官长的周见三，去向时为四川政权的实际控制人刘湘游说。结果刘湘认可了康心如的思路、设想，筹集13万银元，买下了雷文为代表美方全部股权。4月4日，美丰银行召开改组后的第一届董事会，通过新章程；推举汪云松为董事会主席；聘请康心如为总经理。由此，康心如成为美丰银行的实权人物。

5. 抗战时期美丰步入辉煌

当时，美丰银行有一个独特的优势："美丰券"。相较于市场上出没的假银元，"美丰券"为美国印制，没有假币，因此颇得市场青睐。由于有刘湘撑腰，并以川康边务督办公署和四川军务善后督办公署名义发布通告，"美丰券"不仅没有发生因美方撤离而出现的挤兑风潮，反而得以扩大发行。除了银行业务外，美丰银行还经营印花烟酒库券、债券及证券业务谋取利益。仅1933年至1937年5年间，该行的资本就翻了12倍。此时，康氏兄弟的总资本已占37.7%，成为该行最大的股东。

1937年全面抗战爆发后，国民政府西迁重庆，美丰银行得以更加迅猛发展。此后，美丰银行在全国各地设立分支行达43个之多，还先后投资工矿、公用事业、交通运输业、商业企业、金融信托保险业、文化新闻事业八九十家，并在四川、贵州各重要城市设立仓库。

6. "一诺千金"，诚信经营

时至今日，美丰银行留给人们印象最深的，仍然是康心如制定的行规：一诺千金。据现年80多岁的美丰银行老员工尹登甫回忆，1934年，康心如决定仿效中外著名银行都有标志性建筑的先例，修建新行址——美丰银行大楼。为了筹措修建经费，美丰银行向社会发放"美丰银行纪念储金"。即根据当时的市场利率，储户一次存入28.38元，10年后连本付息100元。一周之内，美丰银行即收到了22万余元的储蓄金，总共吸纳储金近50万元，相当于修建大楼的全部支出。次年8月，耗资49万余元的美丰银行大楼正式落成剪彩，这在当时是重庆首屈一指的大楼，大大抬高了美丰的美誉。美丰大楼的建成使康心如的事业受益颇深。

1935年时存入的28.38元，在当时可以买熟米五石，而十年后的1945年，由于通货膨胀，100元连一升米（1石＝100升）都买不到，但是，美丰银行还是按当年的承诺给储户兑现。对此，康心如曾很歉疚地说："这件事实非始料所及。"就在尹登甫入行的1944年，日军攻打贵州独山，贵州人纷纷取钱逃难，使得美丰银行贵阳分行的账户吃紧。当时有两种办法，一种是不顾及老百姓死活，让他们到重庆或昆明取钱，另一种就是立刻补充贵阳账户。康心如当即委派尹登甫带着3,000两黄金赶往贵阳。

7. 新中国成立前后四川美丰银行发生了转折

康心如这位金融巨头的生意经，在新中国成立前后发生了转折。1949年底重庆解放，此时的美丰银行风雨飘摇。自1949年下半年起，美丰银行已无力维持。11月解放军进入重庆时，金融业都已关门。

1950年4月4日，美丰银行自动宣告停业，退出活动了28年的历史舞台。同年5月，中国人民银行重庆分行向美丰银行发出训令，指示停业清理，一个运营近30年、员工1,000余人的大公司自此不复存在。不过，停业后1,000多名普通职员基本上没有受到冲击，大多数被人民政府重新安排接纳，后来一直从事银行工作的大有人在。四川美丰银行停业之后，康心如仍以其资历和威望，当选为西南财经委员会委员，后又当选为重庆市政协委员、全国工商联合会执行委员等。

公私合营以后，政府把一些民族资本家的流动资金集中起来成立了一个投资公司，康心如被任命为总经理。1957年，周恩来访问亚非国家归来，途经重庆。因抗战时期康心如及其弟康心远对共产党多有帮助，周恩来特地到重庆市工商联看望康心如。握手时，周恩来一句"你老了!"令康心如顿生感慨。其实说起来，康家和共产党颇有渊源。抗战时期，康家人就和周恩来以及十八集团军驻渝办事处来往很多，据说连办事处的家具都是康心远送的。共产党和民主人士，社会贤达开会，很多时候也是在康家。

2010年，康心如诞辰120周年之际，重庆历史名人馆举办了一场纪念会，追思这个曾在中国金融界叱咤风云，为八年抗战作出贡献的大金融家，以告慰长眠于九泉之下的康心如先生。

图3 四川美丰银行1929年1月1日发行面值壹股（1,000元）的股票（中国收藏网收藏）

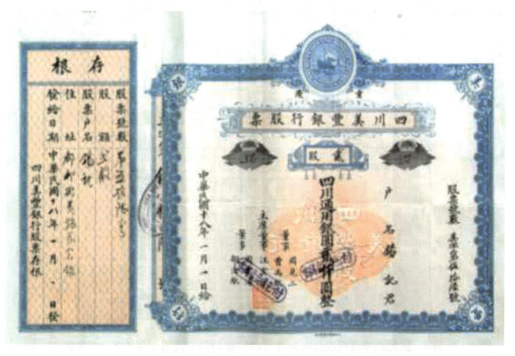

图4 四川美丰银行1929年1月1日发行面值贰股（2,000元）股票及存根

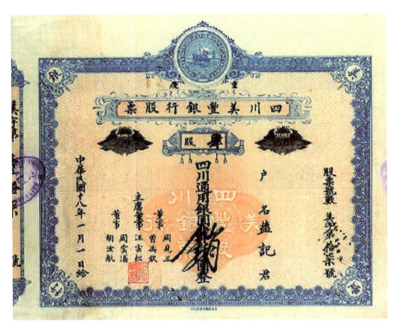

图5　四川美丰银行1929年1月1日发行面值肆股（4,000元）股票

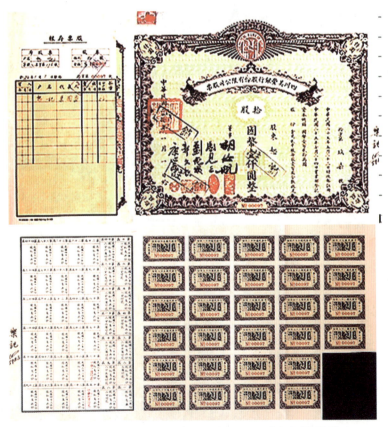

图6　四川美丰银行股份有限公司1937年1月1日发行面值拾股（1,000元）的股票、存根及息票（中国收藏热线收藏）

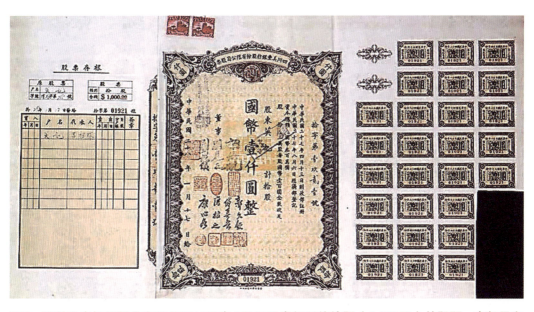

图7 四川美丰银行股份有限公司1939年1月17日发行面值拾股（1,000元）的股票、存根及息票（泓盛艺术网收藏）

图8 四川美丰银行股份有限公司1939年1月19日发行面值拾股（1,000元）的股票（博宝艺术网收藏）

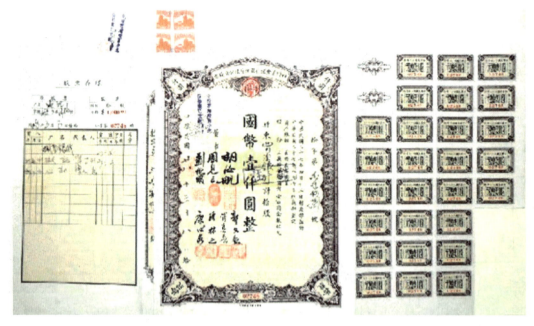

图9　四川美丰银行股份有限公司1939年3月8日发行面值拾股（1,000元）的股票、息票及存根

图10　四川美丰银行股份有限公司1939年3月12日发行面值拾股（1,000元）的股票（博宝艺术网收藏）

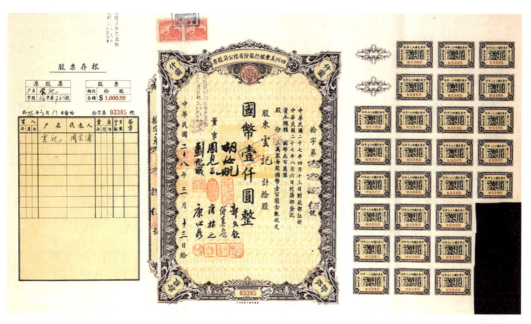

图11　四川美丰银行股份有限公司1939年3月13日发行面值拾股（1,000元）的股票、存根及息票（泓盛艺术网收藏）

图12　四川美丰银行股份有限公司1942年1月1日发行面值壹股（100元）股票（百年中国证券典藏）

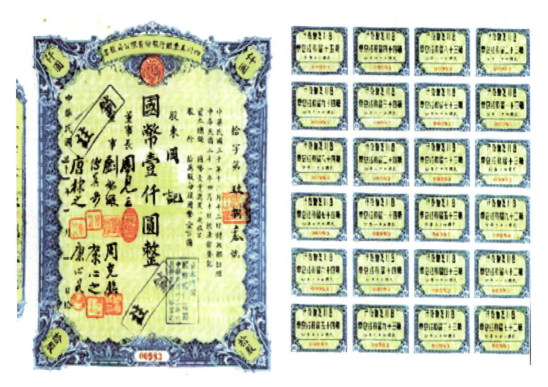

图13　四川美丰银行股份有限公司1942年1月1日发行面值拾股（1,000元）股票及息票

图14　四川美丰银行股份有限公司1942年1月1日发行面值壹佰股（10,000元）股票

图15　四川美丰银行股份有限公司1943年4月1日发行面值拾股（1,000元）股票及息票（博宝艺术网收藏）

图16　四川美丰银行股份有限公司1947年9月1日发行面值壹佰股（10,000元）的股票及息票（泓盛艺术网收藏）

因坚决主张抗日几遭汉奸暗杀的中央信托公司董事长王晓籁

1921年10月14日，由绍兴帮钱庄业人士田祈原、田时霖、宋汉章、王晓籁、斐云卿、李济生、严成德等上海30家绍兴帮钱庄，联合发起在上海成立中央信托公司，资本1,200万元。1921年10月15日，中央信托公司成立，实收资本300万元。主要资本初定为规银1,200万元，先收1/4，即300万元，总部设在上海北京路270号。选举田时霖为董事长、聘严成德为总经理。业务主要分信托、银行、储蓄、保险4个部。保险部经营水火险。汉口设分公司，其他大中城市设立代理处。1921年冬，大批所、公司倒闭，交易所剩6家，造成震撼上海金融市场的"信交风潮"。中央信托公司是仅剩的两家信托公司之一，主要原因应该归功于这两家公司信托、银行、储蓄、保险多元化的经营。

1923年经股东会议决，资本改为实收300万元。1924年购上海北京路基地（现北京东路270号，河南中路和江西中路之间），自建五层大楼（见图1，大楼原来5层高，顶层上后加了二层。外立面少许浮雕装饰，下一层与上四层分二段式，外观平整简洁）为总公司营业所，同时也是上海市信托商业公会所在地。并添设房产经租处，保管箱及仓库等业务。由通和洋行设计，分支机构有汉口、余姚两分公司，上海虹口、西门、西区3个办事处。营业范围包括房产经

图1　中央信托公司

租处、保管箱、仓库、证券等业务。1925年田时霖去世，改选田祈原为董事长；1928年添设分公司于汉口；1929年添设第二号经纪人于上海华商证券交易所，而于信托部附设证券股；1930年添设办事处于上海虹口；1933年购汉口湖北街基地，自建六层楼大厦为分公司营业所；1934年添设办事处于上海西门。1935年以证券业务委托日繁，将证券股扩展，专设一部。同年添设办事处于上海西区。1937年董事长田祈原因年老告退，改选李济生为董事长。

中央信托公司在上海设立保险部，经营水火险，汉口设分公司，其他大中城市设代理处。1928年8月公司保险部注册，1931年度水火险保费为6.4万元，1935年10月，国民政府核准成立了中央信托局保险部，为避免误会，当时财政部指令中央信托有限公司改名。1936年1月1日，经股东会议议决，改名为中一信托公司。其兼营保险部分，则称为中一信托公司保险部。保险业务由袁益卿主持。当年度水火险保费为4.6万元，其中火险保费为4.1万元，水险保费为0.5万元。1945年抗日战争胜利后歇业。

1932年，中央信托公司在白利南路南面、忆定盘路西侧建中央一村（今中一村），有中式3层楼房70幢，与安定村（江苏路82弄）、安定坊（江苏路284弄）、朝阳坊（江苏路200弄）等花园洋房连成一片。民国时期，洋楼主人多为外籍人士、晚清遗少、军政要员和工商富户。楼内金碧辉煌，院中树影婆娑。新式里弄户主，多为洋行、金融、房地产业等高级职员，或文化知识界知名人士。庭院之间，竹篱、砖墙相隔，虽可推窗相望，多互不往来，唯求彼此相安。1944年10月，增资为中储券900万元，改称中一信托银行。1946年4月1日复业，仍用中一信托公司原名，7月增资为法币6,000万元，改选王晓籁为董事长，并按当时法令，撤销保险业务。

王晓籁（1887—1967年）名孝赉，别号得天，后改号晓来，浙江嵊县普义乡（今嵊州甘霖镇）白泥墩村人，出身富户。参加县童试，名列前茅。参加考试中了秀才。王晓籁父亲王芷湘写得一手绝妙的行书，对王晓籁的影响很大。在家乡的少年时代，受"康梁百日维新"之鼓舞，1907年在乡参加光复会。常常喜好议论时局和舞枪弄棒；后来秋瑾案发，避沪经商，任其岳父楼

图2　王晓籁

映斋所设浙江岗山通惠公纱厂、合义和丝厂驻沪账房经理，开始商事活动。在上海的职场生涯中，王晓籁开始写诗作画，以文会友。王晓籁1907年创办闸北商团，开办闸北商场和闸北工程局。独资及合伙开设大来、天来等缫丝厂、筹组开来兴业公司。在中国航空协会总会、中南贸易协会任职。1910年与友人王琳彦等创办闸北商团，开办闸北商场和闸北工程局，以后，又独资及合伙开设大来、天来、泰来和春来等缫丝厂数家，并先后担任上海商业银行、中央信托公司董事。辛亥革命光复上海时，闸北商团参加攻占北火车站。此后，与陈其美、蒋介石等人常有往来。二次革命时，上海组织讨袁军，曾助饷支援。从1914年起，任嵊县私立剡山小学名誉校董，资助办学。与兄王邈达、弟王孝本在县城创办芷湘医院。

1924年当选上海总商会会董。1926年当选闸北商会会长和上海租界纳税华人会主席。同年7月，代表上海商界赴粤参观新政，与蒋介石、张群等人会晤，并参加了北伐军誓师大会，被军阀孙传芳以"宣传赤化"，下令通缉。1927年春，策动闸北保卫团响应上海工人第三次武装起义，起义胜利后，被推为商界代表，任上海临时市政委员会主席委员。"四·一二"政变后，任上海市商会理事长、江苏兼上海财政委员会常务委员、财政部特税处副处长和全国卷烟特税局局长。1930年起当选上海市商会第一、第二、第四届主席委员。又任全国商会联合会理事长、国营招商局理事。在上海广收门生，成为"海上闻人"。在上海商业银行、江海银行、中国银行、中央信托公司（后改名中一信托公司）、通易信托公司、中国人寿保险（放心保）公司、中国人事保险公司任职。1936年，兼任中国航空协会总会理事长，积极筹划捐献飞机。是年，通易信托公司董事长黄溯初退出，王晓籁接棒继续推进通易信托公司的事业。

抗日战争时期，王晓籁任中央赈济委员会常委，第二至四届国民参政员兼国民党红十字总会救护总队特别党部政治部主任。因坚决主张抗日，王晓籁几遭汉奸傅筱庵暗杀。1945年，王晓籁任中南贸易协会理事长，在重庆筹组开来兴业公司及中国人寿保险公司，任总经理。抗战胜利后，王晓籁出任全国商会联合会理事长，中一信托公司、通易信托公司、江海银行、东南汽车公司等企业的董事长，中国银行、中央信托公司理事，同年10月补选为上海市商会理事长。1946年3月起为上海市商会监事。1946年11月，王晓籁当选为国大代表。曾揭露当时政局是"天虽亮而云未开"。新中国成立前夕，拒绝去台湾而避难香港。

1950年初，王晓籁返回上海，受到毛泽东主席、周恩来总理的接见和宴请，被指派为中国人民银行总行代表，列席各部召开有关会议。1954年，当选为上海市人民代表。1958年，任上海市政协委员。1967年，王晓籁病逝于上海，并葬于龙华烈士陵园，享年81岁。

为满足抗战急需修建高炉的六河沟铁厂
靳树梁

1907年7月，汉阳铁厂和著名华商宋炜臣等共同投资，成立汉口扬子机器厂，由"汉阳铁厂搬出的旧机器所组成"。1918年，改组为扬子机器公司，加入汉冶萍公司。1921年，公司因铁价下跌经费不济欠日债不能清偿而停工，至1922年转让给六河沟煤矿公司，改名为六河沟铁厂。十余年中，除个别年份外，该厂始终处于开工不足状态。1936年12月2日改制为六河沟制铁股份有限公司，次年初发行了股票，每股发行价为100元。

1937年7月7日"卢沟桥事变"发生，华北和京沪等地相继沦陷，国内形势险恶。著名冶金学家、炼铁专家靳树梁再也按捺不住迫切的救国之情，遂与严恩棫、王之玺、刘刚一起申请回国参加抗战。1938年3月终于踏上了战火纷飞的祖国土地。回国后，靳树梁被分配到由兵工署、资源委员会共同组织的钢铁厂迁建委员会，参加拆迁汉阳铁厂、大冶铁厂、六河沟铁厂等厂的设备到四川大渡口重建的工作。随后他到重庆参加了大渡口钢铁厂的规划工作，并负责设计了一座20吨小型高炉。中国第一位钢铁冶金工程师，钢铁冶金界的先驱吴健也应钢铁厂迁建委员会邀请，参加了迁建工作。

抗战初期，中国半壁河山沦陷，西南地区只有小规模的土铁生产，远不能满足抗战的需要。当时拆迁到四川的是原六河沟铁厂的100吨高炉，由于四川地区炼铁原料产地分散，产量小，运输也很不方便，短时期内不能满足重建100吨高炉的需要。为满足抗战急需，决定先建一座20吨高炉，由靳树梁负责设计。在既无前人经验，又缺国外资料的情况下，靳树梁根据现实条件，充分利用拆迁来的钢铁材料，克服重重困难，完成了设计。经过一年时间建设，于1940年3月2日正式开炉投产，较快地为抗战提供了生铁。

当时在为战争服务的工业体系里，兵器制造业处于中心地位，重庆作为中国大后方的战时首都，担负起了兵器制造中心的历史重任。1937年10月，兵工署重庆办事处成立。1938年，兵工系统最高管理机关——军政部兵工署迁到重庆，在兵工署的统一指挥和组织下，各兵工厂陆续向重庆集结。国民政府首先将金陵兵工厂全部西迁，于1938年3月1日在江北陈家馆复工生产。与此同时，湖北的汉阳兵工厂、河南巩县兵工厂、保定修械所、株洲炮兵研究处，以及六河沟、大冶等处的机械设备也陆续迁入。各厂经改组后，于1938年3月先后复工生产（是时，兵工署共辖有14座兵工厂），遂使重庆成为大后方的主要军事工业基地。抗战期间，重庆市兵工系统拥有各种工作母机16,000余部，职工26,000余名，占全市产业职工总数的1/4强。兵工与煤炭、纺织是战时重庆的三大产业部门。

根据"将汉阳钢铁厂择要迁移"的指示，汉阳、大冶两钢铁厂的部分设备和六河沟铁厂的百吨炼铁炉被拆卸内迁，在重庆大渡口重建新厂，并于1939年冬与兵工署第三工厂合并。该厂是抗战时期大后方规模最大的钢铁联合企业，主要生产系统为制造所、矿山与运输三部分，1941年全面开工，1942—1943年生产达到全盛时期，年产生铁1.33万吨，钢锭1万吨。总计1941—1947年，该厂生产生铁5.65万吨，实际产量只有生产能力的38%~50%。

1938—1943年，日本对邯郸地区的矿藏进行调查，1944年组织开采了红山（磁山）铁矿，进行了疯狂的掠夺。1944年10月，日本地质调查员东乡文雄提交了《河南省武安及六河沟附近铁矿调查概报》，认为磁山矿床的矿藏量为200万吨以上。在六河沟南发现有新矿床，估计矿量约200万吨。对于开采出来的铁矿石，太平洋战争爆发前，日本决定全部运至日本。战争后期，日本海上运输困难，不得不在河北建立炼铁厂进行就地生产。龙烟铁矿株式会社于1943年设立制铁所，建成日产20吨的小型炼铁炉10座。1943年7月至1945年8月共炼铁20,695吨，贩卖12,195吨。

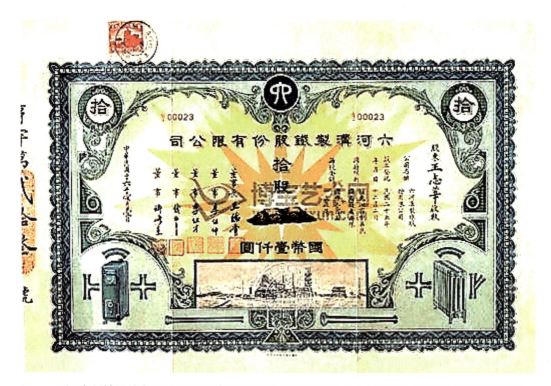

图1　六河沟制铁股份有限公司1937年1月1日发行面值拾股（1,000元）的股票（博宝艺术网收藏）

长期向新四军供应消治龙针的信谊化学制药厂鲍国昌

　　1916年，德籍俄人、药学博士霞飞独资开设了信谊药房，开创了信谊品牌。1924年，霞飞在马斯南路（今思南路）生产长命牌维他赐保命，员工3人。1925年，霞飞与中国药剂师何子康合作，在四川北路71号创办了信谊化学制药厂，成为中国历史上最早的合资企业之一，也是20世纪20年代设立于上海的一家老资格的大型化学制药厂，具有在"西药业中与新亚药厂同称两大巨擘"的地位。吴毅堂在《中国股票年鉴》中对其基本情况介绍如下："该公司成立于民国十六年，原系德人创办，十九年归并华商，改组为股份有限公司。以制售中西药品、成药用品及其他工业原料、化妆品为业务，为中国著名药厂之一。""该公司资本初为十万元，民国二十一年增为15万元，二十五年增至20万元，同年年底改为60万元。二十九年五月增至250万元，三十年更为700万元。旋后更几度调整，增至5千万元。（抗战）胜利以后，资本又加至法币10万万元，每股50元。"

　　1930年9月，何子康、爱国民族资本家鲍国昌（见图1）等7人合资37,000元，盘入信谊化学制药厂的生产设备和商标权，改组为华资信谊药厂股份有限公司，生产力弗肝、双盐酸奎宁等产品30余种。1937年，霞飞退股回国，信谊成为中国民族资本企业，鲍国昌接任总经理，企业快速发展，不断推出革命性新品，曾一度因被誉为"远东第一大药厂"而蜚声国内外。鲍国昌，1894年生，浙江鄞县人。1922年毕业于上海圣芳济学院，后又入震旦大学读医科，1925年毕业，精通英

图1　鲍国昌

文、法文。后与人集资收购信谊药厂，使之成为华商股份有限公司。至1930年改组完成，增加资本，添置设备，聘用人才，产品增至100多种，为国内规模最大的制药厂。此外，还兼任上海大众厂、汉文正楷印书局事。

20世纪40年代初，就有18位留学欧美的药学、化学博士在红太阳感召下来到信谊，研制了抗菌药"消治龙"针、片和血清制剂，以及激素与维生素药等体现近代医药成果的数十种西药制剂。消治龙是中国人最早自主研发的抗菌注射液，其问世打破了当时抗菌素完全依赖进口的局面，并畅销国内及东南亚各国，被誉为"云中之龙，药中之王"，也奠定了"信谊"远东第一大药厂的地位。抗战期间虽在日寇的铁蹄下，信谊人仍长期向新四军供应消治龙针，为中华民族的解放事业作出了杰出贡献。至1940年，设化工原料厂等6家分厂，在国内16个城镇及新加坡、曼谷等地设销售点。1941年研制成磺胺噻唑、消治龙成药面世。1945年，购进德邻公寓，设立总部。

对于该公司的营业和分配情况，《中国股票年鉴》的介绍是"该公司营业在战争期间，以外货来源断绝，营业颇为发达，获利甚厚。据1945年营业报告：销货净收入为143,146,367.74元，纯收益25,226,328.02元。""该公司年有官红利之发给，且发息甚厚。通常红利外，更有额外红利。就以最近情形言：三十四年度下半年官利二元，红利十六元。三十五年上半年官利二元，红利三十元，合计共达五十元，即照票面发给也。"

1950年，批量投产抗结核病药对氨基水杨酸钠。1953年，在国内首产异烟肼。1954年7月获准公私合营。至1956年，试制成异烟腙、异烟肼次甲磺酸钠等18种品种。60年代，首先研制成功小儿麻痹活菌疫苗糖丸，药品稳定性超过国际先进水平。1960年，实现针剂联动机械生产。1964年，在国内首家试制纸式片剂。1965年，信谊药厂成为国有

图2　信谊大药厂今址，原名德邻公寓，位于崇明路82号，建于1935年

企业。1966年，投产上海第一个气雾剂——异丙基肾上腺素，后品种增至14种。发展成为综合性制剂厂。70年代，最早研制并生产长效口服避孕药片，三十余年来一直作为国家计生委定点加工计生药品基地。1978年前，又开发肿节风针片剂、1号2号避孕片、脊髓灰质类活疫苗和复方党参片。80年代，研制成功我国第一支造影剂——泛影葡胺注射液并首创"一步法"制粒工艺、旋转式拉丝灌封、高效包衣等工艺技术，及缓释制剂、三相混悬型气雾剂等新剂型。1985年开发膜剂。90年代，信谊人自主研发的国家一类生物制剂——"培菲康"问世，开创了微生态制剂领域，获得了上海发明创造专利一等奖、上海科技进步一等奖，及中国、美国、英国等多国专利。

1990年，信谊药厂员工共计1,330人。1992年9月，与香港新鸿基合资建立上海信谊药业有限公司，总投资3,000万美元，中方占70%，港方占30%，合资期限为30年。公司建于浦东金桥信谊路1号，占地面积7.9万平方米。1991—1995年，开发新产品有盐酸环丙沙星片等23种。1995年，公司生产针剂1.56亿支、片剂24.5亿片、气雾剂121.6万瓶、眼药水232.6万支、胶囊1.53亿粒。1996年，工业总产值达3.36亿元，出口2,174万美元。2003年，公司成立了以信谊为领衔品牌的处方药事业部，成为上海最大的处方药生产基地，2009年，信谊改制成为上海信谊药厂有限公司。

图3 信谊化学制药厂股份有限公司1944年9月1日发行面值贰拾股（1,000元）的股票（中国近代名人股票鉴藏录）

图4 信谊化学制药厂股份有限公司1947年4月1日发行面值伍佰股（25,000元）的股票（中国近代名人股票鉴藏录）

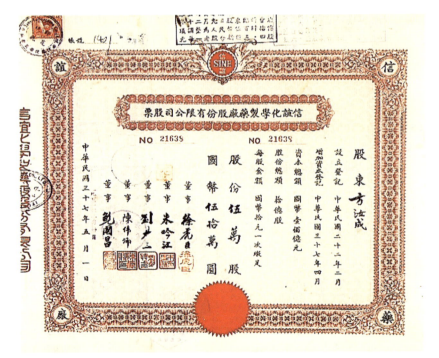

图5 信谊化学制药厂股份有限公司1948年5月1日发行面值伍万股（50万元）的股票

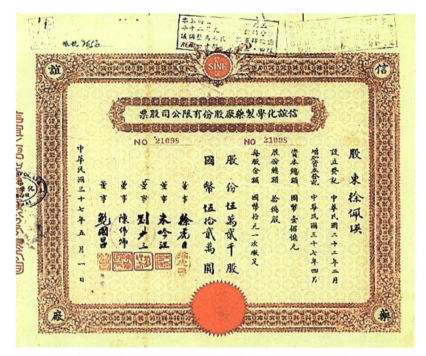

图6　信谊化学制药厂股份有限公司1948年5月1日发行面值伍萬贰仟股
（52万元）的股票

图7　信谊化学制药厂股份有限公司1948年5月1日发行面值拾萬股（100
万元）的股票（泓盛艺术网收藏）

图8　信谊化学制药厂股份有限公司1948年5月1日发行面值伍拾萬股（500万元）的股票（百年中国证券典藏）

图9　信谊化学制药厂股份有限公司1948年5月1日发行面值壹佰萬股（1,000万元）的股票（泓盛艺术网收藏）

图10　信谊化学制药厂股份有限公司1948年5月1日发行面值壹仟萬股（1亿元）的股票（泓盛艺术网收藏）

富有爱国情怀的五和织造厂任士刚

20世纪20年代的中国针织品市场还是洋货一统天下，但是不少有志气的民族企业家不甘示弱，同样有志于这块大有发展余地的生产领域。1924年，出身宁波江北区慈溪世族任家的任士刚，刚从香港大学土木工程系获硕士学位，由校方介绍至上海英商怡和洋行任建筑部监工职务。当时"抵制洋货、使用国货"浪潮正逐步高涨，29岁的任士刚决定辞职，自筹资金办针织厂，创立国货品牌，与洋货争夺市场。于是，

图1 任士刚

任士刚联合宁波效实中学的同窗罗庆藩及杨光启、钱箕传、梁悟庵等四位分别毕业于香港和美国大学的同乡、同学，集资1.7万两银子，组建了一家名叫"五和"的针织厂。所谓"五和"，意为"五个老板和气生财，团结致富"。厂址建在当时的上海爱文义路（今北京西路）永吉里。有边带机3部，职工20余人，生产服饰花边。1925年8月，成立五和织造厂两合公司，兼制汗衫门襟、帽带及商标。

1927年盘进德丰棉织厂，转产针织内衣。1928年9月22日，招股规银10万两，增资改组为五和织造厂股份有限公司，创立了自己的品牌——鹅牌，开始生产卫生衫裤、汗衫背心，启用鹅牌商标。1929年在华盛路（今许昌路1013号）购地5亩多，新建厂房40余幢，增添台车、缝纫机及配套染整设备，形成织、漂、造全能厂。由于引入进口机器，加上科学管理和技术改造，质量完全赶超日货，也一点不比西洋货差，因此鹅牌汗衫一成品牌便成为市场热门货，风靡全国，厂房也搬迁扩建至华盛路（今许昌路1013号），占地5亩多，新建厂房40余幢，职工增至百余人。当时上海市民习惯用布料

做内外衣服，针织内衣刚刚开始在市场上流行，还是一种奢侈品。针织内衣产品由于面料富有弹性，穿着贴身，其舒适度要比一般的布料内衣好得多。五和织造厂瞄准了这一点，汲取了同行企业在试制针织品中的教训，改进了工艺，较快地掌握了生产的诀窍，且质量和洋货不相上下，价格却比舶来品便宜一半，市民自然踊跃购买。后来，就连礼和洋行也索性向五和织造厂定货贴牌了。

当时，60支以上的细支纱汗衫虽然穿着轻薄，但消费者反映身骨太软，出汗后就会紧贴皮肤，有一种不舒服的感觉。1931年，该厂罗庆蕃工程师为克服国产60支以上细支纱汗衫身骨软，遇汗粘搭皮肤的缺点，经过反复试验，终于发现针织的坯布用高浓度的碱液进行处理，漂白洗涤后，穿起来就有一种麻布的感觉，完全不粘皮肤，穿着十分凉爽，完全消除了这种毛病。产品一上市，受到消费者的欢迎，被称为鹅牌麻

图2　鹅牌商标

纱汗衫而风行全国，打破了高档汗衫由舶来品独占市场的局面。五和织造厂为拓宽鹅牌市场，以"鹅"为题，在国内各大城市及东南亚地区大力进行广告宣传，知名度大增。有了市场，任士刚等一批年轻的企业家并不停止自己前进的步伐。1933年经在生产中，发现原来生产手套的充麂皮手套织机，使织物形成连锁状，做面料时手感更加柔软，产品一定更加有销路。于是，他们就购进了一批手套织机，并对它进行了技术改造，用来织造内衣的面料。还专门采购了英国的筒管，用40支精梳纱做针织原料，生产出一种柔软光洁、富有弹性的内衣。这种被定名为鹅牌棉毛衫的新产品一经问世，就因为在冬季穿着温暖舒适，很快打开了市场销路。翌年购进英国棉毛机，扩大生产。至此，该厂产品汗货、绒货、棉毛齐全。在经营上薄利多销，开门市部发行所多处，鹅牌广告遍及全国、香港、南洋一带，产品销路广开，营业日上。

除了不断地改进工艺以外，鹅牌产品还一直坚持讲究用料，从而建立起鹅牌的信誉，终于树立了名牌产品的形象。他们织造内衣的棉纱都经过严格的挑选。开始，生产高档麻纱汗衫面料要用从日本进口的60支以上的精梳细支纱。后来，上海申新九厂的国产棉纱已经完全达到日本的水平，于是改向申新九厂定货。鹅牌卫生衫工厂定点选用的是宁波和丰纱厂用纤维较长的美国棉花纺制的6支粗纱，织成卫生衫以后，经过拉绒加工就比其他厂的产品更加"绒厚暖热"，给人以独树一帜的感觉。销路打开后，任士刚等并不满足，他们认为，要使产品在同洋货的竞争中保持优势，就要在创名牌上狠下工夫。创名牌一靠货真价实，二靠广告宣传。五和织造厂规定，每年在企业利润中拨出一部分资金作为广告费用，进行社会宣传。

要想创名牌，光是用料讲究、工艺先进还不够。鹅牌初创之时，任士刚即向政府主管部门申请注册了一只、两只和五只鹅的商标，之后还陆续注册了金鹅、银鹅、天鹅、蓝鹅、白鹅等一系列商标（见图1），以及与五和谐音的五禾、五荷等名称，以防被假冒。如此强烈的品牌保护意识，即使在今天都令人赞叹。同时，鹅牌的广告宣传也是出手不凡。别家做平面广告，他家却是立体的。通过广告公司的精心策划，静安寺路（今南京西路）成都路口的仙乐斯草坪内，雅致的池塘，飘拂的垂柳，衬托着5只姿态各异、栩栩如生的斯门汀白鹅；背景是如茵的草地和飘拂的垂柳。这种立体广告，当时也是一个创新，引来众多过路人的驻足观看。风景如画的西湖上，造型各异的"白鹅"游船供游客泛舟。船工平时总是把游船内外打扫得干干净净，招待温馨而周到。在风和日丽的日子，人们远望总有几只巨大的"白鹅"游船缓缓地游弋在碧波荡漾的西子湖上，成为五和织造厂的活广告。对乘船游客来讲，泛舟是一种情趣高尚的户外活动，对岸上的游客来讲，白鹅游船又是一种引人注目的广告宣传。

经过广泛的宣传，鹅牌卫生衫"绒厚暖热"，麻纱汗衫"凉爽细洁"，棉毛衫"柔软舒适"的理念深入人心，广大市民认同了五和产品"冬暖夏凉，唯'鹅'独尊"的名牌地位。五和织造厂奠定了"冬暖夏凉，唯鹅独尊"的名牌地位。销路大增，企业也由此获得了飞速的发展。到20世纪30年代中期，企业从开办时的三四十人的一个小厂，发展到在许昌路和曹家渡开设了两个分厂的大企业，职工人数达到六七百人，日产卫生衫达到800打，麻纱汗衫、背心达到1,000打。产品在香港、南洋销路广开，营业日上。1934年，鹅牌汗衫产品销及边远省份，并出口南洋、泰国等地。民国25年，五和织造厂在上海和重庆设立分厂，产销两旺，企业的资本总额也增加到50万元，成为国内著名的针织企业。与所有的民族工业一样，五和之鹅在国人复兴的梦想中启航，一波三折，历经风浪，在国人这一汪绿水的浮衬与呵护下，曲项向天，顺流而行，且行且歌，一路歌唱着属于中国人的实业梦。1936年，盘进康脑脱路（今康定路）三阳棉织厂作为分厂。此时，全厂有台车53台，棉毛车40台，缝纫机150台，在同业中首屈一指。

1937年淞沪会战中，五和织造总厂毁于日军炮火，遂将抢出的设备移至租界内的辣斐德路（今复兴中路）和小沙渡路（今西康路），分设缝纫工厂、织布工厂，并通过南洋商人扩大外销，维持盈利。日军侵占上海，一向以"使用国货，抵制洋货"为己任的五和针织厂，便成为日商的眼中钉。此时的任士刚又显出宁波工商者的爱国情怀。他在《申报》上刊登了一篇题为《外感与外侮》的"鹅牌"广告文章，文中写道："鹅牌卫生衫可防止外感，吾人从人身的外感，便想到国家的外侮。国人应精诚团结，共御外侮。"别有用心的日商抓住这些词句，雇用和挑唆一批日本浪人，放火焚烧五和织造厂，使五和织造厂几乎陷入绝境。幸亏任士刚早有预见，已在康定路设立五和二厂，尚能维持生产，逐渐恢复元气，才免予倒闭。但是任士刚气愤过郁，加之精力消耗太多，于1939年身患高血压、心脏衰弱以致半身偏瘫。1941年12月7日，太平洋战争爆发，外销中断，因电力、原料等限制，生产萎缩，内销也衰微。1943年日伪颁布《收购棉纱棉布暂行条例》，商统会以市价的1/4强行收购纱布，致使五和织造厂等民族企业产销量锐减。

1945年抗战胜利后，任士刚身卧病榻，指挥"五和"厂重建，因过劳于次年病逝于上海寓所，享年51岁。同年，一代"汗衫大王"魂归故乡，安葬于慈城北门大庙山麓。1958年，因慈城建造水库，任士刚墓又迁葬于慈城黄夹岙公墓。同时，胜利后企业遂纷纷复工，并有不少新建内衣厂，1948年仅上海一地内衣厂就发展到319家。五和织造厂也在激烈竞争中重振旗鼓，重建总厂，缝纫、织布工厂迁至分厂集中生产，职工增至400多人。并分设发行所于汉口、南京、厦门、天津及港澳等地。1948年6月5日，五和织造厂股份有限公司股本变更登记，资本总额为120亿元，总股本12亿股。8月9日，公司股东临时会议决定增资2,280亿元，连同原有资本120亿元，合成资本总额2,400亿元，分为240亿股。此时董事会中出现了一位大名鼎鼎的陈布雷，被人称为蒋介石的"文胆"，曾任中国国民党中央政治委员会秘书长。

1954年10月，五和、景福、莹荫几家大内衣厂率先公私合营。其后两年全行业实行公私合营、归口管理，虹口区革命家属被服厂等22家厂先后并入五和织造厂，生产开始纳入国家计划。1958年6月，按行业专业化生产要求，五和织造厂被一分为二，许昌路总厂定名为五和织造一厂，有职工1,258人，生产卫生衫裤、棉毛衫裤。1960年，试制成60/2支棉毛布，生产纯棉薄绒衫裤，首次出口埃塞俄比亚。1961年，开发化纤产品伊拉克衫裤，畅销中东地区。1963年，增设印花工段，产品出口欧美、日本、东南亚等国家和港澳地区，被列为外销专厂，同年改厂名为上海五和针织一厂。1979年，加层808平方米，增设针织大圆机车间，引进法国、意大利定型机、日本8套色印花机，增添高温高压染色机，相继开发出涤棉交织绒类产品，主销日本；尼龙与棉交织绒类产品，主销澳洲。被列为外销专厂。同年改厂名为上海五和针织一厂。至1992年末，有职工1,001人，占地面积6,094平方米，建筑面积17,796平方米，固定资产1,572万元，净值1,095万元，年总产值2,554.8万元，利润23万元，创汇508.5万美元。

康定路分厂为五和织造二厂，又有58家厂并入，专产鹅牌内衣，有职工1,360人。遗憾的是，1966年五和织造二厂被更名为国营上海针织六厂，其后又有永革针织厂等2家厂并入，鹅牌产品质量在"文革"中大幅下滑。1967年以后，鹅牌汗衫产量继续上升，但质量下降，1978年，在全国针棉织品评比中名落孙山。为此，全厂上下齐心协力，对汗衫质量指标进行攻关，1979年恢复为上海五和针织二厂的同时，进行了工艺整改，很快恢复了鹅牌的传统特色，通过市纺局鉴定恢复名牌信誉。之后，鹅牌高档真丝针织服装全面投产，与汗衫、背心组成3大拳头产品，重新享誉国际市场。到1992年末，有职工1,600人；占地面积12,407平方米，建筑面积31,117平方米；固定资产原值2,733.5万元，净值2,052.08万元；总产值7,430.4万元，上缴税金123

万元，创汇806.4万美元。

1990年，五和二厂与针织行业所属针织一厂、针织二厂、百达厂、针织九厂、针织十七厂、针织二十厂、针织二十二厂、统益袜厂与第五棉纺厂共十家企业，组成上海针织内衣（集团）公司，其余44家厂组成上海针织公司。鹅牌由外销转为内外销并举，中华之"鹅"得以在国际、国内大市场上自由游弋。同年，五和二厂与上棉五厂签订纺纱、织布、染整、加工一条龙对口协作合同，选择优质崇明棉作为专用原料，经上百次试验与调整，摸索出一套32支精纺与织造工艺及漂染、成衣加工等上机工艺参数。次年，对漂白流水线作了重点改造，使鹅牌汗衫实物质量更趋完善。

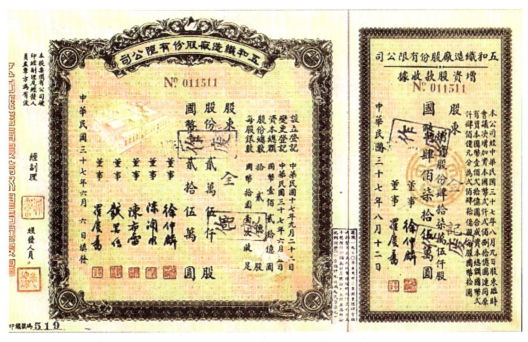

图3　五和织造厂股份有限公司1948年6月6日发行面值贰萬伍仟股（25万元）的股票及8月12日增资股份肆拾柒萬伍仟股（475万元）的增资股款收据（合计伍拾萬股计500万元，中国近代名人股票鉴藏录）

为新四军游击队购买物资的安徽歙县商办竞新电灯公司叶峙亭

安徽歙县商办竞新电灯公司于1924年4月，由叶峙亭和鲍咏松等人创办，募集股金1万元，分为100股，每股100元。

叶峙亭（1878—1956年），字德钦，锦字辈，歙县蓝田村下门人。光绪二十三年（1897年）去江阴主持祖传叶森泰布店店务。清末倡导新学，集资创办兰田正谊等小学。在其影响下，溪头等地办新学如雨后春笋。民国初商业扩展，先后独资或合资开设歙城裕大布店、屯溪怡裕布店、衢县复昶德茂新东店，与鲍咏松等创设歙县竞新电灯公司。1934年夏秋，歙地干旱禾枯，叶峙亭时任地方财务委员会委员长，自费往来于京、沪、苏、浙等地，募赈平粜，使荒年无饥色。皖南事变后，新四军游击队给养困难，叶峙亭为游击队购买棉布、食盐、药品等。以"君子群而不党"婉言拒绝参加国民党。曾任歙县商会会长，参与民国《歙县志》修纂。新中国成立后，叶峙亭当选为县第一届人民代表大会代表。

鲍咏松（1881—1959年），歙县县城人。初开钱庄，后任屯溪永明电灯公司营业股主任。1924年3月，在徽城工商界筹集资金百股计1万元，购置35匹马力柴油机和35千瓦发电机各一部，创办歙县商办竞新电灯公司，任经理。次年安装路灯，用户200多家，装灯500余盏，日发电6小时，年发电量2万度，利润2,000余元。同时兼任盐行经理，盐业公会主席和盐商办事处主任等职。抗战期间，参与发起难民救济支会（后改为救济院），募款救济。还经营木材、木炭、茶叶、蚕茧，销往杭州等地。新中国成立后，曾开设德和粉丝厂，自任经理。

柳营（1892—1969年）字戟门，歙县县城人。1915年考取南京高等师范学校，学成任教休宁、宣城、芜湖等地师范学校和歙县第三中学，曾两次担任歙县教育会长，与吴甲三、方与严等提倡教育救国，实业救国，男女平权。参与筹建歙县竞新电灯公司，在黄山等地开办林场，开荒植树，种茶养蜂，兴办果林，任休宁高枧茶叶讲习所所长，著有《茶叶栽种法》一书。1938年以后，任县政府督学、教育科长、局长等职，鼓励山区创办私立小学，发展初等教育，提高小学教师地位。新中国成立后，任竞新电灯公司经理、竞新电力厂副厂长等职。

图1　歙县商办竞新电灯公司1924年5月30日发行面值壹股（100元）的股票（中国收藏热线收藏）

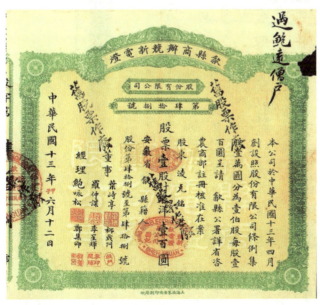

图2　歙县商办竞新电灯公司1924年6月12日发行面值壹股（100元）的股票（中国收藏热线收藏）

图3 歙县商办竞新电灯公司1924年6月20日发行面值壹股（100元）的股票（中国收藏热线收藏）

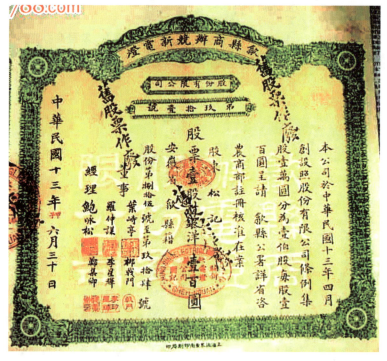

图4 歙县商办竞新电灯公司1924年6月30日发行面值壹股（100元）的股票（中国收藏热线收藏）

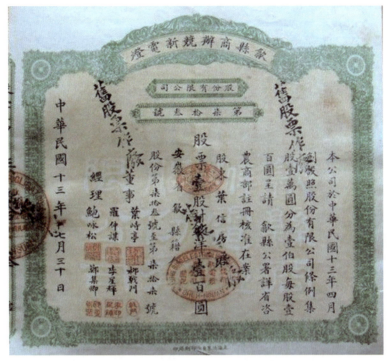

图5　歙县商办竞新电灯公司1924年7月30日发行面值壹股（100元）的股票（中国收藏热线收藏）

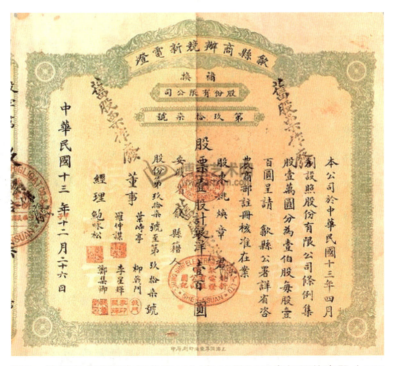

图6　歙县商办竞新电灯公司1924年12月26日发行面值壹股（100元）的股票及背书（中国收藏热线收藏）

东方敦刻尔克大撤退的近代航运业
巨子卢作孚

　　民生轮船公司系近代中国最大的一家私营航运企业，原名民生实业股份有限公司（以下简称民生公司），由著名实业家卢作孚于1925年发起筹办，议定集资5万银元，1926年6月10日在四川合川正式成立，后迁重庆。公司以5万元资本、一条小火轮起家，发展到上亿元资本、140多艘江海轮船，逐步统一了川江航运，被日本同行业视为"对手"。这一切奇迹均是由中国航运业的先驱卢作孚所创造的。

1. 著名爱国实业家卢作孚

　　卢作孚（1893—1952年），重庆市合川人，民生公司的创始人、中国航运业的先驱，是著名爱国实业家、教育家和社会活动家。卢作孚（见图1）自幼好学，天资聪颖。因家境贫寒，小学毕业辍学，自学成才，曾开馆办补习学校，讲授中学数学。辛亥革命初，卢作孚在成都参加同盟会，从事反清保路运动。1914年周游上海、北京，后回乡在合川中学任教，参与编写《合川县志》。后又去成都，随后相继担任成

图1　卢作孚

都《群报》、《川报》编辑、主笔和记者，1919年接任《川报》社长兼总编辑。积极投身"五四"运动，参加李大钊等组织的少年中国学会，主张"教育救国"。1921年任泸州永宁公署教育科长，积极开展通俗教育活动，聘请中国少年学会会员王德熙和恽代英分别担任川南师范学校校长和教务主任，开展以民众为中心的通俗教育与新教育试验，影响全川。因四川军阀混战，

中途被迫夭折。

1925年秋，弃学从商，奔回合川，创办了民生实业公司，设想以办轮船航运业为基础，兼办其他实业，把实业与教育结合起来，促进社会改革，以达到振兴中华的目的。卢作孚白手起家创办航运，当初筹资极为困难，幸亏得到友人支持，筹得8,000元资本，亲赴上海订购载重70.6吨浅水铁壳小船一艘，于1926年秋驶回重庆，取名"民生"，开辟嘉陵江渝合航线。1927年春，卢作孚到北碚出任江（北）、巴（县）、璧（山）、合（川）峡防团务局局长，他在清剿匪患的同时，对峡区进行乡村建设试验。在这里建成了四川第一条铁路——北川铁路，组建了当时四川最大的煤矿——天府煤矿，创建了西南最大的纺织染厂——三峡织布厂，创立了中国唯一最大的民办科研机构——中国西部科学院，在四川率先架建成了乡村电话网络，开辟了被誉为重庆北戴河的北温泉公园。1929年，卢作孚被刘湘任命为川江航务管理处处长，其间还曾担任四川省建设厅长、交通部次长、全国粮食管理局局长、全国船舶调配委员会副主任委员等职，为抗战时期的军需民运作出了重大贡献。

2. 创办民生轮船公司

当英国、日本等国航运业横行川江时，民生轮船公司积极投入收回内河航行权的爱国斗争。卢作孚离开家乡到重庆，由重庆搭乘"蜀通"轮顺长江东去上海。时年21岁的卢作孚第一次乘坐轮船航行于长江之上，一路上只见大小轮船来来往往，所有这些轮船的桅杆上，几乎都挂着列国旗帜。其中有日本的、英国的、美国的、法国的，也有意大利的、挪威的、荷兰的、瑞典的，几乎看不到一幅中国旗。卢作孚站在船舷边，望见迎面驶过来的船上飞舞着的外国旗时，禁不住一股愤怒的热流从心头涌起。他暗自下定决心：一定要尽自己的一切力量，把内河航运权从各国公司手里收回来；一定要尽自己的一切力量，把外国轮船从长江上赶出去！从此以后，这一理想就深深地刻印在他的心中。当时，长江上游航运几乎完全由英商太古、怡和、日商日清等外国轮船公司控制。中国轮船虽有20多只，却分属于二十几家轮船公司，几乎都处于破产倒闭的边缘。

在这样一个时候，"没有任何理由要开始办一个新的轮船公司——特别是一个中国公司。"1925年，迎难而上的卢作孚募集资金，取孙中山先生提倡的三民主义中的"民生"，在重庆成立了民生实业股份有限公司。1926年，公司

图2　"民生号"轮船

从上海订购一艘载重吨为70吨的小轮船"民生"号（见图2），经过初步试航以后，于6月初离开上海驶回四川。开通了第一条合川到重庆的嘉陵江每日定期航线，在重庆、合川间经营川江客运。以后继续扩充营业。公司废除了买办制，实行经理负责制，改善了轮船上的服务，引入一系列的管理措施，使公司名声大增。1926年6月10日，卢作孚在重庆召开了民生公司的创立大会，确定公司的名称为"民生实业股份有限公司"；民生实业公司的宗旨是"服务社会，便利人群，开发产业，富强国家"；初始资本额为5万元。白手起家——靠"艰苦创业，努力改进航运服务"，卢作孚由5万元资本、一条小火轮，发展到上亿元资本、140多艘江海轮船，逐步统一了川江航运，并在长江航运竞争中夺得优势地位，在远东海洋运输中崭露头角。

卢作孚信仰三民主义，"民生"这个词，就来源于孙中山先生提倡的"民生主义"；而"实业"两个字的含义，卢作孚解释说，表明民生公司绝不单纯是一个经营航运的事业，而是一个以发展祖国实业为目的的综合性事业。在民生公司船舱和职工宿舍床单上，都印有卢先生的一副对联，"作息均有人群至乐，梦寐勿忘国家大难。" 1926年7月23日，对于民生实业公司来说，是一个值得纪念的日子。这一天，民生公司第一艘船——"民生"轮顺利到达了合川。从此以后，"民生"轮即每天航行于合川到重庆的航线上，开始了川江航运史上从未有过的定期客运航行。那时候，川江各轮船公司都极不重视客运，只重视货运，对旅客漠不关心，态度恶劣。尤其是外资轮船公司，对中国普通旅客更是歧视。卢作孚非常重视旅客服务工作，常常亲自搭乘"民生"轮往返于重庆、合川间，实地了解旅客服务情况。当时船

上还没有设"茶房"，他便向船上的水手和厨工讲解为旅客服务工作的重要意义。

"民生"轮在重庆、合川间航行开始后不到四个月，冬季来临，嘉陵江进入了枯水季节。嘉陵江水本来就很浅，随着枯水季节的到来，江水逐渐下降，一直降到轮船吃水线以下。民生轮被迫停航，必须等到第二年初夏江水上涨起来以后才能恢复航行。卢作孚同时采取了两手行动：第一，立即为民生轮寻找枯水季节适宜的航线，使航运不致停顿；第二，增加募股，再订造一只吃水更浅的小轮，以保持渝、合线终年通航不断。通过周密调查，决定开辟重庆到涪陵之间的航线。1927年民生轮首航涪陵成功，民生公司首次进入了长江，1928年浅水轮船"新民"代替"民生"进行重庆至合川航线的航行不再受嘉陵江枯水季节的影响。1928年收购了"民望"号并开始在重庆建立民生机器厂，以修理船舶。公司不仅新造"民生"轮，与"民生"轮对开渝合线，收买了长江轮改为民望号，并新辟了渝涪和渝泸航线。冬季，卢作孚利用嘉陵江的枯水季节，指挥峡防局3个中队的士兵，分赴各滩口进行淘滩，治理了张公滩、蔡家滩、虹门滩、黑羊石和黄家碛5个大滩之后，接着又整凿了巨梁滩，使汽船在枯水期也能畅通无阻。

在经营管理上，卢作孚坚决反对高级船员只能由外国人担任的做法，并首先在本公司实行高级船员均由中国人担任。对中普级船员，实行招考录取、专业培训、考工考绩、奖惩并用等制度，并革除当时沿袭外轮"买办"包办的陈规陋习，船上各项业务由公司统一管理，表现出企业进取精神，增强了在中外同业竞争中的地位。1930—1935年，公司先后收买并入中外各家航业的船舶近40艘，经营航线由川江一隅逐步延伸到长江中下游。到1937年，公司资本扩充到350万元，船舶增至49艘、18,000多吨。并逐步扩大投资范围，兼营煤矿、染织、水电、船舶修造、银行保险等业务。

3. 勇于斗败外资公司，坚决维护民族尊严

长江航运业被外资控制的局面，主要是由两个方面的因素造成的：一方面是以英商太古、怡和，日商日清为首的外资轮船公司，凭借内河航行权的庇护和强大的经济实力，控制了长江上游的航运，肆意排挤和打击中国籍的

轮船公司；另一方面是中国籍的轮船公司，深受军阀政府的压迫和欺凌。眼看民族航业陷入如此危难的处境，卢作孚采取的第一个重大行动就是同外国轮船公司进行斗争，坚决制止它们的一切违法活动。他找到军阀刘湘，说明为了制止走私军火、鸦片，应该派兵上外国轮船检查。并迫使日本轮船公司屈服，同意川江航务管理处的士兵上船检查"云阳丸"。一次，川江航务管理处得知美国捷江公司的"宜都"轮利用其机器舱秘密机关偷运鸦片，密令万县航务处上船检查，将其机关破获，查出烟土两万一千余两，人赃俱获。捷江公司被迫向川江航务管理处道歉。川江航务管理处随即通知各外轮公司："以后每轮船之机器舱，必须严密检查，发现秘密机关，即予销毁，即不便销毁，亦必记录明白，迫使每次均检查是处。"

卢作孚又向各个外国轮船公司提出：军阀内战时，强拉轮船打兵差，遭殃的都是中国轮船，由此丧失的业务，全部被外国轮船公司侵占。要求各个外国轮船公司在军阀内战发生时，拨一部分增加的运费收入，补偿中国轮船因兵差而遭到的损失。外国轮船公司尽管极不情愿，但怕再吃苦头，只好照办。当时正值外国船只横行川江，日本的太古、信和、日清及美国的捷江等轮船公司，凭着强大的实力，大幅度降低水脚，企图挤垮华轮公司，独霸川江。竞争非常激烈，华轮公司面临破产境地。面对这种形势，卢作孚挺身而出，明令中外轮船进出重庆港，都必须向川江航务管理处结关。迫使日清公司接受中国海关检查，开创了外国船只接受中国地方政府检查的先例，废除了甲级船员必须用外国人的陈规，提出"外轮冲翻中国木船必须赔偿损失"，"中国人不搭外国船，不装外国货"等口号，得到广大人民的支持，严重打击了外轮的气焰，维护了民族尊严。

1929年夏，卢作孚受命兼任川江航务管理处处长，开始整顿川江航业。当时，英商太古、怡和、日清公司的外国轮船，横行长江，肆无忌惮。卢作孚上任后，从北碚峡防局抽调1个中队的士兵到重庆港口，担任检查轮船勤务，明令中外轮船进出重庆港，都必须向川江航务管理处结关。并规定川江航务管理处的士兵登轮以后，方能开始上下客人；轮船装卸货物，也必须在航管处士兵监视之下进行。经过一场激烈的斗争，首先打击了日清公司的气焰，使外轮被迫接受了管理。

此外，当时在外国轮船公司的强力排挤下，中国轮船公司四分五裂，极其散漫，不能与之抗衡。甚至是有几十只中国轮船，便有几十个轮船公司，许多轮船公司仅有一只轮船。相互间进行残酷的竞争，其结果是一个又一个的中国轮船公司破产倒闭，轮船不断变卖，民族航运业处于崩溃的边缘。中国轮船公司唯一的出路只能是结束各自为政的散漫局面，迅速地联合起来。卢作孚决定以民生公司为中心，联合其他中国轮船公司，使长江上游的几十个中国轮船公司整合起来，成为一个足以与外国轮船公司相匹敌的强大整体。在此基础上提出了"化零为整"统一川江航运，主张将川江所有华轮公司联合组成一个公司，一致对外。于是从1930年起，在川江航线上以民生公司为中心，开展了"化零为整"统一川江航运的活动。凡是愿意售卖轮船的公司，民生公司予以收买，凡愿意同民生合并的公司，其轮船财产均以较高价格折价，然后用部分现金偿还原公司的债务，其余作为加入民生公司的股本，人员全部接收，量才录用。如此，不到一年便合并了重庆以上航线的7个轮船公司。接着便向重庆下游扩展，又合并了7个公司。刘湘、刘文辉等军阀的船只也以高价收买入股的方式，变成了民生公司的产业，从而合并和收买华商轮船28只。到1935年，美国捷江公司和一个英国轮船公司在竞争中垮台，11只大轮船为民生公司收购。日清公司由盈转亏，太古、信和见势不妙，也悄悄退出川江航运。到1934年，重庆上游至宜宾一线的所有中国轮船公司都已并入民生公司。1935年，重庆下游至宜昌一线的所有中国轮船公司也都并入了民生公司。这样，整个长江上游的几十家中国轮船公司终于以民生公司为中心联合起来了，结成为一个整体。这时民生公司拥有轮船42只、吨位16,884吨、职工增到2,836人、有股本120万元、资产730万元，经营了川江航运业务的61%。

4. 在发展航运实业的同时热心公益事业

1927年5月，卢作孚利用温汤峡的温泉、森林、山川等自然景色，以温泉等为中心，亲自设计布置，同时募捐资金，率领峡防局官司兵前往开荒整地，筑路修池，栽花植树，营建亭宇，创办了嘉陵江温泉公园。8月在鞍子坝购置土地，兴建了北碚体育场。并以民生公司的名义，大量投资，筹组了北川民业铁路有限公司，促进了北川铁路顺利建成。1928年夏季，开始在北碚举办各种培训班，提出要培训一批"有理想、有技能"的人才。先后招收具有中学程度的青年500余人，组建了学生一队、二队。办了少年义勇队3期，警察学生队1期，受训期长的两年，短的6个月。这些人后来成了建设北碚和民生公司的骨干。

1928年3月，卢作孚在北碚创办《嘉陵江报》，由3日刊发展到日刊，持续出版20余年。同年初创办北碚实用小学，提倡教学与社会实用相结合，教材要求实用，教法从实际出发，把孩子从小培养成诚实能干的有用人才。1928年5月，又创办了"峡区图书室"。1929年，卢作孚在火焰山开辟平民公园之际，时逢中国科学社一批动、植物专家来川考察，便派其弟卢子英率领义勇学生队30人，随同去峨眉山和大凉山一带，采集动、植物标本和社会调查。将所获10万余件标本，陈列于东岳庙，建立了北碚民众博物馆。以后数年，又分若干小组随中外专家到西南、西北各省进行标本采集与调查，为筹建科学研究机构打下了基础。1930年4月，卢作孚以峡防局的名义，发起举办了嘉陵江运动会，有江巴璧合4县与重庆的22个团体，1,100余人参加，卢作孚在开幕式上说："为挽救我们不好运动，极弱不堪的民族起见，才努力举办运动会，我们希望这地方有一次嘉陵江运动会，别处也有，四川到处有，中国各处有。"

1930年春，率领民生公司、北川铁路公司峡防局、川江航务管理处等单位部分人员出川考察。为时半年，走遍了江浙和东北各省，归来后写有《东北游记》一书。在这次考察中，卢作孚得到京沪各学术团体及其领导人蔡元培、黄炎培等人的支持。在上海成立了"中国西部科学院筹备处。"当年秋，中国西部科学院即在北碚正式成立。同时创办了兼善中学，秋季开始招生，又在峡防局内设立了民众教育办事处，组织局属机关中几十个青年，白天工作，夜间担任民众教育。在囤船上办了学校，在街道上办了妇女职业学校。同年9月，峡防局工务股改组成三峡染织厂，将在峡防局当过兵士的安排进厂做工人，又在厂中办起了工人学校。

1932年，率峡防局兵士开发西山坪，提出"举锄将大地开拓，提兵向自然进攻。"历时1年，建成了1座植物园。搜集中外各种果苗数千株，试种川康林木种子百余种，并配合实业部调查所，派员前往重庆、南川和叠溪进行地质考察，编写出版了《重庆南川间地质志》和《嘉陵江三峡地质志》。1933年，北川铁路通车后，卢作孚邀集沿线5个较大的煤厂，组成天府煤矿股份有限公司，被推为董事长。这年夏天，借在国科学社要举行年会之机，派专轮指把各地社员接来北碚，将年会安排在温泉公园举行，这些科学界人士回到上海后，陆续组织各种委员会，对四川进行调查研究，为开发四川出谋划策。1933年10月，卢作孚在《嘉陵江日报》连载《纪念双十节》一文，阐述了他对当时国内国外时局的观点后说，北碚在几年以前还没有人知道，经过我们努力创造的结果，现在已逐渐引起人们的注意。但是还不够，我们要努力培养它，使它毛羽丰富。卢作孚把精力集中在民生公司和一些社会事务上，星期天才返回北碚，听取汇报，布置检查工作。1934年，卢作孚在《新世界》上发表了《整个四川的五个要求》，并由生活书店出版了《中国的建设问题与人才的训练》一书。

5. 全身投入抗战，立下汗马功劳

1931年，民生公司已拥有轮船19艘，职工近千人，长江的航红延伸到上至宜宾，下至宜昌，在江北建成民生修理厂。"九·一八"事变后，卢作孚大力发展三峡染织厂，增加生产，抵制日货，推行三峡布服，风行一时。上海"一·二八"淞沪战役爆发，卢作孚响应上海救国会的号召，参与组织各界人士成立了重庆抗敌救国后援分会。1935年，卢作孚在长江航运的竞争中击败美英日国等轮船公司，拥有川江航运业务的61%。1935年10月，卢作孚出任四川省建设厅厅长，当时，川江上有轮船80艘，民生公司就占有38艘。1936年，北碚峡防局改为嘉陵江三峡乡村建设试验区，卢作孚兼任了试验区乡村设计委员会副主席。

1937年抗战爆发，战事对中国极端不利，长江中下游被日军侵占，民生轮船公司依据川江，保全了大部分船舶，成为后方水上运输的主力，在支援抗日战争、维护战时交通上起到了很大作用。1937年，卢作孚组织公司的船舶负责了上海、南京、宜昌等地区人员、工厂及物资的大撤退，全力以赴撤退工厂、政府机关、科研机构、学校和人员到大后方，并运输兵员、武器、弹药、物资到前线，为此，民生公司在抗战中付出了巨大牺牲，作出了巨大贡献。

卢沟桥事变后，抗日战争全面爆发，卢作孚动员全公司力量，投入抢运抗战物资，他坐镇武汉、宜昌等地具体指挥，把堆积的物资和难民抢运至后方，又把出川抗战的部队运往前线。随着战局的恶化，为了阻止敌军沿长江西进，国民政府军事当局封锁了江阴航道，下游航运中断。民生公司集中了中下游全部船只，联合招商局、大达、三北等公司，以镇江为起点，组织撤退上海、苏州、无锡、常州地区的工厂设备、学校和机关，日夜不停地运往长江中游和上游。尽管如此繁忙，卢作孚仍惦记着北碚的建设，在汉口发现中福煤矿公司自河南撤退无出路，便主动与其负责人协商，把所有的机械、器材、技术人员等运来北碚，与天府煤矿合作，改组为天府矿业公司。见到常州大成纺织厂内迁，又促成三峡染织厂与其合作，改名为大明纺织染公司，成为抗战时期后方最大的布厂。1944年，卢作孚作为中国实业界代表，出席了在纽约召开的国际通商会议，回国后又在北碚创办了中国西部博物馆，并提倡大力发展油桐，在北碚掀起了种植树的高潮。在抗战期中，民生公司轮船增加到117艘，驳船31艘，并向外投资合办企业94家，遍及工、商、交通和文化事业，其中有10大公司是由他担任董事长。

1938年，卢作孚组织指挥宜昌大撤退，对恢复战时大后方的民族工业，支持抗日战争的战略产业建设起了决定性的作用。是年秋，民生公司用22艘轮船和征用的860只木船，冒着日机轰炸的危险，用40天时间，赶在枯水期前，将堆积在宜昌的9万吨工业物资和3万人员抢运入川。当时川江上还有几艘外国轮，但它们不运军事物资，且每吨的运价高达300~400元。一些从长江中下游迁来的厂矿，因无法承受高额运费，不得不将一些分量重、体积大的机器设备抛掷在沿江两岸。从河南撤离出来的中福煤矿总经理孙越崎，望着采矿设备，在江边一筹莫展，后来他遇见卢作孚。"只要对抗战有利，运！"卢作孚还通过合作办厂、减免运费的方法，将无力搬迁的上海大鑫炼钢厂、常州大成纺织厂、汉口周恒顺机器厂挽救下来。"轮船还没抵达码头，舱口盖子和窗门早已打开，起重机的长臂早已举起，两岸的器材早已装在驳船上。轮船刚抛锚，驳船便被拖到轮船边，开始紧张地装货了。岸上每数人或数十人一队，抬着沉重的机器，不断地歌唱。汽笛不断地鸣叫，配合成一支极其悲壮的交响曲，写出了中国人动员起来反抗敌人的力量。"卢作孚在回忆录中这样写道。民生公司为宜昌大撤退付出了惨重代价——每天都有轮船、木船被炸，每天民生公司都有员工献出生命，公司共计损失轮船16艘，116名员工牺牲，61人受伤致残。

当时，经川江抢运出的单位包括：兵工署22厂、23厂、24厂、25厂、金陵兵厂、陕西厂、巩县厂、兵工署汴厂、湘桂兵工厂、南昌飞机厂、宜昌航空站、航委会无线电厂、航委会安庆站、扬州航空站等国防工业，以及申钢厂、大鑫钢铁厂、周恒顺机器厂、天元电化厂、新民机器厂、中福煤矿、大成纺织厂、武汉被服厂、武昌制呢厂、武汉纱厂等数百家重要企业，还有国民政府机关、科研单位、学校设备及若干珍贵的历史文物。亲历这一壮举的著名学者晏阳初称："这是中国实业界的敦刻尔克。"宜昌大撤退，保住了抗战时期中国的工业命脉，而这一功绩几乎完全依靠卢作孚和他的民生公司。这些抢运入川的工业物资很快在重庆等地建起新工业区，尤为重要的是以重庆为中心的兵工、炼钢等行业，构成战时中国工业的命脉，它们成了抗战的坚强后盾，生产出大批枪炮，为前线将士提供了源源不断的杀敌武器。

6. 深受内战创伤

抗战胜利后，卢作孚决心大力发展海洋事业，开辟南洋、北洋航线，让民生轮船远航香港、菲律宾、青岛、天津。1946年美国海军司令约卢作孚到南京，提出美轮直航汉口，以减少装卸层次。卢作孚表示中国现有船舶力量能承担这个任务，拒绝了美方意见。于是，民生公司利用战时外汇积累和国外贷款，大量购进新型客货船，除恢复长江航线外，陆续开辟沿海航线和南北洋航线，并与金城银行合资创办太平洋轮船公司，经营远洋运输，航线伸展到越南、泰国、菲律宾和日本。职工人数达8,000多人，船舶增至146艘、63,000多吨。民生公司在发展过程中，曾与四川军阀、国民党政府、外国垄断资本发生过联系，但最终不免受到官僚资本的压榨、外国航商的排挤，在当时社会经济破产、恶性通货膨胀的打击下，陷入严重危机。

7. "民生"的新生

此时此刻，卢作孚认识到只有社会主义才能救中国的真理。1949年夏秋间，他在香港和许涤新取得联系，受到党的政策启迪，坚定了信念，于1950年6月离港返京，随后民生公司留港18艘轮船也先后开回祖国大陆，且与国家签订了公私合营协议。他担任了中国人民政治协商会议全国委员会委员、西南军政委员会委员和北碚文化事业管理委员会主任等职。1951年，香港民生实业有限公司成立，主要在香港地区经营船只代理业务，同时也经营自有房产的出租业务。政府对民生轮船公司大力扶持，贷给巨款，同时组织川粮东运，解决了民生轮船公司缺少货源的困难。

1952年2月8日，卢作孚在重庆辞世，终年59岁。据其儿子卢国纪回忆的遗嘱内容，其中第二条为"民生公司股票交给国家"。卢作孚逝世后，党和国家对其生平给予了高度评价。毛泽东称赞他是我国四个不能忘记的实业家之一。中共中央赞许"为人民做过许多好事，党和人民不会忘记他"。从1952年9月1日起，公司实行公私合营，正式改名为公私合营民生轮船公司，运输生产不断发展。1956年经过充分协商，实行经济改组，定股定息，民生轮船公司并入长江航运管理局，但其船代业务已于2011年6月起全部由香港民生海洋有限公司经营。

1984年，在政府的支持下，民生实业（集团）有限公司由卢作孚儿子卢国纪在重庆与一些老民生员工重建。同年3月31日，民生公司长江后组建的第一个船队"东风五号"的三艘驳船，满载1,400吨煤炭，由重庆首航江苏高港，揭开了民生船队重返长江的序幕，民生公司成为中国第一家进入国民经济重要领域的非公有制企业。经过多年发展，民生公司逐渐形成了以长江航运、物流、能源和地产为主营方向的大型民营集团。2003年6月13日，民生的货运轮船首次试用了三峡船闸。因为大宗货物的长江水运成本低廉，速度快，并加上三峡大坝蓄水的机遇，集团经过20年的发展，民生公司已在中国沿海及长江沿线各主要城市和港口有拥有30余家子公司和分支机构，发展成为中国最大的民营航运企业集团。

2008年重庆评出历史名人，卢作孚得到的评语是"民生公司、北碚试验区、《卢作孚集》，其中任一项都足以改变历史，卢作孚正是这样一位改变历史而让中国人不能忘记的重庆人。"2011年5月1日，重庆市合川区卢作孚广场扩建工程，卢作孚主题青铜雕塑揭幕并供市民缅怀参观。今天后人缅怀卢作孚近六十年生涯，史实雄辩地证明，卢作孚的影响绝不仅仅因为他一手创建了声誉卓著的民生航运公司，也不仅仅因为他在四川推行地方建设和普及教育。更重要的是，这个人的经历、思想、情感和痛苦向我们展示了在那样一个混乱并且充满阻力的时代，一个人如何洋溢着热情和抱负，一心想要改变世界的未来，他以个体的卑微和一个时代不断抗争、妥协、融合，最终他的影响和眼光超越了他所在的时代。

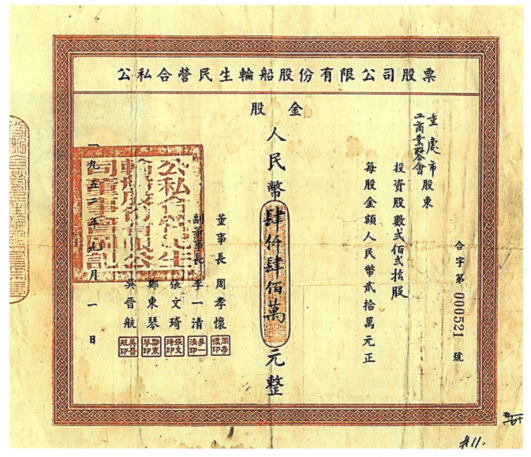

图3　公私合营民生轮船股份有限公司1952年9月1日发行面值贰佰贰拾股（4,400万元）的股票（泓盛艺术网收藏）

宣传抗日救国的良友复兴图书印刷股份有限公司伍联德

中国第一家以图像出版为主的民营出版机构——良友图书印刷公司于1925年6月在北四川路鸿庆坊成立，公司以出版画报、文学丛书著称，创办人伍联德。该公司出版的《新文学大系》（赵家璧主编）是中国现代文学史上的传世之作。其创办的《良友》画报，内容之丰富，印刷之精美，风靡中国，畅销东南亚，现已成为收藏珍品。

伍联德（1900—1972年），广东台山县人，学生时代就爱好美术，和同学陈炳洪翻译《新绘学》，交商务印书馆出版。毕业后，伍联德（见图1）由该校校长钟荣光介绍，进上海商务印书馆作美术编辑，编辑《儿童教育画》，并为《儿童世界》首创美术图案字，为商务印书馆图书设计商标等。因不能发挥其所长，三年后离开商务印书馆，自行创办《少年良友》（四开单张的小报），因未能打开销路而失败。1925

图1　伍联德

年，在上海女子商业银行董事长欧彬女士的资助下，和同学余汉生在上海先办良友印刷所，再办出版事业。7个月后，他单枪匹马，集稿编写，由他主编的大型《良友》画报诞生了。

1925年，早期的良友印刷所自设中型规模的印刷厂，主要承印社会印件，后向海外侨胞及港粤商人集资，成立良友图书印刷公司。除编辑部外，自设中型规模的印刷厂和门市部。1926年2月，伍联德自任主编首创中国第一本大型综合性新闻画报——《良友》画报，连续出至1945年，最高印数达4万份，半数订户为旅居海外各地的侨胞。还出版多种画报、画册，是国内以图像出版为主的出版社机构。1926年6月，"鸳鸯蝴蝶派"主将周瘦鹃出任《良友》画报主编。9月，"鸳鸯蝴蝶派"另一代表人物卢梦殊担任《银星》月刊主编。1926—1927年，伍联德先后去新加坡、槟城、吉隆坡、美国考察出版业。回国

图2　良友图书印刷公司

后，三次扩大招股十万元，改组为良友图书印刷公司。先后创办7种文艺期刊。在出版《良友》画报的同时，出版《孙中山先生纪念特刊》、《北伐画史》、《远东运动会特刊》、《中国大观》、《中华景观》等画册，十年间出版近一百多种画册，成为上海出版画册最多的出版机构。1927年1月，良友图书印刷公司正式成立，公司迁至北四川路851号（见图2），楼下前面是门市部，后面是印刷所；二楼是经理部；三楼是编辑部。多种画报、画册如《泛报》、《现代妇女》、《艺术界》、《体育世界》、《中国学生》等相继出版。

1927年3月，梁得所出任《良友》画报第三任主编。1927年5月，上海良友公司香港分局成立，分局除销售《良友》画报外，还管理销售所有公司其他出版物及体育用品。1928年4月，上海良友公司广州分局成立。1928年8月，良友公司改制成为上海良友图书印刷股份有限公司，资本总额为20万元。1928年10月，上海良友公司梧州分局成立。1928年11月，良友公司向社会公开招募股款10万元。1929年1月，良友公司第二次扩充招股。1929年5月，良友公司与各分局资本划清，在广州的改为广州良友公司，在香港的改为香港良友公司，在梧州的改为梧州良友公司。1930年3月，公司称第45期《良友》画报发行量达到42,000份。1930年9月，公司在国内实行特约代理店和特约经售的销售方式。1931年9月，赵家璧主编的《一角丛书》五种首发。1931年10月，良友公司第三次扩充资本，招募股款10万元。

1932年，"一·二八"事变发生，公司交商务印刷馆代印的第65期画报

因印刷厂被炮击，原稿全部被毁，延至5月出版。《良友》画报改用铜版纸和道林纸印刷，开本缩小为16开，连出两期。事后聘请创造社元老虚舟（郑伯奇）来编辑部，使良友出版的新文学书刊面貌一新。他亲自到大学校舍约请赵家璧大学毕业后到良友工作。他首创出版中外电影明星图片，有100多种，还出版中外著名歌曲600多种，由于先行一步，获利甚丰。正当良友营业兴旺之时，收到了"剿共同志会"的恐吓信。1932年7月，《良友》画报恢复开本与影版印刷。公司设文艺图书出版部，聘赵家璧为主任。曾编辑《中国新文学大系》、《良友文学丛书》、《良友文库》及《中篇创作新集》、《一角丛书》、《万有画库》等进步的文学系列书和单行本，共计二三百种，装帧精美，独创一格，作者有鲁迅、茅盾、老舍、巴金、丁玲等。在30年代文化反"围剿"斗争中作出一定贡献。1932年9月，良友全国摄影旅行团出发，梁得所任摄影团主任，欧阳璞、张沅恒为摄影师，司徒荣为干事。

1933年1月，赵家璧主编的"良友丛书"三种首发。1933年5月，良友全国摄影旅行团返沪。1933年7月，梁得所辞去《良友》画报主编一职，自80期起由马国亮担任主编。1934年7月，《良友》画报改为半月刊，定价由四角调整为两角，内容酌减一半。1935年1月，《良友》画报重出月刊，定价页数恢复。1935年5月，赵家璧策划、主编的《中国新文学大系》十卷出齐。《中国新文学大系》对"五四"文学革命至1927年期间新文学运动的理论、小说、散文、诗、戏剧诸方面的成绩作了"整理、保存、评价"。1934年，艺华影业公司被捣毁，良友公司的大玻璃窗都被打破，并限令良友公司辞退编辑马国亮和赵家璧。伍联德十分气愤，亲自到南京找老友说项，让马、赵照常工作。

1937年，抗日战争爆发，在北四川路的良友图书印刷公司正处在战区，损失惨重。停出8月号、9月号、10月号，11月出版四个月的合刊（第131期）。1937年8月15日迁至江西路264号继续营业。《良友》画报、《电影画报》、《妇人画报》及《知识画报》因纸张供应不足，不得不暂告停顿。为适应战时需要，另出《战时画报》，8开月刊，每册五角，由香港良友公司代为发售，主要销往华南及南洋各埠；《战事画刊》，五日刊，16开，每册一角；逢星期一、星期六出版，由上海良友公司发售。1938年1月，《良友》画报迁往香港，从该月起在香港出版发行，为第133期，开本恢复。1938年5月，业务不得不暂停，爱国报人张似旭在上海创刊《大美画报》，宣传抗日

图3　良友图书印刷公司主要成员合影，前排左二为赵家璧

救国，伍联德化名主编，编了9期后，改由赵家璧接编。1938年6月、7月，公司"三巨头"伍联德、余汉生、陈炳洪矛盾激化，并最终导致向上海租界法院申请破产。《良友》画报在香港出至138期后停刊。12月，复兴银团接管前良友图书公司全部财产。

1939年1月，良友复兴图书公司在上海企业大楼五楼开始营业。2月，《良友》画报在上海复刊，复刊号按序排为第139期，张沅恒出任主编。是年，良友图书印刷有限公司又更名为良友复兴图书印刷股份有限公司，由赵家璧任总编辑。1941年12月，出版第171期后，因太平洋战争爆发而被迫停刊。良友复兴图书印刷股份有限公司与商务、中华等书店遭日军查封。1942年4月，公司启封后，因不愿与日本人合作，赵家璧与张沅恒避走桂林，良友复兴图书印刷股份有限公司在桂林懋业大楼复业，后迁重庆复业。1945年3月，赵家璧在重庆英年大楼继续经营良友复兴图书公司。1945年10月，张沅恒以良友图画杂志社的名义，在上海编辑出版第172期《良友》画报。

1946年抗日战争胜利后，伍联德返沪，因股东间对出书方针意见不统一，良友复兴图书公司遂告停业。1947年，伍联德赴香港，1954年，创刊人伍联德在香港重新复刊《良友》海外版至1968年。1972年，伍联德在香港逝世。1984年，伍联德之子伍福强在香港继承父业，恢复良友图书公司，《良友》画报也在港恢复出版。

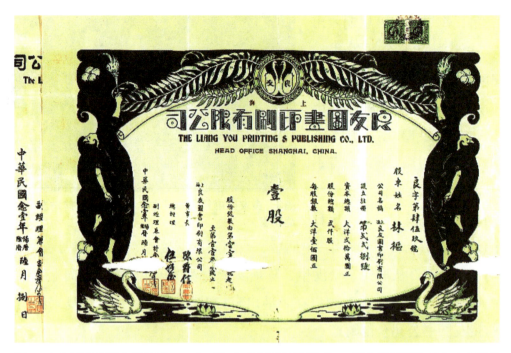

图4　良友图书印刷有限公司1932年6月8日发行面值壹股（100元）的股票及封套（中国书店收藏）

图5　良友图书印刷有限公司1927年11月1日发行面值伍股（500银元）的股票（中国收藏热线收藏）

图6　良友复兴图书印刷股份有限公司1940年7月1日发行面值伍拾股（1,000元）的股票（中国近代名人股票鉴藏录）

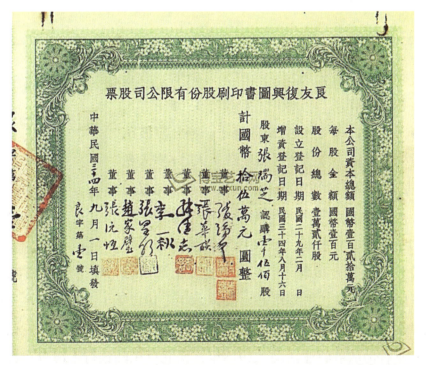

图7　良友复兴图书印刷股份有限公司1945年9月1日发行面值壹仟伍佰股（15万元）的股票（博宝艺术网收藏）

积极参加抗战救国活动的中国保险业
革命先驱胡咏骐

1925年11月，宁绍商轮股份有限公司在内部设立保险部，兼营保险业务。作为上海宁绍商船公司的一个部门，主要承保火险、船壳险及汽车险。宁绍商轮公司内拨保险部25万元，无独立资本。首任总经理为乌人尧。1929年，胡咏骐继任经理。1932年，保险部总部设在上海江西路59号。在其经营期间，1932年至1933年平均年收入保费为33万余元。并在1933年6月和1934年1月分别参与了华商联合保险公司和中国船舶保险联合会的发起和组建工作。

1. 离不开的奠基者

在宁绍水火保险公司创立当中，方椒伯、袁履登起到了积极的作用。方椒伯（1885—1968年），又名积蕃（见图1），民国工商业巨子。浙江宁波镇海骆驼桥柏墅方村（今镇海区骆驼镇）人。6岁入私塾，8岁丧父。17岁科举考试未中，次年赴沪与叔父共营祖传产业。光绪三十一年（1905年）集资在家乡创办培玉学堂，任校长。后又任宁波溪海公学校长和宁波教育参事会参事。辛亥革命光复上海时，

图1　方椒伯

参加中华民国协济会，协筹军需。民国元年（1912年）入伍廷芳主办的上海民国法律学校，攻读法律。后转学至梁启超主办的上海神州法政专门学校，1917年毕业后仍从事商业活动。1918年，任北京东陆银行上海分行经理，兼任四明公所及四明医院董事，上海总商会会董兼商事公断处处长，宁波旅沪

同乡会会董、常务理事及会务主任等职。"五四"运动时在上海发起组织各业同业公会和各公团联合会，当选为会长。随之发表通电，反对上海总商会发出的违反民意的中日直接交涉归还青岛的主张，致使总商会正副会长引咎辞职，遂闻名于沪上各界。1920年，方椒伯参与改组上海股票商业公会，成立上海华商证券交易所，并被推为董事，又任银行公会会董。1922年后任上海总商会副会长，主持日常会务工作。是年与秦润卿等集资创办大有余榨油厂，任董事长。

1923年，方椒伯兼任宁绍轮船公司董事长、公共租界纳税华人会理事长。此后在反对曹锟贿选总统、军阀争夺上海的齐卢之战、"五卅"惨案各类事件中发挥了一定作用。从1930年起，方椒伯多次当选上海市商会执行委员和监察委员，同时辞去东陆银行职务。1932年辞去通商银行南市分行经理后，长期执行律师业务，同时兼任复旦大学校董、中华职业教育社监理事、宁波通运长途汽车公司董事和上海渔市场商股常务理事等职。1937年"八·一三"淞沪抗战后，任上海难民救济协会副秘书长兼劝募主任，集款1,000余万元。1939年，伪上海市长傅筱庵多次邀其出任市政府秘书长等职，被拒。抗战胜利后，除执行律师业务外，方椒伯致力于经营大有余榨油厂及办理同乡会劝募事务。至1948年，方椒伯曾担任多处厂商的法律顾问，专办非诉讼案件，凡经其调解，当事人都免予诉讼。从1955年起，方椒伯连任3届上海市政协委员。1968年病逝于上海，享年83岁。

2. 创建宁绍水火保险公司及人寿保险公司

1925年11月，宁绍商轮股份有限公司在内部设立保险部，兼营保险业务，无独立资本。首任总经理为乌人尧。保险部设在上海江西路59号。1929年，胡咏骐继任总经理。宁绍水火保险股份有限公司是由宁绍商轮保险部改组而来。1935年，由方椒伯、乐振葆、袁履登等倡议，将保险部与宁绍商轮股份有限公司脱离隶属关系，改组为宁绍水火保险股份有限公司。资本金150万元，共6万股，每股25元，方椒伯任董事长，总经理初为胡咏骐兼任，后为袁履登，主要经营水险、船壳险、汽车险等业务。总公司设在宁波路86号，改组后在宁波、杭州、温州、南京、镇江、常州、无锡、苏州、九江、汉口、长沙、天津、烟台、青岛、营口、嘉兴、海门等地设立了代理处。1942年，宁绍水火保险股份有限公司参加华商联合分保集团。抗日战争胜利后，注册登记为宁绍产物保险公司。

在宁绍水火保险股份有限公司改组成立的前4年，即1931年11月1日，因胡咏骐结合所学的人寿保险专业，由倡议发起，征得宁绍帮旅沪富商投资组建宁绍人寿保险公司，股东主要是宁绍帮旅沪富商，资本收足规银25万元，专营人寿保险业务，资金实收25万元。总公司设在上海，初在江西路（今江西中路）59号，后迁至北京路（今北京东路）356号国华银行大楼，初由邵长春后由乐振葆任董事长，胡咏骐为总经理。在广州、北平、汉口、青岛设分公司，九江、重庆、南京、苏州、杭州、烟台、济南、开封、汕头、宁波、长沙、威海卫、厦门、镇江、无锡、南昌、武昌等地设代理处。经营终身寿险、储蓄保险、限期缴费终身保险、薪资储蓄养老金保险、子女教育金保险、子女婚嫁金保险、团体保险、意外保险8类业务。同年制定了司机意外伤害及车务交通保险章程。

1934年1月，宁绍人寿保险公司开办两周年，已征得保险金额为规银300余万元。同年7月，增设意外保险部，开办汽车险、意外险、玻璃险及电梯险业务。同年10月15日公司开展"服务月"活动，凡保户来函商询，当即派员上门释疑。同年11月，公司参与制定了《华商寿险协会简章草案》，共7章17条。1935年，宁绍人寿保险公司制定《承办沪江大学团体保险办法》共10条。1936年5月5日，胡咏骐等6人出席了保险法修订会议。1939年11月1日，宁绍人寿保险公司开办八周年之际，已拥有有效保险金额800余万元，有效被保险人2,000名。从1943年起，宁绍人寿保险公司仅是个空牌子。新中国成立后，1954年根据《解放前保险业未清偿的人寿保险契约给付办法》，全面清偿后宣告公司结束。

3. 胡咏骐倾尽心力拓荒民族保险

胡咏骐（1898—1940年），字志昂（见图2），浙江鄞县人，是中国民族保险业的拓荒者，中国保险业最早的中共地下党员之一，中国保险业革命先驱。胡咏骐出身于浙江鄞县手工业者家庭，家中有8个子女，胡咏骐排行第六。少年时就读于教会学校宁波斐迪中学，在学校时开始信仰基督教。中学毕业后进入上海沪江大学学习，1919年获文学学位，回宁波创办基督教青年会任总干事，后转任中华基督教青年会全国协会董事、书记、司库，兼任上海市分会组委会主任委员、上海基督教青年会董事等。1926年，胡咏骐得到教会资助，赴美国哥伦比亚大学攻读人寿保险和商业管理学，并到纽约联邦人寿保险公司实习。

图2 胡咏骐

1929年回国，出任宁绍商轮公司保险部经理，后任宁绍水火保险公司经理。1931年，胡咏骐发起创办宁绍人寿保险公司，任总经理。1933年创办《人寿季刊》，这是中国第一份专门研究寿险学理的刊物。1935年，中国保险学会成立，胡咏骐为常务理事。1935年以后，胡咏骐出任上海保险业同业公会主席，其间，主持翻译了保险单上长期沿用的英文条款，结束了我国民族保险公司保险单上没有中文条款的历史。他还与外商谈判，成立了囊括华商和外商的上海市火险联合委员会，协调统一了火险费率和条款，限制了外商保险公司对华商保险公司的不正当竞争。

据王珏麟《胡咏骐和宁绍保险公司》一文介绍，在宁绍水火保险公司、宁绍人寿保险公司和上海保险同业公会的工作期间，胡咏骐充分施展其经营管理才华，积极倡导正确的经营理念；培养保险人才，创办保险刊物；协调统一火险、兵险费率和条款；设立医务委员会和精算委员会；提出设立全国保险监理局的具体设想；讨论华商寿险业联合组织再保险机构；修订了保险法；参与保险同业组织，推进了宁绍人寿保险公司和整个保险行业的发展，对中国保险事业作出了卓越贡献，为他赢得了崇高的声望。

"八·一三"淞沪抗战爆发后，胡咏骐一面积极参加国际救济会和上海职业界救国会的活动，一面自觉投身爱国进步事业，参加中共上海地下党领导的"复社"，为出版发行埃德加·斯诺所著的《西行漫记》中译本以及《鲁迅全集》（20卷本）、《海上述林》（瞿秋白文集）等进步书籍，从筹措资金到具体工作，提供了多方面帮助。他把这些书籍的纸版存放在宁绍人寿保险公司和自己家中，以防租界巡捕房查究。他阅读研究这些书籍和中共关于抗战主张的《论持久战》、《论新阶段》等文件，还在沙文汉的引导下，直接阅读马克思的英文版《资本论》，思想认识产生巨大飞跃，1938年向沙文汉提出了入党申请。是年，上海市保险业业余联谊会成立，胡咏骐被聘为顾问。1939年，中共中央批准胡咏骐加入中国共产党。

1940年5月，胡咏骐病情急剧转重，住院手术时，被确诊为胰腺癌。他留下遗嘱，将保险公司财产全部捐给抗日事业，并谆谆教诲家人继承其为人民大众谋福利的革命事业。11月5日，胡咏骐在上海逝世。上海市保险业同业公会、上海市保险业业余联谊会、宁绍人寿保险公司等组织联合开展了一系列的悼念活动，出版了《胡咏骐先生纪念册》。宋汉章、吕岳泉、过福云、丁雪农、朱如堂、朱晋椒、方椒伯等撰文悼念，上海保险业业余联谊会创办《保联月刊》印制纪念专刊。

事实上，胡咏骐是宁波商帮中第一位中共特别党员。他们具有较高社会地位，担负特别的工作任务，其党员身份在党内外保密，不编入、不参加支部的组织生活，由高级的负责同志直线联系并进行教育。1937年刘晓到上海担任中共江苏省委书记，即由胡咏骐安排在宁绍人寿保险公司任经理员职务。刘晓因工作需要自沪赴渝时，又是他设法给以宁绍商轮公司职员的身份作掩护。1938年，中共上海地下党组织考虑到保险公司与各行各业的联系相当广泛，通过保险公司的业务活动，可与各行各业的中上层人士保持经常联系，有利于开展党的抗日民族统一战线工作，还可利用保险公司掩护地下党员和党组织的秘密活动。因此，党组织决定借鉴"银联"的形式，发起组织上海市保险业业余联谊会，而其最主要的发起人和筹备人便是胡咏骐，所以江苏省委对他的思想转变和实际表现早有了解。但因胡咏骐的社会地位，按照发展特别党员的程序，必须经省委上报党中央，因此到1939年初，才由中共中央特别批准胡咏骐为中国共产党预备党员。

资助出版抗战书刊的爱国金融家孙瑞璜

从蘸水钢笔到自来水笔的诞生，其间又有一番经历，文献中也有多种记载。自来水笔起始于1884年，美国刘易斯·爱迪生·华特门（Lewis Edison Waterman）应用毛细原理，设计成具有毛细作用的零件——笔舌，它与钢笔尖紧密互配，然后用滴管将墨水注入

图1　国益自来水笔厂出品的"博士牌"金笔

空心的笔杆，依靠毛细引力作用，使用墨水自动流向笔尖，形成了自来水笔的雏形。1925年前，上海市场上销售的自来水笔和铅笔都由国外进口。1926年，殷鲁深和卢寿钱合伙在上海甘世东路（今嘉善路）创建了我国第一家自来水笔厂——国益自来水笔厂，资本为5,000元，规模较小，主要从事自来水笔装配。1926年，国益自来水笔厂生产了第一支国产自来水笔。后该厂由殷鲁深独资经营，1935年易名博士笔厂，职工80人，资本增至65,000元。1942年12月3日，改组为博士笔厂股份有限公司，资本总额100万元，总股本10万股，每股10元。著名实业家、爱国金融家孙瑞璜出任董事长，总经理陆养春，"新亚系掌门人"许冠群、"丝绸大王"蔡声白等实业家出任董事。公司出品的"博士牌"金笔（见图1）被誉为"博士金笔，笔中博士"。

孙瑞璜（1900—1980年），又名祖铭，崇明县城内人，1917年考入北洋清华学校。青年时期目睹国贫民穷的现状，主张"实业救国"。1919年"五四"运动中，曾参加天安门游行示威。1921年，获公费赴美留学，先后

在纽约大学和哥伦比亚大学攻读银行学，获硕士学位。1927年，孙瑞璜学成回国，在天津南开大学讲授会计学。次年6月，由江苏省农民银行副经理王志莘推荐，在南京任国民政府建设委员会总稽核，后因看不惯官场腐败而辞职。1930年3月，孙瑞璜在上海邮政储金汇业总局任会计处副处长。1930年10月，由新华银行总经理王志莘推荐任该行副经理。在王、孙经营下，新华银行业务日益发展，闻名于上海银行界。

图2　孙瑞璜

抗战爆发后，新华银行于重庆设总管理处，并于汉口、重庆、昆明等地设立分行，孙仍主持上海总行业务。当时，上海抗日救亡运动高涨，孙在"星二"和"星四"聚餐会上结识了韦悫、郑振铎、王任叔、胡愈之、许广平、陈已生、严景耀、雷洁琼等中共地下党员和进步人士，曾资助他们出版《鲁迅全集》和接办《译报》，并于1938年6月担任中共地下党领导的上海市银钱业业余联谊会理事会主席。 1941年12月太平洋战争爆发，日本侵略军进入租界，孙瑞璜辞去此职。

1945年抗战胜利，孙瑞璜针对中储券的收兑比价问题，在《新闻报》上发表《整理伪中储券问题》一文，反映了沦陷区人民和工商业者的共同呼声。1946年上海市银钱业业余联谊会理事会改选时，孙瑞璜被选为副理事长。此后，他先后担任博士金笔厂、大华绸业公司、大安保险公司、中国萃众制造公司、科学化工厂董事长。此外，还担任清华大学同学会会长、上海中华基督教青年会会长、银行业同业公会、银行学会、中华慈幼协会理事等职。新中国成立前夕，孙瑞璜坚持留在上海迎接解放，并以代总经理名义致电各地新华银行经理，要他们坚守岗位。新中国成立后，新华银行首批参加公私合营。

1950年全国金融联席会议后，在中国人民银行领导下，孙瑞璜协助王志莘积极推动成立了新五行联合总管理处，任沪区业务委员会主任委员。1952年任公私合营银行上海分行副经理、经理、中国人民银行上海市分行储蓄处处长、副行长等职。孙瑞璜积极参加社会活动，历任上海市人民代表，市工商联执行委员，民建市委委员、副秘书长、顾问、民建中央委员。孙瑞璜十分关心祖国统一大业，屡次致函台湾和香港的同仁，劝其回大陆工作。孙瑞璜曾担任中国人民银行上海市分行顾问，当选为第七届上海市人民代表。孙瑞璜长期患病，在住院治疗期间，仍十分关心银行体制改革，并提出积极建议，为上海市政协翻译国外银行资料。1980年5月9日，孙瑞璜病逝，享年80岁。

图3　博士笔厂股份有限公司1943年1月1日发行面值壹佰股（1,000元）的股票（百年中国股票典藏）

图4　博士笔厂股份有限公司1943年1月1日发行面值伍佰股（5,000元）的股票（中国近代名人股票鉴藏录）

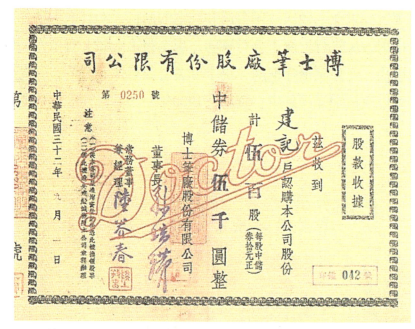

图5　博士笔厂股份有限公司1943年9月1日发行面值伍佰股（中储券5,000元）的股票（百年中国股票典藏）

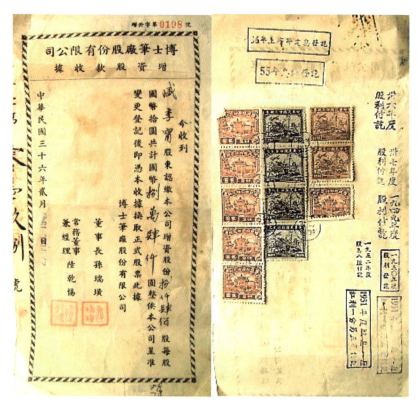

图6　博士笔厂股份有限公司1947年2月发行面值捌仟肆佰股（84,000元）的增资股款收据及背书（中国收藏热线收藏）

将10万个红十字救急包运经香港转供内地的
新亚药厂许冠群

　　著名新亚企业集团"掌门人"许冠群（1899—1972年），又名许超，江苏武进人。1918年，许冠群经人介绍到上海三新纱厂当会计员。1921年，夜读上海商科大学，在校担任武进旅沪大学生联合会评议员。毕业后，挂牌从事会计师业务。1923年冬，他见当时日货"野猪"牌蚊香在中国城乡很畅销，遂与友人集资600银元，在上海成都南路宝裕坊开设新农除虫菊公司，开始生产国产蚊香。1924年，改产花露水等化妆品。1926年5月，许冠群与友人赵汝调、屠焕生集资1,000银元，在上海新闸路1010号开设新亚化学制药公司（以下简称新亚药厂），用星牌为商标，第一个产品是人寿水（即十滴水），后又生产花露水、牙膏、牙粉以及化妆品等。次年从日本购进灭菌蒸馏水机器1台，生产注射用水。后来人们常说新亚厂是靠"三水"（十滴水、花露水、蒸馏水）起家的。

　　1927年10月，许冠群说服顾厚甫、顾键甫兄弟向新亚制药厂投资，资本增至1万银元，将企业改组为新亚化学制药股份有限公司，自任常务董事兼总经理，以勤、慎、忠、实为厂训。厂址迁至白克路（今凤阳路）24号，后又迁至淮安路735号和新闸路1095号。公司设有化妆品部、药品部、注射液部，产品蒸馏水为企业自制针剂之始。从1928年起，许冠群不断延聘著名博士、药师、技师，致力生产国货西药，用于替代高价的舶来品，产品有数十种，驰名上海药业界。其时注射水所用安瓿为硬质中性玻璃均需国外进口，且运途破损很大。1930年6月，聘日本技师田之助为顾问，几经试验，设玻璃工厂，生产针剂用中性硬质"安瓿"及玻璃仪器成功，首家取代进口，与针剂生产配套。不久成立药片、药丸制造部，从日本购入电动制片机1台，一次能轧片42粒，比老式单冲机提高效率42倍。

1932年，新亚宝青春上市，与日货若素竞争。1933年，资本增至25万银元，自制利凡命、必妥飞生等针剂、片剂。1934年3月，在国内首创星牌注射器。同年，试制星牌橡皮膏，与美国花牌橡皮膏竞销。1935年初，设新亚化学药物研究所，聘日本东京帝大毕业的药学博士曾广方为所长，研制出有机砷制剂新消毒素（新胂凡纳明），闻名全国，并与德国狮牌新六〇六相抗衡。1936年，许冠群赴日访问武田、盐野义制药厂和几个研究所，学习其生产管理、流水作业和车间纽带传动操作等方法与经验。许冠群在抗战前夕，曾雄心勃勃地着手筹建东亚第一流制药厂。1936年，资本增至50万银元，计划在林肯路（今天山路）购地50亩建厂，并偕同赵汝调东渡日本考察东京、大阪的药厂、研究所，回国后，1937年6月，专聘设计师，设计以日本武田药厂为蓝本的新亚新厂，后因抗战爆发搁浅。

1937年抗日战争开始，产品星牌纱布、药棉、橡皮膏上市，曾将红十字救急包十万个运经香港转供内地。1938年4月，设新亚血清厂，聘美哈佛大学细菌学专家程慕颐为厂长，研制血清、牛痘苗等。生产霍乱、牛痘、伤寒血清，为社会提供急需的卫生材料和防疫药品。还设新亚卫生材料厂。1938年10月，许冠群在香港开办新亚药厂，投资10万港元。1939年，产品星牌绿药膏行销东南亚。1936—1939年，在各省市设立办事处22处，在新加坡设立代表处9处。所产各种针剂、宝青春、绿药膏等成药畅销国内外市场。1940年，运进南洋原料，生产奎宁、药用酒精等。1941年，设立新亚生物研究所，研制上市抗痨素、斑疹伤寒疫苗，并培养研究过青霉素等。至此，新亚药厂已能生产近500个产品，包括原料药、粉针剂、水针剂、药片、药丸、药膏、溶液以及医用玻璃、器械等。还在重庆设立新亚华西分厂，在北平（北京）设华北分厂，后因资金不足，企业陷入困境。

许冠群从花露水、十滴水、蒸馏水三水起家，到形成新亚企业集团的发展过程中，新亚职工队伍也由初创时几个人增至千余人。许冠群雇用职工来源各异，有亲友，有贫苦儿童和难童，也有从社会招收的，如委托中华职业教育社代训高中生等。许冠群在厂内开办了工人识字夜校、职工业余补习夜校。1939年2月23日，许冠群针对当时国内只有医科大学而无药科专业学校的状况，为了发展医药事业，创办了广澄药学高级职业学校，面向社会招生，培训专业人才。学校设在北京路（今北京东路）330号，毕业生除新亚药厂录用部分外，分别介绍于各省药业单位服务。该校在当时填补了国内无药科大学的空白，直至解放后并入轻工业部专门学校。

许冠群还仿效国外企业的某些做法，设立新亚诊疗所10余所，设立流动图书馆、国术队、口琴队等，为职工提供免费诊疗、阅读书刊和参加文体活动等。至1942年，许冠群在全国各地建立的销售网点增至41处，在南洋有10处，其中香港新亚化学股份有限公司为新亚在南方联络国内外的枢纽公司，提高了新亚产品在同行中的竞争力。

1942年，许冠群成立一家投资公司，实际上是专门发行股票从事投机为主的企业——新亚建业股份有限公司，同时继续对总公司增资。1943年末，三友实业社将杭州染织厂出盘，许冠群用新亚建业公司名义盘进，改名杭州第一纱厂，出任该厂董事长。随着星牌药品市场不断拓展，新亚药厂的声誉日盛，许冠群本人的社会地位也不断提高。许冠群运用此契机，大力发展新亚企业集团。

1937—1945年，创办或合办的企事业公司增至35家，职工逾1,000余人，资本总额突破10亿元（中储券）。重点进入银行、股票业，经营金融、地产业有12家，其中著名的有中国工业银行、中国股票公司、新亚建业公司等，还有其他行业23家。由许冠群出任董事长、总经理、兼总经理衔头的有24个。其中有8家上市公司，涉及金融地产业、化工制药业、食品业、棉毛纺织印染业、印刷造纸业等，形成一个庞大的新亚企业集团。1943年末，三友实业社将杭州染织厂出盘，许冠群用新亚建业公司名义盘进，改名杭州第一纱厂，出任该厂董事长。

1945年8月，抗日战争胜利，许冠群离沪去港，与其弟共掌香港新亚制药厂，另外还开办香港中国工业银行和香港新亚联合地产公司，但经营无起色。在一次进出口贸易中，受到严重亏损而一蹶不振。此后，许冠群滞留香港，境遇日非，难有作为。

新中国成立后，在民主人士章士钊的启发和在港亲友的资助下，于1950年9月，许冠群从香港返回上海。新亚药厂吴蕴初让出董事长一职给许冠群担任。同时，许冠群又担任杭州纱厂总经理，常年驻杭。许冠群在杭还筹办了一家华侨饭店，动员侨胞在国内投资；并在沪杭两地捐款办学，培养人才。1951年，许冠群任浙江省政协委员和杭州市人民代表。1954年12月，许冠群在申请新亚药厂公私合营后，担任副董事长。1955年，生产重金属解毒剂二巯基丁二酸钠、抗肿瘤抗生素更生霉素等。1960年，研制成功并投产原料药维生素B6。1982年后，设龚路分厂、马桥分厂和金山分厂。

1972年5月7日，许冠群因病在上海逝世，享年73岁。1983年，新亚药厂向罗马尼亚出口年产40吨维生素B6的全套生产技术和装置。1995年，主要产品有原料药、粉针、水针、胶囊、霜膏、片剂6类44种，员工824人，占地14.13万平方米，建筑面积7.75万平方米，工业总产值3.05亿元，销售2.66亿元，利税2,060万元。

图1　香港新亚化学制药股份有限公司1941年7月8日发行面值壹佰贰拾股（600港元）的股票附封套（博宝艺术网收藏）

图2　香港新亚化学制药股份有限公司1941年11月5日发行面值壹佰贰拾股（600港元）的股票（中国近代名人股票鉴藏录）

图3　新亚化学制药股份有限公司1943年11月17日的股款收据（中国股票博物馆馆藏）

图4　上海新亚化学制药厂股份有限公司1944年6月30日发行面值壹佰股（1,000元）的股票（中国近代名人股票鉴藏录）

图5　上海新亚化学制药厂股份有限公司1944年6月30日发行面值伍佰股（5,000元）的股票（百年中国证券典藏收录）

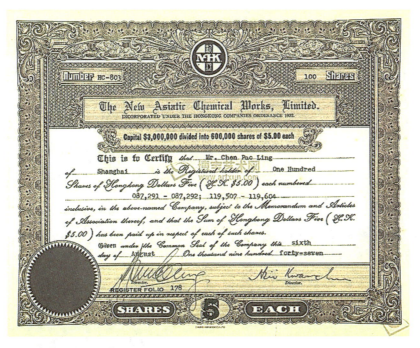

图6　香港新亚化学制药股份有限公司1947年8月6日发行面值壹佰股（500港元）的股票（博宝艺术网收藏）

图7　上海新亚化学制药厂股份有限公司1948年5月1日发行面值伍拾萬股（500万元）的股票（百年中国证券典藏）

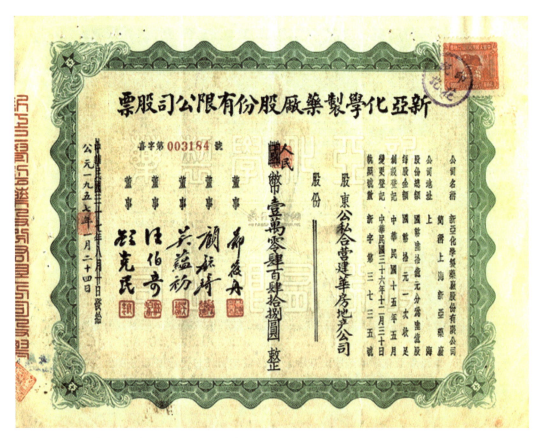

图8　上海新亚化学制药厂股份有限公司1957年1月24日发行（人民币10,484元）的增资股款收据

"八·一三"事变中奋起组织医疗救护队"西医泰斗"颜福庆

新星西药行由姚俊云创办于1927年，1942年12月，改组为新星化学制药厂股份有限公司。1944年9月，资本总额增资至4,000万元，总股本400万股，每股发行价10元，1947年再次增资至10亿元。总公司设在黄河路凤阳路口，下设新星化学药物研究所。总厂在长宁路26号（见图1），并在重庆、昆明、汉口、天津等处设立分厂。新中国成

图1　新星西药厂

立初，有制药厂19家，较闻名的除五洲药厂、上海中华制药公司、中法制药厂外，还有生产仙鹤草素的中国药物公司，生产一心油的永星药厂和生产一轻松的新星药厂。20世纪50年代，硬胶囊剂的生产品种有新星药厂的力勃隆、俾康复胶囊，由于手工操作，产量小。1960年，产量0.37亿粒。从1960年起，上海市医药工业公司决定将胶囊产品逐步划归上海联合胶丸厂生产，当年9月1日，新星药厂的力勃隆、俾康复划给该厂生产。

董事颜福庆（1882—1970年），字克卿（见图2），祖籍厦门，1882年7月28日出生于上海市江湾一个清贫的基督教牧师家庭。颜福庆是我国近代著名的医学教育家、公共卫生学家、中华医药会创始人之一兼首任会长，上海医科大学创始人，被称为"西医泰斗"。他先后创办湖南湘雅医学专门学校（湖南医科大学前身）、第四中山大学医学院（复旦大学上海医学

院前身）、中山医院、澄衷肺病疗养院（上海肺科医院前身），并与中国红十字会订约合作，接办该会总医院（复旦大学附属华山医院前身）等医学教育和医疗机构，为中国医学教育事业作出了卓越的贡献。他与兄长颜惠庆（外交家）、颜德庆（铁道专家）并称为"颜氏三杰"。在兄弟姐妹五人中，颜福庆排行第二。幼年丧父，母亲多病，所以在少年时代就立志学医。他从7岁起就寄养于伯父颜永京（原上海圣约翰大

图2　颜福庆

学校长）家。童年在圣约翰书院接受了最初教育，后在伯父资助下先后就读于上海圣约翰中学和圣约翰大学医学院，1903年毕业。1906年被选送到美国耶鲁大学医学院深造，1909年获得医学博士学位。

　　1910年，颜福庆接受美国雅礼会的聘请，在湖南长沙雅礼医院任外科医师，在此期间，曾为杨开慧烈士诊治过疾病（中华人民共和国成立后毛泽东同志接见他时还提及此事）。1914年，32岁的颜福庆创办长沙湘雅医学专门学校（湖南医科大学前身），任第一任校长。他在医疗工作中深感预防医学的重要，决心从临床医学转向公共卫生学。1914年，再度赴美进哈佛大学公共卫生学院攻读，获公共卫生学证书。1915年，与伍连德等发起组建中华医学会，并任第一届会长。此后又创办了澄衷肺病疗养院（上海市肺科医院前身）等并任院长。1926年，任北京协和医学院副院长。1927年10月，创办第四中山大学医学院（不久先后改称江苏大学医学院和中央大学医学院，1932年改称国立上海医学院），并任第一任院长。1928年7月创建吴淞卫生公所。1937年8月13日，日本帝国主义大举进犯上海，中国守军奋起浴血抗战，颜福庆奋起组织医疗救护队，并任上海市救护委员会主任委员、武汉国民政府内政部卫生署署长等职。

　　新中国成立后，国立上海医学院由上海军事管制委员会接管，并成立临时管理委员会，颜福庆任副主任委员。1951年，国立上海医学院改组，颜福庆被任命为副院长，1952年改名为上海第一医学院（现为复旦大学上海医学院）。抗美援朝期间，颜福庆参加了上海市抗美援朝志愿医疗手术队的组织领导工作。积极广泛地动员医药卫生人员响应中国共产党的号召，参加医疗

手术队奔赴前线。上海医学院各附属医院先后各自组织了三批志愿手术医疗队，还联合组织了一个防疫检验队参加反细菌战，参加的人员共200余人。当时虽已70岁高龄，但仍参加了慰问团亲赴东北慰问志愿军。颜福庆晚年还始终坚持参加学校内外的各种会议和各项社会活动。他曾任第一、第二、第三届全国人民代表大会代表，第二届全国政协委员，九三学社中央委员兼上海分社副主任委员，中华医学会名誉副会长和基督教三自爱国运动委员会委员。

"文革"中，颜福庆受到"四人帮"的残酷迫害，使他卧病不起，1970年11月29日上午，在上海家里坐着的颜福庆突然倒下，含冤与世长辞，享年88岁。粉碎"四人帮"以后，中共上海市委、上海第一医学院党委为他彻底平反昭雪，恢复名誉，并举行了隆重的追悼会，骨灰安放在龙华烈士陵园"革命干部骨灰存放室"。颜福庆对中国的医学教育事业作出了不可磨灭的贡献，他将永远留在人民的脑海中。他那严谨、勤奋的治学精神、兢兢业业的工作作风，是广大医务卫生工作者学习的榜样。

图3　复旦大学医学院内颜福庆的塑像

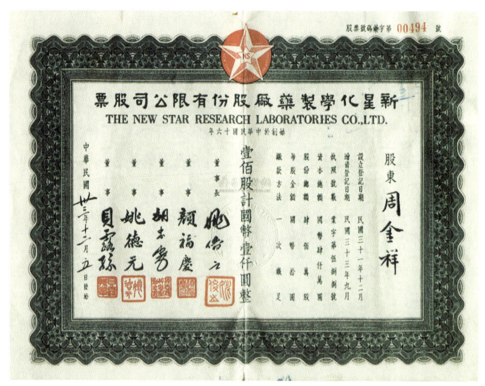

图4　新星化学制药厂股份有限公司1944年12月5日发行面值壹佰股（1,000元）的股票

图5　新星化学制药厂股份有限公司1944年12月5日发行面值伍佰股（5,000元）的股票
（票面上股东虞兆兴是中国最早制造樟脑和酒精的美龙香料药品厂的创办人，中国近代
名人股票鉴藏录）

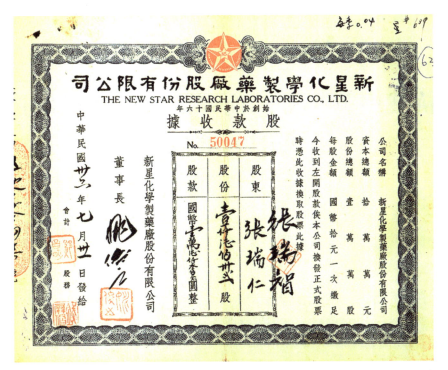

图6　新星化学制药厂股份有限公司1947年7月31日发行面值壹仟陆佰叁拾贰股（16,320元）的股款收据（著名收藏家郑家庆藏品）

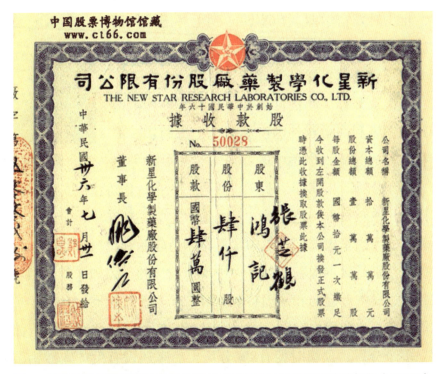

图7　新星化学制药厂股份有限公司1947年7月31日发行面值肆仟股（4万元）的股款收据（中国股票博物馆馆藏）

抗战中英年赍志而殁的大中华橡胶厂 创始人薛福基

大中华橡胶厂是中国早期最大的橡胶工业企业，也是最早制造轮胎和出口轮胎的工厂，1928年由旅日侨商余芝卿和橡胶工业专家薛福基等创办于上海，为中国旧时最大的私营橡胶企业。

1. 创办人余芝卿与薛福基

余芝卿（1874—1941年），字茂芳（见图1），中国橡胶工业先驱。浙江鄞县人。余出身贫寒，幼时父母双亡，年少时发奋学业。14岁辍学到上海德成仁商号当学徒，后被派至镇江分店主持业务。返沪后，先后担任大成祥号、泰生祥号经理。1912年，余东渡日本发展，在大阪开办"鸿茂祥商行"，销售多种中国特产，并用销售利润采购外国产品运至上海销售。由于经营有方，成为旅日华侨中的富商。余热衷侨务，

图1　余芝卿

任日本"三江公所"（江苏、浙江、江西三省在日华侨组织）董事长。余芝卿精通日语，熟知日本行情，有"日本通"之誉。1926年，余芝卿在上海投资创办著名的大中华橡胶厂，是中国最早制造轮胎和出口轮胎的工厂。当时洋货横行，特别是日本橡胶产品，大中华橡胶厂的产品和洋货激烈竞争市场份额，并盖过日本产套鞋和"固特异"、"邓禄普"轮胎。1933年12月，成立大中华橡胶厂兴业股份有限公司，余芝卿任董事长。公司后在天津、上海等地设立多个分厂，顶峰时拥有8家分厂。后来还设有生产碳酸钙、氧化锌等化学品的工厂，也是最早生产此类化工产品的厂家。日军入侵上海，余避

居香港，于1941年逝世。

薛福基（1894—1937年），字德安（见图2），江阴青阳塘头桥人。7岁进私塾读书，因家贫无力继续求学。1907年至上海和昌盛商号当学徒，受知于业师尉迟松年，因而介绍给旅日华侨、大阪鸿茂祥商号经理余芝卿，被委以重任，并得大阪华侨信赖，1918年被委任为经理。1910年，他东渡日本，他抱着实业救国的宏愿，向余芝卿进言投资创建国内橡胶工业，举为大阪中华总商会会长。1928年创办上海大中华橡

图2　薛福基

胶厂，生产双钱牌汽车轮胎，是我国橡胶工业的开创者。薛福基十分关心故乡教育事业，捐助约10万银元在塘头桥创建尚仁初级商业职业学校，建教室、宿舍、图书馆、小商场、体育场，担任校董会主席，1935年正式开学。1937年日军空袭上海时不幸遇难。

2. 大中华橡胶厂的创业史

大中华橡胶厂的创办人余芝卿14岁时幸运地进了上海一家叫德成仁的商号做学徒。满师后被派到镇江分店主持业务。过了一年后，回到上海。先后任大成祥、泰生祥号经理。后来，自己用积蓄开办了永泰慎油号经销火油，谁知未赚到钱却亏了本。1904年去了日本，联系好货源后回上海重新开办和昌盛东洋庄，主营跑鞋，生意倒不错。1912年又东渡日本，在大阪开设鸿茂祥进出口商行。一面将中国土特产猪鬃、草席等销往日本，一面将日本的针织百货运到国内销售，并为上海十几家东洋庄代办进货。由此积累资金成为旅日侨胞中的富商，还当上了三江公所（江苏、浙江、江西三省侨商组织）的理事长。

1925年，上海发生"五卅"惨案后，因受国内抵制日货运动影响，余芝卿在大阪的鸿茂祥进出口商行营业开始衰败，后来濒临倒闭。就在这时，薛福基的一个建议使商行起死回生，逐步扭亏为盈。薛福基了解到日货胶鞋在中国旺销，利润丰厚，建议余芝卿转行从工，回国开办橡胶厂。

1926年，余芝卿采纳薛福基的建议，出资82,000银元，和薛福基、吴哲

生在上海共同筹建大中华橡胶厂。1927年春，由技师薛仰清验收运回国内部分设备，由厂长吴哲生租下上海徐家汇路1102号27亩地建造厂房。而后，又由A字护膜厂配齐生产胶鞋的全套装置和动力设备；并密聘武川护膜厂技师加藤芳藏为技术顾问，指导在日本的实习人员学习胶鞋的配方熬油和上光等关键技术。同时登报招聘技师来上海安装设备、指导生产。紧锣密鼓，准备开业。

1928年，余芝卿任命薛福基为大中华橡胶厂经理，薛仰清任技师长，吴哲生任厂长。招聘职工83人。同年10月30日大中华橡胶厂开工投产。薛福基的愿望终于成了现实。刚开始，日产胶鞋1,000双，采用"双钱"商标（意味名利双全、福寿双全、两全其美）。次年10月23日获准注册。中国终于有了国产牌胶鞋。打破了日本胶鞋在中国市场的垄断。大中华橡胶厂引进外国的技术设备，创办中华民族橡胶工业一炮打响。由于产品质量把关好，加上经营得法，"双钱"牌胶鞋信誉日增，一举成名，第一年就盈利20万元，是创办资金的2.5倍。当年职工83人，10月30日投产，日产胶鞋近1,000双。采用的双钱商标，次年10月注册获准。当年12月盘进沪江机器厂设备，设立大中华橡胶机器修造厂。

3. "双钱牌"轮胎问世

1930年，兴建硫化油膏厂和生产碳酸钙的原料一厂，并盘进交通橡胶厂，改名为大中华橡胶二厂。1933年增建生产氧化锌、立德粉的原料二厂和生产鞋面布的原料三厂。同年9月，先后盘进日商泰山护谟厂和春华橡胶厂，分别改名为大中华橡胶三厂、四厂，徐家汇老厂称大中华橡胶一厂。凡是有远见、有抱负的企业家都喜欢在一张白纸上画出美好的蓝图，薛福基也不例外，他的聪敏才智和实干精神已博得董事会和同仁们的赞许和拥戴。大中华橡胶厂也未满足于现状，而是极力开发其他各种产品；球胆、热水袋、雨衣布、自行车胎和人力车胎等。薛福基善于观察、思考分析，不断寻找新的商机。他发现国内公路日渐开辟，汽车越来越多。感到轮胎是交通、国防必需品。建议余芝卿开发汽车轮胎，余芝卿全力支持，董事会一致通过。由此，著名的"双钱"牌汽车轮胎将要出世了。

薛福基眼见梦寐以求的愿望得以实现，喜不自胜，将轮胎放到厂部办公室展览；全厂上下欢腾鼓舞，共同庆贺大中华橡胶厂有能力创造国产汽车轮胎。从此，外国轮胎垄断中国市场的局面一去不复返了。同时大中华橡胶厂董事会对薛仰清等一批有功之臣进行嘉奖；1928年10月大中华橡胶厂开工前，薛仰清回国担任技师。该厂成立公司后任技师长、董事。投产初期，负责组织骨干培训，指导工人生产。不断摸索经验，调整配方；改进设备、加强制度和技术管理。逐步制定出一套较为完备的工艺操作规程和检验标准。使"双钱"牌胶鞋的耐磨、耐老化、耐曲挠等性能以及鞋面光亮度均胜过同行业，成为名牌产品。同时设计、开发新的品种、款式，陆续推出球胆、手套、热水袋、雨衣布、人力车胎等。

4. 事业蒸蒸日上

大中华橡胶厂在将试制成功的"双钱"牌汽车轮胎安装到祥生出租汽车上使用的同时，薛福基极力扩大再生产，更上一层楼。决心把大中华橡胶厂办成产、供、销一条龙的大规模企业，自己要有原料厂，机器修造厂。1928年10月30日，大中华橡胶厂在上海徐家汇建成投产，有炼胶、制底、鞋面机器5台，基本工83人，大部分是余芝卿、薛福基的同乡子弟。开始时日产胶鞋1,000多双，以"双钱"为商标，寓意"名利双全"，产品由鸿茂祥投资开设的鸿裕批发所和昌盛商号包销。所产胶鞋鞋面光洁，不粘、不脱、不裂，质量足以与日本产品"地铃"牌胶鞋相媲美。当时国内橡胶工业只有3~4家小厂，大中华橡胶厂是第一家上规模的橡胶制品工厂。大中华橡胶厂开工后一年，世界经济危机爆发，国际市场上生胶价格暴跌，使大中华橡胶厂的生产成本稳定下降，而国内抵制外货、倡用国货的观念逐步深入人心，国内胶鞋市场不断开拓，工厂年盈利达到20万元。于是，余芝卿决定吸收薛福基及其助手吴哲生入股，股本由8.2万元增为20万元。

薛福基考虑到尚未掌握橡胶生产技术，决定先谋求与日商企业的合作。他选择规模适中、产品只销日本本土的A字护膜厂作为合作伙伴，联合在上海投资设厂，由鸿茂祥提供厂基厂房和部分流动资金，A厂提供全套设备和技术培训。薛福基于是派出三名技术工人以考察、采办的名义到A厂学习胶鞋制造的工艺技术。不料日本中途变卦,以厂房租金异议中止合作,在日厂学习的薛仰清等三人也被迫撤回。所幸事先确定代办的12、14炼胶车各一台已启运抵沪,日方无法追回。薛福基于是决定独立办厂,一面在日本招聘技师,通过对应聘人员的考试,了解涂膜配方和上光技术;一面以重金秘密聘请日本武川护膜厂技师加藤芳藏为技术顾问,通过加藤的关系,让薛仰清等三名技术工人到加藤弟弟开设的神户共立护膜厂继续实习,掌握了胶鞋制作的全部生产流程和关键技术。

1930年1月,企业由独资改为合伙,资本增为20万元,次年改为两合公司。1931年又盘进在上海愚园路宏业花园112号由石芝珊、严纪芳合伙开办的"交通橡皮制物厂"(生产"火车头"牌胶鞋),改名"交通利记橡胶厂"。1930年开办了大中华橡胶二厂,年末又投资11万元在徐家汇东庙桥路建立碳酸钙制造厂和锌粉厂,称厂名为大中华制钙厂,还在附近创办大中华加硫油胶厂。大中华橡胶厂成为首家行业内配套原料工厂的企业。1931年,资本增至150万元,职工达2,000人,从该年起,生产的胶鞋先后获得国民政府实业部及上海市政府的优、特等奖状和上海市商会荣誉奖状。

1932年公司改组为合伙企业,资本增至20万元。起初主要生产"双钱"牌胶鞋、力车胎等橡胶制品,此年后增产热水袋、雨衣布、自行车及人力车内外胎。1933年已发展为拥有4个制造分厂、4个原料厂和一个机修厂的大型企业,资本增至200万元。同年9月又先后盘进宁国路241号日商"泰山橡胶公司"和南市剪刀桥路"春华橡胶厂",分别改名为大中华橡胶三厂和大中华橡胶四厂。又在斜徐路增建生产氧化锌、立德粉原科厂和生产鞋面布的原料厂。1933年12月,成立大中华橡胶厂兴业股份有限公司,总部设在东棋盘街63弄32号(今延安东路272弄32号),余芝卿任董事长。当年建成力车胎厂房,次年从日本购进一套制造力车胎的旧设备,安装后投入生产。公司后在天津、上海等地设立多个分厂,顶峰时拥有8家分厂。公司后来还设有生产碳酸钙、氧化锌等化学品的工厂,也是最早生产此类化工产品的厂家。

薛福基并不满足于此,他憧憬着更为宏伟的发展蓝图。鉴于国内公路建设的推进、汽车运输的发展,经过反复酝酿,薛福基向企业股东会提出了开发橡胶轮胎的发展思路。他坚定地认为,轮胎才是"橡胶制品中唯一永久性之事业"。在他的奔走呼号下，终于力排保守人士的非议，争得余芝卿和多数董事的支持，着手进行橡胶轮胎的开发研制。为此，薛福基亲赴日本大阪，寻求与日本企业合作。但汽车轮胎属于战略物资，日本当局严令对华封锁，日方企业纷纷加以推托。薛福基坚持不懈，最终还是说服故友加藤芳藏，转托日本中田铁工厂机械工程师柴田设计图纸，并由加藤出面委托中田厂制造全套生产轮胎的机器设备。设备制成后暂不运回中国，而是安装在加藤弟弟的共立护膜厂内，派出会讲日语的黄亚民等三名技术人员，装作日本工人到共立厂跟班学习，掌握轮胎生产技术。

但此事很快被日本记者获悉，并在报刊加以披露，指责共立厂向中国输出轮胎制造技术。消息传到上海，薛福基大惊，星夜赶赴日本，在加藤和柴田的支持下，迅速调度人力和运输船只，抢在日本政府下达限令前，日夜兼程将机器设备拆运回国。同时聘请加藤的6位担任技术工作的子弟来沪进行技术指导。1934年10月，第一只"双钱"牌轮胎制造成功，填补了国产轮胎的空白。公司开始生产汽车轮胎和力车胎。制造汽车轮胎成功，质量超过舶来品。很快，大中华便形成人力车、自行车、汽车轮胎的批量生产能力，并为笕桥空军学校制造过飞机轮胎，突破了外国厂商对中国轮胎市场的垄断。

大中华橡胶厂的产品质地优良，颇受用户欢迎，能与进口产品相竞争。1935年，"双钱"轮胎在新加坡"中华总商会国货展览会"展出，获特等奖状。1937年资本增至300万元。经销范围几乎遍及全国，其资本占全国同行业的四分之一，产值占三分之一。大中华橡胶的成功在橡胶制品市场引起了巨大震动，英商邓禄普公司等十分嫉恨，便将人力车胎由每副15元降价为8元，保用期由半年延长为8个月，企图一举挤垮"双钱"牌轮胎。薛福基不畏强手，在压降成本、提升质量的同时，把保用期再延长2个月，并实行分期付款和放账赊销，对祥生出租汽车公司、上海搬场公司、上海公共交通管理处等实行按里程计价付款的办法，即轮胎行驶里程不足（市内15,000公里，长途10,000公里），付款时相应扣除一定比例的货款。甚至不惜亏本销售，在老人头轮胎跌价至每副4元时，也将标价调至3元2角，以此与外商争夺市场。邓禄普公司诉讼案就是在这一背景下发生的。尽管官司得到不公正判决，大中华橡胶厂接连上书要求行政院重新审议，都被驳回，但薛福基始终没有放松发展民族橡胶工业的努力。他先后到南洋各地考察，并在海南岛圈定土地2万亩，计划投资建设橡胶种植园，以降低原料价格。在厂中建立理化实验室，加强产品质量检测，研究开发新的配方设计和加工工艺。此外还捐资10万元，购地造屋，在家乡江阴塘头桥创办尚仁商科职业学校，发展家乡教育事业。3年间招生3届计300人，抗战爆发后分批进入大中华橡胶厂工作，大部分成为民族橡胶工业的生产、经营骨干。

5. 薛福基抗战中英年赍志而殁

"九·一八"事变后，各地抵制日货运动一浪高过一浪。大中华橡胶厂特地在包装盒上印上"完全国货"字样，以"人人赞美、个个满意"为广告词，打响国货品牌。并积极参加各地举办的国货展览会，将自己摄制的反映胶鞋生产工艺及产品质量的电影纪录片送到各地放映，收到了良好的宣传效果，工厂当年获利达到65万元。薛福基抓住这一契机，先后筹建碳酸钙厂、锌氧粉厂和硫油胶厂，此后又建帆布织染厂，为胶鞋、跑鞋提供鞋面布，实现了除生胶外大宗原辅料基本自给的夙愿，既保证原料供给，又大大降低生产成本，增强了产品的市场竞争力。此时国际市场生胶价格回升，国内其他橡胶制品厂很快陷入经营困境，而大中华橡胶厂因为掌握了原料主动权，仍能在竞争中立于不败之地。这期间，先后兼并交通、泰山（日资）、春华3家小型橡胶厂，改组为3个分厂，进一步扩大生产能力，产品也向热水袋等橡胶制品系列延伸。1934年，大中华橡胶厂资本由20万元增加为300万元，资产总值达373.9万元，短短4年间扩张了15倍，执国内同行之牛耳。

抗战爆发后，"三厂"、"四厂"、原料厂和各地营业机构遭到破坏，"四厂"全部机器及部分原料等120余吨物资内迁途中也遭洗劫，损失相当于胜利前夕资本总额的四分之一。为避免日方的干扰，公司总部暂迁香港，抗战胜利后业务逐步恢复。1937年日军入侵上海，薛福基一面动员员工进行军事训练，积极筹划工厂内迁；一面协同天厨味精厂吴蕴初、康元制罐厂项康元，研制防毒面具，支援抗战。其间他还亲自动手编写关于轮胎性能及其使用方法的讲义，为辎重兵学校的学员讲课。1937年8月14日，就在日军进攻淞沪的第二天，薛福基乘车从公司总部去工厂，适逢中日在外滩上空发生激烈空战，一颗炸弹落下爆炸，薛福基在车中被弹片击伤后脑，经抢救无效于1937年8月31日逝世，时年44岁。英年早殇，赍志而殁，令人扼腕痛惜。

1946年6月，盘进日商上海护膜工业株式会社，替代毁于战火的"四厂"。1947年2月，盘进振隆铁工厂，同年4月盘进怀德路969号由何承璋、金有成于1930年11月开办的大安维新橡胶厂，生产布面胶鞋、高统雨靴等，后改为大中华橡胶五厂。1948年2月，又出资中标购进霍山路443号敌产东亚铁工厂改名振隆利记铁工厂，今为上海橡胶机械一厂。同年3月又向外省市拓展，在天津盘进投资中标购得原朝商开设的兴满橡胶厂，改为大中华橡胶六厂，生产胶鞋。从大中华橡胶厂扩大企业的速度来看，确实惊人。发展的规模令同行咂舌。大有蛇吞象之势。12月资本总额增至300亿元，分作1,000万股，每股3,000元。新中国成立前夕，大中华橡胶厂股份有限公司有制造厂6家、原料厂3家、机器修造厂2家，拥有职工4,000余人，另有两家独立经营的原料厂。

6. 新中国成立后的大中华橡胶厂

1949年中华人民共和国成立后，该厂存留部分逐步发展成为中国橡胶工业重点企业，生产"双钱"牌载重汽车轮胎、轻型载重汽车轮胎、工业车辆轮胎和摩托车胎等多种轮胎。1950年率先试制钢丝轮胎，同时，也进行人造丝和尼龙丝轮胎的研制。1953年2月，首先试掺了苯合成橡胶，次年在国内推广，缓解了天然胶供应不足的矛盾。1954年，改名为上海大中华橡胶厂。9月全公司清产核资额为1,365万元（不包括天津分厂156万元和待处理资产330万元）。10月，大中华橡胶六厂首先公私合营，划出后改为天津大中华橡胶厂。12月，全公司公私合营后，隶属于市轻工业管理局，后改属上海市第二轻工业局轮胎胶鞋公司。1955年5月公司改为总厂制，总部迁到"一厂"。当年先后研制出拖拉机轮胎和无内胎轮胎，并开发出14.00-20以下规格的载重轮胎系列。1956年工业经济改组时，有17家小型橡胶厂、铁工厂和鞋帮厂并入大中华各有关分厂；大中华原料一厂、二厂划出，并入京华化工厂，原料三厂并入上海市第二十棉纺厂、当时，总厂直属市工业部领导。1957年"双钱"牌汽车轮胎在国内率先出口到东南亚、中东、欧洲等地区。

1958年成功试制中国第一条钢丝斜交轮胎。同年，中国第一条人造丝轮胎试制成功。在国内首先试制出斜交钢丝帘线轮胎、棉帘线子午胎、人造丝帘线轮胎，并推行轮胎高温短时间硫化的重大工艺改革，降低了能源消耗，轮胎产量比上年提高1.5倍。

1959年撤销总厂制，后隶属于化工局，成为轮胎专业制造厂。1961年，大中华橡胶一厂力车胎生产开始移交中南橡胶厂。1962年在国内首家研制出尼龙帘线轮胎，实现了斜交轮胎骨架材料由棉帘线、人造丝帘线和尼龙帘线三个阶段的更新。各分厂独立后均隶属于上海市橡胶工业公司。1964年，首次试制出国产全钢丝子午线轮胎，接着专门建立中心实验室。1965年年产20万套轮胎的设备及707名职工内迁贵阳，支援贵州橡胶厂扩建成为贵州轮胎厂。翌年12月，大中华橡胶一厂改名为上海轮胎一厂。1970年试制成功中国第一条全钢丝子午线轮胎。1980年"双钱"牌全钢丝子午线轮胎实现出口。1981年国内首家获得美国DOT登记。2月定名为上海大中华橡胶厂。从1984年9月起，征地26.89万平方米，投资4.1亿元人民币筹建大中华橡胶厂闵行分厂，包括一期亚洲最大的炼胶中心之一的炼胶车间迁建项目和二期30万套全钢丝子午线轮胎扩建项目（列入上海市重大项目）。1988年1月1日，上海碳酸钙厂（原美泰化学制钙厂）并入。

7. 组建上海轮胎橡胶（集团）公司改制上市

1927年，刘永康、石芝珊等人集资白银一万两开设正泰橡胶厂，1934生产出了"回力"牌胶鞋。1940年开始生产"回力牌"力车胎。1947年试制成功第一条"回力牌"汽车轮胎。1979年率先引进子午线无内胎轿车轮胎成套设备和技术，成为中国第一家工业化生产子午线轿车轮胎的企业。1982年生产的子午线轿车轮胎获得美国交通运输部DOT-Y5标准认证。1984年，正泰橡胶厂国内首家获得欧洲经济委员会ECE认证，"回力"轮胎为最先销往美国、西欧等发达国家的中国轮胎；同时，"回力"轮胎成为第一个国产化配套产品，为上海桑塔纳和长春奥迪轿车配套。1989年在闵行征地35万平方米，筹建年产140万套的轿车子午线轮胎生产基地。1995年140万套轿车子午线项目竣工验收。

1990年6月19日，经上海市经济委员会［沪经企（1992）308号文］批准，由国内橡胶行业仅有的两个国家一级企业——上海大中华橡胶厂和上海正泰橡胶厂强强联合组建上海轮胎橡胶（集团）公司，是资产经营一体化的企业。1992年5月5日，经上海市经委批准，上海轮胎橡胶（集团）公司改制设立为上海轮胎橡胶（集团）股份有限公司。公司生产各种汽车轮胎，拥有闻名遐迩的"双钱"、"回力"两个著名品牌。按国家规定，经外资工作主管机构批准后为中外合资股份有限公司，享受外商投资企业的有关待遇。

1992年6月13日至30日，经中国人民银行上海市分行［（92）沪人金股字第21号文］批准，上海轮胎橡胶（集团）股份有限公司发行股票总额62,200.54万元。本次发行人民币股票45,200.54万元，其中上海轮胎橡胶（集团）股份有限公司原国有资产43,200.54万元，折4,320.054万股；向社会法人股采取招募的办法招募400万元，折40万股；向社会公众公开发行1,600万元（包括公司内部职工认购320万元，公司内部职工股实行优先认购的办法），折160万股，每股面值10元，发行价格68元。社会个人投资者范围为持有1992年上海股票认购证的投资者，具体由承销机构按"认购证"数量及可中签人数的比例，根据"认购证"号码公证抽签，中签后按有关规定办理认股手续。

2007年3月13日，上海轮胎橡胶（集团）股份有限公司第五届董事会第十五次会议审议通过，提请2006年度股东大会进行审议通过，并报上海市工商行政管理局核准同意。2007年5月，为进一步提升集团品牌知名度，增强企业的市场竞争力，因循国际国内品牌名与公司名一致的做法，上海轮胎橡胶（集团）股份有限公司更名为双钱集团股份有限公司。2007年7月7日，双钱集团股份有限公司发布关于公司名称及股票简称变更公告。

图3　大中华橡胶厂兴业股份有限公司1947年12月发行面值肆拾股（12万元）的股款正式收据（泓盛艺术网收藏）

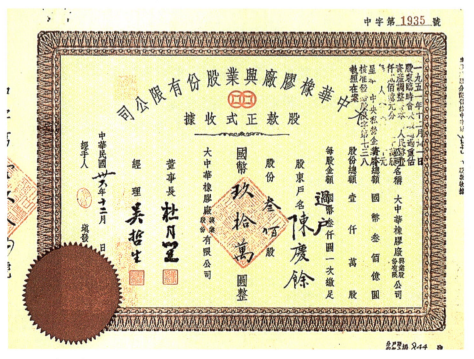

图4　大中华橡胶厂兴业股份有限公司1947年12月发行面值叁佰股（90万元）的股款正式收据（泓盛艺术网收藏）

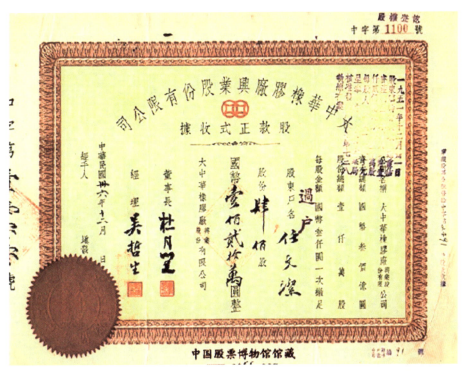

图5　大中华橡胶厂兴业股份有限公司1947年12月发行面值肆佰股（120万元）的股款正式收据（中国股票博物馆馆藏）

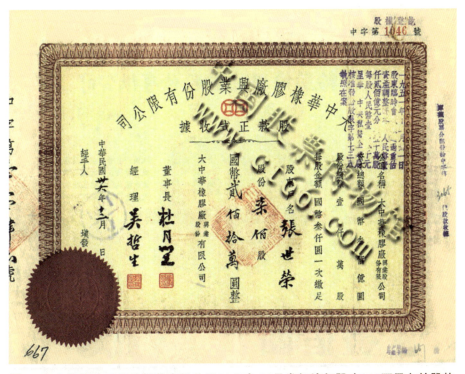

图6　大中华橡胶厂兴业股份有限公司1947年12月发行柒佰股（210万元）的股款正式收据（中国股票博物馆馆藏）

图7　大中华橡胶厂兴业股份有限公司1947年12月发行面值叁仟股（900万元）的股款正式收据（泓盛艺术网收藏）

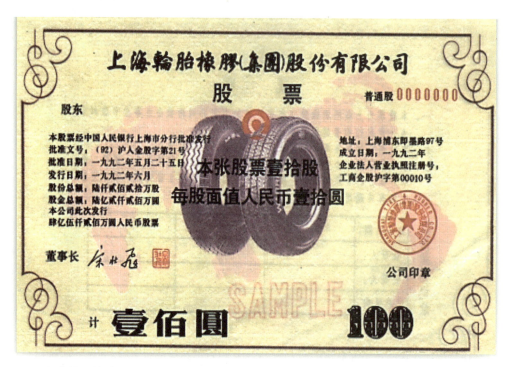

图8　上海轮胎橡胶（集团）股份有限公司1992年6月13日发行面值拾股（100元）的股票

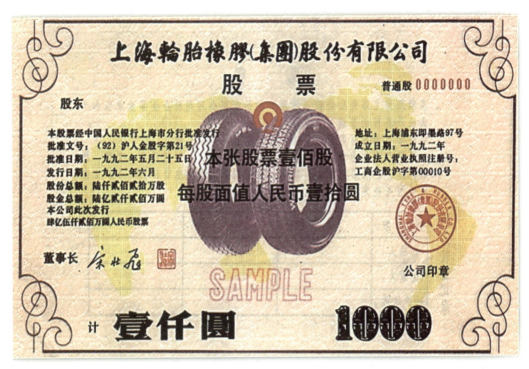

图9　上海轮胎橡胶（集团）股份有限公司1992年6月13日发行面值壹佰股（1,000元）的股票

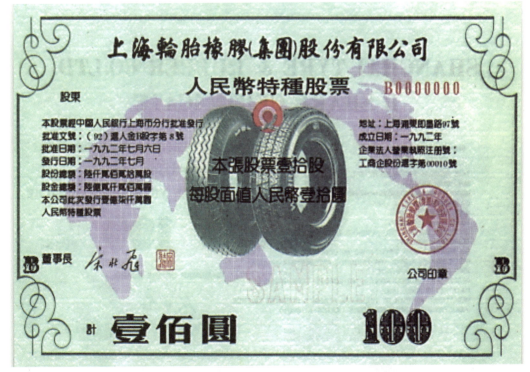

图10　上海轮胎橡胶（集团）股份有限公司1992年7月14日发行面值拾股（100元）的人民币特种股票

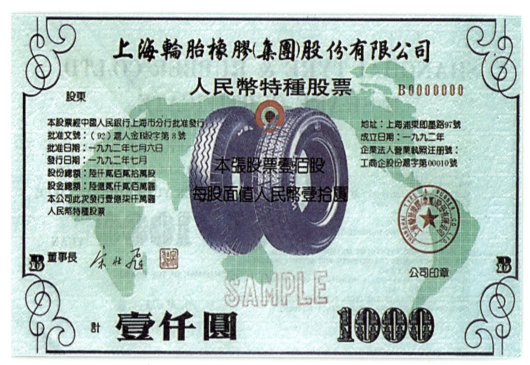

图11　上海轮胎橡胶（集团）股份有限公司1992年7月14日发行面值壹佰股（1,000元）的人民币特种股票

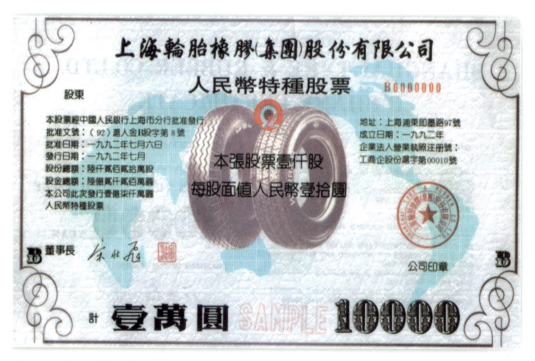

图12　上海轮胎橡胶（集团）股份有限公司1992年7月14日发行面值壹仟股（10,000元）的人民币特种股票

不愿为日本人生产油漆成功研制醇酸
树脂漆的"油漆大王"陈调甫

1914年夏季，在欧洲爆发了第一次世界大战。各国列强忙于战争，使"洋货"在我国的输入暂时减少，这使我国民族工业的发展有了喘息的机会。1915年，日本向我国提出霸道的"二十"条，激起了全国抵制日货，提倡国货的热潮，油漆工业在这种背景下诞生了。1916年，由安徽督军倪嗣冲在天津开办了第一家油漆厂——大成油漆厂，这就是灯塔涂料的开山起源，这也是继上海开林油漆公司（1915年）之后我国的第二家油漆厂。它们的诞生是我国涂料发展史上的里程碑。1928年，天津小王庄志诚道新开河畔的永明漆厂成立，厂里有一位我国涂料行业的泰斗，化学工业的先驱、奠基人——陈调甫，他与范旭东、侯德榜、李烛尘合称为我国化学工业的四大奠基人。

1. "油漆大王"陈调甫

陈调甫（1889—1961年），名德元，字调甫（见图1）。1889年12月28日出生在江苏省吴县（今苏州市）一个小税务官吏家庭。陈调甫9岁丧母，16岁丧父。1907年到上海求学，先入复旦公学，后转中国公学。1910年中学毕业，回苏州农业学校任教。早在此时，陈调甫就对化学产生了浓厚的兴趣，在家里设立了一个简易实验室，从事化学实验。1912年进入苏州

图1　陈调甫

东吴大学化学系，1916年毕业，留校任教时，又从事铜合金分析工作。1917年获硕士学位后即北上创办盐业，随后去美国考察，是塘沽永利化学工业公

司的创办人之一。陈调甫在实验室用苏尔维法研制纯碱成功，后进行工业性小型实验，又获满意效果，当时陈调甫想创办制碱公司，但因筹措不到资金而停顿。是年冬，陈调甫北上塘沽与范旭东合作创办永利制碱公司，倾注了大量心血，后又推荐侯德榜主持技术工作，终于生产出优质纯碱。1919—1922年任永利制碱公司技师长。1923年，经陈调甫推荐，永利公司委派侯德榜继任技师长。至1925年陈调甫改任工务部长，致力于企业管理和培养人才。他与范旭东、侯德榜、李烛尘等互相鼓励，互相支持，在紧要关头，甚至彼此以生命担保，共同奋斗。他参与重大决策的制定和实施，倡议和筹办机修车间，使设备的更改维修工作效率大为提高。他经常不分昼夜亲临第一线指导生产，解决问题。1926年任永利化学工业公司化学部长兼实验室主任。

1928年末，陈调甫创办永明漆厂。1934年任永利化学工业公司董事会候补监察人。1935年任永利化学工业公司视察长及黄海化学工业研究社董事。1947年被选为永利化学工业公司董事。1952年永明化学工业公司成立，任总经理。1953年任公私合营永明化学工业公司副经理、经理。任天津市人民政府委员。1956年任化工部华北研究院副院长。1959年任第三届中国政协委员。1960年任天津化工学院副院长。历任天津市人民政府委员，第三届中国政协委员。新中国成立前夕参加民主建国会。新中国成立后，陈调甫振兴中国化工的愿望才真正得以实现。党和人民也给予陈调甫很高的荣誉和地位，他曾担任全国政协委员、全国工商联执行委员、中国化工学会理事及天津分会理事长、化工部华北研究院副院长等职务，并多次受到毛泽东、周恩来等中央领导人的接见。1953年1月1日，永明漆厂率先成为中国涂料行业第一家公私合营企业。20世纪50年代后期，陈调甫虽然年事已高，但仍然坚持搞科研。他不能每天去工厂上班，便自费在家中设立实验室，从事有机硅涂料的研究工作，曾制成五碳藻醇，受到天津市人民政府的表彰。1949年挂在天安门城楼上的硕大国徽，用陈调甫研制、永明油漆厂生产这种油漆着色。中华人民共和国成立以后，我国第一辆红旗牌轿车也选用这种油漆。

2. 陈调甫独自创办永明漆厂

1928年12月，陈调甫征得范旭东的同意，在兼顾永利碱厂的情况下，独自创办了永明漆厂任经理。永明漆厂设在天津河北区小王庄志诚道新开河畔一个不显眼的地方（见图2），起初占地仅7分，共9间房屋，设备简陋，只能生产一些低档油漆供应市场，无法与英、美产品竞争，最初两三年均有亏损。只有9间屋子、10名员工、几口大锅，却成为近代中国化工涂料的支柱。当时，中国市场上充斥着外国品牌的油漆，为了促销，许多商家都会在油漆桶中放进铜板、银元，油漆工刷完漆，就可

图2　天津永明漆厂旧址

以"意外"拿到这笔钱。谁也不会想到，但永明漆厂的创始人陈调甫对此不屑一顾，一心一意在技术上打主意。建厂初期，招股十分困难，陈调甫变卖了妻子的首饰8,000银元，还从舅父那里借来的共凑了1万银元。鉴于许多企业都因股东争权、干涉行政，以致技术人员不能发挥才能，事业办不好，陈调甫决定不采取股份有限公司的形式，而组成两合公司，由陈调甫一人负责，作无限责任的股东。

1929年5月，永明漆厂正式投产。鉴于在永利碱厂的经验，他决定培养技术人才，走技术创新道路，向高档产品发展。他先后在各大专院校招聘技术人员数人，给予优厚待遇，并给每人指定一个专题，配备两名助手，从事新产品的研究开发工作。他选拔人才采取择优录取的方法。为了招聘河北工学院毕业生王绍先，他首先郑重其事地致函学院院长魏明初，请王绍先到厂"帮助工作"，内容是做一项实验，并用英文写出报告。王绍先按要求完成，他感到考核满意后才下聘书。陈调甫在永明漆厂研制生产了著名的"永明牌"酚醛清漆、"三宝牌"醇酸树脂漆，是中国纯碱工业和涂料工业的奠基人之一。1933年，"永明漆"是中国油漆行业第一个名牌产品，获得南京

国民政府颁发的优质奖状。由此，陈调甫和永明漆厂蜚声中国，油漆销量骤增，木器店中同样一只书桌，用"永明漆"涂的就增价2元。是年，范旭东决定建设硫酸铵厂。陈调甫同侯德榜一起勘察厂址，指导基建和设备安装工作，为南京硫酸铵厂的建设做了很多工作。1934年12月19日，永明漆厂两合公司正式登记在册，资本总额为1,600万元，总股本16万股，每股100元。

3. 重视技术研发与文化教育

陈调甫很重视职工的技术与文化教育。他从工厂利润中提取20%作为教育基金，完全用于提高职工的技术和文化水平。他开设工人业余补习班，由专人管理，专人授课，工人免费参加学习。他聘请教师给技术人员补习外语，有的青年职工到厂外学习外语，费用也由厂方负担。他还亲自讲授化工知识，带领职工操作。一时间，永明漆厂职工学文化、学技术蔚然成风。永明漆厂从事技术和产品开发研究工作的人员约占职工总数的20%。陈调甫还把著名教育家陶行知"教、学、做"合一的教育思想作为永明漆厂的三字厂训。他向工友们解释："办工厂第一条是做；做得多了就会发现缺点，所以要学；学到一点心得，还要教给后来的人，使以后不断有人做下去。"这种生产与教育相结合的方法，鼓励了职工努力钻研、不断进取，对永明漆厂的发展起到了推动作用。

为了发展新产品，他把科研放在重要地位，以工厂盈利的20%专作科研经费。工厂开设之初，尽管困难很多，资金紧张，但他仍然坚持建立实验室，不惜花费宝贵的外汇购买实验仪器。为了与国外产品竞争，陈调甫购进了美国酚醛清漆，并组织科技人员进行化验、分析，发现美国清漆虽具有硬度大、光泽好的优点，但耐水性差，一经水烫，漆膜变白。陈调甫采用中国廉价的桐油作为改性剂，进行实验。研制出的新产品，经水煮10分钟也不变色。一投入市场，立刻受到用户好评。该漆性能超过美国的酚醛清漆，陈调甫把它定名为"永明漆"，这是中国油漆工业的第一个名牌产品。

永明漆厂第二个名牌产品是硝酸纤维漆，大半用于喷涂汽车。陈调甫在分析美国杜邦公司喷漆的组成和物性基础上，首先制成了国产喷漆。1935年7月，陈调甫在天津国民大饭店举行喷漆展览会，陈列了许多喷漆的艺术品，博得了观众的好评。《天津商报》特出画刊，专为喷漆展览会做宣传。陈调甫非常重视产品宣传，除了举办展览会外，还经常带着样品走访用户，送去宣传品。在销售上，他以汽车修理用漆和铁路车辆用漆为主攻方向，多方设法招揽主顾。由于永明漆厂的喷漆质量过硬，天津市的汽车修理厂大多成了永明漆厂的主顾。铁路用漆的销路也很好，占了永明漆厂总销售量的2/3。当时天津、唐山、长辛店、浦镇、四方及东北三省各车辆工厂都使用永明漆厂的产品。

4. 抗战期间公司被迫停产

正值永明漆厂产销两旺，陈调甫准备进一步发展之际，抗日战争爆发了，永明漆厂本拟内迁。陈调甫怀着一腔爱国热情，转道香港到重庆，向航空委员会联系设厂生产国防用漆，因未走当权要人的门路，设厂之事未成。他不愿为日本人生产油漆，遂避居上海。永明漆厂全靠代理人王绍先、梁兆熊等勉强维持。日本侵略军早就对永明漆厂垂涎三尺，几度拉拢不成，便以军需为名，将永明漆厂存放在中国银行仓库的贵重原料全部劫走，价值等于半个工厂，使永明漆厂被迫停产。日本侵略军还把梁兆熊带走，对他施尽酷刑。陈调甫避居上海期间，建立了万化制炼厂和永明实验室，潜心研究油漆的原料，特别是对用醇酸树脂为原料生产的油漆取得突破性的进展，从而为永明漆厂日后另一名牌产品——"三宝漆"的问世打下了基础。当年外面炮火连天，一头白发的陈调甫躲在上海一间小屋里，终日摆弄些瓶瓶罐罐，蒸煮着红红绿绿、黏糊糊的东西。因为右手袖口常被磨破，妻子不得不将他衣袖截短。到第550次实验时，他终于研制出了一种醇酸树脂漆，他将其命名为"三宝漆"，并冠以品牌"灯塔"。

抗日战争胜利后，陈调甫从上海把所有的图书、仪器及大批原料运回天津，着手恢复永明漆厂。1946年，内战风声日紧，陈调甫不顾个人安危，于1946年6月6日工程师节公开散发自己的著作《引玉集》，呼吁停止内战，同时积极组织科研和扩大生产。他在原来永明厂基础上增加了颜料车间，生产出了铬黄、铬绿、铬蓝等多种优质颜料；为了解决包装问题增加了制罐车间；还从国外引进了先进设备，如单滚磨、大型搅拌机和快速滚磨等；他还扩充了实验室，增聘技术人才。1948年，永明漆厂又一名牌产品——"三宝漆"，投产问世，使中国涂料工业前进了一大步。

永明漆厂从1947年就开始了醇酸树脂的研制，并于1948年在国内首次研制成功。这种漆具有能喷、能刷、能烘烤三种宝贵的性能，因此被命名为"三宝漆"。"三宝漆"的研制成功，是继"永明漆"之后又一名牌产品，它是向高档的合成树脂涂料发展的一个分水岭，也是我国涂料工业发展史上一个光辉的里程碑。因此，陈调甫对三宝漆重新确定了一个新的响亮的品牌——"灯塔牌"。

图3　永明漆厂两合公司1947年5月25日发行面值肆仟伍佰股（45万元）的股票（中国近代名人股票鉴藏录）

5. 老骥伏枥，志在千里。先驱暮年，壮心不已

新中国成立后，陈调甫老当益壮，除了继续关心制碱工业和涂料工业的发展以外，埋头读书，著书立说。他在总结自己一生经验时说："我能在事业上取得成功，在于不断地充实自己。"他又在《引玉集》一书中讲道："学问本无止境，发明日新月异，我辈服务工业界者，倘不继续钻求新知，必逐渐落伍退化，岂能再与世界各国工程师并驾齐驱。"陈调甫对英语、德语颇有造诣。20世纪40年代，他看到苏联经济发展很快，为了学习苏联的经验，便向一位俄国女教师学习俄语。50年代末期，他又注意到日本经济发展

迅速，古稀之年开始学习日语。他创办的永明图书室藏书很多，有关化学、化工、油漆等方面的外文杂志就有四五十种。著名的美国《化学文摘》，以前天津只有3套，永明漆厂就拥有1套。他为了补齐这一套重要的工具书，不惜重金从一位化学家遗孀手中买到从1907年到1929年的缺卷。他用个人所有的数万美元外汇购置新型设备和原料，努力发展生产，得到人民政府的大力扶持。新中国成立之初，北京大批古建筑需要维修。陈调甫率先为北京中山公园内的习礼亭免费刷了油漆，受到周恩来总理的表扬。1952年，永明漆厂的油漆产量已跃居中国首位。"三宝漆"大量生产，质量达到了当时国际先进水平。该厂产品在抗美援朝和第一个五年计划重点建设项目中被作为指定油漆，在中国广泛使用，并远销苏联及东欧、东南亚各国。

1953年，陈调甫积极响应党和政府的号召，进行第一个实行了公私合营的企业。永明漆厂被命名为天津市公私合营永明油漆工业公司。涂料工业迅速地发展起来。永明漆厂已成为我国涂料行业的排头兵。1958年，成立了天津市油漆颜料总厂，由天津市分散的永明漆厂、中国油漆厂、东方油漆厂、大光油漆厂、天盛油漆厂、永田油漆厂、共和油漆厂、太平油漆厂、永新油漆厂、建华颜料厂、北洋颜料厂、建恒颜料厂、万华制罐厂、志成制罐厂等40多家组建而成。1956年以后，陈调甫患了心脏病，但他为了完成周恩来总理的嘱托："要多写书，留给后人"，仍努力工作。他着手编著一部油漆字典（按英文字母排列的，从A到O部已完稿，其余尚为草稿），很担心无力完成，曾多次说："出师未捷身先死，常使英雄泪满襟，可以作为我的写照。"1961年12月25日清晨1时，因心脏病复发，猝然去世。倒在未完成的《油漆字典》一堆书稿旁边离世，享年72岁。陈调甫曾在第三届中国政协会议上发言："夕阳西下之时，本应放出异彩。我愿追随中国老年科学工作者之后，同青年科学工作者比赛一下，为社会主义建设工作到最后一分钟。"他实现了自己的诺言。

6. 改制组建天津灯塔涂料股份有限公司

1964年，天津市油漆颜料总厂划归化学工业部，改名为化工部天津油漆厂。该厂以安徽督军倪嗣冲于1916年开办的大成油漆厂（中国油漆厂前称）、冯国章之子冯叔安于1921年创办的东方油漆厂，我国著名的化学工业家陈调甫于1929年创办的永明油漆厂为最早的骨干企业，1953—1955年经过公私合营，于1958年以该三厂为骨干合并近20余家小油漆厂成立天津市油漆颜料总厂，该厂隶属天津市化工局。1970年，国家调整管理体制，化工部天津油漆厂下放给天津市化工局有机染料化学工业公司，名为天津油漆厂。1978年，天津油漆厂更名为天津市天津油漆厂。党的十一届三中全会以后，1979年以天津油漆厂为主体成立了天津市油漆总厂。1992年8月天津市天津油漆厂更名为天津油漆厂。1988年至1990年经国家统计局公布为全国500家最大工业企业之一。

1992年7月20日至9月17日，经天津市经济体制改革委员会《关于同意天津灯塔涂料股份有限公司发行内部股票的批复》[津体改委字（1992）44号文]批准，中国人民银行天津市分行[银金（1992）449号文]批准，由天津油漆厂作为唯一发起人，以定向募集方式设立股份有限公司。公司将部分非经营性资产（职工宿舍、单身集体宿舍、托儿所、幼儿园等）予以剥离，由公司代为保管。公司其余资产经天津市中环财务咨询服务公司评估验证及天津市国有资产管理局[津国资工（1992）39号文]确认，原有净资产账面值79,356,162元，评估后净资产为124,020,037.94元，折国家股79,356,162股，评估升值部分计入资本公积金；作为独家发起人，公司定向募集股份，发行人民币普通股5,000万股，每股发行价2.20元。公司募集法人股4,000万股，其中以社团法人名义募集2,265万股；内部职工股为1,000万股。每股面值1元，溢价发行价格为每股人民币2.20元。

1992年10月18日，天津油漆厂更名为天津灯塔涂料股份有限公司（以下简称"公司"）。10月20日，公司在天津市工商局正式注册成立。公司总股本129,356,162股，其中：国家股79,356,162股，占61.35%；法人股17,350,000股，占13.41%；内部职工股32,650,000股，占25.24%。针对公司改制时，对企业改组前的不良资产18,920,154元未能及时核销，进入了国家股股本。公司1995年度股东大会通过决议，授权董事会据实向主管部门提出申报，请求解决核减国家股股本。天津市国有资产管理局[津国资159号文]批复，同意核减国家股股本18,920,154元，复以[津国资（1996）219号文〕。天津市人民政府提出《关于对天津市化学工业总公司申报调整天津灯塔涂料股份有限公司国家股股本的请示报告》，天津市人民政府以〔津政函（1996）94号文〕批复，同意核减。经天津市证券管理办公室〔津证办字（1994）94号文〕批复，同意核减本公司国家股股本为18,920,154元，调整后总股本110,436,008股，其中：国家股为60,436,008股，占54.73%；法人股为17,350,000股，占15.71%；内部职工股32,650,000股，占29.56%。

1993年，天津市股份制试点工作领导小组贯彻国家体改委《关于清理定向募集股份有限公司内部职工持股不规范做法的通知》〔体改生（1993）115号〕文件精神，对内部职工股进行清理整顿。鉴于公司以社会团体法人名义募集的股份，实际上是由与公司有连带关系的企、事业法人单位的职工个人出资，通过这些单位组织购买的，经天津市股份制试点工作领导小组研究。天津市政府同意，将社团法人股界定为内部职工股，并对公司全部内部职工股进行集中托管，内部职工股合计为3,236万股。天津市证券管理办公室及天津市政府已出函对此予以确认。

1997年2月18日，经中国证券监督管理委员会〔证监发字（1997）40号文〕审核通过，深圳证券交易所〔深证发（1997）第52号文〕审核批准，公司3,265万股社会公众股股票，在深圳证券交易所挂牌交易。是年，"灯塔牌商标"荣获"中国驰名商标"，灯塔牌油漆代表着中国民族工业的骄傲，我国第一辆红旗牌轿车、第一辆解放牌汽车、第一颗人造地球卫星、第一枚"长二捆"运载火箭、第一架飞机、第一座南京长江大桥、第一台拖拉机、第一辆飞鸽牌自行车和毛主席纪念堂、人民大会堂、天津凯悦饭店等使用的均是"灯塔"牌涂料。东风汽车、风神汽车、一汽汽车、天津汽车、中国航空航天集团、国内军工企业等均是汽车漆客户。

2001年11月9日，公司的国有股股东——天津津联投资贸易有限公司的产权，经市人民政府批准，无偿划拨给天津经济技术开发区总公司（后来改称为天津泰达投资控股公司），后者给予公司以全力以赴的支持。2003年8月4日，天津滨海能源发展股份有限公司与公司控股股东天津灯塔涂料有限公司（原天津津联投资贸易有限公司）签订《资产置换协议》，约定以除前次配股募集资金余额以外的全部资产和负债，与公司所拥有的资产及相关负债进行置换；同时公司与天津津滨发展股份有限公司签订《股权转让协议》，本公司以部分前次配股募集资金收购津滨发展所持有的国华能源发展（天津）有限公司75%的股权。2003年12月8日，中国证监会《关于天津灯塔涂料股份有限公司重大资产重组方案的意见》〔证监公司字（2003）53号文〕，批准上述资产重组方案。2004年1月16日，天津灯塔涂料股份有限公司2004年第一次临时股东大会通过资产置换方案，办理了工商变更登记，名称变更为天津滨海能源发展股份有限公司。经营范围调整为热力、电力生产，滨海能源公司正式进行过渡期运作阶段。

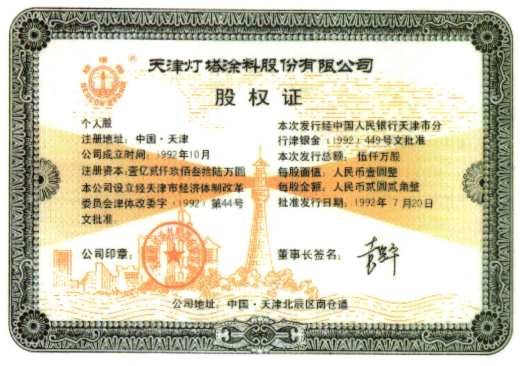

图4　天津灯塔涂料股份有限公司1992年7月20日发行面值壹股（2.20元）的个人股股权证

联络书画界义卖捐助东北抗日义勇军的
上海商界名人王一亭

王一亭（1867—1938年）名震，号白龙山人、法名觉器，又号梅花馆主、海云楼主。浙江吴兴（今浙江省湖州市）人。世居吴兴北郊的白龙山麓，故晚年号白龙山人。王一亭（见图1）生于上海浦东三林塘的外祖家中。幼受外祖母课《孝经》而知绘事，嗣入制造局广方言馆博习新知，又入装池名坊怡春堂为学徒，终日浸淫其间，并识任伯年，拜为弟子，艺事大进。从小喜好绘画，13岁时进上海慎余钱庄当学徒，

图1　王一亭

业余时间，一面在广方言馆学外语，一面勤奋学画，因此而被画家任伯年收为学徒，后与吴昌硕结为知友。1887年，年仅20岁的王一亭就被提升为"天徐号"的跑街先生，这在当时的钱庄行业中是特例，不久又以出色的工作业绩晋升为经理，专搞航运经营。期间得到了上海著名绅士、实业家李平书的赏识和帮助。

1889年服务于日清汽船公司。早年受孙中山影响，倾心共和，1905年加入中国同盟会，拥护和资助辛亥革命和二次革命，曾任中国同盟会上海分会机关部的财务科长。先后出任上海军政府商务总长、华商电气公司董事、中华银行董事。上海光复后历任交通部长、工商部长，集资91万元资助革命军。二次革命失败后，王一亭退出政界，茹素礼佛，潜心作画，热衷公益事业，经他奔走募集赈灾之款多达亿元。1907年，被聘为日本日清汽船株式会社在沪买办，以后又兼任日本大阪商船会社的买办。同时，多方投资实业，涉足电器、保险诸业，跻身清末上海最大实业家之列。是年，他与李平书、

沈漫云等人集资20万两，创办了"立大面粉厂"，从此正式跻身于上海实业界、商界。

王一亭与商界同仁创办了两家银行，并担任"华商电器公司"、"大达轮船公司"、"大有面粉厂"的董事。曾被推为上海总工程局局长、商务总会总理、上海军政府商务总长等职。1921年与荣宗敬等发起创立中国机制面粉上海交易所股份有限公司，任理事长。1930年与李经纬等创办上海佛学书局。1909年，参与发起豫园书画善会，后得识吴昌硕，过从极密，参加题襟馆金石书画会活动。不几年，他将积蓄起来的佣金购得南市梓园作住宅，饲养了各种鸟类及白鹤一头，供绘画写生之用。

民国初，上海画坛中的王一亭是与吴昌硕名气比肩的书画家。由于他参加许多社会团体，结识的人众多，有些人向他求画，并不付润笔金，王一亭自嘲此举为"白弄"，故常常在书画落款上写"白龙山人"。时间一长他的戏言，在书画市场上悄悄流传，其书画作品也有了明显的区别：凡落"白龙山人"款识的书画，价格稍廉，而具"吴兴王震"或"吴兴王一亭"真名的，画价就昂贵些。王一亭一生虔信佛教，为近代上海著名居士，曾任中国佛教会执行委员兼常委，连任上海居士林副林长、林长，上海佛学书局董事长，积极致力于各种慈善事业。王一亭诗画方面的著作传世者甚多，早年学画得徐小仓指点，后与任颐、吴昌硕友善，能画人物、花鸟、走兽、山水，尤擅佛像。

王一亭作为辛亥革命中上海光复的大功臣，曾在"沪军都督府"中担任部长，后虽辞职，但他在上海商界已成为举足轻重的人物，也就是说凭其艺名、财力、人脉、声望、地位，在海派书画界称雄当盟主应有可能。因为在任伯年于1895年去世后及吴昌硕1912年来上海定居前，海派书画群体中公认的大家也不少谢世，如吴伯滔于1895年、虚谷于1896年、吴大澄于1902年、蒲华、钱慧安于1911年都归道山。正是在这种新旧交替、群龙无首的时期，王一亭以睿智的目光认识到这种现象如不及时解决或弥补，将会影响海派书画的整体性发展及提升。遥想当年吴昌硕时常在上海、苏州之间奔走鬻艺，缶翁之所以迟迟不能在上海定居，就是担心这海上华都开销甚大，立足较难。而正是王一亭以敏锐的艺术眼光和独到的经济头脑，认定凭吴昌硕书画印诗四绝的艺术才能，不仅能在海上艺苑开创一番大事业，而且凭吴昌硕的社会资历和从艺声望，他也能担当书画界的领袖。

于是王一亭多次劝说、反复邀请吴昌硕到上海定居，并给予了他生活上的关照及经济上的帮助。吴昌硕初到上海时，书画销售并不畅，是王一亭悄悄地将其作品买下，以安抚他。正是在这一点上，可以讲是王一亭为海上画派引进了一位领袖。于是他除了问艺于吴门外，还礼贤下士，甘为辅佐，帮助并力推吴昌硕为海派书画界盟主，并在上海商界、金融界推介吴昌硕的书画金石艺术，使其名声大振。若没有王一亭的相助，已年迈体衰而又没有社会背景的吴昌硕就很有可能退出海上画坛，回到苏州或故乡终老，而海上书画艺苑的发展将会失去一次历史的契机和振兴的机遇。如果说历史选择了吴昌硕，那么这种选择的执行者就是王一亭，尽管这种历史现象有特殊性和随机性，但王一亭作为个人在这个历史阶段上的作用是不可否认的。

1922年，王一亭当选为中国佛教会会长，翌年获任上海商会主席。正是贫寒的出身、艰苦的奋斗和贤者的帮助，使王一亭深受传统人文思想的熏染，"得诸社会，还诸社会"，为大众谋福祉，为百姓解危困。同时，他作为一名著名的社会活动家，更是了解社会现实和民众疾苦。为此，他不辞辛劳、不计得失，全身心地投入，成为上海最著名的慈善家和慈善界领袖人物。先后参与策划、创办了上海孤儿院、中国救济妇孺总会、上海慈善团、上海游民习勤所、上复善堂等十多个上海最有影响的慈善组织，并担任国民政府赈务委员会常务委员、中央救灾准备金保委会委员长、上海慈善团体联合救灾会、上海国际救济会等社团的要职。

在近代上海史上，海派书画家一直是个大力参与慈善赈灾的重要社会群体。而王一亭不仅是一位积极的参与者，也是一位重要的领导者，体现了一种自觉的社会责任和可贵的慈爱精神，他不仅以自己个人经商的财力为支撑，而且以自己擅长的书画为艺术资源来扶贫帮困，更为难能可贵的是，他不是一事一时地行善救灾，而是孜孜不倦、持之以恒地身体力行。历史地看：王一亭在慈善赈灾上的策划组织、实施操办、社会影响及实际效果，为近代上海慈善赈灾活动作出了杰出的贡献。为此，吴昌硕在《白龙山人小传》中曾动情地说："以慈善事业引为己任，绘图乞赈，夙夜彷徨，不辞劳苦，于是四方之灾黎得以存活者无算。"

王一亭也是一位具有国际主义精神的慈善家。1923年9月1日，日本关东发生大地震，他即与朱葆三等人在《申报》上刊登《救济日本大灾召集会议通告》，及时垫募白米六千担，面粉两千多包及药品、木炭等生活急需品于9月8日装船，于12日抵神户港，为最早抵达日本的外国救援船。后又在峨眉、九华、普陀、五台及上海玉佛寺、西湖招贤寺等举行普利道场法事，并向日本灾区寄赠一座梵钟。援救甚力，为彼邦朝野感念，日本人称其为"王菩萨"。1931年"九·一八"事变，王一亭联络书画界义卖捐助东北抗日义勇军，1932年任全国艺术家协会理事。1937年抗战爆发，携家眷避地香港以拒敌伪拉拢挟持。1938年11月13日，王一亭病重返沪延医，抵觉园翌日即逝，享年71岁。国民政府明令褒扬公葬，著有题画诗两卷，先梓行。1983年王一亭的墓迁于吴县洞庭东山杨湾时，日中友协会长宇都宫德马题词"恩义永远不忘记"，以示感激当年救济之情。

图2　佛学书局股份有限公司1944年7月1日发行面值贰拾股（200银元）的股票（中国近代名人股票鉴藏录）

八年抗战辗转千里屡经磨难确保生产的"纺织俊杰"刘国钧

1840年，鸦片战争的炮火惊醒了中国人，使他们逐渐明白贫弱就要挨打、贫弱就不能自立于世界民族之林的道理，越来越多的有识之士走上了实业救国的道路。在创业过程中，他们遭受过封建势力的排斥和打击，遭受过外资的排挤和欺压，遭受过军阀官僚和地痞恶棍的敲诈勒索，亲身经受着创业的艰苦、守业的艰辛，体味着成功的喜悦和失败的痛苦，所有这一切，构成了一幅近现代中国民族资本家在夹缝中谋求生存和发展，在奄奄一息中艰苦挣扎，在寒风严霜中努力培植民族工业的悲壮画卷。在这幅画卷当中挺立着一位土生土长的江苏靖江人——刘国钧。他经受了一次次磨难、种种困扰，也抓住了一些机遇，终于成为现代中国纺织工业的翘楚。

1. "纺织俊杰"刘国钧

刘国钧（1887—1978年），名金巽，字国钧（见图1），号丽川，出生在江苏靖江生祠镇的一个读书人家。自幼家境贫寒，备尝艰辛，在帝国主义列强和官僚资本倾轧下，惨淡经营，艰苦创业。早年在常州提倡"机器革命"、"土纱救国"，20世纪30年代初，刘国钧就以一个成功人士的身份登上了民族纺织工业的历史舞台，被誉为"民族纺织业之魂"、"东南织染业先驱"。1930年集资创办大成纺织印染公司。八

图1 刘国钧

年间使大成企业由1个厂发展到4个厂，纱锭由1万枚发展到8万枚，资金由50万元发展到400万元，被当时经济学界誉为罕见的奇迹。他三渡日本，考察

欧美，引进技术、管理，结合工厂实践，提出工管工自治化、工教工互助化、工资等级化、华厂革新化、出口优质化的口号，全面提高工厂管理素质。并率先在我国纺织界中试制成功灯芯绒、丝绒。抗日战争胜利前夕，撰写了《扩充纱锭计划刍议》一书，认为抗战胜利后，可用15年时间将全国纱锭扩展到1,500万枚，与世界纺织业争王座。

八年抗战和解放战争期间，刘国钧苦心支撑，振兴民族工业痴心不改。刘国钧的成就令世人瞩目，他被誉为中国的"纺织大王"。1950年，新中国成立不久，爱国思乡心切的他冲破重重阻挠，毅然从香港返回内地。1954年刘国钧率先将自己的工厂实行了公私合营，被誉为"红色资本家"。刘国钧是全国人民代表大会一届至五届代表，1976年当选为全国政协委员，历任全国工商联副主任委员、中国民主建国会副主席、江苏省副省长、江苏省政协副主席、民建江苏省工委主任和工商联江苏省主任委员等职。1978年病逝于南京，享年91岁。

2. 果断收购大纶纱厂，组建大成公司

1916年，刘国钧和友人合资创办的大纶机器织布厂诞生了。1918年春，刘国钧在大纶遭排挤，遂撤回在大纶的投资，他决意独资办厂。刘国钧购买了80台布机，自任经理，让母亲管理摇纱，让妻子管理布机兼烧饭，在常州新坊桥创办了广益布厂，开工不到一年就盈利3,000余元。1922年，广益布厂添置木机180台，铁木机36台，以及锅炉、柴油发电机和浆纱机等设备，成为当时常州最大的织布厂。1923年，刘国钧利用广益布厂的利润，在常州创办了广益二厂，广益二厂是当时常州最大的染织厂。广益布厂和广益二厂的设备和产品当时在常州都是一流的。随着事业的发展，刘国钧日益认识到人才对于企业发展的重要性，便邀朱希武、高金奎、查济民等一批干练之才加盟进来，还不惜重金聘请当时国内著名的纺织专家陆绍云进厂。1924年，刘国钧和友人一起专程到日本考察，研究日本发展工商业的经验。他发现日本工厂的优势在于成本低，而降低成本的关键在于科学管理和精简工序。回国后，刘国钧综合分析了各方面的情况，果断决定改变广益的生产方向，由原来生产斜纹布和白平布，改为生产蓝布、绒布、贡呢、哔叽等彩色布，以

避开与其他厂的雷同和竞争。1925年，刘国钧将广益布厂和广益二厂合并，更名为广益染织厂。

1927年，刘国钧集中力量，大刀阔斧地进行技术改造和设备更新，采用先进工艺，减少工序，降低成本，淘汰当时尚属先进的铁木织机，全部换成最新式的日本丰田自动织机，增加印染设备，以提高产品质量和开发新产品，大大提高了利润，其生产的"征东"牌和"蝶球"牌色布远销海内外，当年即盈利10余万元，第二年，除去股红、利息尚余50万元。1930年2月15日，在纺织业遭外商倾轧、一般厂商视经营纱厂为畏途的情况下，刘国钧毅然花50万元巨资盘下连年亏损的大纶久记纱厂，并扩大生产规模，改名为大成纺织染股份有限公司，自任经理。1932年春，广益染织厂正式并入大成公司，大成纺织股份有限公司也相应更名为大成纺织染股份有限公司。1932年10月4日，公司增资90万元；1935年9月3日，再次增资60万元，资本总额达200万元，总股本20万股，每股100元。公司在上海北京路口山东路48号设事务所，一厂设于武进大南门，二厂设于武进东门外。

1934年春，刘国钧和长子刘汉堃、女婿查济民等第三次东渡日本，考察丝绒、灯芯绒生产技术。为了提高产品质量，刘国钧十分重视学习外国的先进技术，将日本纺织业作为自己赶超的对象。其间，刘国钧还有过类似进怡和纱厂那样的第二次"偷艺"的经历。刘国钧常常以这样一句话鞭策自己："日日行，不怕千里万里；常常做，不怕千事万事。"他就是以这种脚踏实地的精神，不断追求更新更高的目标。大成公司这个原来年年亏损的企业自从到了刘国钧手中，就焕发了新的生命力，短短3年，年产值就达400万元。大成的快速发展引起了经济学界的关注，著名经济学家马寅初曾赞叹说："像大成这样，八年增长8倍的速度，在民族工商业中实在是一个罕见的奇迹！"马氏甚至认为，如果不是日本侵华战争的发生，大成公司完全可以发展成为与日本纺织业相抗衡的企业。1936年，刘国钧与亏本停产、亟待出租的汉口震寰纱厂联营，建大成四厂，同年筹建大成三厂。1937年，刘国钧的资本增至400万元。1947年公司增资至225亿元，总股本2.25亿股。至抗战前夕，大成公司试制成功丝绒、灯芯绒，开创了我国生产平绒、灯芯绒的先例。

3. 八年抗战辗转千里，屡经磨难确保生产

1937年7月7日，日本发动全面侵华战争，京沪沿线遭到日机轰炸，常州也未能幸免。刘国钧冒着生命危险在常州沉着应对：大成一厂、二厂从速处理存货，回收现金，保存实力；大成三厂的瑞士"利妥"纺纱机拆分装箱，用卢作孚的民生轮船公司的轮船运至武昌大成四厂，而后全部运到重庆以保存纺织机器的精华；所有员工分三处疏散，寻找机会再图复工生产。1937年11月27日，日军已逼近常州城，刘国钧这才决定携带家眷和簿记账册，乘民生轮船溯江而上至汉口。在汉口，刘国钧把眷属妥善安排在租界暂住，自己则忙于武昌大成四厂的扩建工作。他先将在常州厚生机器厂订购的250台织机安装开工生产，同时，把从常州撤来武汉的员工安排进厂工作。在安排好诸多事情之后，刘国钧独自一人辗转数千里来到上海，经过与吴镜渊和刘靖基翁婿等人的商榷，决定在公共租界开办纺织厂。为适应上海孤岛的生存环境，工厂在公共租界注册登记。为掩人耳目，工厂挂英商的牌子，聘请英商买办、印度人安诺任经理，英商马歇尔任董事长，厂名定为"安达纱厂"，由刘国钧任总经理。1938年9月工厂开工生产，每月生产"飞虎"牌棉纱1,000件，远销南洋群岛和粤、闽、川、黔诸省。

1938年，武汉告急，刘国钧从武汉撤出，登上民生公司的江轮，押运从常州运来的织机、设备和纱布，逆水而上至重庆。此时，国民党当局经济部对迁来重庆的工厂朝夕催促开工，"逾期不能开工，将予征用"。刘国钧非常着急，踌躇之际，恰巧卢作孚派人前来商谈民生公司与大成公司和武汉隆昌染厂三家合营开办"大明染织厂"一事，刘国钧非常高兴，三方一拍即合，工厂就设在重庆北湾的原三峡染织厂。由卢作孚任董事长，刘国钧任经理，查济民任厂长。刘国钧、查济民翁婿两人配合默契，全权负责大明染织厂的生产经营。刘、查以大成公司老员工为骨干，充实大明染织厂的车间、部门、班组，实施大成公司一整套的管理制度和操作方法，紧抓提高产品质量这一关键环节，深受卢作孚的赞赏。此间，在黄炎培、潘仰尧等友人的提议下，刘国钧潜心写作《扩充纱锭的计划刍议》，该文设想在抗战胜利以后的15年内，中国纺织工业发展至1,500万枚纱锭，并就资本筹集、织机

制造、人才培训、原料供应、工厂布局和管理等诸多方面做了全面规划和设想。他计划大成公司15年内发展至50万枚纱锭，并向毛、麻纺织品发展。刘国钧宏伟的设想，在工商界、经济界引起强烈反响。

4. 刘国钧毅然回归，参加新中国建设

1949年春节后，刘国钧偕家属由沪赴港，并在香港暂时定居下来。在香港开办东南纱厂，该厂经营管理沿袭大成公司的一整套做法，加之有从常州调去的一部分得力的职员和技术精湛的工人相助，所以该厂经营状况很好，名列香港纺织厂的前茅。东南纱厂生产经营已上轨道，4月15日赴台湾考察。通过对台湾十多天的市场调查，刘国钧感到台湾的投资环境远不如香港，不是立足之地，便悄然离开了。刘国钧从台湾返港时，传来了上海解放的消息。刘国钧虽身在香港，但他的心无时无刻不在牵挂着自己的家乡。此时的他，内心仍矛盾重重、去留两难。他的老朋友黄炎培、章乃器、孙起孟、胡厥文等人，已从香港辗转去北平，参加6月开幕的新政协筹备会全体会议。冷御秋、杨卫玉等几位朋友也赴北平参加中国人民政治协商会议第一届全体会议。大成公司的大股东和代理人也都有政治安排，并在积极参加各种社会活动。

不久，当刘国钧获悉好友黄炎培被任命为中央人民政府政务院副总理、轻工业部部长，章乃器被任命为政务委员，杨卫玉被任命为轻工业部副部长后，更是欣喜若狂。刘国钧当机立断：在新中国成立的当月启程，到北京去会见老友们。可是多年前曾经患过的胆结石病突然发作，他被迫住院。后来请医生动了手术，总算转危为安。此时，刘国钧收到两封来信，一封是他派到内地察看情况的长子刘汉堃的来信。信中还说他们将很快返回香港，容后再作详报。读完信，又看了随信寄来的大成公司1949年的财务结算表，竟还净盈皮棉1,000担。"不容易呀！真是不容易！"刘国钧边看边连连说。这盈利的数字给他传递着一个明确的信息：大成公司运转正常。在这改朝换代的岁月里是一个奇迹！共产党来了，大成公司的生产管理反而比自己在时还要正规，他为自己将来可在内地继续发展欣喜不已。

长子来信也使刘国钧相信共产党许诺的"来去自由"是一句真话。另被

这一波接一波地回归祖国的热潮所鼓舞，愈发是坐立不安、归心似箭了。刘国钧很钦佩香港大公报经理、社长费彝民的爱国风范，认为他是位反日救亡的爱国英雄。慢慢地，他开始对共产党由疑惧、戒备转变为尊敬和信服了。听说刘国钧染病住院，老朋友、大成公司的董事长陈光甫特来医院探望。临别时，陈光甫语重心长地对他说："我已经听说你要回归的传闻了，卢作孚也准备回去。我只能祝你们好运。我就在香港把银行办下去，以后有需要我帮忙之处，千万不要客气！"刘国钧点点头，对陈光甫的选择，他不好说什么。四川实业界名人何北衡还为他们带来了毛泽东的名文《新民主主义论》。刘国钧读了《新民主主义论》后，对中国共产党及其政策有了更全面和深刻的了解。不久卢作孚就率领民生船队，回到了祖国的怀抱。

刘国钧出院后，马上去找费彝民。费彝民给他引见了香港工委书记、政务院特派接收港九国民党政府机构专员办事处副专员、华南局驻港负责人张铁生。一见面，刘国钧就向这位共产党的驻港负责人表示了自己很想回祖国的愿望。张铁生对刘国钧表示热烈欢迎，并真诚地说道："我代表中国共产党和祖国人民对刘总经理回祖国表示热烈的欢迎。我们早已向中央报告过了，中央领导同志表示欢迎您回去。刘总经理想回去看看，我们保证您来去自由。"一听这话，刘国钧的所有的担心都烟消云散了，刘国钧坚定地表示："我是认定一条路走到黑的人，这次回去，是叶落归根，安度晚年的。""刘总经理何时启程，请告知具体日期，我们将尽可能地为刘总经理提供方便，以便沿途有个照应。"一回家刘国钧立刻着手回归的准备工作。刘国钧第三次飞到台北，指示在台有关人员马上关闭在台北的兴安纺织公司，将已购买的建筑材料全部退掉，资金撤回香港。此刻，回归所有的牵挂和障碍都已不复存在，在国共两党间，刘国钧义无反顾地选择了共产党。

5. 欣然回归受到政府、员工的热情欢迎

1950年9月16日，刘国钧偕妻子鞠秀英告别了家人，登上了开往广州的列车。没作停留就乘车北上，重新踏上上海的土地。上海市人民政府早已派车在车站等候他了，在市政府特意安排的招待所住下以后，许多朋友们都来看望他，对他说了很多上海的新鲜事，刘国钧听得津津有味。上海发生的一

件件新鲜事让刘国钧对新中国的未来更加充满信心。朱希武特意从常州赶来上海，向刘国钧汇报常州的大成三个厂的生产情况，刘国钧听后感动地说："我过去听说共产党是共人家的产，现在才知道，共产党是帮助别人生产，是共同生产。这样的共产党与我们办工业者的胃口对极了。我们的工业有希望啊！"

1950年9月30日，刘国钧及其夫人在朱希武的陪同下，登上了开往常州的列车。车一到常州站，就听到站前广场上锣鼓喧天，爆竹齐鸣，一派喜气洋洋的热闹景象。刘国钧正想着这是怎么回事时，只听到耳边响起了热烈的欢呼声："热烈欢迎刘总经理！"刘国钧赶忙取下墨镜，只见一张张熟悉的工友的面孔出现在面前，他们的头顶上打着一幅红布横幅，上面写着斗大的字："欢迎民族资本家刘国钧总经理回来主持公司业务！"刘国钧感动地挥动手臂："谢谢你们，谢谢大家。"晚上，常州市市长诸葛慎宴请刘国钧，欢迎他回到常州。紧紧地握住刘国钧的手："请相信，共产党人是你最好的朋友。"刘国钧为这一句话感动不已，又接连干了三杯！

当日，大成一厂召开"建国一周年庆祝大会"，身着一袭长衫、脚穿布鞋、精神抖擞的刘国钧在会上发表了热情洋溢的讲话。随即，赴北京参加轻工业部召开的会议，会见了他的老朋友、时任政务院副总理兼轻工业部部长的黄炎培。黄对他回来参加新中国建设表示热烈欢迎。李维汉赠给刘国钧一本《中华人民共和国共同纲领》单行本，并语重心长地勉励道："生活在新中国的工商界朋友，是有光明前途的。"随后，周总理集体会见了工商界代表，黄炎培特意向周总理介绍了刘国钧和他的发展1,500万纱锭的建议。刘国钧的建议受到了周总理的高度评价。

6. 响应号召带头实行公私合营

1952年7月，刘国钧赴北京参加第二次民主建国会总会扩大会议、全国工商联筹备会议，毛泽东、周恩来、刘少奇等中央领导人在怀仁堂接见了全体代表并在后院草坪合影留念。7月2日，民建中央主任委员黄炎培传达了毛主席与他的谈话内容，明确提出，"五反"运动消除"五毒"是为了更好地团结工商界从事生产经营，民建会员起了骨干作用。这使刘国钧看到了共产党对工商界政治上的关怀，看到工商业者的光明前途，他更坚定了跟共产党走的决心。1952年7月，刘国钧当选为中华全国工商业联合会筹备委员会委员。1952年11月15日，在中央人民政府委员会第十九次会议上，毛泽东主席任命刘国钧为江苏省人民政府委员。

1953年9月7日，毛主席邀请民主党派中央负责人和工商界部分代表人士召开座谈会，刘国钧应邀参加了会议，毛主席在会上发表了《改造资本主义工商业必由之路》的讲话。在京逗留期间，李维汉再次约黄炎培、刘国钧促膝谈心，称刘国钧是位眼光远大的工商界人士，对他提出了殷切的期望。返回常州后，刘国钧开始在大成公司内部酝酿申请公私合营。1953年12月15日，在常州青果巷刘家举行了大成公司第十八届第九次董事监察联席会议。由于刘国钧是大股东，带头倡议公私合营，因此，董事会顺利通过决议：由董事会向政府主管机关请求实现公私合营。并推举刘国钧、朱希武等4人为公司代表，向政府表明公私合营的愿望，并协商有关具体问题。1953年12月7日，大成公司董事会向常州市人民政府正式呈请公私合营。

1954年2月，江苏省人民政府宣布核准大成公司及3个工厂为全省首批公私合营单位，大成公司为江苏私营企业走上国家资本主义道路树立了典范。江苏省里对这个全省第一个公私合营的大成公司格外重视，四处寻找合适的干部。最后从徐州找到一个名叫田诚的干部。随后，刘国钧便同公方代表田诚一同返回常州。1954年3月，江苏省工商业联合会首届会员代表大会在南京召开，正式成立江苏省工商业联合会。刘国钧当选为江苏省工商联副主任委员。1954年6月1日，公私双方代表在常州市人民政府正式签订了大成公司公私合营协议书。同日，公私合营大成纺织印染公司正式成立，大成公司及3个厂正式公私合营，田诚为董事长，刘国钧为副董事长兼总经理。1955年4月1日，民建中央召开首次全国代表大会，刘国钧出席会议，并以自己的切身经历谈了公私合营的体会，他在这次大会上当选为民建中央委员。

7. 成为著名民族实业家后从未忘记回报家乡

刘国钧在成为著名民族实业家之后，从未忘记回报家乡。1933年，刘国钧出资3000大洋疏浚生祠镇东首的大靖港，使其成为家乡的水运要道。

1953年，刘国钧将藕园和其他花园，连同168间房子和几十亩土地，全部无偿地捐献给了国家。1954年，刘国钧积极倡议开办毛纺织厂，并无偿捐出一台价值80万元的毛纺机。三年困难时期，刘国钧积极响应周总理"社会办学"的号召，从定息中提取35万元，又动员荣毅仁出资10万元、刘静基出资5万元，共50万元作为江苏省的办学基金，资助社会办学。刘国钧还出资1万元，热心支持挚友陆小波在镇江创办团结中学，并捐资1万元筹建新华剧场。三年自然灾害以后，国家建设需要资金，1962年刘国钧赴香港探亲，他动员儿女们捐资120万港元用来购买化肥，运回内地，支援国家的农业生产。1972年，为了支援家乡发展农业生产，刘国钧特地从国外进口一台具有世界先进水平的价值15万元的镗床，送给武进一家柴油机厂，请该厂工人加班，多生产10台拖拉机送给家乡生祠镇所在的大兴人民公社。

1975年，89岁高龄的刘国钧将最后的一笔财富——多年来收藏的包括96件红木家具在内的一大批文物和字画捐赠给常州博物馆和南京博物馆收藏。他捐赠的这批红木家具以老红木为主，大多为清末至民国初的产品，材质优良，做工精湛，纹饰十分优美，种类齐全，其完整性和珍贵性为国内所罕见。刘国钧的子女对家乡的建设也一直十分关心。他的子女每每回乡，总要支援家乡的经济建设和教育事业，出资开挖横贯生祠镇的团河和修缮生祠镇的主要街道，投资兴办工业，援建生祠中学，捐资建设家乡的图书馆，设立刘国钧奖学基金等。刘国钧的种种善举，赢得了家乡人民的敬重，家乡人民在心中为他竖起了一座丰碑。

图2　大成纺织染股份有限公司1936年5月1日发行面值拾股（1,000元）的股票（中国近代名人股票鉴藏录）

图3　大成纺织染股份有限公司1947年12月1日发行面值贰萬肆仟柒佰伍拾股（247.5万元）的股份临时收据（卓克艺术网收藏）

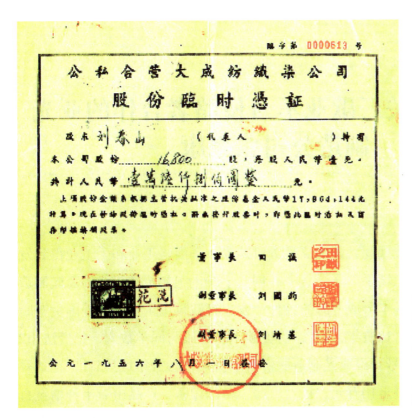

图4　公私合营大成纺织染公司1956年8月1日发行面值壹萬陆仟捌佰股（16,800元）的股份临时收据（泓盛艺术网收藏郑家庆藏品）

图5　公私合营大成纺织染公司1956年8月1日发行面值壹拾肆萬肆仟股（144,000元）的股份临时收据（泓盛艺术网收藏）

抗战时期关厂歇业不与侵略者合作的亚光制造公司张惠康

第一次世界大战期间，外国商品进口减少，华商轻工业和手工业得到发展，出现机器业和工场手工业。其中有创立于20世纪初至30年代的亚光制造股份有限公司等，基本形成上海的各种产业，打破日用工业品为外国货垄断的局面。民国20年（1931年）4月，留美硕士张惠康与同学数人，集资法币2万元，在普陀路153号开设亚光制造股份有限公司。1931年11月5日，正式登记注册，次年，增资至10万元，扩大厂房，增添设备，产品由数十种增至百余种。由于制品新颖，销势旺盛。又增加了电器、电话、电机、电扇制造。30年代初，亚光制造股份有限公司试制生产过电冰箱。但产量均极有限，没有形成规模。1935年9月13日，增资至25万元，总股本2,500股，每股100元，生产电风扇、电熨斗、电炉、电灶、电暖锅和电水壶等家用电器产品。

张惠康（1901—1959年）又名薇臣，浙江鄞县人。民国12年，毕业于南洋公学电机科。1924年，获美国康乃尔大学电机工程硕士学位，并任美国公众事业建造公司助理工程师。1927年，进美国麻省理工学院深造。翌年，获商船管理学士学位。1928年，张出于实业救国之心，放弃国外高薪职务返国，应聘三北造船厂厂长兼三北轮埠公司总工程师。两年后，即以其电气技术之所长，辞聘创办实业，曾任上海市电工器材工业同业公会常务理事。1930—1931年，张惠康与同学合作，先后在上海创办了两家电气技术的实业。张先是借鉴美国城市面貌，于1930年开办了东方年红电光公司，在国内率先开发制造霓虹灯，促进了广告事业走向电气化，南京路上各大公司及大商号竞相采用光彩绚丽的霓虹灯，美化了大上海商业街的夜市。

20世纪30年代初，张惠康参与创办了中国国货公司，出资投股，任职董事，并主动扶植，将亚光制造股份有限公司在国货公司展销，进而推向专营洋货的南京路上四大百货公司经销。1932年"一·二八"事变后，张惠康更是饱含爱国热忱，抵制日货。1934年前后，张惠康采用进口关键部件研制出第一台国产单门冰箱，并在南京路上永安、大新、先施、新新沪上四大百货公司上柜出售。张惠康又设计出在12英寸电扇上加装1500～3000瓦分档变温电热丝，制成快速取暖，使用方便，外观漂亮的快热电炉，成为一时风靡上海、畅销市上的首创国产品。随着亚光制造股份有限公司产品的扩展，张惠康自行设计和改装了小车床及刀刃夹具，改装成一次可同时加工钻孔、扩孔、攻丝、开槽、外圆滚花和切割6种工艺的六角车床，应用于胶木制品铜嵌零件的加工。这一革新创举一直沿用至50年代末。张惠康还努力传播电子技术，陆续出任上海电世界出版社和电工图书出版社经理，参加编辑著述，为电子专业人才的成长作出了贡献。

1937年"八·一三"事变后，亚光制造股份有限公司的部分机器设备和人员迁内地，途中设备器材和原材料惨遭日军轰炸，所余无几，不得已折返沪上。抗日战争时期，张惠康关厂歇业，不与侵略者合作。1945年抗日战争胜利后，张惠康出任上海市轮渡公司筹备处主任。经两年筹建，遭日本侵略军破坏的黄浦江两岸沿线及吴淞、崇明线等轮渡及码头全都恢复运行，张惠康出任总经理。1947年，张惠康针对浦江两岸货运极为不便的状况，采购第二次世界大战后美军善后救济总署剩余物资的两艘中型登陆艇，加以设计改装，制成了一次可载运20余辆货运汽车的平板渡轮，并选址南码头，开辟了一条机动车辆的轮渡专线；另在浦东其昌栈和浦西民生路对岸渡口，经改造轮渡码头，开辟了一条可同时载客又搭载轿车三四辆的轮渡线，大大改善了浦江两岸运输条件，运行迄今。其间，张惠康还开发了北京路外滩至高桥、吴淞间的"浦江旅游"，并在北京路外滩浮码头上开设一家"水上饭店"，深受社会欢迎。

1949年5月上海解放后，由于政府扶植，亚光制造股份有限公司重新开业，生产军用电话柄及电表外壳。1956年全行业公私合营中，该公司与东方年红电光公司合并，易名亚光胶木厂，专门生产电木制品以及为电子整机和仪器仪表配套的胶木机箱、电气开关。张惠康任厂长，直至1959年病逝。

1959年，国家向亚光胶木厂投资32.5万元，从普陀路迁到宜山路711号。1963年，该厂采用上海无线电技术研究所的科研成果，开始兼产印制线路板。1966年更名为上海无线电二十厂，是国家电子元件行业骨干企业，专业生产印制线路板，使用普春牌商标。1975年专业生产印制线路板，年产印制线路板3.13万平方米。此后，该厂革新设备，并把单机联成生产线，建成了印刷腐蚀流水线、步进式金属孔化流水线、助焊剂涂复流水线，从手工转变为机械化连续化操作。产品从单面、平面发展到双面、孔化、多层等。

1980年2月，上海无线电二十厂从日本引进全套自动生产线及部分辅助设备，1982年3月投产。彩色电视机印制线路板严格按IEC标准组织生产，安全性获美国UL标准认可，先后获市、部优质产品称号。在全国同行业第一、第二届质量评比中均名列榜首。1984—1986年，通过引进和翻版增加了3条生产线，印制线路板年生产能力达70万平方米，能加工录像机、电子调谐器等产品上使用的高精度、高密度印制线路板。1986年，该厂同澳大利亚PCL公司合作开办普林电路板公司，生产为计算机、通信设备等配套的双面和多层印制线路板，部分产品出口。从1990年起，该厂加速软性、碳质导电印制线路板新品投产进度，产品批量供应市场。年产印制线路板48.2万平方米，销售收入7,807.86万元，实现利润759.62万元。1998年，上海无线电二十厂改制为上海金陵股份有限公司（1992年12月2日上市，现更名为上海华鑫股份有限公司）的全资子公司。

图1　亚光制造股份有限公司1936年9月1日发行面值壹股（100元）的股票（中国近代名人股票鉴藏录）

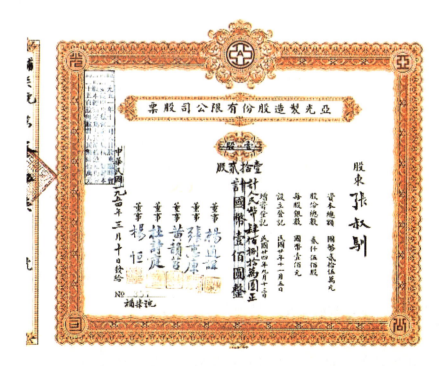

图2　亚光制造股份有限公司1954年3月10日发行面值壹拾贰股（480万元）的股票（中国近代名人股票鉴藏录）

淞沪抗战调拨汽车及司机供十九路军免费使用的出租汽车大王周祥生

1901年汽车落户上海后，发展极为迅速。马路不再是马车的专用道，为适应汽车的需要，马路不断拓宽、延伸，好让汽车从容驰骋。1903年，上海只有5辆汽车，1908年就增加到了119辆，1912年猛增到1,400辆。奔驰、福特、雪佛兰、奥斯汀等，往来驰骋于上海街头，让原先慢腾腾的上海人看花了眼，感到现代文明的逼人气息。除洋商外侨外，受西风熏陶、好"扎台型"的上海人也陆续成为汽车的主顾，尤其是在那些贵族学校，像圣约翰大学、启明、清心女中等，学生大多家境富裕，每逢周末，校门口的汽车多得无处停放，总需要安排巡捕来指挥交通。

有人喜欢享受，有人就嗅出了其中的商机，出租车行业应运而生。20世纪20年代，是出租汽车在上海乃至整个中国发展的"黄金时代"。喜欢"洋派头"的上海市民，已经逐渐摒弃了原本传统的黄包车之类的交通方式，婚礼喜庆、迎送往来、出门公干，人们都习惯打电话到车行，叫上一辆出租汽车。像结婚庆礼，在20世纪二三十年代后，新郎穿长长的燕尾服，新娘披洁白的婚纱，这样的装扮，根本不会去坐黄包车或轿子，喊一辆汽车是最佳选择。只不过，洋人开办的车行财大气粗，一直占据着这个行业的统治地位。许多从中嗅到商机的中国司机便开起了"黑车"，冒着被巡捕和交通警察逮住罚款的风险，在马路边停车揽客，周祥生便是这些"黑车司机"中的一员。就连他的起家，听起来也像是一个传说。

强生集团创建于1919年，周祥生创建了取名祥生出租汽车行（后改公司），新中国成立后被国家收回成国营第一、第二汽车服务社，改革开放后，重新命名为强生集团。

1. 从一辆旧汽车起家的出租汽车大王

周祥生（1895—1974年），出租汽车大王，原名锡杖，小名阿祥，又名锡祥，后改名祥生（见图1）。1895年9月16日生于浙江定海南门外周家塘一户贫农家庭里。后来私塾先生改其名为锡治，到上海后改名锡祥，开车行时再改名祥生。其父周贵世生有子女四人，周祥生仅读过3年私塾即辍学谋生。1907年，13岁的周祥生离开家乡来到上海。他先是在一户葡萄牙人家中做帮工，每月仅得零用钱1元。次年到石牌楼（今淮海中路尚贤坊）一

图1 周祥生

家小饭店做杂工。1909年，入法侨开设的日南楼饭店当学徒。3年后，经其在礼查饭店（现浦江饭店）餐厅部当领班的姑丈许廷佐介绍，进礼查饭店当侍应生。1915年，转入卡尔登咖啡馆。1916年，许廷佐集资开设新礼查饭店，周祥生到该店，很快升为领班。他在各饭店服务10余年，学得了一口颇为流利的英语，由于每天要代客人雇车，还结识了一些车行主和出租汽车司机，熟悉了汽车出租业务，这为他以后投身这项事业打下了基础。一段时间下来，他吃苦耐劳，殷勤待客，不仅获得了饭店老板和客人的好感，而且省吃俭用，也积攒了一点资金。

此时他虽想自立门户，但毕竟囊中羞涩，撑不起来。恰在这时，仿佛老天相助，一个偶然的机会，周祥生在回家的路上遇到两名车夫拾到一笔卢布，彼此争执不下。周祥生遂出面调解，三人平分。在得到一笔意外之财，他决意以此为创业之本，自谋生路。他将这些卢布兑换了500银元，便辞去门童工作，开始了自己的黑车拉活生涯。

2. 艰苦创业求发展

有了启动资金，周祥生自己开始经营出租车业务。1919年，他以分期付款方式向英商中央汽车公司买进日产黑龙牌旧轿车1辆，首次付款600元，开始了经营出租汽车的生涯。周祥生不会开车，便雇了一名司机合作经营，自己负责揽客兼摇引擎，在虹口与江湾一带做起"抛岗"生意（即违规在马路边停车揽客）。他们勤跑勤揽、早出晚归，生意居然不错。周祥生有个邻居

在江湾跑马厅工作，常送给他一些赠券，他就把赠券分送给坐车客人，从而取得了一些客人的好感，他们不但经常坐他的车，还代他介绍别的客人。

这样他的生意日益兴旺，到了1920年春，便将所欠车款全部付清。英商中央汽车公司见周祥生信用不错，又兜售给他1辆美制汽车。不到3个月，他又将车款全部付清。他的堂弟周锡庆见其获利颇丰，遂出资与他合伙，又购进旧车1辆。起初他把行址设在鸭绿江路，至1923年末，祥生车行的汽车增至5辆，又将车行移到武昌路百老汇路（今东大名路）口，首次亮出了"祥生汽车行"的招牌（见图2）。同年底，在北四川路设立了第一个分行。由于服务态度好，营业额不断上升。

初战告捷，进一步激发了周祥生的创业雄心。他不断以滚雪球的方式，分期贷款购进汽车，不断扩大车行的规模。到1929年，祥生车行已经拥有20辆车，两处分行，在华商汽车出租行业中脱颖而出。

3. 巧用汇率涨势获利匪浅

上海的出租汽车行业，主要由洋商控制，周祥生的实力，已不容他们小觑，于是，华洋出租汽车联合会也推选周祥生为董事。1930年，美国通用汽车公司和美孚、亚细亚等石油公司的汽车、汽油，为应付世界经济危机，一再跌价竞销。祥生汽车行抓住机遇，以付定金20%的方式一次向美国通用汽车公司购进雪佛兰牌轿车60辆。5月上海华商出租汽车同业公会成立，周祥生当选为会长。

1931年是周祥生创业中起飞的一年。周祥生的朋友——新顺记五金号副经理李宾臣熟悉外汇行情，预测近期外汇牌价有看涨之势，劝周祥生乘机扩大业务，并愿提供3万两白

图2　祥生汽车行

银帮祥生扩大车行业务。于是周祥生当机立断，放胆大干，到花旗银行做了押款，以100两白银兑45.5美元的比价向花旗银行兑换美元，先付定金二成，向正在上海推销汽车的美国通用汽车公司定购雪佛兰汽车400辆，每批100辆，分四批陆续到货。果然，等这批崭新的雪佛兰车到达上海，车价已经上升1倍，获利丰厚，在短短两个月里，这次买卖赚了一大笔钱。周祥生除自留200多辆外，将其余车辆全部脱手，就此一笔生意，祥生汽车公司的全部车辆，几乎等于白赚。这使祥生公司资本更加雄厚，周祥生本人的声誉和社会地位也随之上升。

4. 祥生出租汽车有限公司正式成立

1932年元旦，华商祥生出租汽车有限公司（以下简称祥生公司）正式登报宣布成立，额定股金10万元，李宾臣担任董事长，周祥生入股6.5万元，出任董事兼总经理，掌握实权，总行设在市中心北京路西藏路口。公司陆续向美国购置新车达四百辆，一时间，增租房屋，修葺装饰，电台广播，报纸宣传，很有气势。美国通用汽车公司曾派人找周祥生联系，表示愿意与他合作，代为设计经营，并邀请他免费赴美参观公司，目的是想让祥生公司为它推销汽车，争夺上海的汽车市场，但这些建议均为周祥生所拒绝。

1931年"九·一八"事变、1932年"一·二八"事变后，全国人民掀起抵制日货高潮，祥生公司又将公司电话号码改为"40000"，提出"4万万同胞，请打四万号电话，中国人坐中国车"的宣传口号。在与外商车行进行激烈竞争中不断改善经营管理，企业迅速发展，到抗日战争开始前夕，股金达50万元，拥有汽车230辆，设分行22处，职工800余人，成为上海最大的出租汽车行。

5. 周祥生淡出祥生公司

1937年10月初，抗日烽火已延及上海，因与公司董事会矛盾激化，周祥生辞去总经理职务，延至年底完全交卸，他所有的股权均由公司接收，自此就彻底脱离了祥生公司。周祥生脱离公司后，随即携家眷回到舟山躲避战火。抗日战争爆发后，去广州。广州沦陷后，侨居越南海防，置少量卡车在华南、西南一带经营货运，兼经销卡车。1939年秋，由黄伯樵介绍到广州湾西南公路运输管理局代运物资，他从香港买进10辆卡车，来回于广州、贵州、重庆一线。1941年初，广州沦陷，他退至越南海防。1942年底，周祥生返回上海，在亚尔培路（今陕西南路）开设祥生饭店。

周祥生离开祥生出租汽车公司后，其弟周三元继任总经理。太平洋战争爆发后，上海全部沦陷，日军断绝汽油供应，全市出租汽车行停业，祥生公司改营人力三轮车，惨淡经营至抗战结束才复业。但实力已大不如前，延至新中国成立前夕，只有汽车八九十辆，职工300人左右。

6. 与洋商汽车公司竞争

祥生公司声誉鹊起，周祥生也成为华商出租汽车行业中的头面人物，即使与洋商抗衡，也具有一定的竞争力。但是，周祥生并不满足，决心在规模、管理和车辆设施等方面更上一层楼。

自从有外国商人到上海试办汽车出租业务以来，洋商车行就一直占据着这个行业的统治地位，当时上海最大的洋商车行是美商的云飞和英商的泰来。当时，美商云飞汽车公司是出租业中的老大，拥有清一色福特牌出租车。总经理高尔特是美国人，擅长经营管理。1921年该公司以14辆二手福特车开始营业，这时已发展到拥有200多辆崭新的出租车，雇员600多人，称雄一时。英商泰来汽车公司也实力雄厚，不容小觑。

周祥生在民族自尊心的鼓舞下，敢于同洋商车行进行不懈斗争。当时，全国人民的爱国主义热情空前高涨，上海人民抵制外货运动掀起了新的高潮。在此形势下，祥生公司更以"中国人坐中国车"为号召，全市人民坐出租车弃洋就华蔚然成风。

上海出租车的历史并不长，开始时多由洋商经营，乘客大部分也是外侨、外商或有钱的华人，他们居住在环境幽雅、绿树成荫的上海西区，因而早期出租汽车公司的经营范围，集中在西区的高档住宅区，随着上海城市道路的改善，上海人生活质量的提高，用车数量大为增加，且华人成为主要乘客，周祥生眼光敏锐，看见了这一变化和发展脉络，将营业的重点转向不断扩大的市区，以及不断增长的华人顾客。相比之下，云飞公司的站点少，总行位于大西路（今延安西路），地理位置偏西，车辆数量也不如祥生多，出车自然较祥生时间长，因而在与祥生的竞争中，逐渐处于下风。

在服务站点的设置上，周祥生也动足了脑筋，他坐车在市区观察，看哪里的客流量大，最后在全市设立22处分行，总行在北京路800号，掌控全市的车辆运行情况，另外，还有委托代叫点50多处，一旦有顾客电话叫车，总调度马上指令最近的分行出车，数分钟就能到达指定地点。

7. 40000号电话传奇

说起电话叫车，说起祥生的40000号电话号码，更是一个老上海商战的经典传奇。早期的出租汽车由于收费昂贵，顾客稀少，只由警方规定了市中心屈指可数的几处候客点，如礼查饭店、华懋饭店、跑马厅等人流密集的地方。雇车的主要方法，是通过电话预约叫车。

电话叫车，图的是方便快捷，电话号码的通顺易记，朗朗上口，就成为各公司的看家宝，打入市场的不二法门。云飞的电话号码30189，谐音"岁临一杯酒"。银色公司的30030，也简单好记。当时祥生汽车的电话号码是：40251和40253，周祥生总觉得不理想，为弄到一个称心如意的电话号码，他多次和电话公司联系，强调祥生汽车公司的业务中，有24小时接送病人急诊服务（当时没有救护车），极需要一个简单易记的电话号码。电话公司总经理比克是洋人，看他这样痴心地要挑电话号码，跟他开玩笑，说电话公司要改排线路，把电话公司自己的"40000"号码给他。周祥生知道这个号码是电话公司自己用的，却故意假戏真做，马上印日历、登报做广告，结果比克无法反悔自己的承诺，弄假成真。

周祥生还花了十条金条（100两）在武昌路电话公司设了电话交换总机，利用电话公司线路，可给全市祥生分行连接，还省了很多线路费用。周祥生说："我们中国四万万同胞，4亿人，上海没有4亿号电话号码，只有我们4万号，因此我们的广告语就是：四万万同胞，拨4万号电话，坐四万号车子。"这个电话，不仅因其简洁易记，更因其内含的政治意义，立即击败竞争对手。

他将这些雪佛兰新车的前后左右和车顶上，都漆了公司的商标和电话号码，十分醒目。为了使"40000"深入人心，周祥生利用各种方式大做广告。他把公司的汽车一律漆成与众不同的墨绿色，车头上钉着白底蓝圈的圆形铜牌标志，车尾部喷涂有公司标志和"40000"号码。公司司机穿着统一的号帽、号衣，衣帽上也印着"40000"的醒目大字。周祥生还买了大量饭碗，做成同样的墨绿色，碗上印一辆汽车和"40000"号码，送给公司的老乘客。他很重视服务的细节，营业守则里最为重要的一条是"日夜服务，随叫随到"。无论乘客在什么地方，祥生公司的出租车10分钟内都能到达。接电话的调度员语气必须"亲切礼貌"，这个老板会经常装作顾客打电话，如果发现回答生硬，便立刻要求其"卷铺盖走人"。

8. 货真价实的优良服务

在那个年代，只要你乘坐祥生公司的车子，司机都会下车为乘客开关车门，帮助年老体弱者安放行李，到了目的地，司机会下车鞠躬，毕恭毕敬地送乘客离去。更有创意的是，公司制作了一个"4"字带四个大圆圈的广告牌耸立在街头，霓虹灯在夜空闪烁，别致而醒目。周祥生不仅有敏锐的眼光，精明能干，始终能把握先机，而且十分强调服务至上，视乘客为衣食父母，把方便乘客，提供货真价实的优质服务放在第一位，得到广大乘客的信任，并在激烈的市场竞争中立于不败之地。周祥生规定，即使乘客半夜叫车，也要及时派车上门，绝不能让乘客等待时间过长，还可应乘客要求提前叫醒他。如果乘客上门叫车，汽车必须立即出发，不得耽搁。无论何时何地，驾驶员要下车为顾客打开车门，帮年老体弱者安放行李，服务亲切自然，动作迅速。有时周祥生在场，他必亲自打招呼，为顾客安放行李，开关车门，恭恭敬敬送乘客离去，使乘客倍感亲切。周祥生还随时派人外出抽查，对从祥生汽车上下来的客人征求意见，万一客人表示不满意，司机不但要当场向乘客道歉，回公司后还要受处罚。

祥生公司的规章制度严格，凡乘客遗留在车上的物品要一律上交，隐匿不报者要受处罚，甚至开除，而上交贵重物品的司机可以得到奖励，因此乘客坐祥生的车都有一种安全感，偶有什物遗忘在祥生车上，一通电话就解决了问题。祥生公司还每过一段时间登报失物招领，使公司赢得很好的信誉，故而上海火车站，只允许祥生汽车开进车站接送旅客，其他车辆一律不得入内。为了招徕更多的乘客，周祥生还十分注意市场调查，了解乘客的需要，从而提供种种便利。凡影剧院、体育场、舞厅、夜总会散场时，顾客蜂拥而出，不失时机地停在门口候客的，总是祥生汽车。至于火车站、码头等水陆交通大门，更是祥生汽车必到之处，随时可以见到它们穿梭的踪影。

他经常在外边打电话装作顾客，同时打祥生、云飞等几家公司的电话，检查最先到达的是不是祥生汽车，倘若不是，调度和司机就要受到处罚。祥生公司的电话还兼其他社会公益服务，如问天气和火车、长途汽车、轮船班次时间，都能得到正确的回答。这个大老板每周都会抽时间，亲自到下属分站上班。乘客时不时可碰到有个穿长衫的中年人殷勤招呼，奔前跑后、搬行李、开车门，鞠躬道谢，礼貌十足。很多人都误以为这是公司的实习生。这些做法，为当时还处于萌芽阶段的出租车业，树立了一种全新的标准，各家公司纷纷仿效。祥生公司的生意也越做越大，击败了所有洋车行，成为上海最大的出租车公司，鼎盛时期，拥有分行22处，汽车230辆，职工800余人。

周祥生要求调度室密切注意全市发生的重大事件，熟悉主要活动场所的规律。在剧场、影院散场，体育比赛结束，舞厅、夜总会关门等时间，总是及时派出车辆揽客。遇到清明、冬至等节日，也不失时机地到有关地段接客。火车站、船码头是揽客的主要场所，祥生公司和上海火车站订了约：在北站设分行，车子可以破例直接开上月台送客接客。每有火车进站，轮船靠港，调度室就从其他分站调出车来，停候在北站的车辆通常有近百辆之多。调度室还与医院和老顾客建立专门联系，按其所在地区编了号码，叫起车来更为简便。对于一些老顾客，公司采用月底结账一次收款的办法。这个生意人也有"情愿不赚钱"的时候。1937年"八·一三"淞沪抗战，周祥生调拨了40辆汽车，80名司机，供十九路军免费使用。他还亲自修理了两辆出现故障的装甲车，并冒着生命危险通过封锁线，将车开到了国军驻地。不过，除了和汽车打交道，这个大老板对其他的事情似乎并不在行。

9. "祥生"的新生

上海解放后，1951年9月，市政府批准华商祥生汽车股份有限公司公私合营，1954年12月改名为公私合营上海市出租汽车公司。赋闲在家的周祥生，迷上了搜集古董，隔三岔五地跑文物市场，不过，根据朋友的回忆，他收藏的许多物件，都是赝品和假货。历史在他的晚年留下了颇有意味的一幕：在一次劳动时，为了躲避一辆飞驰而过的汽车，这个近70岁的老人不慎滑进了阴沟，他挣扎了好一会儿，才勉力爬了出来，全身沾满了污水。1959年，周祥生因体弱多病获准退职，1974年2月12日病故。

1954年10月21日，公私合营祥生汽车公司改名为公私合营上海市出租汽车公司，走上了社会主义的轨道。1956年1月，出租汽车全行业实行公私合营。5月公司吸收式合并了上海其他16家车行，实现了上海市出租汽车行业的统一经营管理。于是，16家私营出租汽车行由公私合营上海市出租汽车公司洽办归口。5月，在全市各行业公私合营高潮中接受16家私营汽车行的合营，统一经营全市出租汽车。上海出租汽车业由公私合营上海市出租汽车公司一家经营。1958年10月，上海市出租汽车公司保养车间和三轮车修造生产合作社合并组建成微型汽车厂，试造微型汽车。1961年2月，上海市出租汽车公司试制成中压液化天然气，装置在27辆客车上作为车用燃料，以气代油，部分恢复营运。1966年改为国营。1967年4月22日，上海市出租汽车公司改名为上海市汽车服务公司。1978年，改名为上海市第一汽车服务公司。1979年5月1日，第一、第二汽车服务公司合并，定名为上海市出租汽车公司。1983年后，上海市出租汽车业打破独家经营的局面。全民、集体、合资、个体出租汽车企业竞相经营出租汽车业。1992年3月公司本部地址从北京东路816号迁至南京西路920号。

1992年，为改善上海、特别是浦东新区的投资环境，各出租汽车供求矛盾，经上海市人民政府《关于上海浦东强生出租汽车股份有限公司等五家企业进行股份制试点的通知》［市府办（1991）155号文］批准，（由上海市出租汽车公司出资540万元，占资本总额的30%；上海文汇报社、中国人民建设银行上海市信托投资公司、上海陆家嘴金融贸易开发公司、上海市上投实业公司各出资135万元，占资本总额的7.5%；五家全民所有制企业公出资1,080万元，占总股本的60%）签署《关于发起组建上海浦东强生出租汽车股份有限公司的协议书》，共同发起组建而成上海浦东强生出租汽车股份有限公司。2月12日，经中国人民银行上海市分行〔（92）沪银金股字第（1）号文〕批准，公司发行股票180万股，其中社会个人股72万股（包括向公司内部职工发行14.4万股），每股面值10元，发行价格28.5元。6月5日，大华会计师事务所《关于上海浦东强生出租汽车股份有限公司注册资本的验证报告》〔华业字（93）第325号〕确认："注册资本已由投资人足额缴清"。12月10日，公司股份拆细为1,800万股。6月14日，经上海证券交易所〔上证上（93）字第2039号文〕审核批准，上海浦东强生出租汽车股份有限公司在上海证券交易所挂牌交易。1995年5月5日，公司内部职工股288万股也上市交易。

1998年4月29日，上海浦东强生出租汽车股份有限公司1997年度股东大会决议公告，将公司名称变更为上海强生出租汽车股份有限公司。6月30日公司公告：根据公司股东大会决议，经上海市体改委〔沪体改委（98）第20号文〕同意和上海市工商行政管理局审核登记，上海浦东强生出租汽车股份有限公司自即日起更名为上海强生出租汽车股份有限公司。2001年4月17日，鉴于公司已在向传媒业作重大战略投入，公司经营将由单一出租汽车服务主业向多元化发展转型，董事会决定将公司名称由上海强生出租汽车股份有限公司改为上海强生控股股份有限公司，本议案提交2000年度股东大会审议通过。上海强生控股股份有限公司是上海久事公司旗下的国有控股集团型上市公司，现有总资产58.46亿余元、净资产31.02亿余元，从业人员3.5万人。公司拥有84家成员企业，主要经营出租汽车业、汽车租赁业、汽车服务业、旅游业、房地产业五大产业。

图3　华商祥生汽车公司股份有限公司1931年尚未使用过的股票（中国近代名人股票鉴藏录收藏吕传有先生藏品）

图4　上海浦东强生出租汽车股份有限公司发行面值拾股（100元）的股票（典藏斋收藏）

图5　上海浦东强生出租汽车股份有限公司发行面值壹股（10元）的股票

淞沪抗战中组织大宗军需物资慰问前方将士支援抗战的费树蔚

费树蔚（1883—1935年），字仲深（见图1），号韦斋，又号愿梨、左癖、迂琐，祖籍江苏吴江同里。费氏为吴江望族，其祖元镕为休宁训读，父延釐同治四年（1865年）进士，由编修洊升宫允，督学河南。盛年引退，始卜宅于苏城长庆里。费树蔚早年即有经世之志。自始不屑学帖括，喜读近代名人传记，过目诵心，19岁中秀才。辛亥革命，江苏巡抚程德全在苏州起义，费树蔚力持地方秩序，并集资创办公民

图1　费树蔚

布厂，以救助苏城贫民。1915年7月，费树蔚任北洋政府政事堂肃政史。袁世凯僭号称帝，他直言劝谏未采纳，拂袖而归。同年11月，遂隐退南归回到苏州。

费树蔚回苏后，时与张一麐、金松岑、李根源等人以诗文相质，"遇不平事则义愤填膺，奋发急难不稍避"（张一麐），与张仲仁等热心从事地方公益事业，而被一时称为"吴中二仲"。1918年，苏州总商会特别会董祝大椿，拟将其经营的苏州振兴电灯公司暗售给日商大仓洋行，事为公司职工获悉后罢工抵制。费树蔚为支持公司职工争回民族主权，他出面据理力争，强毅不屈，最终为使电灯公司不落入日商之手，他不惜举债收购苏州振兴电灯公司，创办了苏州电汽厂。1922年，当吴江遇灾，费树蔚发起组织"悯农团"，并创设江丰农工银行，以微利贷资，使灾民能恢复生产自救。还在吴江兴修水利、疏浚湖港、修圣庙，纂邑志，修吴江人物志。在苏城为扶助商业发展，创办信孚银行，任董事长。还出任苏城年终饥寒维持会长等。他于

维持地方秩序，维护民族工业和赈灾救难等地方公益事业，堪称劳绩处处，贡献良多。

1924年，费树蔚当选为苏州总商会特别会董。同年，江浙战争爆发，在此期间他竭力斡旋，使苏城免遭兵祸，并在吴江创设红十字会，自任会长。1925年与黄炎培、史量才等发起筹组太湖流域联合自治会。1932年，"一·二八"淞沪抗战爆发，他与张仲仁、刘正康（曾任苏州总商会会董）等组成治安会，组织了大宗棉衣、药物、罐头食品等物资，并安排人员乘铁棚车将物资运送至真如暨南大学之十九路军司令部，慰问前方将士支援抗战，可见他的一片爱国爱家之心。1933年10月1日，设立登记苏州电汽厂股份有限公司，并出任董事长，资本总额银币240万元，总股本12万股，每股20元银币。

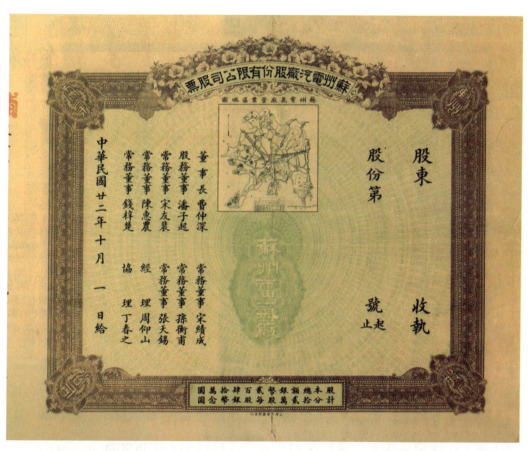

图2　苏州电汽厂股份有限公司1933年10月1日发行的股票（票面印有一幅苏州电汽厂营业区域图，中国近代名人股票鉴藏录）

拍摄正面宣传抗战的爱国影片《最后关头》 大观声片有限公司赵树燊

1932年底，著名导演关文清受联华公司总经理罗明佑委托，携带《十九路军抗敌光荣史》纪录片前往美国公映，在旧金山结识当地中华会馆董事赵俊尧的儿子赵树燊，随即创办大观声片有限公司，之后赵树燊与罗明佑商谈将大观作为联华公司海外机构，未果。

赵树燊（1904—1990年），广东中山人。著名导演、监制、编剧、事业家；香港彩色电影、立体声电影、宽银幕电影的创始人。自小在美国受教育，曾在好莱坞学习摄影、布景等专业技术。1933年，赵树燊（见图1）和关文清等在美国创办大观影片公司。1934年，赵树燊来到香港，编导了影片《难兄》和《浪花村》。

图1 赵树燊

1935年，赵树燊将大观声片有限公司移至香港注册，并创造了第一个立体声、彩色、宽银幕电影公司的历史。1938年，与苏怡等执导全港电影工作者义演的，拍摄香港第一部正面宣传抗战的爱国影片《最后关头》。1939年出品香港电影《大地主》，由赵树燊执导，郑孟霞、伊秋水、姚萍、黄寿年、柠檬、刘桂康等领衔主演，影片讲述了小市民反抗土豪绅士的故事。1941年，出品香港电影《民族的吼声》，由汤晓丹执导，张瑛、冯峰、王莺、陈天纵、冯应湘、吴回等领衔主演。影片表现了从内地逃到香港的有钱人和贫苦大众截然不同的人生观。此外还出品、制作了《昨日夜歌》、《大傻出城》、《傻侦探》、《芦花泪》、《荒村怪影》等近90部电影。

图2　大观声片有限公司股票封套（股东即为董事长赵树燊）及附有公司电影画报2册（雅昌艺术网收藏）

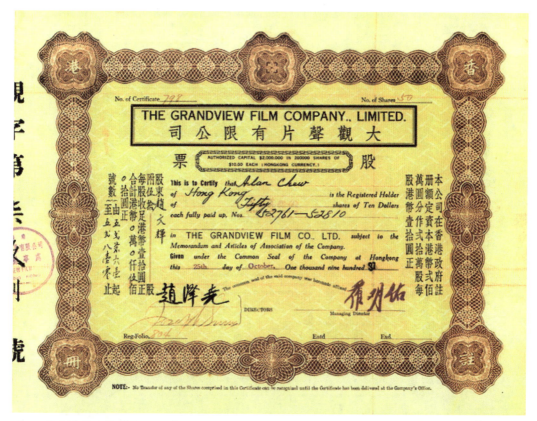

图3　大观声片有限公司1937年10月25日发行面值伍佰股（5,000港元）的股票（雅昌艺术网收藏）

图4　大观声片有限公司1938年8月1日发行面值拾股（100港元）的股票（卓克艺术网收藏）

图5　大观声片有限公司1941年11月25日发行面值壹拾伍股（150港元）的股票（博宝艺术网收藏）

图6　大观声片有限公司1950年6月12日发行面值肆佰伍拾股（4,500港元）的股票（博宝艺术网收藏）

抗战中将其创建的铅笔厂迁移于大后方的铅笔大王吴羹梅

一支中华牌2B铅笔，是几代人的集体记忆。多年来，每逢高考或是其他大型考试，几乎每个学生都是拿着它进入考场，在答题卡上慎重写上自己的答案，然后忐忑不安地等待着人生的某个重大转折。但在这根并不起眼的铅笔背后，却有着一段逐渐被人淡忘的历史。自从1935年，中国第一家铅笔厂——中国铅笔厂在上海诞生，中华铅笔便开始了它的艰难起步，而它的创始人，就是被后世称为"铅笔大王"的吴羹梅。

1. "铅笔大王"吴羹梅

吴羹梅（1906—1990年）又名吴鼎（见图1），曾用名吴一羽，江苏武进（今常州）人，中国铅笔工业奠基人。1922年就读于上海同济大学，是学生会主要负责人之一，因参加"五卅"游行请愿活动被学校当局开除。1927年，吴羹梅由地下党员胡曲园等介绍，参加了中国共产党北京大学支部。1928年赴日本留学，就读于横滨高等大学。四年后大学毕业，到日

图1　吴羹梅

本真琦大和铅笔株式会社实习，掌握了彩色铅芯及制杆、油漆等方面的加工技术。

在吴羹梅之前，中国本土企业家从未关注过这个产业。从清末"废科举、办学堂"起，外国铅笔开始涌入中国，有资料显示，仅此一项，外国铅笔商每年能从中国人口袋中掏走数百万元。年轻时的吴羹梅也不曾想过，自己日后会和铅笔打一辈子的交道。在同济大学就读时，这个热血青年一直秉

持着"用暴力革命来改造社会"的想法，他组织学生运动，抗议段祺瑞政府向学生开枪，遂被校方开除。随后，在日本留学期间，他进入一家铅笔公司实习。虽然工作努力，但日本老板依然瞧不起这个中国人，还曾不屑地当面说道，即使到你下辈子，"中国人也制造不出铅笔。"

日本人的挑衅，反倒成了吴羹梅创办中国人自己的铅笔工业最大的动力。他完成了一次漂亮的"潜伏"，从日本人那儿学会了一整套铅笔制造工艺。1934年，回国后的吴羹梅变卖家中房产，创办了中国标准国货铅笔厂股份有限公司（以下简称中铅公司），中国人终于有了自己的铅笔工厂。为了寻找国产原料，经过多方调查，他在苏州找到了黏土，从湖南寻到了石墨矿，又在云南采购了紫胶（虫胶），还采用胡桃木、柏木、银杏和椴木经过多次试验，终于制成了"完全国货"的铅笔。此时，正值抗日爱国运动如火如荼，吴羹梅请书法家、时任上海教育局局长潘公展手书"中国人用中国铅笔"，然后用特殊技术，将墨宝影印在每支铅笔上，价格比同档次的外国铅笔要便宜10%~15%。利用价格战，吴羹梅成功地把自己的铅笔摆上了当时上海滩著名的永安、先施、新新、大新4大百货公司的文具柜台，到了1936年，教育部甚至通令全国各级教育管理部门和学校，推荐采用中铅公司的铅笔，这也为其带来了大量订单。

2. 持续增资扩股，获得长足发展

1936年2月16日，中铅公司召开第二次发起人会议。报告筹备工作结束。决定资本额追加为法币80,000元，分为1,600股，每股50元，由发起人自行认足，一次缴齐。选举出第一届董事7人、监事2人，推举潘公展为董事长。同年3月1日，第一届董监事联席会议聘请章伟士董事为经理兼会计科长，吴羹梅为协理兼厂长，郭子春为副厂长兼工务科长。1936年5月6日，实业部颁发"鼎"牌、"飞机"牌号商标注册证核准在案。1936年9月，华北办事处在北京东交民巷成立（抗日战争爆发工厂前后停办）。1936年12月21日，公司定名为中国标准国货铅笔厂股份有限公司。1937年4月24日，在上海爱麦虞限路45号中华学艺社召开第一届股东会。议决资本扩增为法币12万元。改选出第二届监委2人，候补监委1人。1939年6月，渝厂工竣全部开工，为当时大后方唯一的一家铅笔制造厂。1939年10月24日，在上海徐家汇路324号召开第二次股东大会，选举出第二届董事9人，第三届监事3人，董事长仍由潘公展担任。

1937年"八·一三"淞沪抗战，吴羹梅将其呕心沥血创建的铅笔厂迁移于大后方，首迁武汉，再迁宜昌，三迁重庆，迁徙数千里，机器大半沉于江底，却不改其抗日之志。1940年6月29日，日机空袭重庆，渝厂制芯、制杆两部工厂、木板仓库、厨房等处中弹焚毁，直接损失估约法币10万元。在重庆期间，铅笔厂两次被日机轰炸，在车间监督生产的吴羹梅也因骨折住院，这个大老板却吊着绷带回到厂里，指挥抢修与生产。在8年抗战期间，中铅公司总共生产了5,000余万支铅笔，它的用户从重庆到延安、从城市到窑洞、从战场到教室，从将军、士兵，到正在一笔一画学汉字的孩童。这家中国大后方唯一的铅笔厂，承担起维持中国文教事业的重任。11月，章伟士辞去总经理职务改聘为常务董事，吴羹梅任常务董事兼总经理。

1941年，章伟士和郭子春与吴羹梅分裂，公司改组。推潘安庐为董事长，聘吴羹梅为总经理。是年6月1日，于重庆林森路召开第三次股东大会，通过增加资本为45万元等议案。7月20日，在本公司召开临时股东大会。资本额扩增为法币45万元，股东由98人增加到135人。修改公司章程，选举第三届董事10人，第四届监事3人，潘公展仍任董事长。11月26日，召开改组公司第一次发起人会议，全体发起人（66）认足股本法币800万元。1942年4月19日，在本公司召开第四次股东大会，通过增资为100万元。9月，投资100万元发起创办中和化工公司，生产铅笔漆供应本公司。董事长李烛尘，经理吴羹梅，厂长屠仲方。12月20日，中国标准国货铅笔厂股份有限公司召开临时股东大会，议决解散改组。12月22日，在重庆交通银行举行改组后的第一次股东大会。决定更名为"中国标准铅笔厂股份有限公司"，资本额为法币800万元。通过公司章程，选出董事15人，监事5人。推举潘安庐任董事长，吴羹梅等4人为常务董事，任命吴羹梅为公司总经理，聘任王兰生为公司协理。

1945年抗战胜利，即购入丹徒路378号、临平北路36号、东汉阳路296号地块建厂，并将外地分厂的设备和主要技术人员迁回上海。公司设在上海，重庆设分厂，业务发展迅速。1945年8—10月，中国标准铅笔厂锯木部独立，另组中国标准锯木厂股份有限公司，赵棣华任董事长，吴羹梅任经理，梁树禧任厂长。1945年11月，吴羹梅飞返上海着手沪厂复建工作。1946年4月28日，在上海八仙桥青年会九楼召开第四次股东大会。拥有股东270人，股权8,000股。通告资产清估已增值法币2.5亿元，总值超过3.1亿元。选出第三届董事26人，监事7人，推举潘安庐任董事长，吴羹梅等9人为常务董事。1946年9月16日，经济部核定配购给中国标准铅笔厂作为抗战内迁工厂补偿的东汉阳路296号的敌产上海纸箱厂接受完毕。至此，沪厂复建工作告一段落。1947年8月23日，在上海外滩中国银行四楼餐厅召开第五次股东大会。资本扩增为法币2亿元，换发新股票。通报沪厂复建工作完成，复建费共计法币5亿元。议决将固定资产增至3亿元，再增扩现金股1亿元，报经济部核准资本总额增至6亿元。选出第四届董、监事7人，潘安庐任董事长，吴羹梅等8人为常务董事。1948年1月，在广州成立华南办事处。1949年上半年销售锐减，入不敷出，处于半停产状态。

3. 新中国成立后的中国铅笔厂

1949年5月27日，中国人民解放军解放上海，中国标准铅笔（沪）厂于5月30日复工。中华人民共和国中央人民政府成立，吴羹梅被任命为中央财政经济委员会委员和中央私营企业局副局长。吴羹梅是最早提出公私合营的企业界人士之一。1949年8月18日，日产2万支铅笔的设备由上海启运去哈尔滨，合资筹建哈尔滨中国标准铅笔公司。梁树禧赴哈筹备，后任厂长。同年10月，政务院陈云副总理听取吴羹梅的陈述后，同意由政府贷款以解除中国标准铅笔厂的经济困境。1950年1月开始批量生产。同年5月公私合营，生产空前发展。1950年7月1日，公私合营中国标准铅笔厂股份有限公司成立，资本总额为人民币（旧币）66亿元，公司双方投资各半，总公司设北京内一区崇文门内大街42号。1950年10月20日，在北京崇内大街280号青年会召开公私合营中国标准铅笔厂股份有限公司第一次股东会。通过公司章程，公股董事8人，监事2人。私股董事7人，监事3人。轻工业部副部长王新元为董事长，吴羹梅任总经理，吴永铭、梁树禧任第二、第三副总经理。张书麟为上海制造厂代理厂长。

1954年，中国标准铅笔厂改名为中国铅笔一厂。在1954年之前，中国从来就没有品质过硬的国产绘图铅笔，专业人员大量使用的，还是价格昂贵的美国"维纳斯"牌铅笔。经过吴羹梅与同仁们数百次的试验，1955年3月，中国铅笔厂终于制造出"中华"牌101绘图铅笔，其质量与舶来品不相上下，这成为中国铅笔工业史上划时代的一笔。1956年，14种硬度规格齐全的中华牌101绘图铅笔上市后，将美、德等国绘图铅笔逐出中国市场，为国家节省了大量外汇。1956年4月18日，在国际饭店召开的新董事会上，推举上海地方工业局办事处副主任王璘为董事长，吴羹梅为副董事长。

1955年6月，吴羹梅被任命为上海制笔工业公司经理。1958年2月回调北京民建总部工作。1958年，中国铅笔一厂由中国轻工业品进出口公司上海分公司文具批发部经办，大批出口长城牌3544皮头铅笔，后申请注册"象"牌商标。粉碎"四人帮"后，吴羹梅精神焕发，积极参政议政，为发展我国的制笔工业献计献策。1982年5月，吴羹梅参加全国政协访日代表团重游了当年实习的真琦大和笔株式会社。1982年8月，首批产品502木工活动铅笔、503多用活动刀投放市场。1983年，热固性树脂细铅芯研制成功。同年6月，与上海家用化学品厂联合开发试制"美加净"牌眉笔成功，次年投入批量生产。1983年轻工业部任命吴羹梅为中国制笔协会名誉会长。1990年6月1日，吴羹梅因病逝世，走完了他人生征程中的最后一站。小小铅笔，让吴羹梅在中国民族企业发展史上留下深深的痕迹。

4. 中国铅笔一厂改制上市

1992年1月31日，中国铅笔一厂净资产总额为28,921,033.82元（账面价值）。3月9日，经上海会计师事务所第六分所重估，并经上海市财政局［沪财国资（1992）64号文］确认，净资产总额升值为69,960,744.76元，升值41,039,710.94元，升值率141.9%，为账面净值的2.42倍。上海市财政局［沪财国资（1992）64号文］，对资产评估结果予以确认。4月28日，上海市经济委员会［沪经企（92）277号］批复轻工业局，同意中国铅笔一厂进行股份制试点，改制为中国第一铅笔股份有限公司。中国铅笔一厂以国有资产折股289.21万股。

　　1998年，中国第一铅笔股份有限公司收购了上海老凤祥有限公司50.44%股权，开始进入金银饰品行业。金银饰品业务利润已经成为第一铅笔的主要利润来源，成为第一铅笔的支柱产业和支持公司主营业的重点板块。2009年7月30日，公司将现企业名称中国第一铅笔股份有限公司变更为上海老凤祥股份有限公司。

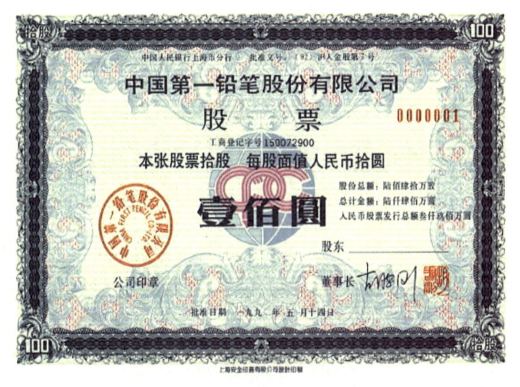

图2　中国第一铅笔股份有限公司1992年6月13日发行面值拾股（100元）的股票

图3　中国第一铅笔股份有限公司1992年7月7日发行面值拾股（100元）的人民币特种股票

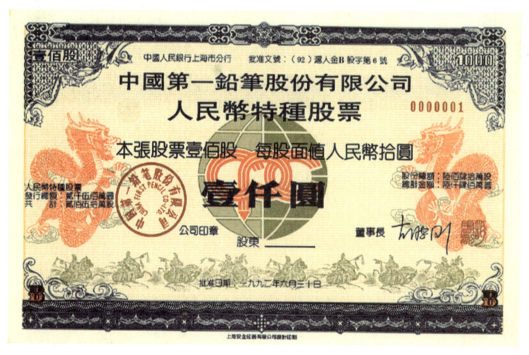

图4　中国第一铅笔股份有限公司1992年7月7日发行面值壹佰股（1,000元）的人民币特种股票

将西安大华纱厂入川建立广元大华纱厂的石凤翔

1. 中国纺纱大王石凤翔

石凤翔（1893—1966年）名志学，字凤翔（见图1）。湖北孝感人，1893年3月3日出生于湖北省孝感滑石冲。祖辈务农，到父亲石忠仪，弃农经商，家道中兴。1907年，石凤翔15岁，少年贪玩，不用功读书。当时正留学日本、就读于东京帝国大学法律系的大哥石志泉（字友渔）回家省亲，母亲便让大哥带他去日本管教。大哥即以孔子"吾十有五而志于学"之意，为他改名"志学"。从此，他的学习、成长以及以后的思想形

图1　石凤翔

成与事业发展，大多受其兄长影响。在日本求学期间，石凤翔随兄参加同盟会，并于1910年武昌起义时，一起回国参加革命。之后，石凤翔重返日本，进京都高等工艺学校学习纺织专业，大哥石志泉则留在国内，在大学任教，其法学著作在国内渐成权威，门生故旧多任职国民政府各级法院，曾一度出任国民政府司法院副院长，是当时法学界有相当影响力与潜力的人物。这一点对石凤翔回国后在纺织业的迅速成长有很大帮助。1912年石凤翔考入日本京都高等工艺学校机织科，1915年毕业后赴大阪内外棉厂实习两年，由于勤奋好学、刻苦钻研，从而技艺大进。实习期满后，该厂欲高薪聘他为青岛分厂工程师，遭其谢绝。

1917年石凤翔回到国内，因大哥关系，直接带着湖北省实业厅的公文，

到武昌楚兴公司租办的一家纱厂去见习。楚兴公司是国内早期民间资本集团之一，其租办的这家纱厂的前身便是张之洞出任湖广总督期间兴办洋务，引进英国设备创建的早期官办棉纺织工业机构——纱、布、丝、麻四局企业之一。进入楚兴纱厂后，石凤翔在日本所学专业知识和在纺织厂的实践经验得到充分发挥，工作表现突出，很快得到管事张松樵的赏识，两人经常一起探讨民族纺织业的生存发展问题。当时公司总经理徐荣廷也意识到先进技术和管理的重要性，而公司急需要培养一批年轻的骨干技术人才，于是，在1918年创办了楚兴纺织学校，由当时已担任纱厂技师的石凤翔兼任校长。1922年，楚兴公司裕华纱厂改为大兴公司，石凤翔与徐荣廷投资白银210万两，在石家庄开设大兴纱厂，石凤翔任该厂厂长十年。1936年建成西安大华纱厂，1939年建成重庆裕华纱厂、广元大华纱厂，1941年在成都建立裕华纱厂。石凤翔历任湖北省商会会长、中国全国工业协会理事等职，1948年去世。

1923年，楚兴公司用纱厂利润，在武昌创办了第一家真正属于公司自己的纺织厂——裕华纺织厂，总公司派石凤翔出任裕华技师（总工程师），而他的学生大多成为裕华纺织厂首批技术、管理业务骨干。在裕华创业初期，为了尽快收回成本，为公司创造利润，主管生产的石凤翔几乎每天都是连续几个班在各生产车间里巡视指导。一次清晨巡视清花车间，石凤翔在伸手挟取黏附在机器内的棉花团时，左手两个手指被机器打掉。由于当时的医疗水平低下，医院从肘部为其截肢，使其成为终生残废。伤愈出院后，正遇石家庄大兴纱厂厂长张荫甫辞职，公司便派石凤翔接任厂长。从此，他在大兴纱厂任职十年，使得该厂生产的纱、布畅销关内外。

2. 创建西安大华纱厂

"九·一八"事变后，国内形势紧张，关内农村经济凋敝，国民购买力下降，加之日货倾销，许多小型民营企业纷纷倒闭，大兴纱厂也是产品积压，连年亏损。在这种情况下，石凤翔到总公司与时任董事长的苏汰余商讨解救办法，通过并确立了石凤翔提出的向西部发展的思路。而当时社会各界爱国人士也纷纷提出"开发西部经济，发展民族工商业，抵抗日本侵略"的口号。1934年春，石凤翔派大兴会计科长徐治平到陕西推销产品，同时考察在西北建厂的条件。徐治平返回石家庄后，写了一份在西安建厂的建议书，认为西安处于关中平原产棉区，虽然交通、原煤不便，但当时西北尚无机械纺织业，纱、布均靠外地运进，市场前景广阔，适于建厂。

　　1935年夏，石凤翔到达西安，几经周折终于在西安车站附近郭家疙台选定厂址，约计100余亩地皮着手建厂。其间，时任陕西省主席的邵力子为发展当地民族工业生计，尽力从各方面给予支持。因征地延误1935年春才破土动工。经过一年半的施工和安装，大兴二厂终于1936年7月正式投产，规模为12,000锭纱机、320台布机。这便是西北地区的第一个机器纺织厂，虽然规模不大，但投产不到半年即有盈余。恰在此时，武汉裕大华公司董事长苏汰余到大兴视察，对西北市场前景看好，便将建议书带回汉口召开董事会，1936年9月决定由大兴投资100万元，再由大兴、裕华两公司董事投资50万元，组成新的董事会，并取二公司名称各一字合为"大华"，将大兴二厂更名为大华纺织公司西安大华纱厂，向国外定购纱机、布机，并从大兴迁去部分设备，由石凤翔任经理兼厂长。

　　1935年开始筹建并于当年底正式发电的大华电厂，为大华纱厂的稳定生产和职工及当地居民的生活提供了动力保障。1936年，武汉裕华纺织股份有限公司对其增加投资100万元，遂更名为"长安大（兴）华（裕）纺织厂"。这时的大华纺织厂其主要生产设备均由国外进口，其生产线在当时中国处于领先地位，拥有自动织布机320台，职工760人，生产规模为纱锭12,000枚。1936年10月，石凤翔率领八人到达西安，于参府巷17号惠公馆设立筹建处。在省主席邵力

图2　大华纱厂纺纱车间

子和西安绥靖公署主任杨虎城支持下，在西安城北购地122亩，开始进行基建；后从石家庄运来细纱机和粗纱机，还订购了瑞士纺纱机10,000锭、日本细纱机5,000锭，购买日本式自动布机320台。1936年3月，大兴纺织二厂正式投产，半年后利润即达法币20万元。大兴、裕华公司董事联席会议同意石凤翔继续扩建的建议，决定由裕华公司拨款50万元法币，再由股东集资成立大华纺织股份有限公司，工厂更名为大华纱厂（图2为纺纱车间）。在石凤翔的带领下，大华纱厂从精择原料入手，注重设备保全保养，讲究浆纱技术，精心提高质量，使雁塔牌细布誉满西北、西南地区。

1937年初，由于沿海工业不是被破坏就是被日军所霸占，而内地由于纺织企业少，市场空间大，所以纺织业空前繁荣。在这种形势下，石凤翔将从日本引进的设备很快投入了生产，利润颇丰。同年4月，大华纱厂召开第二次董事会，协商第三次扩充。当时国内局势紧张，纱厂多方协调，终于将此次扩建的所有设备抢在卢沟桥事变爆发之前运送到厂，并于10月安装齐备并投入生产。扩建后的大华纺织厂布机增至820台，纱锭增至25,000枚。随后便向日本定购纱机2,000锭、线机4,000锭、布机500台，但因不久以后抗战爆发，订货无果，直到战后清查，仍没有结果。抗战期间，为了抵制日本龙头细布，石凤翔创立了"雁塔牌"细布，他用自己全部精力，确保雁塔细布无论在外观、色泽、手感等方面都有自己的特色，使其深受用户好评，从而畅销西北地区。据厂志记载，公司从开工到1938年的前三年，每年分别盈利为20万元、133万元、476万元。

3. 入川建立广元大华纱厂

抗战期间，西安也处于炮火之中，仅大华厂就遭到日军3次轰炸。1939年10月11日，日机轰炸西安，空袭了西安大华纺织厂，工厂职工死伤40余人，60余间房屋及职工食常被炸毁，直接经济损失达200多万元。大华厂被烧毁棉花3万担，机器也被烧坏很多，被迫停工数月，损失惨重。在此情势下，据广元县志记载：为了躲避日机轰炸，石凤翔遂以每亩地法币240元，购买四川广元东山坡地229亩，开山洞24处，修建广元大华纱厂。11月，裕大华总公司决定停产，并将工厂西迁。1940年，西安大华纺织厂又因电路失火，整个织布车间被烧，再次停工修复。两次大火，使大华元气大伤。1941年5月6日，大华纺织厂西安工厂再遭日本侵略者飞机轰炸，日军投弹20余枚，炸毁了清花车间和职工食堂。

除此之外，其间申新公司和官僚资本的雍兴公司，都先后在西安设立了纺织厂，打破了大华纱厂独家经营的局面，形成竞争。同时因战事影响，原料、燃料和设备都不能正常供应，使厂子的生产经营逐渐陷入困境之中。鉴于这种情况，石凤翔在积极组织恢复生产的同时，也在积极寻找新的出路。为了保全设备，避免再次被日机轰炸所毁，经过考察，石凤翔报请董事会批准，大华纺织厂经董事会商议决定后，通过决议，将工厂部分机器设备迁建至四川广元。

由西安大华纱厂拨出盈利800万元在秦岭山中的四川广元建立了广元大华纱厂，将西安大华厂较好的动力设备和纱机拆迁运往广元，将工厂建在东山山洞里以防日军轰炸。迁厂广元后，很快便投入营运。1940年，广元大华纱厂1.28万纱锭安装完毕，并到四川、陕西招收100多名工人，投产后年产棉纱6,080件。随后，又陆续在洞外厂房安装9,000锭纱机投入生产。自此大华公司便有了西安、广元两厂，都由石凤翔负责。其中，广元大华纱厂成为四川最早、最大的近代工业企业大华纱厂。1940年，大华纺织厂广元分厂所有纱锭安装完毕，正式投入生产。

1941年4月，大华纺织厂成为第二战区机器纺织业同业公会会员单位，石凤翔当选为同业公会理事长。1941年8月29日上午11时许，日机9架轰炸广元县城，大华纱厂的警报声凄厉地响起，很多居民逃到大华纱厂防空洞里躲藏，顿时全城硝烟弥漫，炸死38人，轻重伤82人。大华纱厂正在安装的原动车间、细纱车间机械设备被炸毁。损失达40余万法币。

工厂恢复生产后，石凤翔利用大华钢丝机与其他人合作创立了一小型毛纺织厂，组成大秦毛纺织公司，厂子虽小，也属独家，获利颇丰。资金来源于大华纱厂上层职员的历年红利。1945年，大秦毛纺织公司盈利50万美元。1942—1948年，由于战争的破坏，大华纺织厂的生产时断时续，厂内职工积极参加革命，成立党小组，建设地下组织和纠察队，保护厂区，保护厂内职工生命安全。

4. 武汉裕大华公司长足发展

八年抗战，武汉裕大华公司先后开办了西安大华纱厂（后改名为陕棉十一厂）、大兴二厂（后改名为石家庄棉纺七厂）、广元大华纱厂（后改名为广元市纺织厂）、成都裕华厂（后改名为成都纺织厂）、重庆裕华厂（后改名重棉三厂），形成了裕大华集团，一跃成为中国40年代规模最大的纺织企业集团，垄断了大后方一半以上的纺织品市场份额。在西安期间，石凤翔不仅经营大华纱厂，同时，他还创建了大华酒精厂、实华实业、信义贸易公司等10余家企业，为抗战和西部民族工商业的发展作出了很大贡献。

也是在这一时期，他完成了影响最广的著述——三卷本《棉纺学》，并创办了大华纺织专科学校，自己兼任校长，为西部棉纺织业培养了大量技术人才。1941年，大华纱厂成立了大华纺织专科学校，校址即设在厂区内，时任理事长的石凤翔担任校长。该校是陕西近代教育史上第一所纺织工业专科学校，为西北地区乃至全国输送了大批纺织工业专门人才。

新中国成立后，西安大华纱厂通过公私合营转为国营企业，更名为陕西第十一棉纺织厂，是西北最大的轻纺企业。1950年，人民政府派干部进厂，组织职工恢复生产。1951年，接中共西安市委指示，并按照裕大华总公司的统一部署，大华纺织厂开始实行公私合营，并将厂名更改为"公私合营大华纺织股份有限公司秦厂"。1952年，公私合营大华纺织股份有限公司秦厂再次扩大规模，引进波拉特细纱机10.768锭、丰田布机200台。这些设备是当时西北地区最先进的纺织机械设备，为该厂在日后国内纺织行业的竞争中提供了硬件优势。1954年2月，广元大华纱厂实行公私合营，与武汉裕大华脱钩，改名为公私合营裕大华纺织股份有限公司，四川省政府派公方代表武光政等进厂清产核资。至1956年底，核定资产300.7万元，年产棉纱0.23万吨，产值931.3万元，实现利润83.5万元。当时，工厂生产的"雁塔牌"优质纱风靡海内外，被中央纺织部命名为"进步快厂"。

5. 设立大华纺织厂

抗战胜利后，石凤翔主持收回石家庄大兴产业，并贷款复厂开工。不久，他被推举担任裕华、大兴、大华三公司总经理，常年奔波。1946年，石凤翔在美国考察和购买机器返回途中经过台湾，发现当地工业很落后，几乎没有像样的纺织企业，市场空间很大。回到内地后，即提议董事会通过在台湾设立大华纺织厂，从陕西运去一万担棉花，并从美国购置了设备，选派厂长、主任、工程师等班底到台湾建厂。1947年，裕华、大兴、大华三公司联合组成裕大华纺织资本集团，石凤翔任集团总经理，并兼任裕大华集团在武汉创办的江汉纺织专科学校校长。

图3　大华纺织股份有限公司1946年1月1日发行面值叁拾股（3,000元）的股票（博宝艺术网收藏）

图4　大华纺织股份有限公司1946年1月1日发行面值玖股（900元）的股票
（中国股票博物馆馆藏）

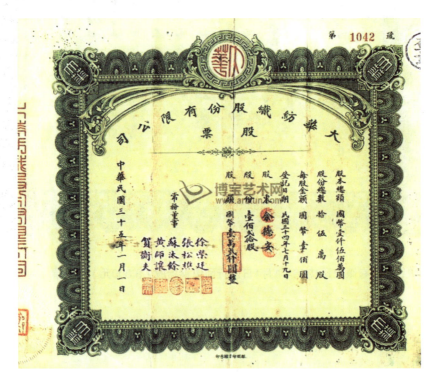

图5　大华纺织股份有限公司1946年1月1日发行面值壹佰贰拾股（12,000
元）的股票（博宝艺术网收藏）

在香港仰光昆明经营运输业给大后方运送物资支援抗日的周志俊

上海市普陀区莫干山路地块在过去曾经是中国最大的民族资本家荣家、孙家等产业的聚集地。位于莫干山路50号的春明工业园区，最早是徽商周氏家族的英商信和棉纱厂旧址。

周志俊（1898—1990年），名明焯（见图1），号艮轩主人、市隐。安徽省至德县（今东至县）人，周馥嫡孙，周学熙次子。幼年随祖父和父亲寄居青岛，备受先辈思想熏陶。1915年，他随父迁往北京，父亲为他请了一位英语家庭教师，使他掌握了英语，并涉猎多种书籍，还参加了美国亚历山大汉密尔顿商学函授学校学习资本主义经济学，侧重于钻研现代企业管理专业。

图1　周志俊

1917年，青岛华新纱厂创建于莫干山路50号，后为上海春明粗纺厂，占地面积35.45亩，厂内拥有20世纪30~90年代的各类工业建筑。1918年在父亲接着筹办青岛华新纱厂时，为了与美国美兴公司洽商订购设备，父亲选他担任自己的翻译，从此引导他走上了经营民族工商业的道路，与父亲共同经营着青岛华新纱厂。1919—1937年，先后担任青岛华新纱厂总经理、青岛市政治设计委员会委员。抗日战争前夕，青岛华新纱厂

图2　信和纱厂旧址

在周家父子的苦心经营下，拥有4.4万纱锭、8,000线绽、500台布机的规模，成为纺织印染全能厂。此后他还效仿父亲的东瀛之行，于1933年西行考察了美国、德国、法国、英国、荷兰、比利时、丹麦、奥地利、瑞士、意大利等国家。在8个月的行程中，重点考察了棉纱业，特别是在美国参观了产棉区和纺织印染厂、纺织机械厂近百处，参观了芝加哥百年博览会，开阔了眼界，接触了新技术。

1937年"七·七事变"爆发，周志俊决定迁厂内地（重庆），后因交通堵塞，临时决定改迁上海，同年12月以股本250万元，用英商注册，在莫干山路50号开设"英商信和纱厂"。1938年5月，信和纱厂建成投产。抗日战争爆发后，周志俊又把青岛华新纱厂的机械设备移到上海，先后又在上海创办了"二信"（信和、信孚、信义）"三新"（新安、新成、新业）工厂，使他在上海企业界建立了声誉，为我国民族工商业的发展作出了一定贡献；同时在香港、仰光、昆明经营运输业，给大后方运送物资，支援抗日战争。1941年12月，太平洋战争爆发，日军进入租界，接管该厂。1943年3月，周志俊通过夫人史镜清（日籍）的关系花巨款将信和纱厂从日本人手里赎回，仍为华商经营。抗战胜利后，他除继续经营青岛华新纱厂外，还在上海开设机电、制酸、电器等工厂。

新中国成立前夕，在民族资产阶级究竟何去何从的大是大非面前，周志俊一度有过徘徊彷徨，他曾携家去香港，调去了一部分资金，有留居该地的打算。后来天津解放，有关共产党对民族资产阶级的方针、政策的消息不断传来。加上一些进步人士的动员和堂兄周叔弢已留在天津，使周志俊思想陡转，终于在1949年初，在信和纱厂董事长颜惠庆（董事颜立庆之兄）的电召下，毅然返回上海，迎接解放，参加新中国的建设事业。

1950年，周志俊为抗美援朝捐献飞机一架。1951年，上海市人民政府批准信和纱厂公私合营，1951年1月更名为"信和棉纺织厂"。1954年周志俊所办的华新、信孚、新业、新安等主要工厂全部实现了公私合营。1956年，周志俊主动提出放弃领取定息，支援祖国建设；1961年经上海市纺织工业局批准更名为"上海信和棉纺织厂"。1966年1月变更为全民所有制企业，并更名为"上海第十二毛纺织厂"，工厂主要生产"孔雀牌"，"红蝙蝠牌"

呢绒和"金羊牌"毛毯，产品多次荣获国家奖项。

1979年至1985年，周志俊先后向山东省工商联、儿童福利基金会、体育中心捐款6万余元。1984年他委托山东省工商联代为办理手续，将自己应在青岛、上海、南通、无锡等地10多个单位领取的95万元定息全部上交了国库，还先后购公债、国库券6.8万元，受到了党和社会的尊敬和赞赏。周志俊在新中国成立后加入了中国民主建国会，先后担任青岛市人民代表，青岛市政协副主席，山东省人民委员会委员、中国国际信托投资公司董事，山东华建公司董事长，山东省第三届、第四届政协副主席，全国政协第五、第六届委员，山东省第五、第六届人民代表、常务委员会副主任等职。他关心祖国统一大业，并寄语海外亲友，为早日实现和平统一而共同努力。

在爱乡方面，周志俊也和周馥、周学熙一样，都是恋乡爱乡之人，特别是对养育过他们的纸坑山爱得深切。周志俊继承父志，几十年间不断为家乡办学校、建医院、解囊相助、惠济乡民。抗日战争胜利后的1946年，在宏毅学舍旧址开办私立小学，校名为"至德县周氏敬慈小学"，学生来源于附近的周村、梅城、南门，迅速扩大到徐村、孝义等地，连县城尧渡周围的学生也慕名而来。周志俊1990年病逝济南。

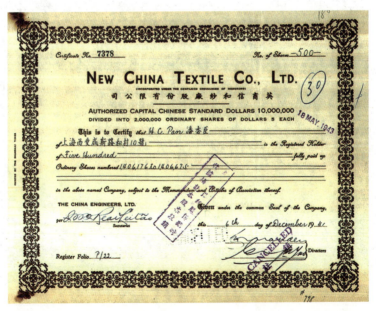

图3　信和纱厂股份有限公司1941年12月6日发行面值伍佰股（2,500元）的（英文版）股票（泓盛艺术网收藏）

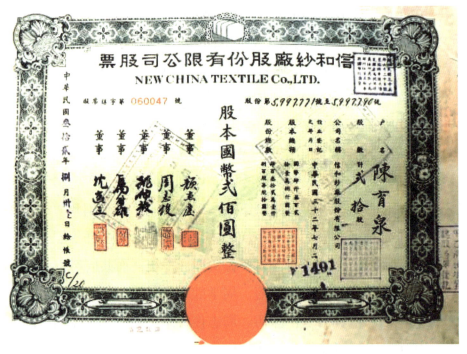

图4　信和纱厂股份有限公司1943年8月31日发行面值贰拾股（200元）的股票（孔夫子旧书网收藏）

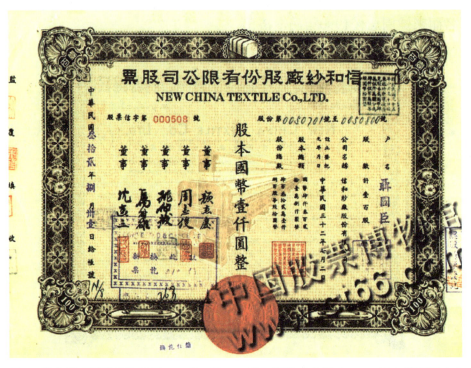

图5　信和纱厂股份有限公司1943年9月30日发行面值壹佰股（1,000元）的股票（中国股票博物馆馆藏）

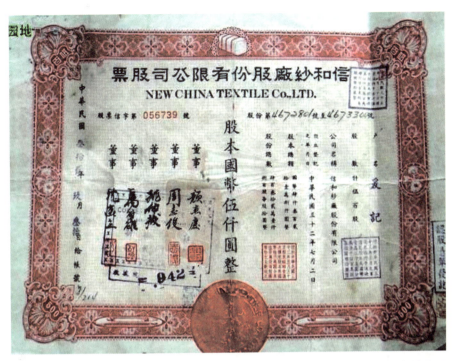

图6　信和纱厂股份有限公司1943年9月30日发行面值伍佰股（5,000元）的股票（古泉社区收藏）

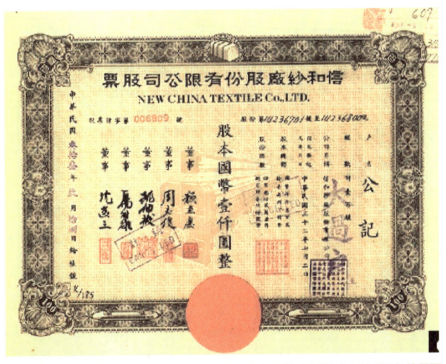

图7　信和纱厂股份有限公司1944年9月8日发行面值壹佰股（1,000元）的股票（泓盛艺术网收藏）

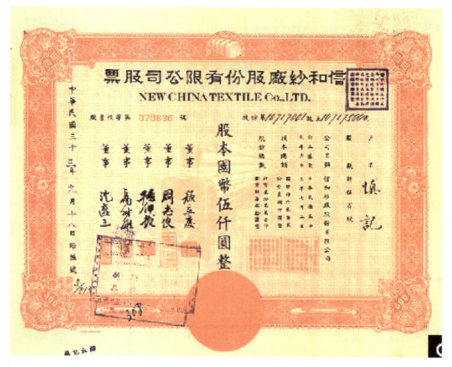

图8　信和纱厂股份有限公司1944年9月18日发行面值伍佰股（5,000元）的股票
（泓盛艺术网收藏）

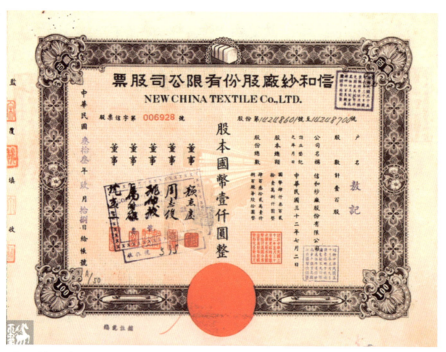

图9　信和纱厂股份有限公司1944年9月18日发行面值壹佰股（1,000元）的股票
（赵涌在线收藏）

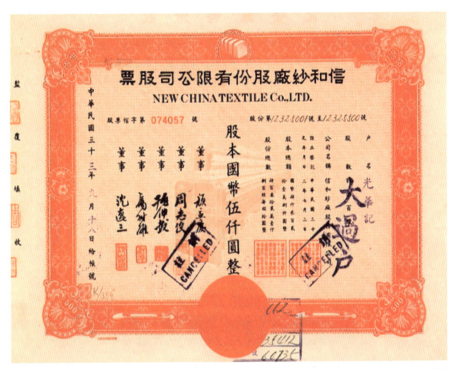

图10　信和纱厂股份有限公司1944年9月18日发行面值伍佰股（5,000元）的股票（赵涌在线收藏）

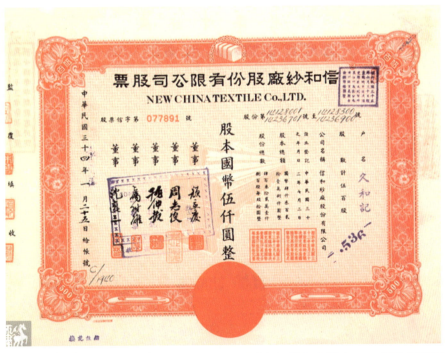

图11　信和纱厂股份有限公司1945年1月25日发行面值伍佰股（5,000元）的股票（赵涌在线收藏）

图12　信和纱厂股份有限公司1947年1月10日发行面值伍萬股（50万元）的
股票（孔夫子拍卖网收藏）

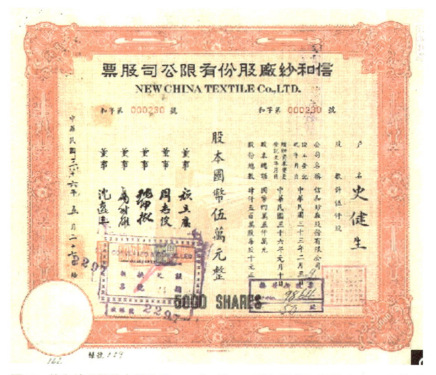

图13　信和纱厂股份有限公司1947年5月27日发行面值伍仟股（5万元）的股
票（泓盛艺术网收藏）

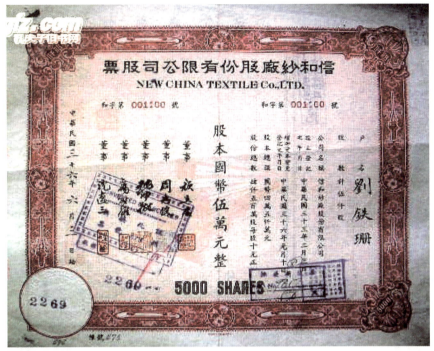

图14　信和纱厂股份有限公司1947年6月3日发行面值伍仟股（5万元）的股票及背书（孔夫子收藏网收藏）

图15　信和纱厂股份有限公司1947年6月4日发行面值伍仟股（5万元）的股票（中国近代名人股票鉴藏录）

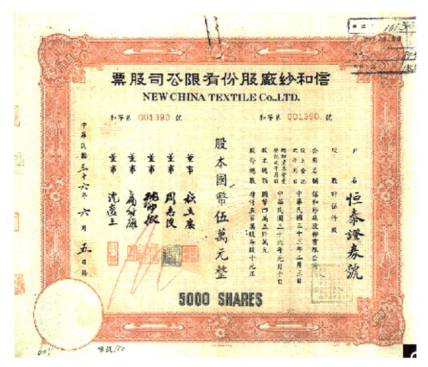

图16　信和纱厂股份有限公司1947年6月5日发行面值伍仟股（5万元）的股票（泓盛艺术网收藏）

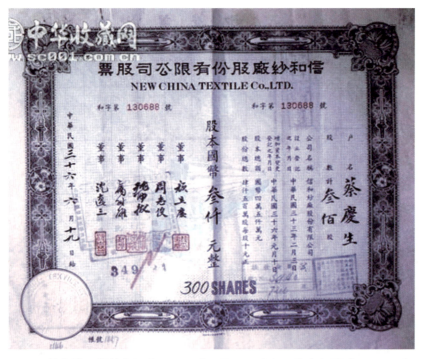

图17　信和纱厂股份有限公司1947年6月19日发行面值叁佰股（3,000元）的股票（中华收藏网收藏）

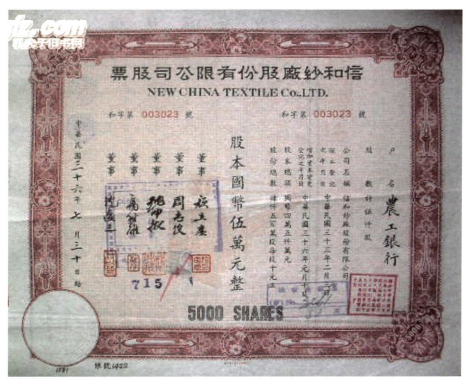

图18 信和纱厂股份有限公司1947年7月30日发行面值伍仟股（5万元）的股票（孔夫子拍卖网收藏）

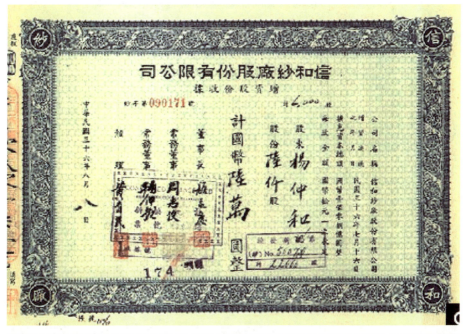

图19 信和纱厂股份有限公司1947年8月8日发行面值陆仟股（6万元）的增资股份收据（著名收藏家郑家庆藏品）

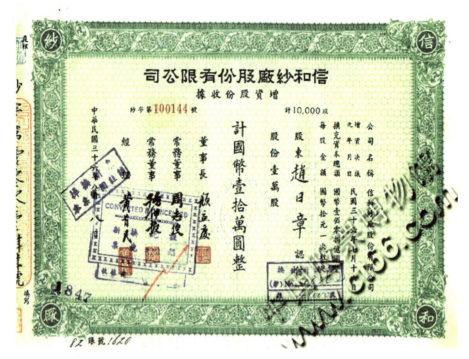

图20　信和纱厂股份有限公司1947年8月8日发行面值壹万股（10万元）的增资股
　　　　份收据（中国股票博物馆馆藏）

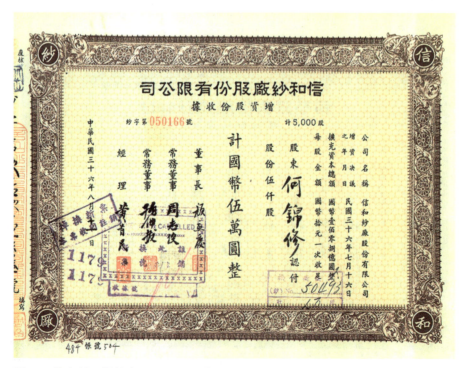

图21　信和纱厂股份有限公司1947年8月11日发行面值伍仟股（5万元）的增资股
　　　　份收据（著名收藏家郑家庆藏品）

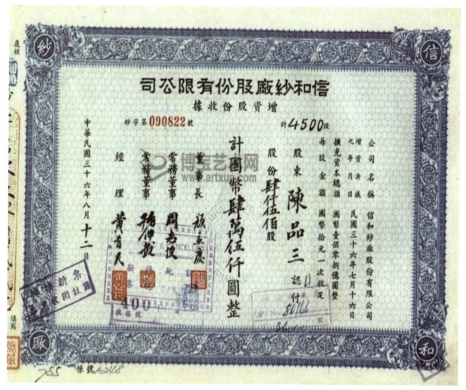

图22 信和纱厂股份有限公司1947年8月12日发行面值肆仟伍佰股（45,000元）的
增资股份收据（博宝艺术网收藏）

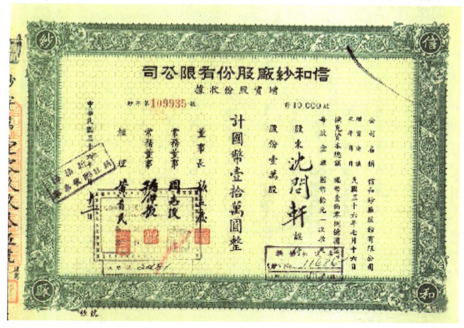

图23 信和纱厂股份有限公司1947年8月12日发行面值壹萬股（10万元）的增资股
份收据（著名收藏家郑家庆藏品）

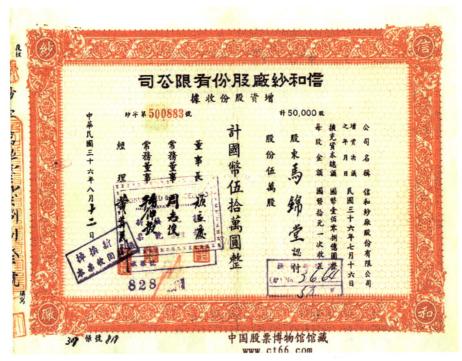

图24　信和纱厂股份有限公司1947年8月12日发行面值伍万股（50万元）的增资股份收据（中国股票博物馆馆藏）

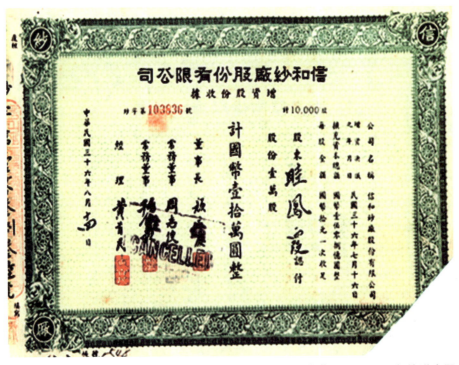

图25　信和纱厂股份有限公司1947年8月14日发行面值壹万股（10万元）的增资股份收据（中国股票博物馆馆藏）

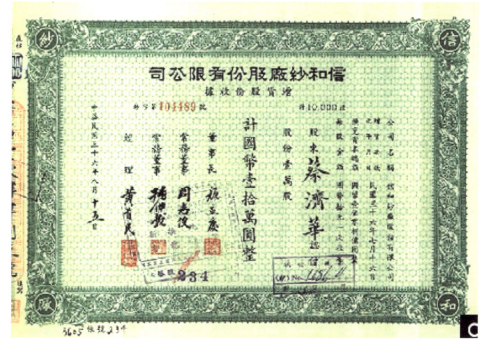

图26　信和纱厂股份有限公司1947年8月15日发行面值壹萬股（10万元）的增资股份收据（著名收藏家郑家庆藏品）

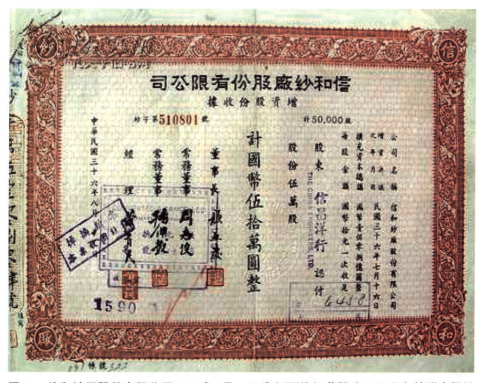

图27　信和纱厂股份有限公司1947年8月17日发行面值伍萬股（50万元）的增资股份收据（孔夫子旧书网收藏）

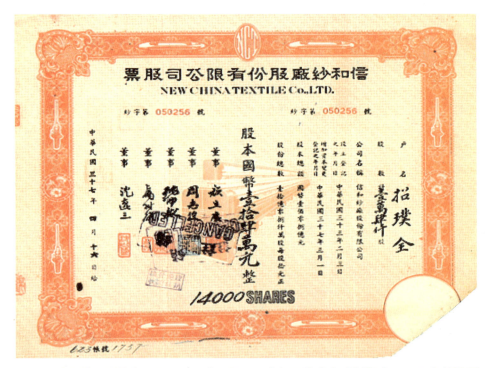

图28　信和纱厂股份有限公司1948年4月16日发行面值壹萬肆仟股（14万元）的股票
（孔夫子旧书网收藏）

图29　信和纱厂股份有限公司1948年4月26日发行面值伍仟股（5万元）的股票

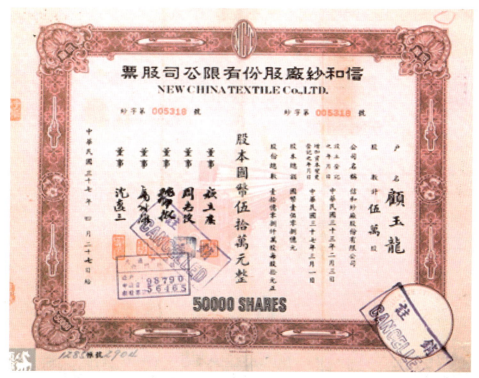

图30　信和纱厂股份有限公司1948年4月27日发行面值伍萬股（50万元）的股票（赵涌热线收藏）

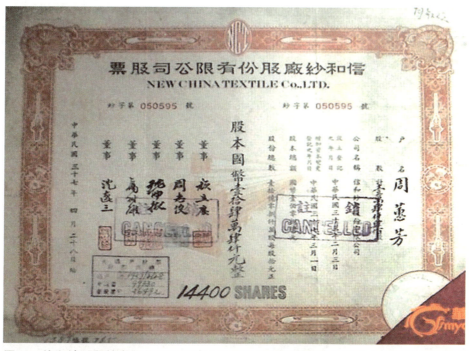

图31　信和纱厂股份有限公司1948年4月28日发行面值壹萬肆仟股（14万元）的股票及背书（华夏收藏网收藏）

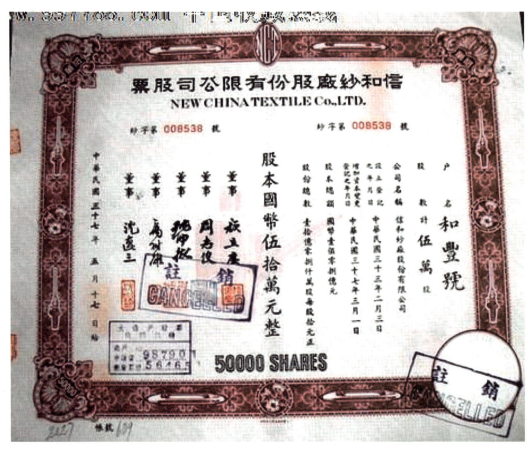

图32　信和纱厂股份有限公司1948年5月17日发行面值伍萬股（50万元）的股票（中国收藏热线收藏）

高举爱国民主的旗帜宣传抗日救亡运动的
文汇报创始人严宝礼

　　《文汇报》是我国著名中文报纸之一，由严宝礼、胡雄飞、徐耻痕、徐铸成、李子宽等爱国报人在1938年1月25日在"孤岛"上海创办。为抵制日军的检查，聘英国人克明为该报的董事长兼总主笔，由他出面以"英商文汇有限公司"名义向英国驻上海总领事馆注册登记，并取"文汇"两字为报头，发行中文《文汇报》，并向社会发行股票。资本总额为5万美元，分为2,000股，每股25美元。报社地址设在福州路436号，编辑部和印刷所在爱多亚路（今延安东路）大同坊，严宝礼任总经理。

　　严宝礼（1900—1960年）字问聘，号保厘，同里镇人。少年时就学上海南洋公学，1920年入两江路局总稽核室任职，善于经营筹划，被举为路局"同仁会"负责人。30年代初，严宝礼（见图1）创办集美广告社，后扩充为交通广告公司，承办铁路沿线及上海市区路牌广告。抗日战争爆发后，严宝礼于1938年1月通过英国人克明领取英国执照，联络好友创办《文汇报》，任总经理。他广聘有爱国心的记

图1　严宝礼

者编辑，报道八路军转战敌后抗战，纪念十九路军抗日等，翌年5月发表"五·九"国耻社论被勒令停刊。1945年6月18日，严宝礼遭日本宪兵逮捕，经营救出狱。1945年9月，《文汇报》复刊。他继续广揽爱国记者、编辑主持报纸，使复刊的《文汇报》成为国民党统治区进步舆论的一个重要阵地。国民党威逼收买不成，遂于1947年5月封闭该报。严宝礼等将资金设备转移香港，1948年9月在香港出版《文汇报》。1949年6月，上海《文汇报》

复刊，严宝礼任总经理。他领导《文汇报》积极宣传社会主义建设，在贯彻中国共产党的"双百方针"，团结知识分子方面发挥了积极作用。他还担任上海市人民代表大会代表及政协上海市委员会委员等职。1960年12月，严宝礼病逝于上海。

《文汇报》创刊后，报纸高举爱国、民主的旗帜，坚持以翔实的抗战消息和爱国言论与读者见面，大篇幅地宣传抗日救亡运动，刊登全国各地抗战新闻和图片，加上当时的一些爱国人士及左翼进步作家都支持并参与其中，发行后，在广大民众中享有盛誉。该报的抗战消息使上海市民大受鼓舞，受到上海市民普遍的欢迎，报刊的发行额度一度为上海日报发行之冠。创刊仅4个月，发行量就突破5万份，超出老牌《新闻报》，成为当时上海最畅销的报纸。1939年，由于日伪当局收买了英国人克明，企图通过他来控制《文汇报》，但报馆全体员工采取"宁为玉碎"的斗争方法，挫败了日伪企图控制《文汇报》的阴谋。同年5月17日，因刊发"告各省市政府与全国国民书"，被日伪当局勒令停刊。

1945年8月15日抗战胜利，三天后，严宝礼抢先复刊《文汇报》，以号外形式与上海市民见面。徐铸成辞去《大公报》总编辑，去《文汇报》。9月6日正式日报发行。1946年《文汇报》在徐铸成、宦乡、陈虞孙、柯灵等人主持下，高举反内战，要民主和平的大旗，成为国统区报纸的一面旗帜，起着舆论导向作用。为此，国民党加强对《文汇报》迫害摧残，导致报社经济发生困难，报社董事会不得不扩股增资，向社会公开集股，扩股筹资，解决经济危机。增资扩股得到了上海民众的热情支持，认购踊跃，帮助《文汇报》渡过经济难关。有资料说，当时周恩来十分关注此事，他对《文汇报》总主笔徐铸成说："只要紧紧地依靠群众，什么困难都是不难克服的。"

《文汇报》高举起反内战、反独裁、争民主的旗帜，令国民党政府十分恼火，终于在1947年5月25日下令封闭了宣传民主，反对内战的《文汇报》。《文汇报》被迫停刊后，严宝礼开始筹划去香港复刊。在李济深、郭沫若、柳亚子、茅盾等进步人士的帮助下，香港《文汇报》于1948年9月9日正式创刊。 1949年5月上海解放后，严宝礼立即返回上海，6月21日复刊。不断地封杀，不断地奋斗，《文汇报》是迎着时代的风雨走过来的。

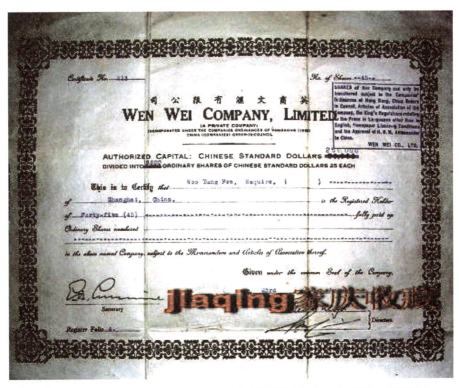

图2　英商文汇有限公司1938年7月12日发行的股票（著名收藏家郑家庆藏品）

图3　文汇报社股份有限公司1946年11月25日发行面值拾股（10万元）的增资扩股的股款收据（著名收藏家郑家庆藏品）

参与组建从沪迁渝的渝鑫钢铁厂的民国时期"钢铁大王"余名钰

余名钰（1896—1962年），民国时期中国"钢铁大王"。浙江省镇海县（宁波）人。1916年毕业于北京大学矿冶系。1917年赴美国加州大学留学。1918年6月获硕士学位。其后在美国加州等地矿区工作，任实习工程师、工程师和顾问等职。1919年7月回国，先后担任黑龙江、江西、安徽等地矿山工程师。1923年4月，出任国立云南大学化学系主任。1930年，出任浙江省丽水县县长。因当时的垦业银行行长梁任南的邀请，辞去丽水县长职务，赴上海，出任南昶铜厂的工程师。1933年，合伙创办了大鑫钢铁工厂股份有限公司。1934年9月，余名钰出任大鑫钢铁厂总经理兼总工程师。1937年，抗日战争爆发，大鑫钢铁厂获令迁往大后方。余名钰辗转到达后方陪都重庆，参与组建了渝鑫钢铁厂股份有限公司，余名钰出任经理兼总工程师，并兼任重庆大学矿冶系主任。在此期间，余名钰获得国民政府经济部钢铁奖学基金会奖励，也是首位获奖者。1945年，国共两党在重庆谈判之时，余名钰受到了毛泽东的接见。1947年1月，余名钰出任上海钢铁股份有限公司总经理，同年6月，出任上海钢铁炼制工业同业公会理事长。

1937年"七·七"卢沟桥事变，日本侵略者全面发动侵华战争。随着战线的不断扩大，急需大量的战略物资和军需补给品。为此，日本侵略者千方百计地要迅速发展钢铁事业及生产各种军需急用之钢材，以增强侵华日军的战斗力。同时为节省日本本土的运输力和运输时间，便于更直接地为其侵华战争服务，选择就地供给的方法。这样其最佳的方案就是在中国本地开办冶炼钢铁的工厂，所以在日本侵华战争时期，在我国各地开设了许多冶炼钢铁的工厂，梦想成为他们的军事工业的生产基地。日商日亚钢业厂株式会社创建于1938年11月，资本为250万日元。厂址在吴淞肇家浜。抗战期间，在日本国开设的日亚制钢株式会社，于1939年6月在上海买下了由华商在马德拉斯路（今平凉路）开设的兴业制钢厂，成为日亚制钢株式会社上海分工厂。

1945年抗战胜利后，余名钰由重庆返回上海，得知大鑫厂留沪厂产已因在上海沦陷期间落入日商之手而被国民政府接管，几经申诉获准由其租用经营。同年11月余名钰以后方复员工厂——渝鑫钢铁厂的名义享受优惠待遇承购了敌产日亚钢业厂，成为该厂的业主。

1947年1月，余名钰受聘于官商合办的上海钢铁股份有限公司任总经理。从1946年6月至1947年，在他任职的大鑫厂和自有的日亚钢业厂（以优惠权购下之敌产），各建1吨转炉1座，所炼钢水主要浇注利润较厚的铸钢件，还浇注部分小钢锭，供日亚厂轧制当时也十分紧俏的钢材。这两个厂，在生产正常的情况下，可月产钢200余吨。

1949年5月上海解放后，由市军管会接管了日亚钢业厂的官僚资本的资金，成为公私合营的企业，并改名为上海钢铁公司第一厂，后又改名为上海第一钢铁厂。7月21日，日亚钢业厂开始恢复生产，日亚钢业厂转售给西北军区，并入八一钢铁总厂，不久即迁往新疆。1950年5月，余名钰改组日亚钢业厂为益华钢铁厂，并出任总工程师。8月，应中华人民共和国中央重工业部聘请，兼任钢铁工业管理局顾问。1951年，应王震将军之邀，到新疆参与创建新疆钢铁企业，并出任新疆军区军工部总工程师。1951年8月，益华钢铁厂迁厂至新疆迪化（今乌鲁木齐市），并参与组建八一钢铁厂，余名钰遂出任八一钢铁厂的总工程师。

图1这枚株式会社日亚钢业厂股票的股东是公司董事长田中德松。它真实地记录了当时日本侵略中国的历史，也是一份不可多得的日本侵略中国的罪证史料。从中我们可以看出日商在上海开设日亚钢业厂的真正目的是直接为日本侵华战争服务，就地提供战争所需的钢材军需品。

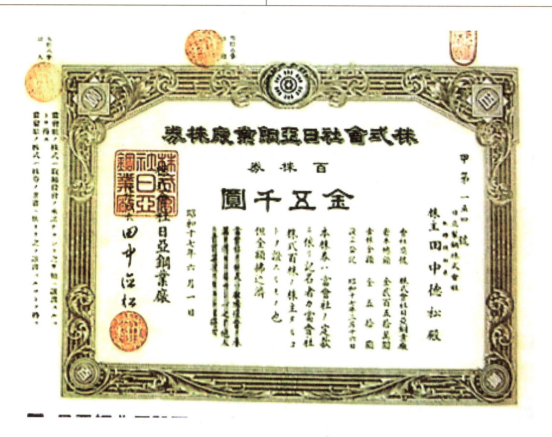

图1　株式会社日亚钢业厂1942年6月1日发行面值壹佰股（5,000日元）的股票（著名收藏家郑家庆藏品）

顾全抗战大局，支持民族大业的中国"猪鬃大王"古耕虞

　　猪鬃是我国传统的重要出口物资，主要用途是制刷。由于猪鬃在战时是重要的军用物资，油漆军舰、飞机及各种军车，清刷大炮的炮筒等，都离不开它。当时美国是中国最大的猪鬃销售市场。据不完全统计，全美有四五百家制刷厂，所用猪鬃几乎全部从中国进口。世界著名的"猪鬃大王"古耕虞从21岁起继承父业经营古青记山货字号。20世纪30年代，旗下四川畜产股份有限公司的虎牌猪鬃出口量达到全国猪鬃出口总量的85%以上，虎牌猪鬃享誉世界。

1. 中国"猪鬃大王"古耕虞

　　古耕虞（1905—2000年），祖籍广东，出生于重庆山货业世家。叔祖父古绥之当时已在重庆开设了正顺德、同茂丰两家山货店，除了经营当地的土特产外，主要的业务是经营猪鬃买卖，他的"牛"牌猪鬃小有名气。父亲古槐青在辛亥革命后弃学从商。古槐青先在叔父的店里当伙计，学生意，积下了一笔资本后，便自立门户，开了一家叫古青记的山货店，主要从事山货皮毛出口生意。当时，中国商人出口猪鬃，

图1　古耕虞

必须通过英国人经营的洋行办理有关手续，英国洋行不但从中赚一大笔钱，而且常常欺侮中国商人缺少外贸知识、不通外语、坑害中国商人。有一年夏天，隆茂洋行收了古槐青价值20万两白银的猪鬃，却胡说猪鬃质量不好，硬是不肯付钱。古槐青不懂英语，无法同洋人交涉，只好跑回家，把还是中学

生的古耕虞（见图1）带到洋行。古槐青据理力争，古耕虞担任翻译，终于迫使洋人照价付钱。通过这件事，古槐青认识到，要想做大生意，就必须具备高等文化修养。所以他下决心把儿子送到上海圣约翰大学英文专业学英文，后来又让儿子去南通，在张謇办的纺织学堂学技术。古耕虞在求学期间研究了古今中外的经济学说，还学习了银行学、市场学和各国的法律、税务、运输、保险等方面的知识，这些均为他日后发展国际贸易业务创造了条件。

1926年，古耕虞21岁即继承父业，当上了重庆"古青记"山货行的少掌柜，仅两年便"拥有重庆山货业天下之半"。当时古青记的实际资本是白银 6 万两，但名义上公开的只有 8,000 两，其中古槐青占80%，另外两成是干股（经理廖熙庸和朋友曹仲辅各占10%）。当时重庆的鬃商最多时有几十家，而到1935年，除了古耕虞的"古青记"之外，只剩下鼎瑞、祥记、和祥三家。1937年，古耕虞便将这三家商号并入古青记，在重庆成立了四川畜产股份有限公司，开始从事猪鬃的出口贸易，"虎牌"猪鬃是它的驰名商标。仅八年便垄断了四川猪鬃出口业，使其"虎牌"猪鬃驰名欧美市场，古耕虞也成了著名的爱国实业家。1941年11月13日，崇德进出口贸易股份有限公司注册登记，董事长为四川金融家潘昌猷（军阀潘文华之弟、曾任重庆银行等125家企业董事长或总经理），古耕虞任总经理。抗战期间，猪鬃的收购、出口指定由官办的川畜公司经营，但因国际市场只认古青记虎牌猪鬃，故古耕虞仍拥有该公司大部分股份。

2. 子承父业，初生牛犊不怕虎

1925年，古耕虞结束学业，回到了故乡重庆。当时古槐青已经在上海的交易所做投机生意，便把古青记山货店交给古耕虞管理。同行们都不大看得起这个年轻人，并且想找机会挤垮他，好减少一个竞争对手。古耕虞则想做一笔大生意，让这班人看看他的本领。少掌柜古耕虞迎来了他的第一场商战。裕厚仁是重庆山货业的老字号，掌柜是位专营羊皮的老手，财力雄厚，手段也巧妙。不久，到了收购羊皮的季节。经营羊皮的利润很大，山货店自然都不会放过这个机会。古耕虞通过对国外市场行情的研究，看准羊皮的价格在日益上涨，而且羊皮的收购季节又短，一年只有3个多月，古耕虞果断地决定用稍高于同行的价格大量收购。开头几天上门送货的客户很多，可几天以后客户却变得越来越少。古耕虞感到奇怪，派人出去一打听，原来是裕厚仁山货店串通了恒祥钱庄在外面造谣，说古槐青在上海交易所投机失败，负债累累，古青记就要倒闭了。

古耕虞听后十分恼火，但他没有轻举妄动，他冷静地考虑以后，想出了对策。一方面，他立即给父亲拍电报，让父亲陆续从上海汇回20万两白银，他把这些钱分别存在重庆的各个大钱庄里，同时，在营业结算时，凡是古青记欠对方的钱，他都立即付清，而对方欠古青记的钱，他都暂不收回。然后，他又请关系比较好的复兴钱庄清查古青记的财务情况，证明古青记资本雄厚，复兴钱庄宣布愿意为古青记做担保。这样一来，坏事变成了好事，古青记的信誉反而大大提高了，加上古青记的收购价比其他山货店高，最后几乎把上市的羊皮全都收了进来。同行们暗中都取笑古耕虞没有经验，这么多羊皮压在手中，万一羊皮价格一落，非得赔老本不可。可是不久，他们得到消息，知道国外羊皮价格猛涨，这时再想出高价收购，已经来不及了，只得眼睁睁地看着古耕虞赚了大钱。

3. 把握时机在竞争中迅速崛起

他的下一个目标是摆脱英国洋行的控制，直接向国外出口猪鬃，可以增加30%左右的利润。然而，摆脱洋行又面临着很大的困难，因为英国洋行已经形成了在猪鬃经营中的垄断地位，而且在当时的中国又享有许多特权。如果处理不好，遭到他们的一致抵制和打击，古青记就会连原有的利益都保不住。1927年底，有两个美国商人出现在重庆街头。他们名义上是代表美国公司来考察重庆猪鬃生产和出口情况的，实际上是想同在美国市场上的声誉很好的虎牌猪鬃的主人取得联系。22岁的古耕虞风度翩翩，用一口纯正的英语，将猪鬃的货源、加工、经营、出口情况，向两位客人做了详尽的介绍。两位美国人没想到虎牌猪鬃的主人如此年轻又如此具有才识，高兴得直竖大拇指，连声称赞："中国人，了不起！"几次交往之后，双方都有了更深的了解，两位美国人才悄悄对古耕虞说明自己的来意，希望能不经过英国洋行，直接从古青记进口虎牌猪鬃。古耕虞心中大喜，直接出口猪鬃正是他梦寐以求的事情，可他脸上却不露声色。经过进一步地试探，他完全弄清了对方的意图，这才说出了自己的顾虑：虽然这样做对中美双方都有利，但对英国洋行可就大大不利了，他们一定会不择手段地进行破坏。美国人也深知这一点，他们显得比古耕虞还要着急。

一天晚上，古耕虞在脱衣服准备睡觉时，猛然一个念头跳了出来，他眼前一亮，大脑紧张地沿着这个思路考虑下去。第二天，古耕虞约来了两位美国人，平静地把自己想到的办法告诉他们。两位美国人连声叫好，认为只要他们双方不对英国洋行泄露秘密，这个计划就万无一失，双方当场签订了一项秘密合同。就是这项秘密合同，成为日后古耕虞事业的重大转折点，也是古耕虞一生命运的转折点。几天之后，古耕虞开始发运第一批直接销往美国的虎牌猪鬃。这一回，他没有使用古青记的装船标志，而是用两个并无意义的英文字母"LT"作为标志，装船人也用了别的化名。与此同时，他仍然以一部分猪鬃卖给英国洋行，以掩盖他与美国公司的秘密交易。但是，大量猪鬃运销美国后，卖给英国洋行的猪鬃便越来越少了。英国洋行询问原因，古耕虞总是拖着不答复；实在拖不过去了，就推说货源不足。终于有一天，虎牌猪鬃垄断了美国的主要猪鬃市场。古耕虞料定英国洋行对此已经无能为力，便完全停止了与英国洋行的交易，实现了古青记猪鬃全部直接出口的夙愿。英国洋行如梦初醒，急忙探听真相，才发现古耕虞这只中国"虎"已经威风凛凛，不可一世，不是他们所能打击得了的，只好眼睁睁地看着古耕虞成为中国第一个猪鬃出口大王！

4. 顾全大局，支持抗战的民族大业

抗战初期，中国沿海港口相继沦陷敌手。古耕虞率先利用公路试运猪鬃到越南，通过东南亚转运到美国市场，结果很顺利。抗战期间国民党官僚资本借抗战名义，对13种传统出口物资进行垄断，实行所谓统购统销。其中特别是猪鬃，因战略物资出口利润大得惊人，官僚资本企业向民营企业收购的猪鬃，按牌价每箱只有法币5万元，而在昆明或宜宾一装上飞机，出口到美国的价格高达67万元，相差十多倍。古耕虞坚决反对这种不顾民间疾苦的

官方垄断。抗战后期，中国内地对外的陆路交通包括滇缅公路相继断绝。古耕虞旗下的虎牌猪鬃又通过中印航线，源源不断地输往美国，换回宝贵的外汇，支撑起中国抗战的财政命脉，也支持了反法西斯盟军的作战。当时周恩来代表中共中央驻在重庆，常邀一些民族工商业家谈话，交换有关战时经济问题的意见。周恩来在与古耕虞交谈时，指出这是官僚资本凭政治特权与民营企业争夺暴利的行为，同时又指出猪鬃是美、英、苏等盟国急需的战略物资，为了支持中国长期抗战，应保持政府必要的外汇收入。国民党种种阻碍生产发展的措施必须改进，使鬃商有一定的利润，但为支援抗战，鬃商又不应要求过高的利润，工商业家要有远见。

周恩来的开导给了古耕虞很大的教育和鼓舞。因此，为了抗战大局，古耕虞作出牺牲，接受了国民党政府贸易委员会下的复兴公司与官办机构富华公司的统购统销。当时重庆市场上猪鬃的价格已由每担900元猛跌到380元，古耕虞果断地将所有猪鬃全部收购下来。当时销售到美国市场去的猪鬃占中国出口总金额约80%，其余20%销售到西欧市场。对中国来说，猪鬃出口不仅是中国战时外汇收入的重要来源，而且是用于抵偿苏联和英美等国援华贷款或易货的物资。抗战胜利后，古耕虞又将川畜业务推向全国，以致垄断了全国猪鬃出口总量的80%以上。1948年，中国出口的猪鬃占世界需求量的97%。古耕虞的资产，外界没法准确估量，到1948年结账时，他的公司尚有900万美元资金，2,700多万美元的银行往来，其国内资产除了厂房、汽车、办公楼等固定资产外，尚有大批猪鬃以及各种畜产品，堪称中外瞩目的川籍大富翁。1948年，古耕虞在香港设立四川畜产公司香港分公司，至此香港取代上海，成为中国猪鬃出口最重要的集散中心。

5. 老骥伏枥，志在千里

新中国成立后，古耕虞历任公私合营四川畜产公司经理、中国畜产进出口公司经理、中国土产畜产进出口总公司经理、对外贸易经济合作部特邀顾问等职务。为突破西方经济封锁，使我国猪鬃顺利出口，古耕虞做了大量工作。古耕虞还历任全国人大常委会委员及其财经委副主任、全国工商联名誉副主席、中国人民政治协商会议第一届全国委员会特邀代表，第二届、第三届、第四届委员，第五届常务委员，全国人民代表大会第六届常委会委员，第七届代表等职。多年来古耕虞拥护中国共产党领导的多党合作和政治协商制度，积极参政议政，为统一战线作出了积极的贡献。

1979年1月17日上午9点多，邓小平在人民大会堂福建厅会见了胡厥文、胡子昂、荣毅仁、周叔弢、古耕虞五位老工商业者。这次谈话后来被称为著名的"五老火锅宴"。2000年4月29日，古耕虞在北京逝世，享年95岁。

图2　崇德进出口贸易股份有限公司1948年3月1日发行面值叁佰捌拾股（380万元）的股票（泓盛艺术网收藏郑家庆藏品）

图3　崇德进出口贸易股份有限公司1948年3月1日发行面值肆佰股（400万元）的股票（中国近代名人股票鉴藏录）

团结互助、反日控制，抗战年代应时而生的华商联合保险公司邓东明

"分保"也称再保险，指保险公司的保险。由于每家保险公司的规模有限，难以承受巨额赔付责任，为了分散风险，将直接承保的大额业务，通过再保险分给其他保险公司承做，共同承担风险。晚清及中华民国初期，华商保险公司不懂保险原理没有办理再保险，一旦遭遇巨额赔款，必然破产倒闭，因此能长期坚持下来的保险公司寥寥无几。后来与英美保险公司及海外建立分保关系，寻求解决溢额分保出路问题，但只有分出没有分入，极不平等互利，华商保险公司无疑沦为外商保险的经纪人。20世纪20年代，上海年保费为7,000万元，外商占80%，其中很大部分由华商保险公司付出的再保险费，严重影响民族保险业的利益和基金积累，甚至危及生存。

1. 成立华商联合保险公司

华商保险公司为了摆脱困境，开始走向联合经营的道路。各公司把超过自留额的部分汇集起来，再按各公司的实力再分配承受份额，不仅增强了对巨额业务的承保能力，也使每家公司获得数倍或十多倍于自身业务所得，达到平等互惠共同得益。1929年12月，先由上海联保、联泰、肇泰、羊城置业4家保险公司成立"四行联合总经理处"，承办联合经营业务。后扩充成员发展为"中国联合保险总经理处"。1933年6月，9家保险公司成立"华商联合保险公司"，邓东明（见图1）任经理，订有章程6章34条，资本80万元，

图1　邓东明

实收40万元。国民政府实业部认官股5万元，以示扶持，特许经营全国保险业对内对外再保险的专业机构，并与瑞士再保险公司订有分保合约，以解决溢额再保险问题。

1937年抗日战争爆发后，华商保险与外国保险公司的再保险联系渠道遭受阻碍。"八·一三"淞沪会战后，日本占领上海，并未立即与英美等国形成公开对抗，上海英美公共租界和法租界成为日军占领区包围中的"孤岛"，重庆逐渐成为西南地区的再保险中心，但只有"中央信托局产物保险处"、中国、太平洋、宝丰等少数几家保险公司间接与外国保持再保险合同联系。1941年12月8日，太平洋战争爆发，日军立即进占租界，勒令英美保险公司停业清理，同时切断欧美邮电通讯，以致华商与国际保险市场的再保险关系完全停止。日伪妄图控制上海保险市场，由10余家日商保险公司联合投资成立了"东亚火灾海上再保险株式会社"，由于中国人民抗日情绪高涨，对它进行抵制，使其无法开展业务。华商保险公司不愿与日本保险公司签订分保契约，被迫纷纷自愿联合，组建分保集团。

2. 组建大上海分保集团

华商保险公司不愿与日本保险公司交往签订分保契约，被迫纷纷自愿联合，组建分保集团。身兼大上海、大东、中国航运、大南四家保险公司董事长兼总经理的董汉槎率先发起，得到19家保险公司的响应，组建"大上海分保集团"，共计资本金额2,330万元（见表1）。各公司以资本金、公积金与营业状况核定自留额、固定合约分人分保总数或总额，以及认占份额和最高责任额，承办集团公司之间的溢额再保险，共同负责盈亏。每年还将纯利润提成充做赔款准备金，借此增强集团组织力量和维护保户的保障。此举有效地解决了民族保险业的危险分散问题，深得保险公司的欢迎。

大上海分保集团最多时有30多家华商保险加入，1944年4月的"大上海分保集团团员公司一览表"显示，就有大上海、大中、大公、大安、大同、大东、大南、大陆、大新、上海、中原、公安、安中、同安、安达、长安、金华、国华、富华、新牲、宁兴、联华、丰业、中国工业、中国公平、中国正平、中国平安、中国安全、中国利民、中国航运等30家保险公司成员。同

表1　大上海分保集团的19家保险公司、代表及资本金额一览表

参股公司	代表人	资本额（万元）
大上海保险公司	董汉槎	500
大安保险公司	郭雨东	30
大中保险公司	傅湘丞	125
大南保险公司	胡桂庚	25
大东保险公司	董汉槎	25
大公保险公司	李楠公	125
大同保险公司	陈志梅	50
中国工业保险公司	朱博泉	250
中国正平保险公司	吕浚寰	100
中国公平保险公司	庄智耀	50
上海商业保险公司	沈序明	50
中国航运保险公司	董汉槎	25
中原保险公司	王公达	50
安达保险公司	吴士勤	100
金华保险公司	吴本澄	50
宁兴保险公司	戚正成	100
富华保险公司	许晓初	125
国华保险公司	李百祥	50
丰业保险公司	杨洪山	500
合计	19家	2,330

一时期，华商还设立了太平分保集团、久联分保集团，此后又相继成立了五联、十五联、华商联合分保集团。1942—1945年，先后共有80家华商保险公司加入这类组织。这是民族保险业团结互助、反日控制和业务经营上的重要建树，有力地推动了华商保险业的自主经营，抵制了日本帝国主义妄想掌控上海保险市场的企图，堪称抗战年代凝聚保险业民族力量、强有力的战斗堡垒。

战后有些保险公司清理停业，有些公司陆续成立，分保集团相应重新组合，大上海改组为大沪分保集团。调整后的成员有大沪、大东、大南、大安、中国航运、中国统一、永大、好华、利华、裕商、大达、大丰、中国保平、永安、先施、永宁、合安、东南、南隆、华盛、宁绍、上海联保。

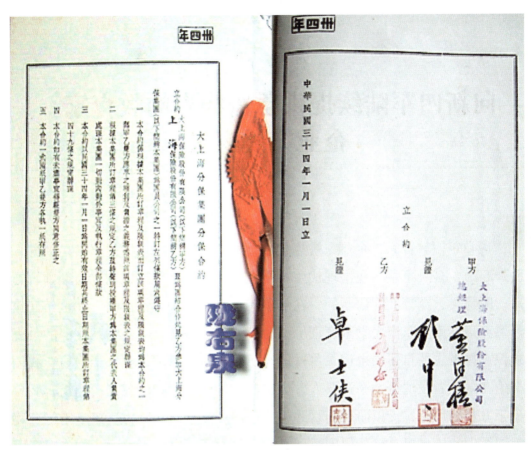

图2　大上海分保集团合约/章程/限额表一套（陇右泉收藏）

向新四军陆续提供急需物资的教育家、
企业家姚惠泉

1942年，教育家、企业家姚惠泉创办仙鹤草素药厂。仙鹤草素是一种止血强心药，是姚惠泉与我国现代生物学宗师、生物学教授秉志、药剂师石原皋、医师吴云端等共同研制的，在战争年代这种药物非常紧缺。20世纪20年代姚惠泉在南京东南大学教育训练科时就与同在东南大学生物系授课的秉志相识。在秉志的自述中也记录着这段经历："上海沦陷，我处于绝境，我的学生在内地者设法援助……友人方庆成经营国药，约我研究国产药物，我藏身于方君的厂中，借以研究药材蛀虫，以图度过一时。"方庆成是中国药物公司经理，姚惠泉是该公司副经理。仙鹤草素药厂隶属于中国药物公司。

抗战时期，姚惠泉通过药剂师、地下党员石原皋与新四军联系，借公司向苏北运送药物和收购药材为名，陆续提供新四军所需物资，仙鹤草素药厂也成为新四军在上海的交通和联系据点。据史料记载：姚惠泉提供的物资，包括龙头细布4,000匹、胶鞋2万多双。当得知新四军需要无线电收发报机、电台时，他又多方设法从香港买来机件，拆散后夹杂在公司货物中分批运出。同时，他在中华职业学校第四补习学校开设无线电收发班，培训了一批无线电技术人员，通过各种渠道派往苏北，协助新四军安装设备，掌握使用和维修，加强了新四军通讯的力量。

中国药物股份有限公司于1943年2月22日设立登记，资本总额为1,000万元，总股本100万股，每股10元，董事兼总经理方庆成。《上海近代西药行业史》记载，仙鹤草素药厂位于愚园路柳行别业50号。1947年《上海国货厂商名录》上，标明地址为愚园路532弄50号。1950年前夕，姚惠泉接替方庆成担任总经理。抗美援朝期间，中国药物建设公司向志愿军捐献止血剂"仙鹤草素" 5万支，并减价三分之二持续供应。公私合营后，中国药物建设公司归并成为长征制药厂，姚惠泉担任长征制药厂厂长。

图1　中国药物股份有限公司1945年3月16日发行面值伍佰股（5,000元）的股票

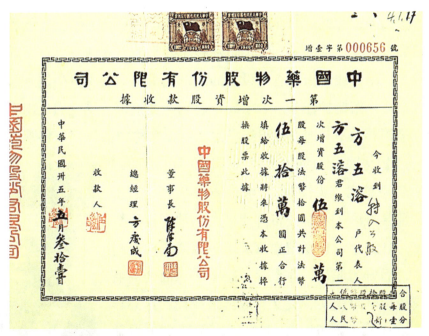

图2　中国药物股份有限公司1946年5月31日发行面值伍萬股（50万元）的股票（泓盛艺术网收藏郑家庆藏品）

抗战中战斗在中共第三条秘密战线的
卢绪章

　　民安产物保险公司是1943年在中共地下党领导下，由广大华行在国统区重庆创办的。早在抗战爆发初期，在上海从事西药医疗器械经销业务的广大华行就成为中共地下党秘密活动的掩蔽体，其创办人卢绪章、杨延修、张平在1937年至1938年先后加入了中国共产党。1940年初，党中央为了开展大后方秘密工作的需要，指派卢绪章去重庆，以广大华行内迁为掩护，在大后方建立党的地下工作机构，按照"隐蔽精干，长期埋伏，积蓄力量，以待时机"的指示方针，肩负起"搜集秘密情报、为从事地下工作的领导同志建立交通安全线、为党中央筹措经费"三大任务，要求保持极端秘密状态，不公开参加政治活动，并通过商业经营，尽力提高广大华行的社会地位和声誉，以备政治形势恶化，党的第一线（指八路军办事处及《新华日报》社等党的公开机构）、第二线（指各省市设立的地下党组织）秘密机构遭到破坏时，能担负第三线秘密掩护任务。为了安全起见，在组织上受党中央南方局和周恩来的直接领导，不与地方党组织发生联系，史称中共第三条秘密战线。

　　民安产物保险公司创办人卢绪章（1911—1995年），原名卢植之（见图1）。浙江省鄞县人，出生在浙江省鄞县城区（今宁波市鄞州区）小沙泥街一个小商之家。1925年，14岁就离家赴上海源通轮船公司当练习生，后升为职员，业余就读于上海总商会商业补习班夜校，学习国文、英文、簿记等课程；1933年毕业后，在上海合伙创办广大华行，主营进出口业务；1940年出任广大华行总经理；1937年加入中国共

图1　卢绪章

产党；1940年赴重庆，成为周恩来的得力助手；卢绪章以资本家的公开身份，在大后方的工商界中出生入死，为党屡建功勋的经历，为中国人民的解放事业作出了特殊贡献。1949年后，卢绪章出任中国进出口公司经理；后担任华东军政委员会贸易部副部长，对外贸易部部长助理（常务副部长）、国家旅游总局局长，国家进出口管理委员会副主任等职务，成为中国对外贸易事业开拓者和奠基人之一；第四、第五、第六届全国政协委员。1995年11月8日，卢绪章与世长辞，享年84岁。这位一生都在和金钱打交道的老革命家，子女在整理他的遗物时发现，父亲没有一样贵重的物品，母亲没有一件贵重的首饰。

为了做好这些绝密而且高危的工作，内迁到重庆的卢绪章，与杨延修、张平等共产党人，运用高超的商界联络与应酬手腕，灯红酒绿，觥筹交错，刻意与国民党上层党、政、军、警、特们打得火热，伺机与蒋介石侍从室专员施公猛、军统少将梁若节、重庆航空检查所所长严少白等要员拉上了关系，请他们出任广大华行的顾问董事，让他们把黄金、美元存在广大华行，给予他们很高的利息，使他们心存感激并投桃报李，为卢绪章搞到一个第25集团军少将参议的头衔和国民党特别党员的证件。卢绪章善于广交朋友，扩大社会关系，不仅为广大华行争取到货物运输和人员往来的便利，促进了业务的发展，也给广大华行涂上了一层保护色，增强了广大华行的隐蔽能力，在从事党的秘密工作时更加安全。经过卢绪章三年的纵横捭阖，悉心经营，广大华行经济效益卓著，不仅在重庆站住了脚，还在昆明、成都、贵阳、西安、兰州等大后方的重要城市设立了分支机构，成为大后方红极一时的西药企业，成为党在国统区内的重要经济支柱。

到1943年初，重庆已是战时中国的政治、经济和文化中心，工商业、运输业空前发展。由于政府对新设银行钱庄有严格限制，而创办保险公司及开展业务相对比较方便，因此，当时的银行和大企业纷纷创办保险公司，短时期里重庆的保险机构增加到50余家。这年4月，为了增强广大华行的经济能力和企业声誉，进一步提高广大华行的实力和社会地位，为党的秘密工作创造更有利的条件，卢绪章提出创办一家保险公司的设想。他认为，保险公司可以扩大同各行各业的往来，广泛接触上层人士。卢绪章的这一设想，得到了广大华行党内同志的赞赏。在一次去红岩村汇报工作的时候，又得到了党的中南局和周恩来的肯定。于是，卢绪章以广大华行董事长兼总经理的身份，在杨经才（中兴保险公司总经理、太平保险公司重庆分公司副经理）、魏文翰（海商法专家、民生实业公司航运顾问）的协助下，邀请四川著名爱国实业家、民生实业公司总经理卢作孚作为共同发起人，筹创保险公司。卢绪章既有官场背景，能够疏通各方关系，又有在四川创办民族工业的辉煌业绩，具备在金融实业界的强大号召力，因此筹备十分顺利。广大华行和民生在平等互利的基础上，商定由卢绪章代表广大华行一方，卢作孚代表民生实业公司一方，共同投资法币1,000万元，双方各负责筹资50%，公司取名"民安"，是因为卢作孚认为，"该保险公司之职责应侧重于人民物资之安全保障，故命名为民安保险股份有限公司。"

按招股计划筹募资本总额为1,000万元（法币），分为10,000股，每股国币1,000元，先收半数。在集资过程中，广大和民生争取到四川、重庆和云南许多政界与商界的著名人物参股，共有56名记名股东。其中，中共地下党员龚再僧（即中共早期银行家龚饮冰，解放后任中国银行总经理、董事长）以锦华湘绣庄经理名义，用党的营运资金认购400股，缴纳股银20万元。顺利完成集资招股任务后，1943年6月，由56人列名发起，认足股份，成立民安产物保险公司董事会，向重庆市社会局申请备案。1943年7月28日召开股东会，选举卢作孚为董事长，吴晋航、卢绪章、严燮成、魏文翰、杨延修、杨成质（民生实业公司船务处经理）为常务董事。何北衡、刘航琛、李澄宇、浦心雅、孙越崎、张军光、郑栋林、杨经才、康心如、张平等为董事，邓华益、陶胜百、汪石清、戴自牧、裴庆余等为监事。董事会决定聘杨经才为总经理，卢绪章为副总经理（1944年杨经才病逝后，卢绪章继任总经理），民生公司推荐谢步生为财务处长，广大华行则推荐陈鹤为业务处长（1944年年底，中国保险业最早的中共党员、曾任中共上海保险业第一任支部书记的程恩树奉调回重庆担任民安保险业务处副处长），曹一鸣为财务处副处长，王应麒为总务处长。民安保险公司董事会和业务人员构成的安排，是广大华行党组织正确执行党的抗日民族统一战线政策的成果，也标志着广大华行已跻身于大后方的金融实业界行列。

1943年6月1日，"民安"开始接受分保业务，7月1日开始直接营业。不久因国民政府财政部颁布非常时期管理保险事业办法，又依照规定向财政部补领营业执照，并更名为民安产物保险股份有限公司。1943年11月2日，经济部发给"设字第一二一八号"执照（1945年5月31日财政部核准发给保险公司营业执照）。1943年11月11日正式开业，总公司设民族路特一号福钰大厦，主要经营海上保险、木船货运保险、水灾保险、航空运输保险、船舶保险、水陆联运保险、汽车保险、邮政包裹保险等业务。

开业伊始，民生实业公司便将所有50余艘轮船的运输险业务全部交给了民安承保，为民安奠定了业务发展的基础。在卢绪章的悉心经营下，公司业务不断扩展，先后在重庆、昆明设立了分公司，在成都、贵阳、西安、自贡、盐都、泸州、宜宾、合江、资中等地设立分支代理机构。为深入拓展业务，民安在四川制糖中心——内江设立了分公司，聘请糖业公会负责人为经理，承揽了内江糖业运输及各制糖厂的水火保险。为了分散保险风险，稳定自身经营，民安还与中兴、永兴、亚兴、永大等保险公司组成"华联产物保险公司"，解决超过自留限额的溢额分保出路问题。随着业务的蓬勃发展，民安产物保险公司在大后方保险业界的名气和影响力越来越大。

1945年9月，抗战胜利后，广大华行和民安产物保险公司联袂东迁上海，抢先租下外滩1号亚细亚大厦（见图2）开始营业（原系英商亚细亚石油公司大楼，建成于1916年，高7层，是当时外滩著名的一幢建筑。续接前缘，1996年成为中国太平洋保险公司总部）。

民安产物保险公司紧紧依托广大华行，并通过民孚企业公司开辟国外保险业务。随后又与美亚保险公司建立了合约分保关系，一时业务蒸蒸日上，令同业刮目相看。1946年初，民安产物保险公司又将

图2　外滩1号亚细亚大厦

附属企业——民益商行扩充为独立经营的民益运输公司（总公司设立于上海），由民生实业公司副总经理童少生出任董事长，王应麒任总经理。民益运输公司利用民生实业公司的关系在国内一些重要的口岸设立分支机构十余处，并建立起了轮船、铁路、飞机等相衔接的联运网络。由民益运输公司代办向民安产物保险公司投保运输险，不仅手续简便，而且服务周到，受到客户欢迎。1947年，解放战争进入战略反攻阶段，中共上海分局书记刘晓审时度势，决定把广大华行的业务重点南移香港。同时，民安产物保险公司也派出专员沈日昌到香港筹建分公司，当年即开张营业。

1948年，卢绪章到香港主持广大华行工作。这时，民安产物保险公司也扩股到20万股，资本总额为2亿法币，扩大了20倍。1948年11月下旬，国民党在军事上面临崩溃，政权摇摇欲坠之际，对上海人民进行疯狂镇压和迫害，中统特务机关先后秘密逮捕了"保联"活动骨干、民安保险公司会计主任洪汶，以及吴越（地下党员）、廖国英（地下党员）和"保联"体育部副部长赵伟民4人。洪汶虽非地下党员，但一直参与"保联"话剧组活动，是群众运动积极分子。在这种危急的情势下，为避免遭受更大损失，地下党组织决定立即安排"保联"活动骨干、可能已经暴露的党员沈润璋、汤铭志、徐达（徐慧英）、朱元仁、王培荣、刘凤珠、袁际禹等撤离上海，民安保险公司职员、地下党员唐凤喧也随同转移去苏北解放区。调林震峰、姚乃廉（姚洁忱）离开保险业支部去上海局策反小组从事其他秘密工作。一部分未曾暴露的党员杜伯儒、王永昌、张葵珠、陈联芳、翁辅庭则暂时隐蔽起来，在党的领导下继续进行地下活动。

中统特务机关对洪汶等4人经过两个多月的严刑审讯，未能查出任何凭据，吴越、廖国英的党员身份没有暴露。1949年2月，民安保险公司出面，花了20多万元金圆券，将4人保释出狱。地下党机构突遭破坏，危急关头，只是由于党和保险业界中上层人士的亲密团结，得到了许多非党积极分子群众的掩护、支持，才使暴露了的党员得以安全转移，被捕的党员和非党员积极分子得到及时营救，化险为夷。1949年3月，中共中央决定将广大华行与华润公司合并，广大华行向华润注资500万港元，华润公司实力得以壮大，这也就是如今盛名远扬的香港华润集团的前身。广大华行资产清理后，上交组织近200万美元，加上1949年初送交组织的100万美元，卢绪章等人已将全部身家悉数上交，而这些钱，都是他们的私有财产。除张平、舒自清等人留港继续经营公司外，卢绪章等其他人离港北上，随军接管上海，成为新中国第一批外经贸干部。

为配合这一转移，进一步发展国际保险业务，民安保险公司按原定计划办理停业善后事宜。1949年底，民安产物保险公司国内机构全部停止营业并宣告清理。1953年5月26日，民安产物保险公司在妥善处理全部保险业务手续后，经上海市军管会财政经济接管委员会金融处批准，正式宣告结束。民安保险公司的中共党员遵循党的指示，团结全体职工共同努力，胜利地完成了上级党组织交给的这段时期的所有任务。香港"民安"继承了先辈的衣钵，发扬光大，仍继续经营和发展扩大，一直坚持到今天。

目前发现的"民安产物保险股份有限公司"股票（见图3），暗紫色花饰围成边框，居中底纹上有浅蓝色的民安保险司徽标志。中华民国三十七年一月签发，股额伍佰股，计国币伍拾万元整，编号为"民增字第296号"，持股股东为陆仁德。票面文字注明"本公司业经呈奉财政经济部核准增资依法发行股票为据"，"执照号数：财政部保字第二七八号经济部新字第二四六二号"，"执照日期：财政部中华民国卅六年十二月经济部中华民国卅六年十月十一日"，"资本总额国币贰万万元整"，"股份总数贰拾万股""每股金额国币壹千元整"。票面显示的"董事长卢作孚""常务董事卢绪章、吴晋航、魏文翰、杨成质、严燮成、杨延修"均有钤章。

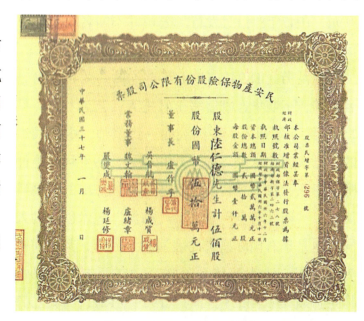

图3　民安产物保险股份有限公司发行的股票

不为威胁利诱所屈服八年不登台演出的最杰出的京剧艺术家梅兰芳

1946年，淮安有个老板叫李其山，到周家牌路（松潘路口）91号开了个"楚城大戏院"，因为他来自两淮地区，又是故楚封地，故叫"楚城大戏院"，并始他是叫江淮戏班子来演戏，可是生意不好。于是就到苏北请朱龙喜、小九龄、华素琴等来"楚城"唱戏，这些人来了后不唱小戏唱大戏，如《狸猫换太子》、《宏碧缘》、《唐明皇游月宫》等。就像江淮戏的马林童到上海来就演大戏一样，所以，朱龙喜、马林童这两个人是在楚城大戏院开天辟地唱大戏一炮走红的。楚城大戏院是当时当地苏北群众最重要的娱乐场所，据说还是杨浦区当年首届一指的时髦娱乐场地，是第一个戏园子。

楚城大戏院股份有限公司的股本总额8,000万股，总股本160股，每股50万元，1947年8月1日发行。公司并不闻名，但其中一位股东为著名艺术大师梅兰芳。

梅兰芳（1894—1961年）名澜，又名鹤鸣，乳名裙姊，字畹华，别署缀玉轩主人，艺名兰芳（见图1），江苏泰州人，中国戏曲一代宗师，中国最杰出的京剧表演艺术家。梅兰芳8岁学艺，9岁拜吴菱仙为师学青衣，11岁登台。梅兰芳是近代杰出的京昆旦行演员，"四大名旦"之首，"梅派"艺术创始的人；同时也是享有国际盛誉的表演艺术大师，其表演被推为"世界三大表演体系"之一。在西方人的眼中，

图1　梅兰芳

梅兰芳就是京剧的代名词。1929年12月，梅兰芳率团赴美演出，历时半年之久，一时间京剧艺术风靡美国。他的代表剧目有《贵妃醉酒》、《霸王

别姬》等；昆曲有《游园惊梦》、《断桥》等。所著论文编为《梅兰芳文集》，演出剧目编为《梅兰芳演出剧本选集》。1915年，梅兰芳大量排演新剧目，在京剧唱腔、念白、舞蹈、音乐、服装上均进行了独树一帜的艺术创新，被称为梅派大师。1918年，梅兰芳移居上海，这是他戏剧炉火纯青的巅峰时代。

梅兰芳的表演艺术很早就蜚声海内外，但他到16岁才起了"梅兰芳"这个艺名。史料记载：1908年秋，喜连成班主叶春善带领他的科班在吉林演出。一天早晨，叶春善偕筹资组建喜连成的开明绅士牛子厚到吉林北山散步。他俩边爬山，边闲谈，忽然发现有一人在小树林里练剑，但见他体态轻盈，动作敏捷，那剑被他舞得寒光闪闪，风声嗖嗖，把自己围在水泼不进的弧光圈里，牛子厚简直看呆了。他生平酷爱京剧，也观赏过不少武术高手的表演，但像今天见到这样的绝伦剑技，还是不多，他情不自禁地连连拍手叫好。那舞剑人听到有人喝彩，连忙把剑收住，两颊绯红，用手帕揩拭额头沁出的细密汗珠、恭敬地向牛子厚躬身施礼："牛老板，喜群献丑了。"牛子厚这时近前定睛细看，只见面前这个年轻人仪表堂堂，气度潇洒，举止端庄，真是一个挑大梁的料子，便问道："你可曾有艺名？"叶春善接答道："我给他起了个艺名叫'喜群'。"牛子厚沉吟良久说："这孩子相貌举止不俗，久后必成大器，给他更名'梅兰芳'如何？"叶春善师徒二人欣然同意。从此，就用了"梅兰芳"这一享誉国内外的艺名。

抗战爆发后，身居沦陷区的梅兰芳不为敌人的威胁利诱所屈服，毅然蓄须明志，八年不登台演出。1945年8月8日抗战胜利，梅兰芳高兴得当天就剃掉了唇髭，不到两个月就在美琪大戏院重登舞台了。新中国成立后，梅兰芳历任中国京剧院院长、中国戏曲研究院院长、中国文学艺术界联合会副主席、中国戏剧家协会副主席。1959年加入中国共产党，并以65岁的高龄，排演了最后一出新戏《穆桂英挂帅》。1961年8月8日，梅兰芳因心脏病在京逝世，享年67岁。梅兰芳演绎了京剧的灵魂，是民族的大师，国粹的塑造者，为中华民族传统文化的传播作出了不可磨灭的贡献。

图2　楚城大戏院股份有限公司发行壹股（50万元）的（股东为梅兰芳）股票（博宝艺术网收藏）

积极组织市民支援十九路军抗日的中国富强丝织公司骆清华

骆清华（1902—1955年）又名骆松（见图1），1902年出生于浙江诸暨枫桥镇大悟村青山头的一户普通的家庭。全家五兄弟，排行第四。他天资聪慧，又勤奋好学，因此成绩总在班内前三名。小学毕业后，由大伯出钱去绍兴考中学，考取第三名后因无钱支付学费故没有上成中学，只得在家务农。后来由大伯带到诸暨县城近郊一家砖瓦厂学记账。骆清华在砖瓦厂做各种杂务，十分繁忙，但他从不放弃看书读报，因此语文水平日有长进，对政治经济方面的知识也受益不少。

图1　骆清华

1927年初，上海尚在皖系军阀孙传芳的统治下，北伐军正挥师向上海挺进，在此时，骆清华便积极参与了绸缎业同业公会中的爱国活动，秘密散发传单，串连与组织商界店员们与产业工人联合行动召开会议，准备迎接北伐军的到来。由于他口才出众，能力较强，并善于团结同事，很快就崭露头角。当北伐军到达上海时，他已成为丝绸、茶叶等民族工商行业中的一个代表人物了。随后不久就被任命为上海绸业银行副行长、中国茶叶公司理事等职，在申城有了一定的威望和名气。

1932年，原上海沪商俱乐部改名为上海商社，被上海工商界人士选举为常务理事、总干事，该社又创办了《上海商报》等刊物，由骆清华任社长，他还经常在此刊物上发表一些经济金融方面的文章。"一·二八"事变期间，十九路军在上海反击日寇的侵略行动，上海市民和商人积极支援他们的抗日行动，当时骆清华是上海反日会的成员，积极组织市民、商人和店员支援十九路军的抗日行动。因为当时气候正趋寒冷，而十九路军尚无冬衣，骆清华立刻代表上海市商会捐肋棉衣一万套。"七七"事变开始不久，"八·一三"淞沪抗战爆发了。骆清华以上海市商会的名义，积极组织上海人民支援抗日，曾在广播电台发表讲话，宣传抗日救国的道理，并对坚守"四行仓库"的谢晋元团长和"八百壮士"表示了支援与慰问。

抗日战争爆发后，上海沦陷，骆清华离开上海赴四川重庆、成都，负责中国通商银行的业务开拓和经营管理等工作，奔波于兰州、西安、宝鸡等地，并任中国通商银行总经理。1944年，他在任职通商银行期间，在重庆的《大公报》发表了《运用黄金政策之重检讨》一文，后又在《国民公报》上发表了《运用金融政策之重检讨》一文，这两篇文章均被美国《时代》杂志译成英文转载，也为当时国民政府金融经济管理部门所重视。

抗战胜利后，骆清华于1945年10月重返上海，服务于工商界，以华东商运指导员的身份在上海工商领域继续工作，但他仍是两袖清风，一心为上海工商界服务。1946年3月2日，成立上海市绸缎业同业公会，骆清华为理事长。4月任上海商社社长兼《上海商报》社长、发行人，第二年当选为国民政府立法委员，国民政府立法委员、国民党"六大"代表并兼任全国工商联秘书长。骆清华当选为立法委员后，立法院的很多会议他均推病不参加，唯独讨论"临时财产税"一案，他却是每会必到，到会必言，完全不顾自己的病体。

1946年9月4日，骆清华通过发行股票募集资金，设立中国富强丝织股份有限公司。1947年1月11日，第一次增资登记，资本总额为2亿元，总股本2,000万元，每股发行价10元。

1947年冬天，骆清华去香港办事和养病，中国共产党派潘汉年去做他的工作，从此骆清华开始建立了和中共的秘密联系。

1948年底到1949年5月，中共在上海的地下工作者经常与骆清华保持接触，要求他努力做好工商界上层分子以及有关方面的工作，准备迎接解放。1949年5月4日，骆清华带领子女三人离沪去港。之后骆清华继续在中共华南局统战部的领导下从事统战联络工作。他曾经说服广九铁路局局长张某，在大军解放广州至深圳的过程中，保护好全线铁路和桥梁18座不受破坏。他又参加过"两航"飞机起义和招商局轮船起义的上层统战工作。还参与动员在解放前离开上海的工商业者和知名人士的归来，如翁文灏、王晓籁、寿勉成等。1955年7月18日，骆清华因病在香港去世。

图2　中国富强丝织股份有限公司1947年4月8日发行面值伍仟股（5万元）的股票及背书（中国收藏热线收藏）

图3　中国富强丝织股份有限公司1947年4月26日发行面值壹仟股（1万元）的股票（博宝艺术网收藏）

图4　中国富强丝织股份有限公司1947年5月5日发行面值伍仟股（5万元）的股票（博宝艺术网收藏）

图5　中国富强丝织股份有限公司1947年5月22日发行面值壹仟股（1万元）的股票及背书（赵涌在线收藏）

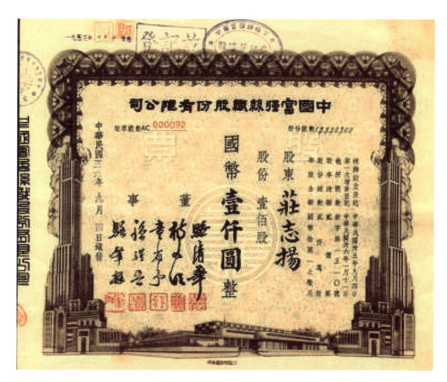

图6　中国富强丝织股份有限公司1947年9月4日发行面值壹佰股（1,000元）的股票及背书（华宇在线收藏）

捐助大量药款又出资组建华侨救护队的
万金油大王胡文虎

抗战胜利后，振兴经济、重建家园成为中国人民向往的头等大事。海外侨胞也都群情激昂，要为复兴中华而努力。1946年11月15日，"万金油大王"胡文虎在厦门召开福建经济建设股份有限公司发起人大会，旨在复兴福建，协助国家发展建设大业，为海外闽侨特别是南洋各界侨胞谋取出路，积极策动海外侨胞投资国内，开发福建。

1. "万金油大王、报业大王"胡文虎

胡文虎（1882—1954年），客家人，原籍福建龙岩市永定县下洋镇中川村。胡文虎（见图1）是南洋著名华侨企业家、报业家和慈善家，被称为南洋华侨传奇人物。1882年1月16日生于缅甸仰光。父亲胡子钦是侨居缅甸的中医，在仰光开设永安堂中药铺。胡文虎兄弟三人，长兄文龙早年夭折，幼弟名文豹。1892年，胡文虎被送回福建老家，接受中国传统的文化教育，胡文豹则留在缅甸受英国教育。四年后，胡

图1　胡文虎

文虎重返仰光，随父亲学中医，并协助料理药铺店务。1908年，父亲病故，胡氏兄弟继承父业。胡文虎通晓中文，经常往来香港等地办货。胡文豹通晓英文，留守仰光店面，二人同心协力，业务日趋发达。

胡子钦早年行医时，曾用一种国内带去的中成药"玉树神散"（功能清神解暑）给人治病，颇受欢迎。胡文虎根据中西药理，采择中、缅古方，并重金聘请医师、药剂师多人，用科学方法，将"玉树神散"改良成为既能

外抹又能内服、携带方便、价钱便宜的万金油；同时，又吸收中国传统膏丹丸散的优点，研制成八卦丹、头痛粉、止痛散、清快水等成药。永安堂"虎标良药"从此畅销于整个西太平洋和印度洋的广大地域，包括中国、印度和东南亚这3个人口最多的市场，销售对象达到全球总人口的半数以上。特别是在1937年中国抗日战争和1941年底太平洋战争以后，当时中国的前方、后方——包括敌占区以及整个东南亚所缺的物资，除武器弹药和食物外，就是药品，即使是一般成药，也是到处奇缺。

1909年，为了进一步发展业务，胡文虎周游了祖国以及日本、暹罗（即今泰国）等地，考察中西药业。南洋气候炎热，日光强烈，人们容易中暑、头晕、疲乏。胡文虎寻访了许多老医生及民间有名的土医，向他们求教，调查研究有利于治疗头痛、腹痛的中草药，并购买了一些西药片、药粉和药水。第二年回仰光，着手扩充永安堂虎豹行。聘请中西医、药剂师多人，作了反复研究和实验，研制丹、膏、丸、散成药百种，经过精心选择，最后制成"万金油"、"八卦丹"、"头痛粉"、"清快水"、"止痛散"等5种虎标良药。在世界经济恐慌的年代，在东南亚、印度、中国等地，虎标良药以其价廉物美、服用简便、功效迅速、携带方便而深受用户欢迎。集天时地利与人和，虎标良药很快畅销缅甸、印度尼西亚、马来西亚等国家。

1914年，胡文虎在仰光的业务已经巩固，于是在新加坡兴建新药厂，留胡文豹主持仰光业务。1923年，由于业务发展，胡文虎将永安堂总行迁到新加坡，并先后在新加坡、马来西亚、香港各地广设分行。1932年，他又把总行从新加坡迁到香港，并在广州、汕头建制药厂，并先后在厦门、福州、上海、天津、桂林、梧州、重庆、昆明、贵阳等城市及澳门、台湾、暹罗（即今泰国）的曼谷，荷属东印度（即今印度尼西亚）的吧城、泗水、棉兰等地设立分行，市场扩展到中国东南沿海以及西南内地。从此，虎标万金油等药成为中国和东南亚各地居家必备、老少皆知的药品，胡氏兄弟也一跃成为东南亚华侨中著名的"百万富翁"和独一无二的"药业大王"。

虎标良药的走俏，给胡文虎带来了巨额利润，以此为资本，胡氏又投资其他企业，星系报业就是其中的一项。胡文虎从"药业大王"到"报业巨子"，这是一个极富传奇色彩的飞跃。从1913年至1952年，他先后办起了

10多家报纸，各报均以星字冠头，组成了他的星系报业王国。在华侨报业史上，星系报业以规模最大、数量最多，又创了一个侨界之最。从1913年起，胡文虎先后与人合办了《仰中光日报》、《晨报》等，在新加坡、厦门、香港、马来西亚、缅甸、印度、福州、上海、泰国，他独资创办了《星洲日报》、《星华日报》、《星光日报》、《星中晚报》、《星岛日报》、《星岛晚报》、《星岛周报》、《星槟日报》、《星仰日报》、《星巴日报》、《星闽日报》、《星沪日报》、《虎报》、《星暹日报》。这样，星系报业便成为华侨界独一无二的报业王国，在舆论上具有较大的影响。胡文虎以商业立场办报，为民众作喉舌，是直接服务于社会的重要事业之一。他创办的十多家报纸，对促进抗日救国事业、激励人们团结一致、维护华侨权益、推动桑梓建设、振奋民族精神起了重大的作用。

2. 爱国华侨和大慈善家

胡文虎是誉满全球的"万金油大王"、报业巨子，同时又是一个举世公认的爱国华侨和大慈善家。1931年"九·一八"事变后，海外华侨爱国热情空前高涨。胡文虎首捐2.5万银元支援东北抗日义勇军。1932年"一·二八"淞沪抗战爆发，十九路军浴血奋战，胡文虎立即电汇1万银元给中国红十字会；2月下旬，又电汇1万银元直接给十九路军的蔡廷锴，并捐赠大批"虎标良药"和其他药品。1937年7月7日"七七"卢沟桥事变后，胡文虎除捐助大量药品物质外，又出资组建华侨救护队，直接回国参加抢救伤兵工作。

他一贯奉行"人为本，财为用"的人生哲学，他常说："我是取诸社会，用诸社会。""自我得之，自我散之，以天下之财，供天下之用。"他除了在新加坡捐建10多所义务学校和中小学外，在国内先后捐助过上海大厦大学、厦门大学、广州中山大学、广州岭南大学、福建学院、广州仲凯农工学校、上海两江女子体育专科学校、汕头私立回澜中学、汕头市立女子中学、海口海琼中学、厦门中学、厦门大同中学、厦门中华中学、厦门群惠中学、下洋侨育中学等。在捐建国内小学方面，胡氏的计划更加宏大，他以"普及教育扫除文盲"为目标，于1935年宣布捐款350万元，10年内在全国各地建立1000所小学。到抗战爆发前，全国已建成300所小学，其中福建70所。兴建这些小学时用去经费150万元，余款200万元他全部认购了"抗日救国公债"，希望抗战胜利后将此款继续兴建小学，战后由于国民党政府币值大贬，胡文虎建千所小学的宏愿无法实现。

3. 创建福建经济建设股份有限公司

胡文虎回国投资的思想由来已久，早在20世纪30年代初期就萌发开发福建，建设桑梓的构想。抗战胜利后，振兴经济、重建家园成为中国人民向往的头等大事。海外侨胞也都群情激昂，要为复兴中华而努力。胡文虎作为一个历经沧桑的老华侨，对华侨寄旅他国之苦、谋生的艰险深有体会。胡文虎决定投资开发福建，还有另一个重要原因，他认识到侨居南洋的多为福建侨民这一事实。在胡文虎的倡导下，福建经济建设运动（以下简称"经建运动"）在东南亚华侨界蓬勃展开。胡文虎在南洋拥有亿万资金，但他创建的经济实体不多，因此经济基础并不坚固，他希望抓紧战后百业待兴的有利时机，把南洋的资金投资国内，开拓工矿、交通等实业，以充实经济基础，扩展其事业，占领市场，在战后资本主义市场经济的激烈竞争中立于不败之地。此外还有一个因素，就是战后南洋各国掀起排华风潮，印度尼西亚、泰国、越南等国侨民惨遭杀害的不少，马来西亚、缅甸歧视华侨的情况愈演愈烈，菲律宾实行公开排华。

自1946年2月起，胡文虎不辞辛苦，亲赴马来西亚、印度尼西亚、缅甸、越南、香港各地及国内厦门、福州、上海、南京各大城市，发动侨胞投资、筹建公司。1946年10月25日，新加坡、马来西亚各地闽侨领袖及其代表在新加坡举行座谈会，讨论"经建运动"的实施方案。与会者一致同意胡文虎关于成立福建经济建设股份有限公司的提议，资本总额暂定国币300亿元，每股1万元。其中马来西亚募集100亿元，菲律宾、东印度（今印度尼西亚）、泰国、越南、缅甸等地合募100亿元，省内及上海、香港各地合募100亿元，胡文虎独力承担13亿元。座谈会还议定公司在新加坡设立筹备处，推选胡文虎为筹备委员会主任。公司的经营范围包括金融、交通、工矿、农林及水利、渔盐业、特产、信托保险、国际贸易等。这样一个规模宏大的开发计划和如此广泛的海外侨胞群体来投资实业，确实是创历史的先河之举。座谈会的成功召开使"经建运动"迈开了实质性的一步。

1946年11月15日，在厦门召开公司发起人大会，出席会议的有新加坡、马来西亚、泰国、缅甸、越南、菲律宾、香港及上海等各地代表，福建省主席及参议长等也到场。胡文虎致辞重申公司宗旨乃为建国建省，为侨胞谋出路。会议讨论通过了10月25日座谈会议的各类事项，并发表大会宣言称："抗战胜利，建国方殷，而建国首要，莫若经济。同人等因感斯义，源于侨领胡文虎先生倡导之下，发起组织公司，其目的乃在拥护政府建国之号召、履行孙中山总理实业计划之遗教。而初步工作，则为建设一新福建，提高福建1,200万同胞之生活水准，冀能解决衣食住行诸问题。"又称："本公司业务，期于十年之内，能有一健全之金融机构，规模宏大之农场，数十万马力之水电厂，容纳数达十余万工人之工厂，并有铁路数百公里，大小轮船数十艘，及遍布海内外各重要城市之贸易机构。"

4. 福建经济建设股份有限公司正式成立

发起人会议结束后，何葆仁等到南京向中枢洽谈请准设立"福建建设银行"，保障权益给予便利等事项。胡文虎也于11月21日赴南京，拜访最高当局，呈请对于福建的经济工作，予以匡导。当时胡文虎被勉励有加，行政院长宋子文、财政部长俞鸿钧等均对公司各项工作允予协助。胡文虎继则赴上海募股，返回福州后即邀请各界举行座谈会，商谈公司筹建事宜。胡文虎表示，省内投资除现金外，人工及适用物资，可折充股金参加投资。南侨中除直接参加公司外，单独或三五人乃至数十人个别拟回国兴办实业者甚多，公司拟个别参加者一部分股金，与之合作，以促其成，并当场代表公司接纳市商会林君扬等参加投资的请求。当时福建省政府对胡文虎等创建的公司抱有极大希望，并愿意给予帮助。省政府主席刘建绪认为福建省矿产颇为丰富，农田水利公路交通都需要兴修，因此该公司的业务途径将是很宽广的。经过公司筹备委员们的努力和福建省方的积极配合，1947年7月12日上午10时，在厦门市商会四楼礼堂，举行了公司成立大会。出席大会的股东代表有：旅马来西亚的黄重吉、王振相、胡文虎（由其子胡好代）、林树彦、许坤耀，旅越南的颜子俊、陈锦煌，旅荷印的黄超群、陈丙丁，旅缅甸的白三江，香港的庄成宗，上海的宋渊源、李君侠，福州的丘汉平、翁赞平、丁超五（张述代）、陈培琨（何葆仁代），厦门的黄天涛、骆萍踪、胡资周等20余人。加上省政府官员和来宾，共百余人。厦门市市长黄大爵、要塞司令腾云、市议会议长陈烈甫、市党部书记长黄谦若、侨务司长江亚醒、华侨协会理事长张澜、商会会长严焰，都先后讲话。下午，公司举行首次会议，各地股东代表20余人出席。筹备委员会秘书长何葆仁报告公司筹备经过。由于在汇率上官定牌价和外汇黑市之间存在较大差价，虽已在马来西亚募足100亿元，仅认股五分之一；原定在香港及国内劝募100亿元，也仅认股十分之一。直到成立会前夕，实收股金仅国币50亿元。认股最多的是胡文虎、黄重吉、王振相三人，各认购10万股，其他多数认购一股、二股、五股、十股……不等，股东共达七八百人。14日上午公司第四次会议通过了公司章程，先缴款的股东享受优待办法由董事会拟定等决议。选举产生了33名董事，11名候补董事，9名常务董事，3名候补常务董事，常务监察、候补常务监察各1名。董事长由胡文虎担任，副董事长由黄重吉、王振相担任。

公司开始在厦门中山路永安堂三楼正式开业，后迁到升平路42号。公司设总经理室、秘书室、会计室和贸易部。总经理掌管公司一切管理事务，掌管公司印信和香港银行存款的印鉴等，董事长兼总经理由厦门永安堂经理胡资周代表，由何葆仁常驻公司办公；秘书室主任由厦门市参议会主任秘书黄永强兼任，后改由龚远之担任；会计室由陈纹藻任主任，主办总公司账务、报表及核发股票等事务；贸易部由曾华檀任经理，该部经营国内外贸易业务。至此，公司正式启动，开展业务。

5. 福建建设银行的创建遭拒

胡文虎倡导和创建的公司，从一开始就蕴藏着它注定要失败的命运。首先，福建建设银行是经建运动的首要项目，以银行为枢纽，以扶植带动农村工矿、水利、交通、渔盐事业。胡文虎在致吴铁城信函中明确表示了设立银行的目的："旨在使福建经济建设公司之资金得灵活之运用，而各部门之资金，亦得居中调整，且扩而言之，当可鼓励华侨存资国内，绝非如投机之辈,专营外钞,操纵金融可比。"但是因为福建建设银行的建立,对国民党统治集团操纵和垄断金融市场不利,为了维护他们的自身利益,由行政院长宋子文对胡文虎等申请筹建银行立项下达的指令中竟称:"关于引导侨资投入祖国,从事生产,拟设立福建建设银行一事,所请格于法令,未便照准。"禁止开办福建建设银行,使胡文虎等吸引闽侨外汇、融通资金的计划化为泡影,这无疑是对"经建运动"的釜底抽薪。胡文虎在《星光日报》上发表的《从经建运动说到政风》一文,痛心指出:宋子文等人拒绝开办建设银行,使"千万热心爱国华侨,至为失望","尤使文虎不敢亦不能再作投资祖国之号召","这一次闽省建设银行的设立准许与否,并不是我个人,或闽省公司的利益问题,而是政府是否奖励参加祖国建设大业的一块试金石。"海外闽侨也因上述原因一改积极认股投资,而持观望态度,已认股的也不按期缴款。

其次,由于日本帝国主义侵略,马来西亚、新加坡等南洋各国曾先后沦陷,受日本侵略破坏极为严重,华侨的资产也损失惨重,一时还未恢复正常,投资资金有限;且南洋各国推行排华政策,大大削弱了华侨的经济力量,同时还控制外汇外流,也影响了侨民认股投资。

再次,公司筹建的过程,正是国民党统治集团经济危机的严峻时刻,通货恶性膨胀,物价飞涨,国币的币值日跌。股东认股之后,即使能分红也是国币,实际没有盈利。这不仅影响了继续认股投资的势头,而且公司成立时收到的50亿股金到后来就只值41.6万美元了,这点资金已根本办不成什么实业。据公司财务主任陈纹藻回忆,1948年6月,公司发表业务报告里说的所谓"本公司之资产统计,已达国币472亿元",实际那时的外币黑市一美元已经折合260万元国币,这也就是说,公司的总资产不过1.8万多美元而已。何况,其中除外汇存款170亿元国币(折合6,538美元)是实的外,其他都是虚的。而有些企业的投资,如对轮渡公司、公共汽车公司等的投资,是这些公司在物价飞涨、入不敷出、连工资都发不出的情况下,迫不得已请公司投资,实际等于无效投资。华侨经建贸易公司、因生产呈半瘫痪状态,最后不得不靠做金钞投机买卖以维持发工资。

最后,国民党统治集团挑起内战,政局动荡,使侨民的购股投资热情骤减。而问题还在于，国民党政府依赖美国支持，对美国开放市场，从而在经济方面也受制于美国，大量美国商品倾销中国市场，中国民族工商业的发展受到严重影响，也不能不影响到公司的经营和发展。同时，国民党政府对华侨却实行了可悲的闭锁政策，对华侨的财产资金非但不予保护，还刁难备至，甚至连华侨所携归的布匹、黄金都要被海关没收，只有美钞可以幸免，但也得由政府为其强制保管。这种情况，堂堂的公司照样碰到过。公司副董事长黄重吉曾于1946年10月从海外带回30名技术人员，用专船运来橡胶厂、榨油厂、饼干厂、罐头厂、卷烟厂、酒厂等部分机器设备，以及维修用的工作母机和两辆旧货车，可船抵厦门港口，遭受到了厦门有关部门种种意想不到的非难，让人寸步难行，痛心疾首。到1948年底除电池厂尚能勉强开工外，公司的其他所有工厂都被迫停产或倒闭。

6. 新中国成立后的胡文虎

广东解放后，胡文虎曾两次以私人名义给广州市长叶剑英写信，表示愿意为广州儿童教养院捐港币13万元，修建礼堂一座；为贫困同胞捐救济米2万斤；并认购折实胜利公债2万份。他对记者发表谈话表示："本人除热忱爱护国家，希望祖国富强、华侨地位提高外，对于政党政治，素不参与，凡能掌握政权，增进人民幸福者，俱为本人所愿竭诚拥护。"表示对新政权的拥护。胡氏在东南亚的事业，从60年代起便大为衰落，股权大部分已转入他人之手。硕果仅存的是知名的香港万金油产业的女继承人胡仙，她是星岛报业有限公司的董事长，"世界中文报业协会"主席，还担任过"国际新闻协会"首任亚洲人主席。《星岛日报》行销世界各地，在檀香山、纽约、温哥华、伦敦、悉尼等地都有卫星传真影印的《星岛日报》国际版。

1954年9月5日，胡文虎在美国檀香山病逝，享年72岁。其女胡仙继承父亲的香港万金油产业和接掌星系报业有限公司，成为世界中文报业协会蝉联主席、"新闻女王"，名气并不亚于乃父当年。1984年5月，福建省人民政府宣布将胡文虎在福建的遗产归还给胡氏家属。胡仙将中川虎豹别墅（见图2）修葺一新，捐献给政府作胡文虎纪念馆。1994年9月18日，她专程回乡参加了胡文虎纪念馆开馆暨胡文虎基金会成立庆典大会。

图2　胡文虎纪念馆

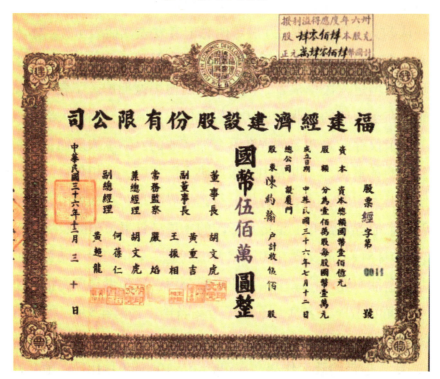

图3　福建经济建设股份有限公司1947年12月30日发行面值伍佰股（500万元）的股票（中国近代名人股票鉴藏录）

变卖家产捐献抗战并安置从日本集中营
获释的400多名盟国侨民的章荣初

1947年10月13日，爱国实业家、纺织业巨子章荣初创建荣丰纺织厂股份有限公司。

章荣初（1901—1972年），又名增骅（见图1），祖籍浙江省湖州荻港，幼时念过小学，青年时贩卖棉布，后去上海开设华丰棉布号，经营花色棉布批发业务。1928年萌生生产国产印花布的愿望，在宁波富家子弟郁震东的支持下，筹资60万银元，创建上海印染厂。投产伊始，遭到英商纶昌、日商三菱围攻，并以投资合股为诱饵，企图扼杀我国的印染工业于摇篮之中。1930年底，上海印染厂开工生产，是当

图1 章荣初

时中国民族资本家经营的第一家印染厂。当时英商纶昌洋行垄断并杀价打击，官僚及资本家排挤敲诈，上海印染厂几濒破产。在爱国金融家的支持下，章荣初重用人才、加强企业管理，终于在1932年取得了发展，首次建立了由中国人独资管理的从纺纱、织布、印染到棉布经销的厂商结合的经济实体，并改名为上海纺织印染厂，从此，章荣初成了实业家。

1937年抗日战争爆发后，章荣初变卖了上海惇信路的住宅和家具，捐献抗战。章荣初的上海纺织印染厂遭敌寇破坏而倒闭，逃难回到老家。后听说上海租界还可营业，就返回上海。在朋友们支持下，他在愚园路创办中央印染厂。当时上海厂商纷纷停产或逃难，市场商品供不应求，社会上一部分游资又难以投放，章荣初看准了这一时机，不怕风险，大量生产大众化棉布，市场旺销，获利巨大。不久在大西路又创办荣丰纱厂。上海沦陷期间，

453

棉纱、棉布全部被日军统制，章荣初把棉织品改为棉麻交织，避开了统制，使企业能自由经营；在此期间，又创办了有2万只纱锭、200台布机的荣丰纱厂。当时，章荣初认为在半封建半殖民地的中国，民族工商业要奋发图强，必须搞联合企业，使供求关系环环扣紧，不让外商插足。于是在荣丰纱厂扩建之后，又连续创办了苏中铁工厂、上海皮革厂、泰州纱厂、丰业大楼等，并将中央印染厂、上海印染厂改建为荣丰二厂、荣丰三厂，成为上海有名的厂商之一。

1945年日本投降后，章荣初接待了从日本集中营获释的英国、美国等400多名盟国侨民，提供吃、穿、住的生活费用，为此，美国第七舰队司令金开德上将特意向章荣初当面致谢。1946年，章荣初成为解放初期浙江省留在国内资产最多的民族资本家。抗战胜利后，国民党政府除将敌伪工厂直接收归国有外，也将原属中国资本家产业发还原主，有许多厂还由政府向民间公开招标拍卖，其中日本机械制作所第三厂由荣丰纱厂资方中标买得，成立苏中机械制造厂（现为上海第二石油机械厂），制造纺织机械。1935年起上海陆续有许多造纸厂生产胶版纸。1947年荣丰纺织厂附设造纸部，生产金桥牌胶版纸。

新中国成立前夕，在时任中国国民党革命委员会主席，后历任中华人民共和国中央人民政府副主席李济深的劝说下，章荣初携带资产从香港回到上海（1952年还召回在美国留学的儿子），参加祖国建设。新中国成立后，章荣初选择留在祖国大陆，积极参加私营工商业社会主义改造，得到了陈云等中央领导的接见和毛泽东主席的"墨宝"，同时担任上海市棉纺业分会董事，上海市、浙江省政协委员等职。1954年2月，贯彻上海市委对私营企业分批推行公私合营的指示，两区政府制订了私营工业分批改造的实施规划，荣丰纺织厂等24家企业先后被批准公私合营。同年9月，国家对棉纱棉布实行统购统销政策，私营棉纺织厂产销纳入国家计划轨道。

图2　荣丰纺织厂股份有限公司1947年12月15日发行面值壹萬股（10万元）的股票（赵涌在线收藏）

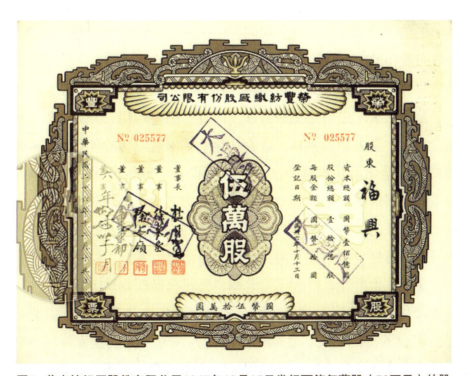

图3　荣丰纺织厂股份有限公司1947年12月15日发行面值伍萬股（50万元）的股票（雅昌艺术网收藏）

研究中国自制消治龙为战时受伤的
军民作了极大贡献的方子藩

天丰化学制药厂股份有限公司由上海企业家林涤庵创办于1943年3月。说起天丰化学制药厂，不得不提起方子藩总经理。

方子藩（1908—1968年）号善堃，浙江镇海人。自幼勤奋好学，深得其姨父林涤庵（大丰工业原料公司董事长，经理）的器重。1927年9月，方子藩赴日留学，一年后，入国立东京工业大学应用化学系预科就读药学，因成绩优良，历年均获奖学金。1931年"九·一八"事变后，方子藩愤然回国，在大丰工业原料公司及天丰化学制药厂工作。中日战争期间，他研究出中国自制的消炎药"消治龙"，抗战期间，中国西药来源极为困难，消治龙的问世，为战时受伤的军民作了极大贡献。

1932年，方子藩被提为公司协理。1934年11月，他为了协助林涤庵先生实现大丰公司从买卖进口化工原料逐步向自己制造转化，并为发展民族化学工业创造条件，又去德国柏林工业大学化学系深造。1938年11月毕业后，又进德国博城大学化学系攻读博士学位，不仅自己刻苦学习，还不遗余力地为国内工业发展解决技术难题。如受五洲药房之托，提炼制皂下脚甘油水为纯甘油的精炼工艺，并代向德国订购回收甘油的设备。1939年9月第二次世界大战爆发，身处异国的方子藩，向校方申请提前考试，结束学业。同年12月，经林涤庵先生推荐，任大丰工业原料公司总经理兼总工程师。

方子藩任总经理后，对公司原有的16万元资本进行升值，并再增加资本。使公司业务得到发展，在同行业中受人注目。为迅速发展民族化学工业，方子藩组建化学研究所，聘请留德同学龚祖德、王雪莹、黄英林博士及林国镐教师（林涤庵长子）、大学生等20多人分有机、无机、电化、酿造4

组进行研究。研究所研制出西药及化工产品数十项。如用于预防及治疗细菌感染的琥珀磺磺胺噻唑（SST）等，但由于研究所无力大批量生产，故转让信谊药厂生产。

有鉴于此，方子藩感到有办药厂的必要，由原大丰董事、股东筹建天丰制药厂，方子藩任经理，制造药品20余种。还研制成药物葡萄糖锑酸钠0.6gm（新斯的黑克，5价锑），为治疗流行苏北鲁南一带"黑热病"作出了贡献。

1941年10月，方子藩兼任中国化工厂总经理，主持生产化工原料。1943年3月，方子藩兼上海汉光电化厂总经理，制造氯酸钾、单宁酸氯化钙等。

上海解放后，大丰公司逐渐将商业部分转入工厂。1956年公私合营后，方子藩任大丰化工厂总经理，同年任化学原料工业公司副经理等职。

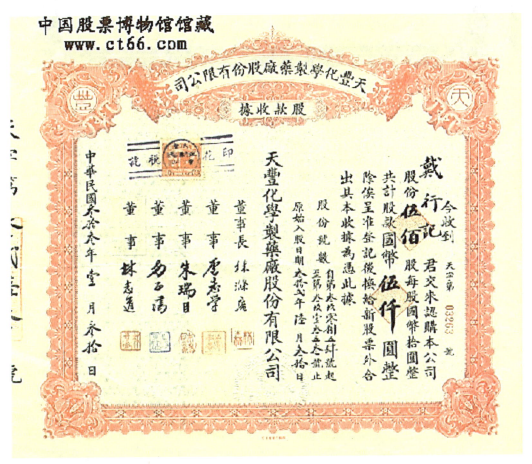

图1　天丰化学制药厂股份有限公司1944年1月30日发行面值伍佰股（5,000元）的股票（中国股票博物馆馆藏）

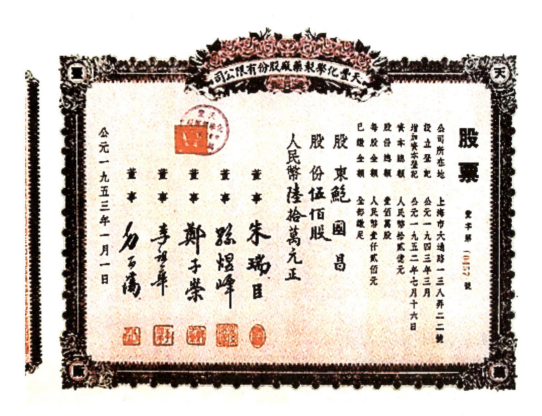

图2　天丰化学制药厂股份有限公司1953年1月30日增资发行面值伍佰股（人民币60万元）股票

保证军需民食为全民族抗战胜利作出贡献的回族实业家杜秀升

1935年，抗战时期贡献较大的回族实业家杜秀升，在西安与罗少卿、刘海楼等创办西安华峰面粉公司，并任董事长。该公司是西北最早的现代化面粉厂。

杜秀升（1881—1960年），原名杜光俊，字秀生（见图1），回族，开封市人。1910年，他与魏子青在开封马道街合资兴建河南第一家新型剧场——丰乐园，同时投资16,000银元，创建河南第一家电厂——普临电灯公司，并集资在开封马道街兴建劝业商场。1914年任开封商会副会长。嗣后，又在开封鼓楼街开设钜昌西药百货店和钜昌汽水厂。1919年开封商会改称开封总商会，杜秀升升为会长，并代行河南商会职权兼任河南省铜元局代局长。1924年应聘兼益丰面粉

图1　杜秀升

公司董事长。1925年秋以租赁形式接办武陟县行将倒闭的成兴纱厂，改名钜兴纱厂，任总经理。1935年又复任开封商会会长职务。自1937年起连任国民党政府第一届、第二届参政员。

1938年6月开封沦陷前夕，几经辗转，杜秀升到了西安，任华峰面粉公司董事长、总经理，代表开封商会参与流亡的国民党河南省政府的有关活动，并任后方第一战区面粉工业同业公会理事长。1941年，杜秀升任陕西省面粉工业同业公会理事长。他领导西安的华峰、成丰、福豫、和合，宝鸡的福新、大新，汉中的新和蔡家坡等面粉厂，统一接受当时政府的军粮生产任务，给各厂分配生产指标，协调各会员厂的关系，为了保证军需任务，他经

营的华峰公司挖掘潜力，使日产面粉从四千袋提高到六千袋，并研究出少量的一等粉和麦精，供给来华参加抗日战争的美国第十四航空队的飞行员。东北、华北、华东、华南等地相继失陷后，大后方的整个军需民用的粮食，主要依靠四川的大米和陕西的面粉。在这种严峻的形势下，杜秀升领导陕西各面粉厂，克服了重重困难，保证了抗战时期的军需民食，为全民族抗战的胜利作出了贡献。

1945年3月，杜秀升当选为河南省商联会第一任执行常务理事，出席了中华全国商联会成立大会。1946年回到开封，兼任官商合办的河南特种面粉股份有限公司总经理，同时任郑州电厂董事长。1947年任全国电气事业联合会理事。1948年春，避居上海。1946年10月创办《工商日报》，自任董事长兼发行人，同年11月当选国大代表。中华人民共和国成立后，杜秀升于1956年在上海加入中国国民党革命委员会。1960年1月被聘为上海市文史馆馆员。1960年9月在上海逝世。

图2 西安市公私合营华峰面粉厂1955年9月30日发行面值柒股（56元）股票

图3 西安市公私合营华峰面粉厂1955年9月30日发行面值伍拾伍股（440元）股票

后　记

　　近日，关于"中国人民抗日战争胜利暨世界反法西斯战争胜利70周年"的各类新闻报道、纪念文章、回忆录等通过书刊、传媒、电视、网络等各种渠道，像雨后春笋般的展现在人们的视线中，其中绝大部分涉及抗日战争、重大战役、政治人物等题材，其中四万万中华儿女同仇敌忾，奋勇抵抗的大无畏的民族气概，深深感动了每一个有正义感的中外人士；那段刻骨铭心的历史，让我们的内心久久不能平静。

　　然而，在阅览、观看的同时，一种遗憾之感油然而生，除了这些军事题材的内容之外，还有极其重要的另一部分——经济领域中的抗战题材，相对却寥寥无几。因为日本军国主义侵略中国的目的显然就是两个——征服国人，掠夺资财。但一些有良知的民族工商业者和著名的私营企业家毫不屈服。他们将产业迁离到日寇不易涉足的内地，为国救亡图存、参与物资撤退转移；或在后方发展经济、支持前线战事；或向饥寒交迫、缺医少药的抗战力量，冒着生命危险运送急需物资；或在沦陷区坚决不与侵略者妥协合作。在抗战胜利后，也在第一时间投入到生产恢复中，保存了民族的经济血脉。对于这些前人可歌可泣的抗战史实，我们有责任向后人展示。

　　2014年2月24日，习近平主席在中共中央政治局第十三次集体学习时的讲话中明确指出："中华文化源远流长，积淀着中华民族最深层的精神追求，代表着中华民族独特的精神标识，为中华民族生生不息、发展壮大提供了丰厚滋养。中华传统美德是中华文化精髓，蕴含着丰富的思想道德资源。不忘本来才能开辟未来，善于继承才能更好创新。对历史文化特别是先人传承下来的价值理念和道德规范，要坚持古为今用、推陈出新，有鉴别地加以对待，有扬弃地予以继承，努力用中华民族创造的一切精神财富来以文化人、以文育人。"

　　恰好本人25年来收集的大量史料，近日正在编撰一套反映我国证券市场的史书——《中国股票百年史》，已接近尾声。于是，就从中精选了一些与抗战有关的内容，在全体编委的协助下，编成了本书。由于编者专业水准有限，写作水平欠缺，加上资源不足，难免挂一漏万，仅作抛砖引玉之用，故请读者多提宝贵意见，并能补充相关资料。不胜感激！

徐士敏

2015年9月